글로벌재무관리

[제5판]

강 호 상 저

法 文 社

Global Financial Management

Fifth Edition

by

Ho-Sang Kang, Ph.D.
Sogang University

2017
Bobmun sa
Paju Book City, Korea

제5판 머리말

PREFACE

「글로벌재무관리」가 1995년 처음으로 세상의 빛을 본 이래 개정을 거듭하여 이제 제5판을 발간하게 되었다. 지난 22년 동안 이 책을 강의에 사용해 주신 분들 그리고 이 책을 열심히 읽고 공부해주신 학생들에게 깊은 감사를 드린다. 또한 저자는 우리나라의 금융기관 및 기업에서 글로벌경쟁에서 살아남기 위하여 불철주야로 노력하시는 분들에게 조금이라도 도움을 드렸으면 하는 마음으로 이 책을 꾸준히 개정해오고 있다.

글로벌재무관리 제5판은 다국적기업의 국제재무관리에 대한 독자들의 좀 더 깊이 있는 이해를 돕기 위하여 제3장(통화선물시장)에서 베이시스 리스크(basis risk) 그리고 제4장(통화옵션시장)에서 통화옵션 가격결정모형(Garman-Kohlhagen formula)과 관련하여 시계열자료를 실제로 활용하는 방법을 상세히 설명하였으며 제13장(국제분산투자)에서 국제분산투자와 관련한 환율변동위험에 관한 내용을 추가하였다. 저자는 이 책을 통하여 보다 많은 사람들이 국제재무관리에 대한 시야의 폭을 넓힐 수 있기를 진심으로 바라마지 않는다.

이 책의 편집을 맡아주신 법문사 예상현 과장께 감사드리며 독자 여러분들께 지속적인 조언을 해주실 것을 부탁드린다.

2017년 8월 1일

저자 씀

제4판 머리말

저자가 글로벌재무관리(제3판)를 발간한 지가 벌써 6년이 지났다. 그 동안 미국의 서브프라임 모기지 사태로 시작된 금융위기는 전 세계 금융시장을 혼란 속에 빠뜨렸고 유럽 국가들의 재정위기가 해결될 기미를 보이지 않음에 따라 세계 경제는 좀처럼 침체 상태를 벗어나지 못하고 있다. 이러한 상황 하에서도 우리 나라 일부 대기업들은 글로벌시장에서 성장을 구가하고 있지만 대부분의 한국 기업들은 하루 하루 불안한 나날을 보내고 있다.

이 책은 세계 시장을 상대로 기업의 경영활동을 확대해 나가는 우리 나라 기업들에게 글로벌재무관리의 노하우를 확보하는데 도움을 주고자 집필한 것이다. 즉, 이 책은 환위험관리, 국제조세관리, 국제운전자본관리, 국제자금조달전략 및 국제투자전략 등에 관하여 풍부한 사례와 상세한 분석을 제시하고 있으며 특히 이번 제4판에서는 제11장(국제금융시장: 주요 금융수단)을 대폭적으로 보완하여 글로벌 금융시장을 활용한 자금조달전략에 대하여 많은 지면을 할애하였다.

또한 각 장의 마지막 부분에 다양한 유형의 많은 연습문제들을 추가하였으며 모든 연습문제에 대한 모범답안과 풀이를 책의 끝 부분에 실어서 독자들의 편의를 도모하고자 하였다.

이 책의 편집을 맡아주신 법문사 예상현 과장님께 감사드리며 또한 독자 여러분들께서 지속적인 조언을 해주실 것을 부탁드린다.

2012년 2월 1일

저자 씀

제3판 머리말

저자가 글로벌재무관리(제2판)를 발간한 지가 이제 5년이 지났다. 지난 5년 동안 우리 나라 기업들은 세계무대를 향해 큰 약진을 계속한 결과 몇몇 대기업들은 명실공히 글로벌 기업의 면모를 갖춘 다국적기업으로 탈바꿈하게 되었다. 뿐만 아니라 이제 일본의 가전업체와 자동차업체들을 중심으로 한국 기업을 경계하는 분위기마저 형성되고 있다.

그러나 아직 우리 나라 대부분의 기업들은 기업경영의 글로벌화가 요구하는 경영관리 노하우를 제대로 확보하지 못하고 있으며 특히 재무관리 분야는 더욱 그러하다고 할 수 있다.

이 책은 글로벌재무관리의 주요 분야, 즉 환위험관리, 국제조세관리, 국제운전자본관리, 국제자금조달전략 및 국제투자전략 등에 관해 풍부한 사례들을 활용하여 상세히 설명하고 있으며 특히 글로벌재무관리(제3판)에서는 제10장(국제금융시장: 구조) 및 제11장(국제금융시장: 주요 금융수단)을 대폭적으로 수정 · 보완함으로써 국제자금조달전략을 수행하고자 하는 기업들에게 실질적인 도움이 되고자 하였다.

이 책의 편집을 맡아주신 법문사 이선욱 선생님께 감사드리며 또한 독자 여러분들께서 지속적인 조언을 해주실 것을 부탁드린다.

2005년 12월 23일

저자 씀

제2판 머리말

저자가 국제기업재무론을 발간한 지가 벌써 5년이 지났다. 지난 5년 동안 우리 나라 기업들은 엄청난 변화를 겪었으며 특히 IMF 경제위기를 겪으면서 국제 경쟁력을 갖추지 못한 많은 기업들이 사라지고 새로운 기업들이 태어나게 되었다. 글로벌 스탠다드는 이제 우리에게 익숙한 단어가 되었고, 글로벌 경쟁력을 갖추지 못하고는 살아남기 어렵다는 사실을 절감하고 있다.

글로벌재무관리(제2판)는 국제기업재무론을 바탕으로 하여 우리나라 기업들의 글로벌경영에 필수적인 이슈들을 상세히 다루고자 하였으며, 풍부한 사례들을 활용하여 개념과 이론뿐만 아니라 실무적 활용방안을 익힐 수 있도록 하였다. 특히, 선물 · 옵션 · 스왑 등 파생금융상품의 활용방안을 대폭 보강하였으며 환위험의 측정과 관리에 대하여도 사례분석을 추가하여 독자들의 이해도를 높이는 데 도움이 되고자 노력하였다.

지난 5년 동안 국제기업재무론을 대학에서의 강의교재로 채택해주신 분들과 독자 여러분들께 진심으로 감사드린다. 금번 글로벌재무관리(제2판)에 대해서도 아낌없는 조언과 비판을 계속해주실 것을 부탁드린다.

이 책이 나오기까지 큰 도움을 주신 법문사 측에 감사드리며 편집을 맡아주신 박광연 씨에게 특별히 감사를 드린다.

2000년 8월 17일

저자 씀

초판 머리말

이 책은 저자가 지난 12년 동안 The University of Texas at Dallas와 서강대학교에서 강의해온 강의 교안을 정리한 것이다. 이 책의 내용은 International Corporate Finance라는 과목에서 다루어온 것으로 다국적기업의 재무관리와 관련된 주요 이슈들을 살펴보고 있다.

이 책은 모두 6편으로 구성되어 있는데, 제1편에서는 국제금융환경의 최근 변화를 살펴보고, 제2편에서는 외환 및 파생금융상품시장, 제3편에서는 환위험의 관리, 제4편에서는 국제조세 및 운전자본관리를 다루고 있으며 제5편과 제6편에서는 각각 국제자금조달과 국제투자에 관하여 설명하고 있다.

특히, 이 책은 기업재무가 국제화해감에 따라 환위험의 관리 및 국제조세관리가 중요한 이슈로 부각됨을 강조하고 있다. 따라서 이 두 가지 부분에 대하여 상당히 많은 지면을 할애하여 비교적 상세한 설명을 하고자 하였다.

저자가 『국제금융시장론』을 집필하여 세상에 내놓은 지 5년이 지났다. 『국제금융시장론』에 대하여 많은 분들께서 그 동안 조언과 비평을 해주셨는데, 다루는 내용이 너무 방대하고 이론이 상당 부분을 차지하여 대학의 학부에서 한 학기 과목의 교재로 사용하기에는 어려운 점이 많다는 의견을 이번에는 적극 수용하고자 하였다. 그러므로 이 책에서는 이론적인 설명보다는 주요 이슈별로 사례를 소개 · 분석함으로써 기업재무의 국제화와 관련하여 당면하게 되는 과제들을 해결할 수 있는 능력을 키우고자 시도하였다.

많은 사람들의 도움으로 이 책은 세상의 빛을 보게 되었다. 저자의 스승인 Ian H. Giddy 교수의 가르침과 격려에 커다란 감사를 드린다. 또한 서강대학교의 은사 및 선배 교수님 그리고 동료 교수들의 격려가 없었더라면 이 책의 출간은 어려웠을 것으로 여겨진다. 그리고 저자와 지난 7년 동안 국제금융에 관하여 많은 의견교환을 해온 한양대학교의 장순영 교수께 특별한 감사를 드린다. 장 교수와의 토론은 매우 유익하였고 저자는 그러한 토론을 통하여 국제금융에 관한 시야의 폭을 더욱 넓힐 수 있었다고 생각한다. 한편 이 책의 원고정리 과정에서 수고해준 서강대학교 대학원에서 국제금융분야 학위논문을 쓴 사람들의 모임인 국제금융 Workshop의 회원들에게 감사한다. 특히, 청주대학교의 성용모 교수, 창신전문대학 진홍구 교수가 많은 노력을 해준 데 대하여 감사한다. 마지막으로 이 책이 나오기까지 큰 도움을 주신 법문사의 배효선 사장님, 박건천 차장님, 그리고 이선희 씨께 깊은 감사를 드린다. 이와 같이 많은 사람들의 도움에 의하여 이 책이 나오게 되었지만 그 내용에 있어 실수가 있다면 그것은 전적으로 저자 자신의 책임이라는 것을 밝혀둔다.

21세기를 향한 한국기업의 세계화에 이 책이
자그마한 보탬이 될 수 있기를 기대하면서,

1995년 새해 첫날 여의도에서
저자 씀

차 례
CONTENTS

제 1 편 국제금융환경

제1장 국제통화제도

제 2 편 외환 및 파생금융상품시장

제2장 외환시장

제3장 통화선물시장

제4장 통화옵션시장

제5장 스왑금융시장

제 3 편 환위험의 관리

제6장 환율의 구조 및 결정

제9장 국제운전자본관리

제 5 편 국제자금조달

제10장 국제금융시장: 구조

제11장 국제금융시장: 주요 금융수단

제12장 다국적기업의 자금조달비용

제 6 편 국제투자

제13장 국제분산투자

제14장 해외직접투자

제15장 정치적 위험 분석

제16장 국제자본예산편성

Part 1

국제금융환경

Chapter 01 국제통화제도

Global Financial Management

CHAPTER 01

국제통화제도

제 1 절 금본위제도(The Gold Standard)

1. 고전적 금본위제도(1870~1914)

중세 이후 세계경제가 발전함에 따라 최초의 국제통화로 채택되었던 것은 금과 은이었는데 금이 본격적인 국제통화로서 채택된 것은 1816년 영국이 금을 유일한 화폐로 인정하여 금본위제를 채택하면서부터였다. 1870년대에 이르러 독일, 네덜란드, 노르웨이, 스웨덴, 프랑스, 일본 등이 각각 금본위제로 이행함에 따라 금본위제도가 국제통화제도로서 확립되었다.

금본위제도(The Gold Standard)란 각국이 자국통화 한 단위의 가치를 금의 일정량으로 정해 놓고 금화의 무제한 주조와 자유로운 유출입을 허용하며 은행권이 항상 아무런 제한없이 금화와 교환될 수 있도록 한 제도로서 각국 통화간의 교환비율은 각국 통화의 금평가(gold parity)에 의해 결정되고 평가절하는 원칙적으로 허용되지 않았다.

또한 금본위제도는 고전학파의 화폐수량설을 기초로 하여 경제는 항상 완전경쟁 및 완전고용상태에 있고 일국의 통화공급량과 중앙은행의 금 준비간에는 항상 일정한 비율을 유지하며 물가는 통화공급량에 비례하여 변동된다는 것을 전제로 하고 있었다. 금본위제도하에서 각국 정부는 재정정책(fiscal policy)을 별로 사용하지 않았으며 금융정책(monetary policy)은 각국이 보유하고 있는 금의 양에 의해 결정되었다고 할 수 있다.

한편 금본위제도는 국제수지가 완전히 자동조정될 수 있는 제도로서 각국의 중앙은행들은 게임룰(rules of the game)을 철저히 준수했다. 즉, 일국의 수입이 수출을 초과하는 국제수지적자가 누적되면 자국이 보유하고 있는 금의 유출이 계속적으로 이루어져 국내 통화량이 감소되며 통화량의 감소는 물가하락을 가져오는데 이는 대외교역의 측면에서 볼 때 자국상품의 가격경쟁력의 강화를 가져옴과 동시에 상대적으로 교역상대국 상품의 가격경쟁력이 약화되는 결과를 가져옴으로써 자국은 수출이 증가하고 동시에 수입이 감소함에 따라 국제수지가 개선되어 국제수지는 자동적으로 균형을 회복하게 된다는 것이다. 따라서 각국의 중앙은행들은 이러한 자동조정을 방해하여서는 안된다는 것이 금본위제도하에서의 게임룰이었다.

이러한 19세기의 금본위제도는 자유무역체제의 근간으로서 국제수지의 자동조정에 크게 기여하였는데 당시 금본위제도가 제1차 세계대전 이전까지 원활한 기능을 할 수 있었던 이유는 첫째, 재화의 가격과 임금이 신축적이었고 둘째, 물가상승률이 비교적 낮았으며 셋째, 각국 정부는 대내적 불균형상태보다는 대외적 불균형상태를 더욱 중시하였고 넷째, 국제간의 자본이동이 많지 않았으며 다섯째, 금본위제도하의 각국들은 자유시장경제제도를 따르고 있었고 여섯째, 기술과 무역면에서 변화속도가 비교적 느렸다는 점 등을 들 수 있다.

그러나 20세기로 접어들면서 세계경제 및 무역의 확대에 비하여 금산출량이 절대적으로 부족하게 되었으며 또한 당시 미국의 일방적인 국제수지흑자의 지속은 각국간에 금편재현상을 가속화시켰으며 당시 각국간의 물가상승률이 서로 달랐다는 점 등으로 인해 금본위제도는 흔들리기 시작하였는데 마침내 1914년 제1차 세계대전의 발발로 금의 자유로운 유출입 및 태환이 어려워지자 전면적으로 붕괴하게 되었다.

2. 금본위제도로의 복귀(1923~1928)

세계 각국은 제1차 세계대전이 끝나자 일시적으로 변동환율제도를 채택하게 된다. 그러나 그 후 세계 각국은 다시 제1차 세계대전 이전과 같은 금평가의 금본위제도로 복귀를 시도하였다. 즉, 1919년 미국은 금수출정지를 해제하고 금본위제도로 복귀하였으며 또한 1922년 이탈리아의 제노아에서 열린 국제회의에서 통화가치의 안정이 경제부흥의 필수조건임을 인식하고 이를 위해 각국은 금본위제도의 확립에 노력할 것을 결의하고 유럽의 주요국들은 금본위제도로 복귀를 시도하였다. 그러나 이러한 시도가 성공을 거두기에는 심각한 문제점을 안고 있었다. 즉, 제1차 세계대전 이전에 비하여 각국의 물가수준이 서로 엄청나게 다르게 변화하였으므로 제1차 세계대전 이전과 같은 수준의 환율은 유지될 수가 없는 상황이 되었다. 그럼에도 불구하고 세계각국은 각기 자기나라의 경제상황에 대한 국제적인 신뢰를 유지하기 위하여 환율을 변화시키지 않고 제1차 세계대전 이전의 금평가를 유지하기를 고집하였고 그 결과 세계경제는 아주 어두운 국면을 맞이하게 되었다.

3. 평가절하의 악순환과 3국의 협조(1930~1939)

그 후 마침내 세계각국은 국제수지적자 문제와 실업문제를 해결하기 위하여 평가절하를 단행하게 되었는데 여러 나라들이 경쟁적으로 평가절하를 단행하였기 때문에 평가절하의 효과를 볼 수가 없었다. 또한 세계경제는 국제적 금융위기를 맞이하게 되어 각국의 국제수지가 투기적 자금의 이동에 의하여 마구 교란되게 되었다. 프랑스는 처음에 평가절하방법을 채택하지 않고 수입할당제를 채택하였다. 그러나 후에 프랑화의 과대평가 정도가 너무 심각하게 되자 평가절하의 필요성을 절감하였다. 그러나 영국과 미국의 보복을 피하기 위하여 갑작스런 프랑화의 평가절하보다는 점진적으로 프랑화의 가치를 하락시키게 되며 영국과 미국의 협조를 요청하였다. 그로부터 미국, 영국, 프랑스 3국은 그들의 경제정책을 세우는 데 서로 협조하게 되었는데 이것이 이른바 3국통화협정(Tripartite Agreement)의 체결이다. 이러한 협조체제도 얼마가지 않아서 제2차 세계대전으로 인하여 붕괴하게 되었으며 제2차 세계대전 기간중에는 각국이 외환통제를 강화하였다.

제2절 브레튼우즈 체제

1. Bretton Woods 협정(1944년 7월)

1) 국제통화기금(International Monetary Fund)의 창설

제2차 세계대전이 연합군의 승리가 될 것이 점차 확실해지자 미국과 영국을 중심으로 한 연합국측에서는 전후 세계경제질서의 회복을 위한 논의가 시작되었다. 이것은 제1차 세계대전 이후 각국의 통화혼란, 경쟁적인 평가절하, 특히 1930년대 경제공황시에 야기된 각국의 비협조주의, 무역제한, 외환관리 등으로 인해 당시의 세계경제가 극심한 어려움을 겪었으므로 제2차 세계대전 후에는 그러한 사태를 되풀이하지 않고 외환시세의 안정과 국제협력의 강화를 통하여 세계경제의 성장과 번영을 실현하고자 함이었다.

하지만 당시 가장 강대국이었던 미국과 영국은 기본적인 협조정신하에서 세계경제질서를 회복한다는 데 대해서는 아무런 이의가 없었으나 그러한 목적을 달성하기 위한 수단에 있어서는 차이가 있었다.

미국은 전후의 세계경제의 회복에 있어서 가장 큰 장애물은 외환시세의 불안정과 무역 및 외환의 차별조치라고 보았다. 외환시세의 불안정에 관해서는 외환관리를 폐지하고 달러의 금평가를 설정한 후 세계 각국의 모든 통화를 달러에 연결시켜 각국의 외환시세의 안정을 기하려고 하였다. 그러나 영국은 과거 그들이 확보한 국제금융상의 전통적 우위를 지속시키려고 하였으며 또 파운드를 달러와 더불어 국제통화로 계속 사용하고자 하였다.

이렇게 영국과 미국의 입장에 차이가 있었음에도 불구하고 전후의 국제통화제도의 정립에 대한 필요성이 절실해짐에 따라 영국은 1943년에 국제청산동맹(International Clearing Union)안을 제출했고 이어 미국은 국제안정기금(International Stabilization Fund)안을 발표했다. 국제청산동맹안은 영국의 J. M. Keynes가 입안했기 때문에 Keynes안이라 하며 국제안정기금안은 H. D. White가 입안했기 때문에 White안이라 한다.

이러한 Keynes안과 White안은 외환시세의 안정, 외환제한의 철폐, 국제수지의 균형 등을 목적으로 하고 있다는 점에서는 서로 일치하고 있으나 양안을 비교하면 다음과 같은 차이점이 있다. 첫째, 케인즈안은 영국과 영연방간의 전통적 무역관계를 결속하는 영연방 특혜관세제도와 스털링 통화권을 존속시키려고 한 반면 White안은 이러한 차별주의적인 영국의 경제권을 국제무역의 확대를 저해하는 하나의 장벽으로 보고 이를 제거하려고 하였으며 특히 외환제한이나 2국간 협정을 제거하려고 하였다. 둘째, 케인즈안은 각국의 국제수지의 균형을 위하여 외환시세의 탄력적인 변경의 필요성을 인정했다. 즉, 케인즈안은 안정보다도 성장을, 대외적 균형보다도 대내적 균형을 중시하는 입장에서 외환시세는 때로는 변경되어야 하며 고정시킬 필요는 없다고 보았다. 그러나 화이트안은 원칙적으로 고정환율제도의 유지를 주장하며 가급적 외환시세의 변동을 피하고 당해국의 국제수지가 근본적 불균형이 발생할 경우에만 이의 변경을 인정했다.

이 두 안은 국제적으로 신중히 토의된 결과 케인즈안의 일부를 반영하면서 화이트안을 주로 채택하여 미국의 주장이 관철되었다. 즉, 1944년 4월 "국제통화기금 설립에 관한 전문가의 공동성명"이 채택되었고 1944년 7월 미국 New Hampshire주 Bretton Woods에서 Bretton Woods 협정이 체결되었으며 1946년 국제통화기금(International Monetary Fund: IMF)이 정식으로 발족됨으로써 브레튼우즈 체제가 확립된 것이다.

2) 금환본위제도(Gold Exchange Standard)

브레튼우즈 체제를 금환본위제도(Gold Exchange Standard)라고 부르는데 그 이유는 달러화의 가치는 금을 기준으로 정하고 기타 모든 다른 통화의 가치는 달러화를 기준으로 정하였기 때문이다. 즉, 당시 각 가맹국 통화의 평가(par value)는 금 또는 일정한 금의 중량과 순도를 가진 1944년 7월 1일 현재의 미국 달러화(1달러에 순금 1/35온스)로 표시하도록 하였다. 따라서 미국 달러화가 직접 금에 연결되어 있었고 기타 IMF 가맹국의 통화는 달러화에 연결되면서 미국은 각국의 중앙은행에 대하여 달러화의 금태환을 보장하였다.

그러므로 브레튼우즈 체제하에서는 미국의 달러화가 기축통화(key currency)로 부상되어 금과 더불어 국제통화로 사용되었으며 미국은 소위 은행국(world banker)으로서 그 통화가 국제통화로서의 국제적 가치를 유지할 수 있도록 충분한 금을 준비금으로 보유하도록 요구되었다. 따라서 미국의 달러는 그 가치가 절대적으로 안정되어 있어야 할 뿐만 아니라 국제유동성에 대한 수요를 만족시킬 수 있도록 풍부하게 공급되어야 했다.

3) 조정가능 고정환율제도(Adjustable Fixed Exchange Rate System)

브레튼우즈 체제하에서는 각국 통화당국으로 하여금 자국통화의 환율을 평가의 상하 각 1%의 범위 내에서 유지하도록 고정환율제도를 채택하였으나 가맹국의 국제수지가 근본적 불균형(fundamental disequilibrium)상태에 있을 경우에는 당초평가의 10%범위 내에서 변경할 수 있도록 하였다.

이와 같이 브레튼우즈 체제하에서는 외환시세의 변동폭이 극히 제한되었고 다만 가맹국의 국제수지가 근본적 불균형에 빠질 경우에 한하여 평가변경이 허용되었던 것은 과거와 같은 국제경제의 무질서를 다시 경험하지 않기 위해서였다. 즉, 1920년대에 있어서 각국은 외환시세를 무질서하게 자주 변경시켰기 때문에 외환투기가 만성적으로 유발되었고 이어 1930년대에 있어서도 각국은 수출확대 및 수입억제와 국내의 불황타개를 위하여 자국통화의 평가절하를 경쟁적으로 단행하였기 때문에 세계경제가 붕괴되었던 것이다.

4) 브레튼우즈 체제의 문제점

브레튼우즈 체제하에서는 금과 더불어 미국의 달러가 국제통화로 사용되었으며 국제유동성(international liquidity)에 대한 수요는 대부분 달러의 공급에 의해서 충당되었다. 특정국의 통화가 국제통화로 사용되고 있는 제도하에서는 그 가치가 절대적으로 안정되어야 했고 또한 그 가치의 하락없이 국제유동성의 공급이 풍부하게 이루어져야 했다.

그러나 국제통화인 미국 달러의 공급은 미국의 국제수지의 적자를 통해서 비로소 가능했으므로 국제통화의 원활한 공급과 가치안정이라는 문제는 상호 모순되게 되었다. 즉, 국제유동성은 미국의 국제수지 적자에 의해서 증가되지만 미국이 보유하고 있는 준비금에 비하여 미국 달러의 공급규모가 상대적으로 크다고 인식될 경우에는 달러의 가치안정이 위협을 받게 되며 반대로 미국의 국제수지가 흑자로 전환되면 달러의 신인도는 회복되지만 세계적으로 국제유동성이 부족하게 되는 구조적인 모순이 내재하고 있었는데 이것이 바로 유동성딜레마(liquidity dilemma)이다.

세계 무역량의 확대와 GNP 성장률에 비하여 새로운 금의 산출에 의한 화폐용 금의 증가는 상당히 적었으며 금의 부족을 보충하기 위해서는 부득이 미국 이외의 국가에 대한 달러의 공급이 끊임없이 증대되어야 했었지만 달러가 계속 공급되면 미국의 국제수지는 지속적 적자를 면할 수가 없었던 것이다.

5) 특별인출권(SDR)의 창출

새로운 금의 산출에 의한 화폐용 금의 증가가 사실상 중단됨에 따라 세계무역의 증가율보다 국제유동성의 증가율이 낮아지자, 주요국가의 통화당국은 이에 대하여 우려하기 시작하였다. 각국 통화당국이 보유하고 있는 금의 가치를 증가시키기 위하여 금의 가격을 인상하자는 주장에 대하여는 첫째, 금의 가격을 올리면 주요 금생산국인 남아연방, 소련 등만 주로 이익을 보게 되고, 둘째, 금의 가격을 인상함으로써 금의 가치가 증가하면 적어도 일부국가의 중앙은행은 그에 상응하는 화폐공급을 늘릴 것이므로 세계적으로 인플레이션이 심해질 우려가 있다는 이유로 반대가 많았다.

IMF는 1969년 10월에 이르러 특별인출권(Special Drawing Rights: SDR)을 창출하기로 의결하고 1970년 1월에 각 회원국의 IMF 쿼터비율에 따라 SDR을 배분하여 추가적인 국제유동성으로 사용되도록 하였다. 이후 SDR은 중앙은행들 사이의 거래에 사용되기 시작하였으나, 금과 미달러화 등 기존의 국제유동성을 완전히 대체하기보다는 보완적 국제유동성에 머물렀다.

SDR이 창출되었을 당시에는 1SDR의 가치를 금 일정량, 즉 1/35온스와 동일한 가치를 갖도록 하였다. 따라서 당시 미달러화와 동일한 가치를 가졌다.

그러나 국제통화제도가 고정환율제도로부터 변동환율제도로 이행하는 과정에서 SDR의 가치를 결정하는 방법이 변경되었다. 즉, 금을 통하여 단일통화인 미달러화에 고정시키는 방법을 버리고 일정한 가중치를 지니는 복수통화들로 이루어진 통화바스켓(currency basket)에 연결시키는 방식을 1974년 7월에 채택하였다.

2. 달러 부족기(1945~1958)

이러한 브레튼우즈 체제는 당시 거대한 미국의 경제력을 배경으로 유지되었고 달러의 국제통화로서의 신인도가 높았던 1950년대까지는 운영에 별다른 문제를 나타내지 않았다. 오히려 이 시기에 있어 미국의 달러화 공급은 세계적으로 큰 환영을 받았는데 그 이유는 전후의 경제부흥을 위해 국제통화에 대한 수요가 매우 컸기 때문이었다. 그러나 1958년 유럽 국가들 통화의 교환성(convertibility)이 회복되고 또한 유럽 국가들의 경제가 회복되어 대미의존에서 벗어나게 됨에 따라 유동성딜레마 현상이 나타나게 되었다.

3. 달러의 국제적 가치에 대한 신인도 저하(1960년대)

1960년대에 들어서면서 유동성딜레마 현상이 표면화되었고 미국의 국제수지 적자규모가 엄청나게 되자 달러의 국제적 가치가 과연 유지될 수 있을 것인가에 대하여 많은 국가들이 의심을 하게 되면서 달러의 신인도가 크게 저하되자 일부 국가들은 미국에 대하여 달러의 금태환을 요구하기 시작하였다.

4. 금의 이중가격제 도입(1968년 3월)

브레튼우즈 체제는 금 1온스 = $35라는 금과의 교환성에 입각하여 유지되어 왔다. 그러나 1960년대 이후 계속된 미국의 국제수지 악화는 달러에 대한 신인도를 감소시켜 금가격의 변동이 심하게 나타남에 따라 금투기가 성행하여 금의 시장가격이 폭등하였다. 그 결과 금 1온스 = $35의 공정가격을 유지하기가 어렵게 되어 1968년 3월에는 금의 이중가격제(two-price system for gold)를 실시하게 되었다.

그 내용은 각국 중앙은행간의 금거래에 있어서는 과거와 같이 금 1온스 = $35라는 공정가격을 적용하되 앞으로의 공적보유금은 중앙은행간의 금거래에만 사용하고 민간 금시장에 대해서는 금의 공급을 중단한다는 것이다. 따라서 금의 공정가격은 각국 중앙은행간의 공적인 거래에만 적용되고 민간시장에서의 금시세는 시장에서의 수요 · 공급에 의하여 자유로이 결정되도록 하였다.

이것은 국제통화로서의 금의 지위를 달러에 비하여 상대적으로 저하시킨 것을 뜻한다. 즉, 각국 중앙은행간의 결제에 있어 온스당 $35로 평가된 금과 달러가 병용되는 경우 금의 자유시장가격이 온스당 $35를 상회한다면 금을 인도한 국가는 손실을 입게 될 것이므로 금보다는 실질가치가 낮은 달러가 국제결제에 주로 사용되도록 한 것이다.

5. 스미소니언 협정(1971년 12월)

1944년 브레튼우즈 협정에 의하여 금환본위제도와 조정가능 고정환율제도를 주축으로 성립된 브레튼우즈 체제는 국제경제의 급격한 변화가 야기된 1960년대부터 기축통화로서의 달러위기, 국제유동성의 부족 등으로 인하여 동요되어 왔다.

1970년대에 들어와서도 미국의 국제수지 적자는 계속 악화되어 1971년 초 미국의 금준비는 110억 달러 수준으로 감소된 반면 미국이 금태환 의무를 지는 대외공적채무는 300억 달러를 넘게되자 달러의 신인도가 더욱 낮아져 달러의 평가절하를 예측한 투기자들이 대규모의 자금을 미국으로부터 서독으로 이동시키게 되었고 이에 따라 세계의 주요 외환시장에서는 큰 혼란이 초래되었다. 그 결과 마침내 1971년 8월 미국의 닉슨 대통령은 달러를 방어하기 위해 달러의 금태환정지와 함께 일련의 긴급 경제정책을 취함으로써 금환본위제를 근간으로 한 브레튼우즈 체제는 사실상 붕괴되고 말았다.

1971년 12월 미국 워싱턴의 스미소니언 박물관에서 선진 10개국 회의가 개최되어 국제통화제도의 안정과 국제무역의 확대를 위한 스미소니언 협정(Smithsonian Agreement)을 체결함으로써 스미소니언 체제가 성립되었다.

스미소니언 협정에서는 금 1온스의 가격이 35달러에서 38달러로 인상되는 달러의 평가절하가 단행되었으며 반대로 일본의 엔화와 서독의 마르크화 등 국제수지 흑자국들의 통화는 평가절상이 이루어지는 등 다국간의 통화의 평가조정이 이루어졌다. 또한 과거에는 평가를 기준으로 상하 각각 1%의 범위 내에서 유지되었던 외환시세를 상하 각각 2.25%의 범위 내에서 유지되도록 완화함으로써 중앙은행이 수시로 외환시장에 개입하지 않아도 되도록 하였다.

6. 제2차 달러 평가절하(1973년 2월)

그러나 영국은 그후 6개월만에 경상수지 악화에 따른 파운드화 파동을 진정시키기 위하여 변동환율제도를 채택하였고 이어 스위스가 변동환율제로 이행하였으며 프랑스, 벨기에, 이탈리아 등에서는 경상거래에 대하여는 고정환율을 적용하고 자본거래에 대하여는 변동환율을 적용하는 이중환율제도를 도입하였다. 그리고 투기자본이 마르크화와 엔화 등에 집중되어 그 가치가 폭등하고 달러의 가치는 폭락하는 등 국제통화위기가 다시 야기되었다.

결국 미국의 무역수지는 더욱 악화되고 투기자본이 엔화와 마르크화에 집중되어 달러화는 더 이상 그 국제적 가치를 유지할 수 없다는 것이 분명해지자 미국은 자국의 국제수지를 개선하기 위하여 1973년 2월 다시 금 1온스당 38달러의 금공정가격을 42.22달러로 인상시키는 달러의 평가절하를 단행하였다.

7. 브레튼우즈(스미소니언) 체제의 몰락

그러나 제2차 달러 평가절하 직후에도 달러 위기는 해소되지 않았으며 주로 마르크화의 매입을 위해 대규모의 투기적인 달러 투매현상이 계속되어 대부분의 외환시장이 폐쇄되었다. 1973년 3월 EC 국가들은 1972년 4월에 실시했던 공동변동환율제도(European System of Narrower Exchange Rate Margins: Snake System)를 더욱 강화하였고 이로써 1년 2개월 남짓 존재했던 스미소니언 체제도 종막을 고하게 되었다. 그 후 선진국들은 단독변동환율제도 또는 공동변동환율제도를 실시하였으며, 대부분의 개발도상국가들은 달러화나 파운드화, 프랑화 등에 자국통화를 고정시키는 등 각각 자국의 경제여건과 필요성에 따라 다양한 환율제도를 채택, 유지하게 되었다.

제 3 절 킹스턴 체제

1. 킹스턴 체제의 성립

브레튼우즈 체제가 몰락한 후 환율문제를 둘러싸고 변동환율제도를 주장하는 미국과 평가제도의 복귀를 고집하던 프랑스와의 견해차이가 좀처럼 좁혀지지 않자 미국, 프랑스 등 주요 선진국들은 1975년 11월 파리에서 정상회담을 개최하여 이 환율문제를 타결하고 그 내용을 기초로 랑부이에 선언이 발표되었다.

한편 1976년 1월 자메이카의 킹스턴에서 개최된 킹스턴 회의에서는 IMF 협정문을 개정함으로써 그 동안 약 3년 동안에 걸친 국제통화제도의 개혁작업은 종결되고 킹스턴 체제라는 새로운 국제통화체제가 성립되었다. 다시 말하면 금환본위제도와 조정가능 고정환율제도를 중심으로 하는 브레튼우즈 체제는 종막을 고하고 그 대신 SDR(Special Drawing Rights)본위제도와 변동환율제도를 근간으로 하는 킹스턴 체제가 탄생된 것이다.

킹스턴 체제는 IMF회원국에게 독자적인 환율제도를 선택할 수 있는 재량권을 부여함으로써 이미 실시되고 있던 변동환율제도를 인정하였다. 또한 킹스턴 체제는 금의 공정가치를 폐지함으로써 가치척도로서의 금의 역할이 완전히 사라지고 그 대신 SDR이 가치척도의 기능을 맡게 되었다. 그리고 국제통화, 곧 국제유동성으로서 SDR의 기능을 높이기 위해 그 사용범위를 크게 확대하였다. 즉, SDR의 적절한 발행을 통해서 국제유동성 부족문제를 해결하고자 하였다. 그러나 SDR의 사용이 주로 중앙은행 사이의 공적 거래에 국한되었고 SDR의 과도한 발행은 세계적 인플레이션을 낳을 수 있으므로 SDR의 적극적인 사용에는 한계가 있었다고 볼 수 있다.

2. 1976~1979년의 미달러화의 가치하락

제 1 차 석유파동에 따른 경제침체 및 인플레이션에 대응하여 대부분의 국가들은 팽창적인 경제정책을 수행하였다. 그러나 그 정도는 나라마다 상이하여 미국의 정책이 가장 팽창적이었던 반면에 독일 및 일본의 정책은 상대적으로 덜 팽창적이어서, 미국의 인플레이션과 독일 및 일본의 인플레이션이 큰 격차를 보였다. 이와 같은 정책의 상이함으로 말미암아 1976년경부터 미달러화의 절하가 심화하였다. 다시 말하자면 독일마르크화와 일본엔화의 절상이 나타났는데 이것이 독일 및 일본경제에 미칠 경기위축 효과를 방지하고자 두 나라의 중앙은행은 외환시장에 개입하여 미달러화를 매입하고 자국통화들을 매도하였다. 그럼에도 불구하고 미국과 독일 및 일본 사이의 인플레이션 격차가 좁혀지지 않자 미달러화는 계속해서 절하하였다. 미달러화의 계속적인 절하는 미국의 카터 행정부로 하여금 미달러화에 대한 신뢰하락을 우려하게 하여 미국정부는 긴축적인 화폐정책을 수행할 것을 1979년 10월에 결정하였고 이로써 미달러화의 절하현상이 끝나게 되었다.

3. 유럽통화제도(EMS)의 성립

1979년 3월 독일과 프랑스의 선도아래 당시 EC 10개 회원국 중 영국과 그리스를 제외한 8개국이 참여하여 유럽통화제도(European Monetary System: EMS)를 창설하였다. 그 후 스페인과 포르투갈이 EC에 가맹하여 EC는 12개 회원국으로 이루어지게 되었는데, EMS에는 영국과 스페인이 추가로 가입하고, 그리스와 포르투갈은 준회원국으로 참가하였다.

EMS는 미달러화 등 역외통화의 가치변동으로부터 역내통화들을 보호하고, 역내통화들 사이의 경쟁적 평가절하정책과 개별 회원국 이익위주의 개별 경제정책의 수행을 지양하고 역내통화가치를 안정시킴으로써, 역내경제의 균형적 발전을 도모하는 데 그 목표를 두고 있으며 궁극적으로 EC 내의 통화를 단일화하고 경제통합을 실현하고자 하였다.

한편 EMS는 유럽통화단위(European Currency Unit: ECU)를 창출하여, 이로써 회원국 통화의 가치를 표시하는 척도 및 일반적인 계산단위로 삼았고, 나아가 중앙은행의 개입통화 및 중앙은행간 결제수단으로 사용하고, 궁극적으로는 EC의 단일통화로 발전시키고자 하였다.

4. 1980~1985년의 미달러화의 가치상승

1979년 10월에 시작된 미국의 긴축적 화폐정책은 달러화의 절하를 막기 위해서뿐 아니라, 더 중요하게는 미국의 인플레이션을 방지하기 위해서 수행되었다. 이 결과 미국의 금리는 1979년 말부터 급상승하여, 1981년에 단기금리는 1978년 수준의 두 배 가까이 되었다. 또 이 기간중 미달러화는 독일마르크화에 대하여 23%가량 절상하였다. 1979년 10월부터 미국정부가 추진한 긴축적 화폐정책과 1981년에 출범한 레이건 행정부의 팽창적 재정정책의 결과 미국은 낮은 인플레이션하에서도 금리는 높게 되었고 따라서 1980~1985년까지의 기간 동안 미달러화는 그 가치가 크게 상승하였다.

5. 플라자 협정과 미달러화의 가치하락

미달러화의 강세가 미국의 경상수지를 크게 악화시킴에 따라, 미국에 보호무역주의가 대두되었다. 이에 국제무역체제의 위기를 우려하여 미국, 독일, 일본, 프랑스, 영국 등 선진 5개국(Group of Five: G-5)의 경제관료들이 미국 뉴욕시 소재 플라자 호텔에서 회의를 열고, 1985년 9월 22일 플라자 협정을 발표하였다. 이 협정의 주요 골자는 미달러화의 절하를 유도하기 위해서 G-5의 중앙은행들이 외환시장에 공동으로 개입하겠다는 것이었다. 이에 미달러화는 즉각 절하하기 시작하였고, 미국이 팽창적 화폐정책을 수행하고 미국 내 금리가 하락함에 따라서 1986년에 이어 1987년 초까지 미달러화의 절하가 지속되었다.

환율에 대해 협조하려는 새로운 노력이 1987년 2월 파리의 루브르 박물관에서 열린 회의를 통해 시작되었다. 앞서 플라자 협정에 참가했던 미국, 독일, 일본, 프랑스, 영국 등 G-5 외에 캐나다가 참가하였는데 이들 선진 6개국, 곧 G-6의 재무장관과 중앙은행 총재들이 이른바 루브르 협정을 맺었다. 이 협정에 따르면 당시의 환율수준이 경제의 기초적 변수들(fundamentals)을 대략 잘 반영하므로 그 환율수준에서 안정을 유지하도록 협력하겠다는 것이었다. 그런데 루브르 협정은 공표되지 않은 합의사항에서 환율들에 대한 목표환율대(target zones)를 설정하고, 외환시장개입을 통해 이 목표환율대를 수호하기로 합의하였던 것이다.

이러한 목표환율대 내에서 환율이 얼마 동안은 잘 유지되었다. 그러나 미국의 경상수지적자는 지속되고, 미달러화는 계속하여 절하압력을 받았다. 결국 1987년 말에는 루브르 협정의 목표환율대를 벗어날 수밖에 없었다. 이에 새로운 목표환율대가 설정되었고, 그 후에도 여러 번 갱신되었다.

제 4 절 경제통화동맹과 유로화

1. 경제통화동맹의 추진

유럽통화제도(EMS)는 국제통화제도로서의 기능을 확립하고 궁극적으로 단일통화권을 실현하기 위하여 EC집행위원회를 중심으로 EC통합방안에 대하여 논의를 해왔다. 특히 1987년 7월에 채택된 단일유럽의정서(Single European Act)는 EC통합의 개념을 크게 확대하여 유럽연합(European Union)과 경제통화동맹(Economic and Monetary Union: EMU)의 실현을 명시하였다.

1991년 12월 네덜란드의 마스트리히트(Maastricht)에서 개최된 EC 12개국 정상회담에서는 경제통화동맹(EMU) 및 유럽정치동맹(European Political Union)의 실현을 위해 유럽연합조약(Treaty on European Union)의 체결에 합의하였다.

마스트리히트 조약은 경제통화동맹을 완성함에 있어 다음과 같이 3단계로 나누어 추진하기로 하였다. 즉, 제1단계(1990~1993년)에서는 전 회원국의 환율안정 및 정책협조에 역점을 두고, 제2단계(1994~1998년)에서는 유럽통화기구(European Monetary Institute)를 설립하여 동 기구로 하여금 제3단계로의 이행을 위한 준비업무를 담당하도록 하고, 제3단계(1999년 1월부터)에서는 유럽중앙은행제도(European System of Central Banks: ESCB)를 설립하여 참가국의 통화주권(monetary sovereignty)을 유럽중앙은행제도에 이양하고 동시에 단일통화를 창출하여 유럽통화통합을 완성하도록 하였다.

2. 유로화의 도입

마스트리히트 조약의 규정에 따른 유럽통화통합의 첫 단계로서 EC의 공동통화단위로 사용되었던 ECU의 바스켓을 구성한 각 회원국통화의 구성통화단위수를 1994년 1월 1일부터 고정시킴으로써 ECU가치의 안정을 도모하였다. 그후 1995년 12월 EU이사회에서는 1999년 1월 1일부터 참가국통화와 새로 도입될 단일통화인 유로화간의 환율을 고정하여 유로화가 고유의 기능을 갖는 통화가 되도록 하고 그 동안 사용하던 ECU는 공식적으로 폐기하도록 하였다. 그리고 참가국 통화와 유로화를 병행하여 사용하고 이들간에 법적으로 유효한 등가성(equivalence)이 유지되도록 하였다. 또한 2002년 1월 1일부터는 유로화 지폐 및 주화를 발행하여 각 회원국 지폐 및 주화와 병행하여 사용할 수 있도록 하되 병행사용기간을 최소화하여 6개월 이내에 회원국 통화의 법화적 지위가 소멸되도록 하였다.

제 5 절 고정환율제도와 변동환율제도의 비교

1. 고정환율제도의 장점

첫째, 고정환율제도하에서는 환율이 안정적이므로 환율의 변동에서 오는 환위험이 존재하지 않는다. 그러므로 국제무역과 장기자본의 국제적 이동(특히 국제투자)이 증진될 수 있다.

둘째, 일반적으로 환차익을 노리는 환투기자들의 투기활동이 일어나지 않으므로 투기성 단기자본의 이동이 가져올 수 있는 국제수지의 불안을 방지할 수 있다.

2. 고정환율제도의 단점

첫째, 금본위제도하에서는 국제수지의 균형이 금의 유출입에 따른 국내 물가수준의 변동에 의하여 유지되므로 대내적인 경제불안이 불가피해지며 반대로 국내물가의 변동을 억제하기 위한 대내정책은 곧 국제수지의 균형을 저해하게 된다. 그러므로 국내물가의 안정 및 경제성장을 위한 대내정책의 시행(즉, 통화공급의 적정화)은 국제수지의 균형을 위하여 제약을 받기 마련이다.

둘째, 일국의 물가수준은 무역상대국의 물가수준의 영향을 받게 된다. 즉, 무역상대국이 인플레이션에 직면하게 되면 자국상품의 가격경쟁력이 상대적으로 강화되므로 자국의 국제수지 흑자가 발생하게 된다. 이 과정에서 자국의 금 및 외환보유고는 증대되므로 이에 따른 통화의 공급증대는 국내 인플레이션을 유발할 수 있다. 이 인플레이션은 결국 무역상대국으로부터 수입된 것이라고 볼 수 있으며 이는 개별국의 경제적 독립성이 결여되는 것을 의미한다.

셋째, 고정환율제도하에서는 경제정책들이 국가간에 서로 파급효과를 미치게 된다. 예를 들어, 일국의 정부가 긴축정책을 쓰면 물가수준의 하락에 따른 자국상품의 가격경쟁력 강화로 인하여 국제수지의 흑자가 발생하게 되지만 무역상대국의 국제수지는 적자가 발생하게 되므로 통화량의 감소를 가져와 무역상대국의 경제도 또한 위축된다.

3. 변동환율제도의 장점

첫째, 변동환율제도하에서는 외환시장에서의 외환의 수요와 공급상태에 따라 환율이 자유롭게 움직이기 때문에 환율의 변동을 통해 국제수지의 불균형이 수시로 시정된다. 즉, 환율이 외환시장에서의 외환의 수급상황에 따라 계속적으로 조정되므로 고정환율제도하에서와 같은 국제수지불균형을 해소하기 위한 각종 경제정책의 낭비를 피할 수 있다.

둘째, 변동환율제도하에서는 환율의 변동으로 국제수지의 균형을 이룰 수 있으므로 국제수지의 상태에 관계없이 국내경제 상황에 따라 완전고용, 물가안정 및 경제발전 등을 위한 금융 및 재정정책 등의 대내 경제정책을 독자적으로 자유롭게 시행할 수 있게 된다.

4. 변동환율제도의 단점

첫째, 변동환율제도하에서는 환율이 수시로 변동하므로 환율이 안정적이지 못하며 또한 환율이 각국의 기본적인 경제력에 의해서보다는 단기자금의 이동에 의해 크게 영향을 받을 수도 있기 때문에 단기간에도 대폭 변동할 가능성을 가지고 있다. 그러므로 그에 따른 환위험은 국제무역의 규모를 축소시키고 또한 장기자본의 국제적 이동을 억제시킬 수 있다.

둘째, 환율의 자유로운 변동은 환투기자들의 활동을 촉진시킬 수 있으므로 환율의 불안정이 초래될 수 있다. 예를 들어, 투기자들에게는 환율이 조금만 하락하여도 환율의 대폭적인 하락의 시초로 해석될 수 있기 때문에 국제수지 적자국으로부터의 단기자본유출을 더욱 촉진시키므로 환율의 하락폭은 더욱 확대될 수 있다.

연·습·문·제

EXERCISES

1. 19세기 말 금본위제도가 원활한 기능을 할 수 있었던 이유에 해당하지 않는 것은?
   1) 각국의 물가상승률이 비교적 낮았다.
   2) 국제간의 자본이동이 비교적 많지 않았다.
   3) 각국 정부는 국제수지의 자동조정기능을 방해하여서는 안 된다는 원칙을 철저히 준수하였다.
   4) 변동환율제도를 택하였다.

2. 다음 중 국제통화제도로서의 브레튼우즈(Bretton Woods) 체제의 특징에 해당하지 않는 것은?
   1) 국제통화기금(IMF)을 창설하였다.
   2) 달러화의 가치는 금을 기준으로 하여 정하고 기타 다른 통화의 가치는 달러화를 기준으로 정하였다.
   3) 기본적으로는 고정환율제도를 채택하였으나 국제수지가 근본적인 불균형상태에 있다고 판단될 경우에는 일정한 범위 내에서 환율의 조정이 가능하였다.
   4) 각국이 자국통화 한 단위의 가치를 금의 일정량으로 정해놓고 원칙적으로 평가절하는 허용되지 않았다.

3. 다음 중 변동환율제도의 특징에 해당하지 않는 것은?
   1) 국내경제정책은 국제수지에 대한 고려 때문에 제약을 받게 된다.
   2) 환율의 변동을 통해 국제수지의 불균형이 수시로 시정된다.
   3) 환투기자들의 활동을 촉진시킬 수 있다.
   4) 단기간에 환율이 대폭 변할 수 있어 환위험이 커진다.

4. 다음 중 고정환율제도의 특징에 해당하지 않는 것은?
   1) 환율이 안정적이므로 환율변동위험에 대한 걱정이 적다.
   2) 경제정책들이 국가간에 서로 파급된다.
   3) 국제수지에 관계없이 국내경제상황에 따라 경제정책을 자유롭게 수행할 수 있다.
   4) 국내경제정책은 국제수지에 대한 고려 때문에 제약을 받게 된다.

5. 다음 중 국제통화제도로서의 금본위제도(The Gold Standard)가 붕괴하게 된 원인이 아닌 것은?
   1) 제1차 세계대전의 발발
   2) 각국의 물가수준이 서로 엄청나게 다르게 변화하게 됨
   3) 각국간에 금의 편재현상이 심화되었음
   4) 미국 달러화의 국제통화로서의 신인도 하락

〈문제 6번부터 7번까지는 다음을 읽고 답하시오〉

상 황

브레튼우즈 체제를 (A)라고 부르는데 그 이유는 달러화의 가치는 금을 기준으로 정하고 기타 모든 다른 통화의 가치는 달러화를 기준으로 정하였기 때문이다. 즉, 미국 달러화가 직접 금에 연결되어 있었고 기타국의 통화는 달러화에 연결되면서 미국은 각국의 중앙은행에 대하여 달러화의 (B)을 보장하였다.

그러므로 브레튼우즈 체제하에서는 미국의 달러화가 (C)로 부상되어 금과 더불어 국제통화로 사용되었으며 미국은 소위 은행국으로서 그 통화가 국제통화로서의 국제적 가치를 유지할 수 있도록 충분한 금을 준비금으로 보유하도록 요구되었다. 따라서 미국의 달러는 그 가치가 절대적으로 안정되어 있어야 할 뿐만 아니라 국제유동성에 대한 수요를 만족시킬 수 있도록 풍부하게 공급되어야 했다.

그러나 국제통화인 미국 달러의 공급은 미국의 국제수지의 (D)를 통해서 비로소 가능했으므로 국제통화의 원활한 공급과 가치안정이라는 문제는 상호 모순되게 되었다. 즉, 국제유동성은 미국의 국제수지 (D)에 의해서 증가되지만 미국이 보유하고 있는 준비금에 비하여 미국 달러의 공급규모가 상대적으로 크다고 인식될 경우에는 달러의 가치안정이 위협을 받게 되며 반대로 미국의 국제수지가 (E)로 전환되면 달러의 (F)는(은) 회복되지만 세계적으로 국제유동성이 부족하게 되는 구조적인 모순이 내재하고 있었는데 이것이 바로 (G)이다.

6. 위의 (A), (B), (C)에 각각 들어갈 내용은?
   1) 금본위제도, 금태환, 기축통화
   2) 금본위제도, 이자지급, 본원통화
   3) 금환본위제도, 이자지급, 본원통화
   4) 금환본위제도, 금태환, 기축통화

7. 위의 (D), (E), (F), (G)에 각각 들어갈 내용은?
   1) 흑자, 적자, 신인도, 유동성딜레마
   2) 흑자, 적자, 교환성, 금의 이중가격제도
   3) 적자, 흑자, 신인도, 유동성딜레마
   4) 적자, 흑자, 교환성, 금의 이중가격제도

〈문제 8번부터 9번까지는 다음을 읽고 답하시오〉

상 황

19세기 말에 확립되었던 금본위제도는 국제수지가 완전히 자동조정될 수 있는 제도라고 할 수 있었다. 즉, 한 나라가 국제수지 적자가 누적되는 경우 자국이 보유하고 있는 금의 (가)이 계속적으로 이루어져 국내 통화량이 (나)하고 이는 다시 물가의 (다)을 가져오는데 이것은 대외교역의 측면에서 볼 때 자국상품의 가격경쟁력을 (라)시켜 자국의 국제수지를 흑자로 전환시켜 국제수지는 자동적으로 균형을 회복하게 된다는 것이다.

8. (가)와 (나)에 순서대로 들어갈 내용은?
   1) 유입, 증가　2) 유입, 감소　3) 유출, 증가　4) 유출, 감소

9. (다)와 (라)에 순서대로 들어갈 내용은?
   1) 상승, 강화　2) 상승, 약화　3) 하락, 강화　4) 하락, 약화

Part 2

외환 및 파생금융상품시장

CHAPTER 02

외환시장

제 1 절 환율의 기초개념

1. 환율의 표시방법

외환시장에서의 가격 또는 환율이란 서로 다른 통화간의 상대적 가격을 의미한다. 즉, $1.00가 £0.6400의 가치가 있다고 하는 말은 £0.6400를 가지면 $1.00를 살 수 있다는 말도 되지만 동시에 £1는 $1.5624의 가치가 있다는 것을 의미한다. 이와 같이 환율의 표시방법은 두 가지로 나눌 수 있는데 외국통화 1단위를 얻기 위하여 지급해야 하는 자국통화의 단위수로 표시하는 방법을 방화표시법(direct quotation)이라고 하고 자국통화 1단위를 대가로 수취할 수 있는 외국통화의 단위수로 표시하는 방법을 외화표시법(indirect quotation)이라고 한다. 예를 들면, $1 = ₩1,200 또는 ₩1,200 / $1로 표시하는 것은 방화표시법이 되며, ₩1 = $(1 / 1,200) 또는 $(1 / 1,200) / ₩1로 표시하는 것은 외화표시법이 된다.

선도환율이란 선도환거래(forward exchange transaction)에 적용되는 환율을 말하는데 선도환거래의 만기에 따라 각기 다른 선도환율이 존재한다. 선도환거래는 현물환거래(spot exchange transaction)와는 다른 개념으로 현물환거래가 외환거래의 수도결제일이 계약일로부터 2영업일(2 business days) 이내인 외국환거래를 말하는 반면에 선도환거래는 장래에 이루어질 두 통화의 교환비율(환율)을 거래액과 함께 계약일에 미리 결정해 두고, 결제는 계약일로부터 일정기간이 지나서 이루어지는 외환거래를 말한다.

매도율(selling rate, asked rate)이란 특정통화를 금융기관이 매도할 때 적용하는 환율을 의미하며 이와는 반대로 특정통화를 금융기관이 매입할 때 적용하는 환율은 매입률(buying rate, bid rate)이라고 부른다. 그리고 매도율과 매입률의 차이를 bid-asked spread라고 부른다. 이 매도율과 매입률의 차이로 부터 금융기관은 이익을 취하는 것이므로 매도율은 매입률보다 높아야 한다. 은행들간의 외환거래에 적용되는 환율을 은행간율(interbank rate)이라고 부르는데 이 은행간율은 시시각각으로 변동한다. 국제금융시장에 참여하는 대규모 은행들은 전자통신장비를 갖춘 trading room을 가지고 있으므로 직접 거래를 행할 수 있으나, 자체적으로 trading room을 갖추지 못한 개인이나 회사들은 은행을 통하여 외환거래를 하게 된다. 이 때 적용되는 환율을 대고객률이라고 부르며 은행은 고객에게 이러한 외환거래의 서비스를 제공하는 대가로 이익을 취하기 위하여 은행간율과는 다른 매도율과 매입률을 적용하므로 대고객률의 bid-asked spread는 은행간율의 bid-asked spread보다 더 크게 된다.

2. 지역간재정 및 크로스환율재정

외환시장에서는 여러 가지 가격관계가 존재한다고 할 수 있는데 이러한 가격관계가 붕괴되었을 경우에는 재정의 기회가 존재하게 된다. 일반적으로 재정(arbitrage)이란 가격이 낮은 시장에서 상품을 매입하고 가격이 높은 시장에서 그 상품을 매도하여 이익을 취하는 것을 말하는데 외환시장에서 행할 수 있는 각종 재정거래 중에서 지역간재정 및 크로스환율재정에 대해서 우선 알아보기로 한다.

지역간재정은 특정통화가 서로 다른 두 시장에서 그 가격이 서로 다른 경우에 일어날 수 있다. 예를 들어, 영국 파운드화(£)화와 미국 달러화($)간의 환율이 다음과 같이 New York과 London에서 서로 다르다고 가정하자.

상 황

New York	\$/£	1.5624
London	£/\$	0.6373

London에서의 환율은 £/\$로 표시되어 있으나 \$/£로 표시하기 위하여는 £/\$환율의 역수를 취하면 된다. 즉,

$$\$/£ = \frac{1}{£/\$} = \frac{1}{0.6373} = 1.5691$$

New York에서는 1단위의 £를 사기 위하여 \$1.5624를 지급해야 하지만 London에서는 \$1.5691를 지급해야 하므로 £의 가격은 London에서 더 높다고 할 수 있다. 이러한 경우의 재정거래는 New York에서 1단위의 £를 매입하고 그와 동시에 London에서 1단위의 £를 매도하는 것이 된다.

조치 및 결과

New York에서 1단위의 £ 매입
London에서 1단위의 £ 매도

매도가격	\$1.5691
매입가격	\$1.5624
재정이익	\$0.0067

위의 예는 재정의 기회가 존재할 때 그 기회를 포착하여 이익을 취하는 것을 보여주고 있는데 매입과 매도를 동시에 행하므로 위험부담이 없이 이익을 확보하게 된다.

또 다른 한 가지 종류의 재정은 크로스환율재정으로서 다음의 예를 들어 설명하기로 한다. 특정 외환시장에서 A통화와 B통화간의 환율을 알고 또한 A통화와 C통화간의 환율을 알게 되면, B통화와 C통화간의 환율은 자동적으로 산출되는데 이와 같이 다른 두 가지 환율로부터 산출되는 환율을 크로스환율(cross rate)이라고 한다. 이와 같이 특정외환시장에서 산출된 크로스환율이 다른 외환시장에서의 B통화와 C통화간의 실제환율과 차이가 있을 때는 크로스환율재정이 가능하게 된다.

상 황

New York	\$/£	1.5624
	SF/\$	1.4810
London	£/SF	0.4365

이러한 상황하에서 New York에서의 £와 SF(Swiss franc)간의 크로스환율은 \$/£환율과 SF/\$환율로부터 쉽게 산출할 수 있다. 즉,

$$\frac{£}{SF} = \frac{£}{\$} \times \frac{\$}{SF}$$
$$= \frac{1}{\$/£} \times \frac{1}{SF/\$}$$
$$= \frac{1}{1.5624} \times \frac{1}{1.4810} = 0.4322$$

New York에서의 £와 SF간의 크로스환율은 0.4322인 반면 London에서의 £/SF환율은 0.4365이므로 재정의 기회가 존재하게 된다. 즉, Swiss franc은 New York에서 그 가격이 더 저렴하다는 것을 알 수 있다. 그러므로 이러한 경우의 재정거래는 SF를 상대적으로 가격이 낮은 New York에서 매입하고 상대적으로 가격이 높은 London에서 매도하는 것이 된다. 여기서 한 가지 중요한 사실은 재정거래가 £/SF환율에 대하여 행해지는 것이므로 New York에서 SF를 매입한다는 것은 £를 매도한다는 것을 의미하며 London에서 SF를 매도한다는 것은 £를 매입한다는 것을 의미한게 된다. London에서 SF를 매도하고 £를 매입할 때 적용되는 환율은 London에서의 £/SF환율인 0.4365가 되지만 New York에서 £를 매도하고 SF를 매입할 때는 2단계를 거쳐야 한다. 즉, 우선 £를 매도하고 \$를 매입해야 하는데 이 때 적용되는 환율은 New York에서의 \$/£환율인 1.5624가 되며 두번째 단계로 \$를 매도하고 SF를 매입할 때 적용되는 환율은 New York에서의 SF/\$환율인 1.4810이 된다.

조치 및 결과

London에서 1단위의 SF를 매도
매도가격 : £0.4365
New York에서 1단위의 SF1.00를 매입
1) £0.4322를 지급하고 $0.6752를 매입
2) $0.6752를 지급하고 SF1.00을 매입
그러므로 1단위의 SF를 매입하는 데 있어서의 매입가격 : £0.4322

재정이익
매도가격 : £0.4365
매입가격 : £0.4322
이　　익 : £0.0043

우리는 위의 예에서 환율을 표시할 때 한 가지 수치로만 표시하였다. 그러나 실제에 있어서는 환율이 한 가지 수치로만 표시되지 않고 매도율과 매입률의 두 가지 수치로 표시된다. 즉, 고객의 입장에서가 아니라 dealer(은행)의 입장에서 특정통화를 팔 때 적용하는 매도율과 살 때 적용하는 매입률을 동시에 표시하는 것이 관례로 되어 있다. 이제 다음과 같은 상황을 예로 들어 매도율과 매입률이 동시에 표시되어 있는 경우에 크로스환율을 산출하는 방법을 살펴보기로 하자.

상 황

	매입률	매도율
$/£	1.5624	1.5629
SF/$	1.4810	1.4816

여기서 $/£환율에 있어서의 매입률은 dealer가 £를 고객으로부터 매입할 때 적용하는 환율이고, 매도율은 dealer가 £를 고객에게 매도할 때 적용하는 환율이다. 여기서 주의해야 할 점은 매도율이 매입률보다 더 높다는 점이다. 즉, dealer는 £를 고객에게 팔 때는 높은 가격을 받고, £를 고객으로부터 살 때는 낮은 가격을 지불함으로써 이익을 취한다는 점이다. SF/$환율에 있어서도 마찬가지로 매도율이 매입률보다 높음을 위의 예는 보여주고 있다. 이러한

상황하에서 고객의 입장에서 £를 매도하고 SF를 매입하는 경우에 있어서의 £와 SF간의 크로스환율을 산출하는 방법을 살펴보고자 한다.

우선 £를 매도하고 SF를 매입하는 과정은 2단계를 거쳐야 한다는 것을 우리는 쉽게 알 수 있다. 첫째로, £를 매도하고 $를 매입할 때 적용되는 환율은 $/£환율에 있어서의 매입률이 되는데 그 이유는 고객의 입장에서 £를 매도한다는 것은 dealer의 입장에서 £를 매입한다는 것과 같기 때문이다. 그러므로 £1단위를 매도하고 그 대가로 얻을 수 있는 $금액은 $1.5624가 된다. 둘째로, $를 매도하고 SF를 매입할 때 적용되는 환율은 SF/$환율에 있어서의 매입률이 되는데 그 이유는 고객의 입장에서 $를 매도한다는 것은 dealer의 입장에서 $를 매입한다는 것과 같기 때문이다. 그러므로 $1.5624를 매도하고 그 대가로 얻을 수 있는 SF금액은 1.5624 × 1.4810 = SF2.3139를 얻게 되므로 이 경우에 있어서의 크로스환율은 £1 = SF2.3139 또는 SF1 = £0.4322가 된다.

상 황

£를 매도하고 SF를 매입하는 경우

1) £를 매도하고 $를 매입(고객)
 = £를 매입하고 $를 매도(dealer)
 = £ 1단위를 매도하고 그 대가로
 = £ 1 × ($1.5624/£) = $1.5624를 얻음
 ↓
 (매입률)

2) $를 매도하고 SF를 매입(고객)
 = $를 매입하고 SF를 매도(dealer)
 = $1.5624를 매도하고 그 대가로
 = $1.5624 × (SF1.4810/$) = SF2.3139를 얻음
 ↓
 (매입률)

그러므로 £와 SF간의 크로스환율은
£1 = SF2.3139
또는
SF1 = £0.4322

위의 예에서 우리는 dealer(은행)와 고객을 구분하여 매입률 또는 매도율은 dealer의 입장에서 본 환율이라는 것을 강조하였다. 그러나 여기서 고객이라고 하여 반드시 은행이 아닌 기업이나 개인만을 의미하는 것은 아니다. 예를 들어, 어느 은행이 다른 은행으로부터 SF를 매입하고자 할 때, SF를 매입하고자 하는 은행은 고객이 되며 이러한 요구에 응하여 SF를 매도하는 은행은 dealer의 역할을 하게 되는 것이다. 그러므로 이러한 거래에 적용되는 SF와 다른 통화간의 환율은 매도율이 된다.

제 2 절 선도환거래

선도환거래(forward exchange transaction)란 장래에 이루어질 두 통화의 교환비율(환율)을 거래액과 함께 계약일에 미리 결정해 두고, 결제는 계약일로부터 일정기간이 지나서 이루어지는 외환거래를 말한다. 그리고 이러한 선도환거래에 적용되는 환율을 선도환율(forward exchange rate)이라고 부르는데 일반적으로 선도환율은 현물환율(spot exchange rate)과 같지 않으며 선도환계약(forward exchange contract)의 만기(maturity)에 따라 각기 다른 선도환율이 존재한다.

선도환거래에서의 수도결제일을 value date라고 부르는데 선도환계약의 value date는 spot date로부터 1개월, 2개월, 3개월, 6개월 및 12개월째 되는 날이 일반적이다. 그러나 때로는 1년 이상의 기간이 경과한 후가 value date가 되기도 한다. 여기서 spot date란 외환매매계약의 계약일로부터 2영업일(two business days) 후가 되는 날을 말하는데 우리가 보통 현물환거래(spot exchange transaction)라고 할 때는 계약일로부터 2영업일 후가 되는 spot date에 수도결제가 이루어짐을 뜻한다. 그러므로 선도환거래에서 예를 들어 3월 18일에 2개월 만기의 선도환계약을 체결하였다면 spot date는 3월 20일이 되고 value date는 spot date로부터 2개월째 되는 날인 5월 20일이 되므로 선도환계약의 수도결제는 5월 20일에 이루어지게 된다.

대부분의 선도환계약은 특정일을 결제일(value date)로 정하고 있으나 특정

기간 중의 아무 날이라도 결제일이 될 수 있는 경우가 있는데 이러한 선도환계약을 선도옵션계약(forward option contract)이라고 부르며 예를 들어 기업이 특정외국통화로 표시된 자금을 언제 받게 될지 그 정확한 날짜를 모를 때 유용한 계약이라고 할 수 있다.

지금까지 설명한 선도환거래는 forward outright 거래라고 하며 은행간의 선도환거래의 대부분을 차지하는 스왑거래(swap transaction)와는 구별된다. 스왑거래란 일정금액의 특정통화를 동시에 사고 팔고 하는 것을 의미하는데 이 때 매입과 매도가 같은 은행을 상대로 행해지지만 각각의 수도결제일(value date)은 서로 다르게 된다. 흔히 볼 수 있는 스왑거래의 예로서 'spot against forward' 를 들 수 있는데 가령 어떤 dealer가 특정통화를 현물환시장(spot exchange market)에서 매입함과 동시에 같은 금액을 선도환시장(forward exchange market)에서 매도하는 경우가 그것이다. 이러한 경우 현물환율과 선도환율과의 차이는 계약일에 고정되므로 예상치 못한 환위험(foreign exchange risk)에 노출되지 않게 된다. 좀더 발전한 스왑거래의 유형으로서 'forward-forward' 스왑을 들 수 있다. 예를 들어, 어떤 dealer가 £2,000,000를 매도하는 ($를 대가로 받고) 1개월 선도환계약을 $1.5594/£의 환율로 체결하고 동시에 £2,000,000를 매입하는 3개월 선도환계약을 $1.5541/£의 환율로 체결하는 경우가 그것이다. 즉, 이것은 $자금을 지금부터 1개월 후에 차입하고 3개월 후에 상환하는 데 있어서 2개월간의 차입기간 동안 £2,000,000를 담보로 잡히는 조건으로 하는 것이다.

1. 현물환율과 선도환율과의 관계

우리는 앞에서 환율을 표시하는 방법을 두 가지로 나눌 수 있다는 것을 알았다. 즉, 방화표시법(direct quotation)은 외국통화 1단위를 얻기 위하여 지급하여야 하는 자국통화의 단위수로 표시하는 것이며, 외화표시법(indirect quotation)은 자국통화 1단위를 대가로 수취할 수 있는 외국통화의 단위수로 표시하는 것이라고 하였다. 은행간거래의 대부분에 있어서는 소위 European terms라고 불리우는 환율표시방법이 채택되고 있다. European terms는 환율을 미국 달러화 1단위에 대하여 다른 외국통화로 얼마인가를 표시하는 방법인데 이 European terms가 미국 달러화의 다른 통화표시가격을 의미하므로 미국 이외의 지역에서는 방화표시환율이 되고 미국 내에서는 외화표시환율이 된다고 할 수 있다. 반면에 American terms는 환율을 특정통화 1단위에 대하여 미국 달러화로 얼마인가를 표시하는 방법인데 영국 · 오스트레일리아 · 뉴질랜드 및 아일랜드의 통화에 대하여 환율을 표시할 때 사용된다. 이와 같이 은행간거래에서는 몇몇 통화를 제외하고는 대부분 European terms가 사용되고 있지만 대고객률에 있어서는 American terms가 많이 사용되고 있으며 Chicago의 통화선물시장과 Philadelphia의 통화옵션시장 등에서는 American terms가 사용된다.

실제로 환율이 호가될 때 매입률(bid)과 매도율(offered 또는 asked)로 구분하여 표시된다는 것은 이미 앞에서 밝힌 바 있다. 예를 들어, 스위스프랑/달러환율이 '1.6110 to 1.6130' 으로 호가된다면 이것은 dealer가 $1를 SF1.6110/$의 환율로 매입할 용의가 있으며 SF1.6130/$의 환율로 매도할 용의가 있음을 의미한다. 일반적으로 매입률이 매도율보다 먼저 호가되며, 매도율과 매입률의 차이를 dealer의 스프레드(spread)라고 하고 이것이 dealer의 이익이 된다. 국제금융시장에서의 환율은 보통 소수점 네 자리까지 표시한다. 예를 들어, 스위스프랑화와 미국의 달러화간의 환율에 있어서 매입률이 SF1.6110/$이고 매도율이 SF1.6130/$인 경우, 매입률은 1.6110이라고 전체가 다 표시되지만 매도율은 매입률과 차이가 나는 부분만 표시된다. 그러므로 비디오 화면을 통하여 호가가 될 경우에는 1.6110/30으로 표시되고 전화를 통하여 호가가 될 경우에는 '1.6110(쉬고) 30' 또는 '1.6110 to 30' 으로 전달된다.

선도환율은 현물환율에 비하여 더 비싸냐 또는 싸냐에 따라 프리미엄(premium) 또는 디스카운트(discount)에 있다고 부른다. 그리고 만약 선도환율이 현물환율과 같은 수준에 있다면 선도환율이 'flat' 하다고 표현한다. 예를 들어, 6개월 선도환계약에 적용되는 선도환율의 매도율이 SF1.6369/$이고 현물환율의 매도율이 SF1.6130/$이라고 하자. 미국 달러화의 가치가 현물환시장에서보다 선도환시장에서 더 높으므로 미국달러화는 선도환시장에서 premium에 있다고 부른다. 바꾸어 말하면, 스위스프랑화는 현물환시장에서보다 선도환시장에서 그 가치가 더 낮으므로(즉, 선도환율 SF1.6369/$는 $0.6109/SF을 의미하고 현물환율 SF1.6130/$는 $0.6200/SF을 의미하므로), 스위스

프랑화는 선도환시장에서 discount에 있다고 부른다.

선도환율의 표시방법은 크게 세 가지로 구분할 수 있다. 첫번째 방법이 forward outright rate로 선도환율을 표시하는 것인데 위에서 이미 본 바와 같이 선도환율을 그대로 표시하는 것이다. 즉, SF와 $간의 선도환율을 SF 1.6369/$이라고 표시하는 것이 forward outright rate로 표시하는 방법이며 신문지상에 선도환율이 표기될 때나 은행들이 고객을 상대로 선도환율을 표기할 때 사용된다. 선도환율을 표시하는 또 한 가지 방법은 선도환율과 현물환율의 차이(forward differential)로써 표현하는 것이다. 이와 같이 선도환율과 현물환율의 차이로써 선도환율을 표시하는 방법을 point quotation method라고 부르며 forward differential은 swap rate라고도 부른다. 여기서 point란 환율을 표시할 때의 맨 마지막 자리를 의미하는데 일반적으로 환율을 소수점 이하 4자리까지 표시하는 경우가 많기 때문에 1point는 0.0001이 되는 경우가 많다. 다음의 예를 통하여 선도환율을 forward outright rate와 forward differential(또는 swap rate)로 각각 표시하는 방법을 살펴보기로 한다.

상 황

SF / $

	매입률	매도율
Spot rate	1.6110	1.6130
Forward differential(6 months)	213	239
Forward outright rate(6 months)	1.6323	1.6369

위의 경우에는 미국 달러화의 가치가 현물환시장에서보다 선도환시장에서 더 높으므로 달러화는 스위스프랑화에 대하여 선도환시장에서 premium에 있음을 알 수 있고 forward outright rate로 표시된 선도환율을 얻기 위하여는 현물환율에 forward differential을 가산해 주어야 한다. 이와 같은 경우에 dealer는 6개월 선도 달러는 '213 to 239 points' premium에 있다고 표현할 수도 있지만 대개의 경우에는 discount인지 premium인지를 밝히지 않는다. 매입률과 매도율의 forward differential이 point로 표시되어 있으나 discount인지 premium인지가 밝혀져 있지 않은 경우에는 다음과 같은 법칙을 따르면 된다.

즉, 포인트로 표시된 매입률의 forward differential이 매도율의 forward differential보다 그 값이 큰 경우에는 현물환율에서 forward differential을 공제해 주어야 하며 반대로 매입률의 forward differential이 매도율의 forward differential보다 그 값이 작은 경우에는 현물환율에 forward differential을 가산해 주어야 한다. 선도환율이 현물환율로부터 discount에 있는지 premium에 있는지를 알 수 있는 또 한 가지 방법은 두 통화간의 이자율 차이를 이용하는 것이다. 즉, 이자율이 상대적으로 높은 통화는 이자율이 상대적으로 낮은 통화에 대하여 선도환시장에서 discount에 있게 된다.

선도환율과 현물환율의 차이인 forward differential은 swap rate라고도 부른다. 은행간 선도환거래의 대부분은 일정금액의 특정통화를 동시에 사고 파는 스왑거래가 차지하고 있는데 이 때 매입과 매도가 같은 은행을 상대로 행해지지만 각각의 수도결제일이 서로 다르게 된다. 스왑거래를 통하여 은행은 특정통화를 일정기간 동안 차입하는 대신 같은 기간 동안 다른 통화를 담보로 잡히는 것이다. 그러므로 스왑거래를 행하는 두 은행은 서로 자기가 차입하는 통화에 대하여 상대방 은행에게 이자를 지급할 수도 있을 것이다. 그러나 보다 간단한 방법은 이자율이 상대적으로 높은 통화를 차입하는 은행이 이자율이 상대적으로 낮은 통화를 차입하는 은행에 대하여 두 통화간의 이자율 차이를 지급하는 것이다. 이것은 이자율이 상대적으로 높은 통화를 차입하는 은행으로 하여금 상환시점에 가서 차입시점보다 불리한 두 통화간의 교환비율로 자금상환을 하도록 하는 것을 의미한다. 즉, 이자율이 상대적으로 높은 통화가 차입시점에 비하여 상환시점에 discount에 있도록 하는 것을 의미한다. 그러므로 swap rate(forward differential)란 스왑거래에서 이자율이 상대적으로 높은 통화를 차입하는 은행이 상대방 은행에 대하여 지급하는 두 통화간의 이자율 차이를 퍼센트로 나타내지 않고 point로 나타낸 것이라고 할 수 있다.

선도환율을 표시하는 세번째 방법은 swap rate(forward differential)를 연율표시방법으로 표현하는 것이다. 연율표시방법으로 선도환율을 표현하게 되면 선도환시장에서의 premium 또는 discount를 두 통화간의 이자율 차이와 직접 비교할 수 있는 이점이 있다. 방화표시환율을 사용하는 경우 swap rate를 연율로 표시하기 위하여는 다음의 공식을 이용하면 된다.

$$\begin{array}{c}\text{forward premium}\\ \text{또는 discount}\\ \text{(연율표시)}\end{array} = \frac{\text{선도환율} - \text{현물환율}}{\text{현물환율}} \times \frac{12}{n} \times 100$$

여기서 n은 선도환계약의 개월수를 나타낸다. 앞에서 예로 든 SF/$환율의 매도율을 사용하여 연율표시의 swap rate를 산출하면, 현물환율은 SF 1.6130/$이고 6개월 선도환율은 SF1.6369/$이므로

$$\begin{array}{c}\text{forward premium}\\ \text{또는 discount}\\ \text{(연율표시)}\end{array} = \frac{1.6369 - 1.6130}{1.6130} \times \frac{12}{6} \times 100$$

$$= 2.96\%$$

가 된다. 이 때 환율의 단위 SF/$는 SF의 입장에서 본 방화표시환율로서 외국통화인 $의 가치를 자국통화 SF의 단위수로 표현한 것이다. 그러므로 위의 계산으로부터 얻은 2.96%란 외국통화인 $가 선도환시장에서 2.96%만큼 premium에 있다는 것을 의미한다. 즉, 계산결과 +값을 얻게 되면 forward premium, −값을 얻게 되면 forward discount를 의미하며 위의 경우에는 환율이 외국통화인 $의 가치를 나타내므로 $의 가치가 현물환시장에 비하여 선도환시장에서 더 높다는 것을 뜻한다.

2. 선도환시장을 이용한 헤징

국제거래에 따르는 환율의 불확실성, 즉 환리스크를 제거하기 위해 행하는 외국환거래를 외환시장에서의 헤징(hedging)이라고 한다. 이제 구체적인 예를 들어 설명하기로 한다.

상 황

지금 우리 나라의 computer 수출업자가 미국에 $X의 상품을 수출하기로 계약하고 그 대금은 *n*개월 후에 지급받기로 하였다고 하자. 이 경우에 다른 거래가 없다면 이 수출업자는 $X의 외화표시 순자산을 갖게 되어 환리스크에 노출

된다. 즉, 현재의 환율이 $1 = ₩1,000이라고 할 때 만약 n개월 후에 환율이 $1 = ₩900으로 내리면 손해를 보게 된다. 이 때 수출업자는 환리스크를 피하기 위해 어떻게 하여야 하겠는가?

1) 아무런 조치도 취하지 않은 경우

수출업자는 n개월 후에 $X \cdot \tilde{S}_{t+n}$만큼의 ₩화를 갖게 되리라고 예상할 수 있다. 여기서

> $\tilde{S}_{t+n}$는 t시점(현재)에서 예상되는 $t+n$ 시점(미래)에서의 환율에 대한 기대치를 나타낸다.

2) 선도환시장을 이용하는 경우

지금 선도환시장에서 n개월 선도 $에 대한 환율(선도환율)이 $1 = ₩950이라고 하면, 수출업자는 수출계약과 동시에 n개월 후에 $X를 팔기로 하는 선도환계약을 행해둔다. 그러면 수출업자는 n개월 후에 상품대금으로 지급받는 $X를 선도환계약 상대은행에게 지급하고 $X \cdot F_{t+n}$만큼의 ₩화를 수취하게 된다. 여기서

> F_{t+n}은 t시점에서 계약할 수 있는 n개월 선도환계약에 적용되는 선도환율을 나타낸다.

이 경우 선도환율 F_{t+n}은 $1 = ₩950이고 현물환율은 $1 = ₩1,000이므로 수출업자에게는 선도환율이 현물환율보다 불리한 조건이다. 그러나 이러한 선도환계약을 체결함으로써 수출업자는 n개월 후에 실제환율이 어떻게 변하느냐에 따라서 생길 수 있는 불확실한 환차손을 미리 제거할 수 있다. 즉, 선도환율과 현물환율의 차이는 불확실한 환차손을 제거하기 위하여 수출업자가 불가피하게 치러야 하는 대가라고 할 수 있다.

3. 금융시장을 이용한 헤징

앞의 예에서 본 바와 같이 수출업자가 $X의 외화표시 순자산을 가지고 있는 경우, 금융시장을 통한 헤징을 하려고 할 때는 이 수출업자가 달러화 금융시장에서 $X만큼의 부채를 창출하면 된다. 즉, 달러화 금융시장에서 달러화를 빌리면서 n개월후에 $X를 갚겠다고 약속한다. 만기일에 $X를 갚기로 약속한 경우, 오늘 현재 빌릴 수 있는 금액은 $X를 할인하여 얻는 현재가치(present-value)가 될 것이다. 즉, $\left(\frac{\$X}{1+i^*/(12/n)}\right)$만큼의 달러화 자금을 오늘 현재 빌릴 수 있게 될 것이다. 여기서 i * 는 달러화 금융시장에서의 연간이자율을 나타낸다.

이제 이 달러화 자금을 현물환시장에서 원화로 바꾸면 현물환율이 S_t(방화표시)라고 할 때, 수출업자는 $\left(\frac{X}{1+i^*/(12/n)}\right)\cdot S_t$만큼의 원화 자금을 확보하게 된다. 이제, 이 원화 자금을 한국 내 금융시장에 투자를 하게 되면 n개월 후의 원리금 합계는 원화로 $\left(\frac{X}{1+i^*/(12/n)}\right)\cdot S_t\cdot\{1+i/(12/n)\}$가 될 것이다. 여기서 i는 국내 금융시장에서의 연간이자율을 나타낸다. 그러므로 이제 위의 표현을 정리하면 다음을 얻을 수 있다.

$$X\cdot S_t\cdot\left(\frac{1+i/(12/n)}{1+i^*/(12/n)}\right)$$

여기서 사용되는 X, S_t, i, i^*, n 등은 모두 오늘 현재 그 값을 확실히 알 수 있는 것들이다. 그러므로 이와 같이 얻은 원화로 표시된 n개월 후의 원리금 합계는 그 값이 오늘 현재 확정되며, 불확실성은 존재하지 않는다. 즉, 수출업자는 원화 및 달러화 금융시장을 통한 헤징을 함으로써 환율의 변화에서 올 수 있는 불확실성(환리스크)을 제거할 수 있게 된다. n개월 후 수출업자는 상품대금으로 받는 $X를 달러화 자금을 빌린 은행에게 지급함으로써 달러화 금융시장에서의 부채를 청산하고 한국 내 금융시장에 투자한 원화 자금의 원리금 합계로 $X\cdot S_t\cdot\left(\frac{1+i/(12/n)}{1+i^*/(12/n)}\right)$만큼의 원화를 확보하게 된다.

우리가 이 수출업자의 원래의 목적을 돌이켜 볼 때, 금융시장을 통한 헤징으로써 그 목적을 달성하였다고 볼 수 있다. 즉, 이 수출업자는 외화표시의 순자산($X)을 갖고 있고, 이것을 n개월 후에 원화로 바꾸고자 할 때 생기는 환리스크를 제거하는 것이 그 목적이었다. 위에서 설명한 바와 같이 금융시장을 통한 헤징을 함으로써 이 수출업자는 확실한 액수의 원화를 n개월 후에 확보하게 된다.

그러면 이제 금융시장을 이용한 헤징(money market hedging)의 근본원리가 무엇인지를 살펴보기로 하자. 우선 외화표시 순자산을 가지고 있는 경우 만약 외화의 가치가 하락하게 되면 환차손을 보게 된다. 이러한 상황하에서 외화표시 부채를 창출해 두면 외화의 가치가 하락하게 될 때 환차익을 얻게 되므로 이 환차익이 위의 환차손을 상쇄시켜 주게 된다. 한편 외화표시 순부채를 가지고 있는 경우 만약 외화의 가치가 상승하게 되면 환차손을 보게 된다. 이러한 상황하에서는 외화표시 자산을 창출해 두면 외화의 가치가 상승할 때 환차익을 얻게 되므로 이것이 위의 환차손을 상쇄시켜 주게 된다. 그러므로 외화표시 순자산을 가지고 있는 경우에는 외화표시 부채를 창출하고 외화표시 순부채를 가지고 있는 경우에는 외화표시 자산을 창출하여 환율의 변화에 따라서 생길 수 있는 환차손을 제거하고자 하는 방법이 금융시장을 이용한 헤징이다.

[그림 2-1]은 금융시장을 이용한 헤징(money market hedging)과 선도환시

그림 2-1 외화표시 순자산을 가지고 있는 경우의 헤징방법의 비교

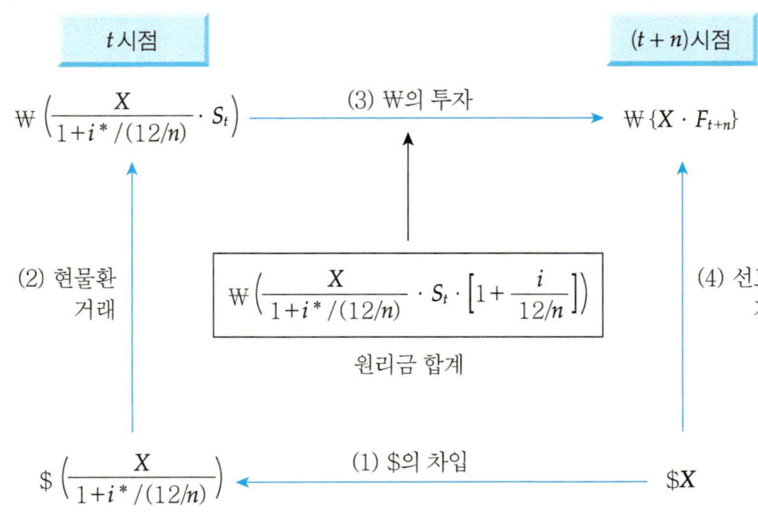

장을 이용한 헤징(forward exchange market hedging)을 비교하여 보여주고 있다. 앞의 예에서 수출업자가 현재로부터 n개월 후, 즉 $(t+n)$시점에서 $\$X$를 지급받기로 되어 있으므로 문제의 근원은 $(t+n)$시점에서 $\$X$를 가지게 되는 것이라고 볼 수 있다. 그런데 이 수출업자의 목적은 $(t+n)$시점에서 확실한 원화 금액을 확보하는 것이므로 [그림 2-1]은 수출업자가 그 목적을 달성하는 데 두 가지 방법을 사용할 수 있음을 보여준다. 즉, 문제의 근원으로부터 목적지에 도달하는 데 직접경로를 택하는 것이 선도환시장을 이용한 헤징이고, 간접경로를 택하는 것이 금융시장을 이용한 헤징이라고 할 수 있다. 즉, 위의 그림에서 (1) + (2) + (3) = 금융시장을 이용한 헤징이고, (4) = 선도환시장을 이용한 헤징을 나타낸다. 이제 다음의 예제를 통하여 선도환시장을 이용한 헤징과 금융시장을 이용한 헤징을 비교하기로 하자.

예 제

어떤 미국계 다국적기업의 재무관리자는 A$10,000,000 상당의 기계를 주문하고 그 대금을 3개월 후에 Australian dollar로 지급하기로 하였다. 달러와 A$ 사이의 환율이 변화하게 되면 3개월 후에 지급해야 하는 대금의 달러액도 변하게 되므로 이 재무관리자는 이러한 환리스크를 헤징하고자 한다. 가능한 헤징방법을 설명하고 그 중 어느 것을 택해야 하는지 그 이유를 밝히도록 하라. 다음과 같은 상황을 가정하라.

현물환율	: US$1 = A$1.90
3개월 선도환율	: US$1 = A$1.88
달러화 금융시장에서의 이자율	: 12%(연간)
A$화 금융시장에서의 이자율	: 10%(연간)

예제에서는 미국계 다국적기업이 외화(A$)표시 순부채를 가지고 있으므로 환율의 변화에 따라서 환차손이 발생할 수 있다. 금융시장을 이용한 헤징을 할 경우에는 이러한 환리스크를 제거하기 위하여 외화표시자산을 창출하면 된다. 즉, 미국계 다국적기업의 입장에서 볼 때 A$화 금융시장에 투자하여 3개월 후

의 원리금 합계가 A$10,000,000이 되도록 하면 된다. 따라서 현재 투자해야 하는 금액은 $\left(\frac{A\$10,000,000}{1+0.10/(12/3)}\right)$ = A$9,756,098임을 알 수 있다. 그러면 이만큼의의 A$화 금액을 확보하기 위하여 필요한 달러화 금액을 산출하기 위하여는 현물환율을 이용하면 된다. 위의 예에서는 환율이 달러화의 입장에서 볼 때 외화표시환율(indirect quotation)로 표시되어 있으므로 방화표시환율(direct quotation)로 바꾸어 표시하면 현물환율은 $\left(\frac{\$1}{A\$1.90}\right) = \left(\frac{\$0.5263}{A\$1}\right)$이 된다. 그러므로 A$9,756,098을 확보하기 위하여 필요한 달러화금액은 (A$9,756,098) · $\left(\frac{\$0.5263}{A\$1}\right)$ = $5,134,634가 된다. 이제 달러화 금융시장에서 오늘 현재 $5,134,634를 빌리게 되면 3개월 후에 갚아야 하는 원리금 합계는 ($5,134,634) · {1 + 0.12 / (12 / 3)} = $5,288,673가 됨을 알 수 있다. 3개월 후에 가서 미국계 다국적기업의 재무관리자는 A$화 자금시장에 투자해 놓은 자금의 원리금 합계 A$10,000,000을 회수하여 기계대금을 지급하면 된다. 이와 같이 금융시장을 이용한 헤징을 하는 경우 3개월 후에 지급할 기계대금 A$10,000,000을 확보하는 데 드는 달러화 비용은 3개월 후에 갚아야 하는 달러화 차입금의 원리금 합계 $5,288,673임을 알 수 있다.

이와 같이 달러화 금융시장에서의 차입, A$화로의 전환 및 A$화 금융시장에서의 투자로 이어지는 금융시장을 이용한 헤징에 비하여 선도환시장을 이용한 헤징은 매우 간단한 방법이라고 할 수 있다. 즉, 3개월 후에 기계대금의 지급을 위해 A$10,000,000이 필요하므로 오늘 현재 선도환계약을 체결하여 3개월 후에 가서 A$10,000,000을 수취하기로 하면 된다. 위의 예에서 주어진 선도환율을 달러화의 입장에서 본 방화표시환율로 바꾸어 표시하면 $\left(\frac{\$1}{A\$1.88}\right) = \left(\frac{\$0.5319}{A\$1}\right)$가 되므로 오늘 현재 3개월 선도환계약을 체결하는 경우 3개월 후에 A$10,000,000을 수취하는 대가로 지급해야 달러화 금액은 (A$10,000,000) $\left(\frac{\$0.5319}{A\$1}\right)$ = $5,319,000가 된다. 즉, 3개월 후에 지급할 기계대금 A$10,000,000를 확보하는 데 드는 달러화 비용은 선도환시장을 이용한 헤징을 택할 경우 $5,319,000가 됨을 알 수 있다.

미국계 다국적기업의 재무관리자는 3개월 후에 지급할 기계대금 A$10,000,000을 확보하는 데 있어서 달러화와 A$화간의 환율변동에 관계없이 확

그림 2-2 외화표시 순부채를 가지고 있는 경우의 헤징방법의 비교

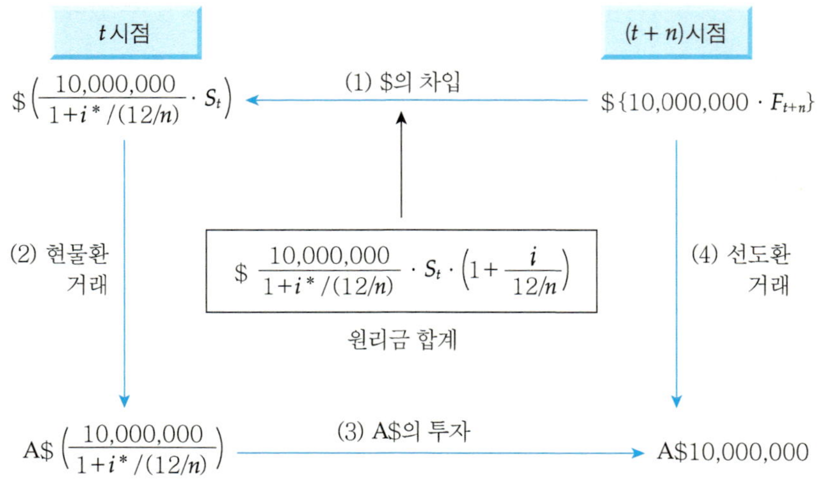

실한 금액의 달러화 비용을 알고자 하는 것이 목적이며 이러한 목적을 달성하기 위하여 사용할 수 있는 두 가지 방법을 비교해 보았다. 즉, 금융시장을 이용한 헤징을 할 경우에 드는 비용은 \$5,288,673이고 선도환시장을 이용할 경우에 드는 비용은 \$5,319,000이므로 비용이 더 적게 드는 금융시장을 이용한 헤징을 택하는 것이 같은 목적을 달성하는 데 있어서 더 유리하다고 할 수 있다. [그림 2-2]는 이 두 가지 방법을 비교하여 보여주고 있다.

금융시장을 이용한 헤징에 비하여 선도환시장을 이용한 헤징이 보다 간단한 방법이지만 선도환시장이 별로 발달하지 않은 통화의 경우에는 금융시장을 이용한 헤징방법만이 가능하게 될 것이다. 그리고 두 가지 방법이 모두 가능한 경우에는 위의 예에서와 같이 두 가지 방법을 서로 비교하여 더 유리한 쪽을 택하면 된다.

4. 커버된 금리재정거래

커버된 금리재정거래(covered interest arbitrage)를 설명하기 위하여 앞의 예제에서와 같은 환율 및 이자율을 가정하기로 한다.

상 황

현물환율 : A$1 = $0.5263
3개월 선도환율 : A$1 = $0.5319
달러화 금융시장에서의 이자율 : 12%(연간)
A$화 금융시장에서의 이자율 : 10%(연간)

오늘 현재

(1) 달러화 금융시장에서 $5,134,634를 차입하고 3개월 후에 원리금 합계인 ($5,134,634) · $\left(1+\frac{0.12}{12/3}\right)$ = $5,288,673를 갚기로 약속한다.

(2) 차입한 $5,134,634를 현물환시장에서 A$화로 바꾼다. 현물환율이 $0.5263 / A$이라고 하였으므로 현물환시장에서($5,134,634) / ($0.5263 / A$) = A$9,756,097을 수취하게 된다.

(3) 현물환시장에서 수취한 A$9,756,097을 A$화 금융시장에서 3개월 동안 투자를 하게 되면 3개월 후의 원리금 합계는 (A$9,756,097) · $\left(1+\frac{0.10}{12/3}\right)$ = A$10,000,000이 된다.

(4) 3개월 후에 확보될 원리금 합계 A$10,000,000을 팔기로 하는 3개월 선도환 계약을 체결한다. 선도환율이 $0.5319 / A$이라고 하였으므로 3개월 후에 가서는 (A$10,000,000) · ($0.5319/A$) = $5,319,000를 수취하게 된다.

3개월 후

(5) A$화 금융시장에 투자한 자금의 원리금 합계 A$10,000,000을 수취한다. (3)을 볼 것.

(6) 선도환계약대로 수도결제를 행하면 A$10,000,000을 지급하고 $5,319,000를 수취한다. (4)를 볼 것.

(7) 달러화 금융시장에서 차입한 자금의 원리금 합계 $5,288,673를 지급한다.

(8) 이와 같은 일련의 거래들로부터의 이익은 $5,319,000 − $5,288,673 = $30,327가 된다.

그림 2-3 커버된 금리재정거래

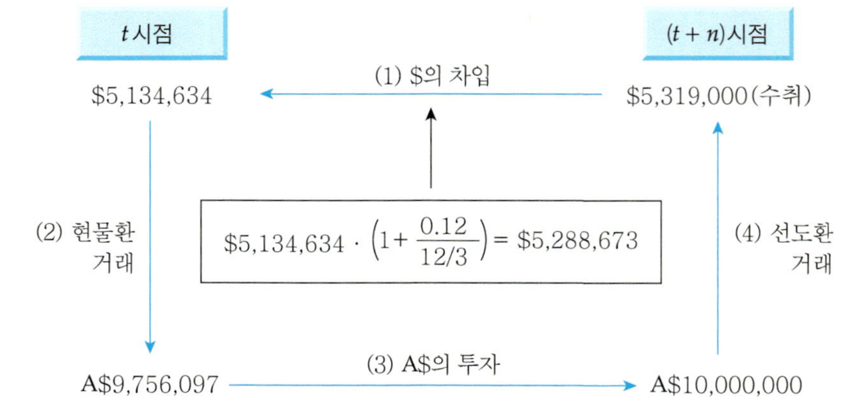

이와 같이 커버된 금리재정거래를 행할 경우 재정거래이익이 $30,327가 발생하는데 거래자는 자금을 빌려서 재정거래를 시작하며 현물환시장과 선도환시장에서 동시에 반대매매를 행하여 환리스크에 노출되지 않으므로 $30,327는 확실하게 보장된 이익금이 된다.

[그림 2-3]은 (1) + (2) + (3) + (4) = 커버된 금리재정거래를 보여주고 있는데 이 그림은 앞에서 살펴본 금융시장 및 선도환시장을 이용한 헤징을 나타내는 그림과 유사하다는 것을 쉽게 알 수 있다. [그림 2-4]에서는 커버된 금리재정거래와 금융시장 및 선도환시장을 이용한 헤징을 비교하여 보여주고 있다.

[그림 2-4]로부터 금융시장 및 선도환시장을 이용한 헤징의 경우에는 출발지 [(t + n)시점의 $]와 도착지 [(t + n)시점의 A$]가 서로 다르다는 것을 알 수 있는데 이것은 (t + n)시점에 가서 A$화를 확보하는 데 드는 $화 비용을 고정시키고자 하는 것이 금융시장 및 선도환시장을 이용한 헤징의 목적이라는 것을 의미한다. 그리고 이러한 목적을 달성하기 위하여 출발지 [(t + n)시점의 $]로부터 도착지 [(t + n)시점의 A$]에 도달하는 데 직접경로를 택하는 것이 선도환시장을 이용한 헤징이고 간접경로를 택하는 것이 금융시장을 이용한 헤징이라는 것을 앞에서 이미 밝힌 바 있다.

그러나 위의 그림으로부터 커버된 금리재정거래의 경우에는 출발지와 도착

그림 2-4 커버된 금리재정거래와 금융시장 및 선도환시장을 이용한 헤징의 비교

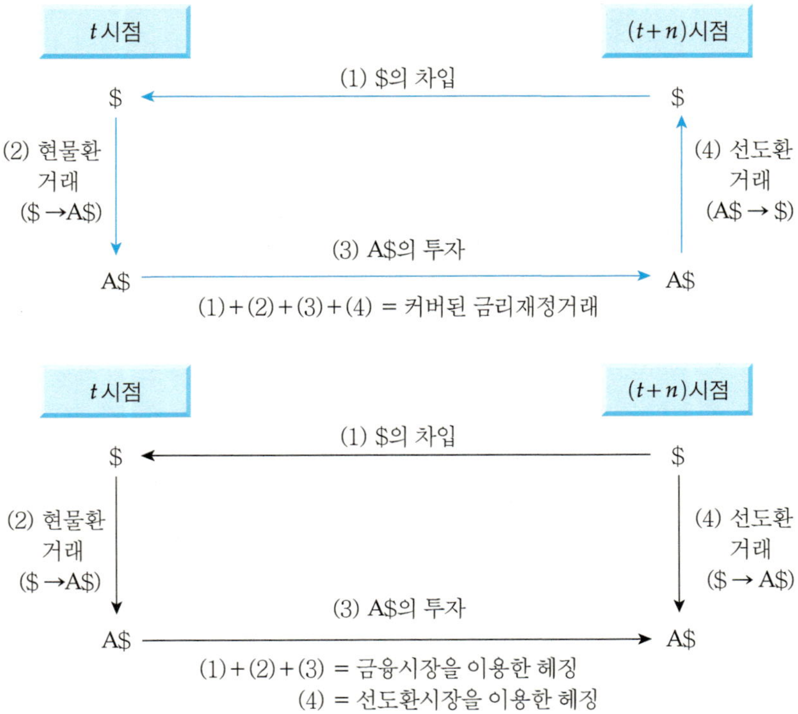

지가 모두 $(t+n)$시점의 \$이므로 서로 같다는 것을 알 수 있다. 즉, \$화의 차입, 현물환거래, A\$화의 투자 및 선도환거래로 이어지는 일련의 거래는 거래자로 하여금 다시 출발지로 돌아오게 하는 것이다. 이러한 경우에 우리는 거래자가 open position을 가지고 있지 않다고 하는데 이것은 거래자가 환위험에 노출되어 있지 않은 것을 의미한다. 다시 말하자면, 커버된 금리재정거래란 금융시장에서의 자금의 차입 및 투자와 외환시장에서의 거래를 결합하는 것으로서 이 때 거래자는 현물환시장과 선도환시장에서 특정통화에 대한 반대매매를 행하기 때문에 환율의 변동에 따르는 위험부담을 하지 않게 된다. 이에 반하여 위에서 살펴본 금융시장 및 선도환시장을 이용한 헤징은 미래에 \$화를 대가로 A\$화를 확보하여야 할 경우 환율이 변동함에 따라 같은 액수의 A\$화를 확보하는 데 드는 \$화 비용이 변동하게 되는 환위험이 존재하게 되는데 이러한 환

위험을 제거하여 $화 비용을 고정시키고자 행하는 거래라고 할 수 있다.

커버된 금리재정거래를 통하여 재정거래이익이 발생하는 경우에는 두 통화간의 이자율 차이가 현물환율과 선도환율의 차이(forward differential)에 의하여 완전히 상쇄되지 않음을 의미한다. 그러나 이러한 재정거래이익의 기회가 존재한다는 것이 포착되어 많은 수의 거래자들이 커버된 금리재정거래를 행하게 되면 이러한 이익기회는 사라지게 될 것이다. 즉, 외환시장과 금융시장이 균형상태에 있게 되면 두 통화간의 이자율 차이가 현물환율과 선도환율의 차이에 의하여 완전히 상쇄되고 커버된 금리재정거래를 통한 재정거래이익은 영이 된다. 좀더 구체적으로 말하자면 두 통화간의 이자율 차이가 연율로 표시한 forward differential(swap rate)과 같게 되면 시장은 균형상태에 있게 되는데 이러한 경우에 우리는 이자율평가(interest rate parity)가 성립한다고 한다. [그림 2-5]는 이자율평가가 의미하는 바가 무엇인지를 보여주고 있다.

그림 2-5 이자율 평가

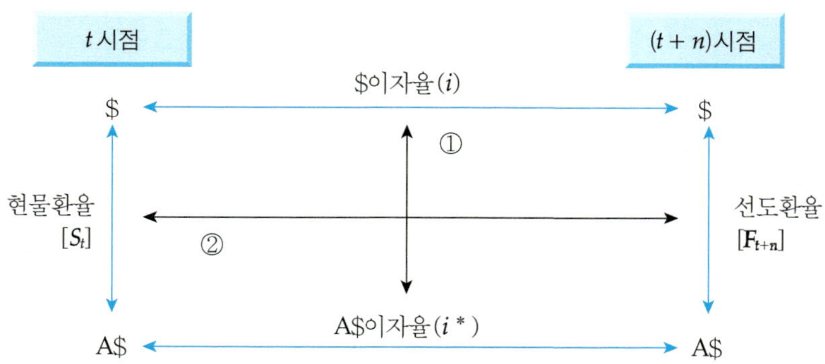

① 양통화 간의 이자율의 차이 : $(i - i^*)$

② 현물환율과 선도환율의 차이(연율 표시) :

$$\frac{F_{t+n} - S_t}{S_t} \times \frac{12}{n} \times 100$$

이자율 평가(interest rate parity) : ① = ②

$$\text{즉, } i - i^* = \frac{F_{t+n} - S_t}{S_t} \times \frac{12}{n} \times 100$$

연·습·문·제

EXERCISES

〈문제 1번부터 3번까지는 다음의 상황을 읽고 답하시오〉

상 황

	매입률	매도율
Spot Rate	SF1.6110/$	SF1.6130/$
Forward differential(3 months)	213	239
Forward outright rate(3 months)	SF1.6323/$	SF1.6369/$

1. 위의 SF/$ 환율에 대한 호가표로부터 알 수 있는 것은?
   1) SF는 $에 대하여 forward premium에 있다.
   2) $는 SF에 대하여 forward discount에 있다.
   3) 스위스 이자율이 미국 이자율보다 낮다.
   4) 스위스 이자율이 미국 이자율보다 높다.

2. 위의 호가표로부터 매도율을 사용하여 forward premium 또는 discount를 연율로 표시하면?

3. "위의 호가표와 같은 환율표시방법을 American terms라고 부른다." 타당한가?

〈문제 4번부터 6번까지는 다음의 상황을 읽고 답하시오〉

상 황

미국의 어느 기업은 일본 기업과 라이선싱계약을 체결하고 3개월 후에 1억yen의 로얄티를 지급받기로 하였다. 환율이 변화하게 되면 3개월 후에 수취하는 로얄티의 달러 금액도 변하게 되므로 환리스크에 노출된다. 다음과 같은 상황을 가정하기로 한다.

현물환율 : $0.008705/yen
선도환율(3개월) : $0.008826/yen
yen화 이자율(연율) : 1.375%
달러화 이자율(연율) : 6.25%

4. 이 미국 기업은 선물환계약을 체결함으로써 3개월 후에 수취하는 라이선싱 로얄티의 달러화상당액을 미리 확정시킬 수가 있을 것이다. 이 때 선도환율을 연율표시방법(percent per annum)으로 나타낸다면?

5. 이 미국 기업은 환리스크를 제거하기 위하여 선도환계약을 체결하는 대신 단기금융시장과 현물환시장을 이용하는 방법을 택할 수 있을 것이다. 즉, yen화 금융시장에서 3개월 후에 1억yen을 상환하기로 약속하고 오늘 당장 yen화 자금을 차입한 후 이 차입한 yen화 금액을 현물환시장에서 달러화로 바꾸고 다시 이 달러화 금액을 달러화 금융시장에서 3개월간 투자를 하면 3개월 후의 달러화 원리금합계는 얼마가 되는가?

6. 위의 상황과 같은 환율 및 금리조건하에서 이 미국 기업이 hedging을 하는 대신 커버된 금리재정거래(covered interest arbitrage)를 하기로 한다고 가정한다. 즉, yen화 금융시장에서는 3개월 후에 원리금합계가 1억yen이 되도록 오늘 당장 yen화 자금을 투자한 후 3개월 후에 확보하게 될 1억yen을 달러화로 바꾸는 선도환계약을 오늘 미리 체결해 둔다. 한편, 오늘 당장 투자해야 하는 yen화 자금을 확보하기 위하여 달러화 금융시장에서 3개월 후에 상환하기로 하고 달러화 자금을 차입한 후 현물환시장에서 yen화로 바꾸는 방법을 택한다. 이 경우 재정거래이익(arbitrage profit)은 얼마인가?

〈문제 7번부터 9번까지는 다음의 상황을 읽고 답하시오〉

상 황

현물환율: SF 0.0159/YEN
3개월 선물환율: SF 0.0161/YEN
SF화 금융시장에서의 이자율: 4.75%(연간)
YEN화 금융시장에서의 이자율: 0.50%(연간)

7. 위의 경우 선물환율을 연율표시방법(percent per annum)으로 나타낸다면?
1) SF화가 2.52% forward discount
2) SF화가 2.52% forward premium

3) YEN화가 5.03% forward discount
4) YEN화가 5.03% forward premium

8. 위와 같은 상황하에서 어느 스위스 기업이 수입대금 YEN 100,000,000을 3개월 후에 지급하기로 하였다고 가정한다. 이 스위스 기업은 환리스크를 제거하기 위하여 금융시장을 이용한 헤징을 하기로 한다. 즉, SF화 금융시장에서 3개월 후에 상환하기로 약속하고 오늘 당장 SF화 자금을 차입한 후 이 차입한 SF화 금액을 현물환 시장에서 YEN화로 바꾸고 다시 이 YEN화 금액을 YEN화 금융시장에서 3개월 간 투자를 하면 된다. 이 경우 3개월 후에 지급할 수입대금 YEN 100,000,000을 확보하는데 드는 SF화비용은 3개월 후에 SF화 금융시장에서 상환해야 할 금액이라고 할 수 있다. 그 비용은 얼마인가?
1) SF1,588,015
2) SF1,606,873
3) SF1,610,000
4) SF1,875,156

9. 위와 같은 상황에서 커버된 금리재정거래(covered interest arbitrage)를 행하기로 한다고 가정한다. 즉, YEN화 금융시장에서 3개월 후에 원리금합계가 YEN 100,000,000이 되도록 오늘 당장 YEN화 자금을 투자한 후 3개월 후에 확보하게 될 YEN 100,000,000을 스위스프랑(SF)화로 바꾸는 선물환계약을 오늘 미리 체결해 둔다. 한편, 오늘 당장 투자해야 하는 YEN화 자금을 확보하기 위하여 SF화 금융시장에서 3개월 후에 상환하기로 하고 SF화 자금을 차입한 후 현물환시장에서 YEN화로 바꾸는 방법을 택한다.
3개월 후에 상환해야 하는 SF화 차입금의 원리금합계와 선물환계약을 통하여 3개월 후에 확보하게 될 SF화 금액을 비교한다면 재정거래이익(arbitrage profit)은 얼마인가?
1) SF 1,588,015
2) SF 1,606,873
3) SF 3,127
4) SF 6,254

〈문제 10번부터 11번까지는 다음의 상황을 읽고 답하시오〉

상 황

현물환율: \$1.5640/£	선도환율(3개월): \$1.5540/£
영국 이자율(연율): 10.00%	미국 이자율(연율): 7.00%

10. 미국의 수출업체인 프레이저사는 오늘 현재 영국의 후커사에게 £1,000,000어치의 상품을 수출하기로 계약하고 수출대금은 3개월 후에 받기로 하였다. A사는 Forward Market Hedging과 Money Market Hedging 중 어느 것을 택해야 하는가를 설명하라.

11. 위와 같은 상황하에서 어느 은행은 Covered Interest Arbitrage를 하기로 하였다. 즉, 파운드화 금융시장에서 3개월 후에 원리금합계가 £1,000,000가 되도록 오늘 당장 파운드화 자금을 투자한 후 3개월 후에 확보하게 될 £1,000,000를 선도환시장에서 매도하는 선도환계약을 오늘 미리 체결해 둔다. 한편, 오늘 당장 투자해야 하는 파운드화 자금을 확보하기 위하여 달러화 금융시장에서 3개월 후에 상환하기로 하고 달러화 자금을 차입한 후 현물환시장에서 파운드화로 바꾸는 방법을 택한다. 이 경우 재정거래이익은 얼마가 되는가를 설명하라.

12. "이자율평가(interest rate parity)가 성립하는 경우 커버된 금리재정거래(covered interest arbitrage)를 행하면 이익을 얻을 수 있다." 타당한가?

    1) O　　　　2) X

CHAPTER 03

통화선물시장

제 1 절 선도환시장과 통화선물시장의 비교

선도환시장(foreign exchange forward market)은 특정한 장소에 구애됨이 없이 전 세계적으로 연결되어 있는 시장조직을 말하는 데 반하여 통화선물시장(foreign exchange futures market)은 조직화된 거래소(organized exchange)에 위치하고 있는데 그 대표적인 예가 Chicago Mercantile Exchange(CME) 산하의 International Monetary Market(IMM)이라고 할 수 있다. CME에서는 Australian dollar, British pound, Canadian dollar, Japanese yen, Swiss franc, Mexican Peso 등의 통화가 거래되고 있다. 통화선물시장에서 거래되는 계약은 3월, 6월, 9월, 12월의 세번째 수요일을 만기일로 하고 있는데 이것은 계약 당사자들의 합의에 따라서 계약일로부터 1개월, 3개월 또는 6개월 후 등을 만기일로 하는 선도환계약과는 대조를 이룬다. 즉, 선도환계약에 있어서는 계약일이 언제인가에 따라서 만기일이 결정되지만 통화선물계약의 만기일은 거래소에 의해 이미 정해져 있다는 점이다.

선도환시장에서의 계약단위는 계약당사자들의 합의에 의하여 정해지나 통화선물시장에서의 계약단위는 거래소에 의하여 이미 정해져 있다. 통화선물계약의 호가는 해당통화 1단위의 달러화 표시가격으로 행해지므로 통화선물 1단위계약의 가치는 해당통화 1단위의 달러화 표시가격에 통화선물 1단위계약이 포함하는 해당통화의 단위수를 곱하여 산출할 수 있다. 예를 들어, Swiss franc

표 3-1 CME 통화선물 거래조건

	Australian Dollar	British Pound	Canadian Dollar	Mexican Peso	Japaness Yen	New Zealand Dollar	Swiss Franc	Euro FX Unit
계약단위	AD 100,000	BP 62,500	CD 100,000	MP 500,000	JY 12,500,000	NE 100,000	SF 125,000	Euro 125,000
1point의 가치	0.0001 = $10.00	0.0001 = $6.25	0.0001 = $10	0.00001 = $5	0.000001 = $12.50	0.0001 = $10	0.0001 = $12.50	0.0001 = $12.50
최소 가격 변동폭	0.0001 = $10.00	0.0001 = $6.25	0.0001 = $10	0.000025 = $12.50	0.000001 = $12.50	0.0001 = $10	0.0001 = $12.50	0.0001 = $12.50
만기월	3월, 6월, 9월, 12월							
최종 거래일	만기월의 세번째 수요일로부터 2영업일 전							
수도결제일	만기월의 세번째 수요일							

통화선물의 계약단위는 125,000francs인데 만약 Swiss franc 통화선물의 가격이 $0.6813 / SF이라면 그 통화선물 1단위계약의 가치는 (SF 125,000) · ($0.6813 / SF) = $85,162.50가 된다.

〈표 3-1〉에서 볼 수 있는 바와 같이 Swiss franc의 경우에는 통화선물의 가격이 SF 1단위에 대하여 $0.0001(1point)가 변하게 되면 통화선물 1단위계약의 가치는 (SF125,000) · ($0.0001 / SF) = $12.5만큼 변하게 된다. 통화선물시장에서의 최소가격변동폭을 tick이라고 하는데 Swiss franc 통화선물계약의 경우에는 최소가격변동폭이 0.0001(1point)에 해당하므로 $12.5가 그대로 적용된다. 그러나 Mexican peso의 경우에는 통화선물 1단위계약에 대하여 1point (0.00001)는 (MP500,000) · ($0.00001 / MP) = $5가 되지만 통화선물계약의 최소가격변동폭이 0.000025에 해당하므로 $5 × 2.5 = $12.5가 적용된다.

거래자가 통화선물계약을 매입(long 포지션)한다는 것은 만기일에 가서 달러화를 대가로 지급하고 특정통화를 매입하기로 약속하는 것이며 통화선물계약을 매도(short 포지션)한다는 것은 만기일에 가서 달러화를 대가로 지급받고 특정통화를 매도하기로 약속하는 것이다. 선물거래소의 청산기관은 통화선물계약이 이루어지면 매입자와 매도자 사이에 끼어들어 매입자에게는 매도자의 역할을 하고 매도자에게는 매입자의 역할을 함으로써 통화선물계약의 매입자와 매도자를 분리시킨다.

통화선물계약의 매입자 또는 매도자는 반대매매(reversing trade)를 통하여 자기의 포지션을 청산할 수 있다. 통화선물계약의 매입자가 long 포지션을 청산하기 위하여는 자기가 매입한 통화선물계약과 같은 수도결제월을 가지는 통화선물계약을 매도하여야 하고 통화선물계약의 매도자가 short 포지션을 청산하기 위하여는 자기가 매도한 통화선물계약과 같은 수도결제월을 가지는 통화선물계약을 매입하여야 한다.

통화선물계약을 매입 또는 매도하기 전에 거래자는 브로커에게 개시증거금(initial margin)을 납부하고 거래계정을 열어야 한다. 거래자의 매입 또는 매도 주문이 집행되는 가격을 진입가격(entry price)이라고 하는데 그날의 거래종료시에 해당 통화선물계약의 당일종가(settlement price 또는 closing price)와 진입가격의 차이에 따라 이익 또는 손실액수를 거래자의 계정에 더하거나 또는 빼거나 하게 된다. 예를 들어 거래자가 Swiss franc 통화선물계약 1단위를 $0.6813/SF의 가격으로 매입하였는데 당일종가가 $0.6754/SF가 되었으면 Swiss franc 1단위당 $0.0059의 손실이 발생하게 되며 이것은 SF 통화선물 1단위계약에 대하여 ($0.0059/SF) · (125,000) = $737.50의 손실이 발생함을 의미한다. 이와 같이 발생한 손실 $737.50는 거래자의 계정에서 차감되고 그 다음 날에는 거래자의 포지션이 $0.6754/SF의 가격으로부터 출발하게 된다.

거래자가 자기의 포지션을 완전히 청산할 때까지 통화선물계약의 매일의 종가에 따라 그날의 이익 또는 손실이 거래자 계정잔고의 변화를 초래하게 되는데 이와 같은 매일결제방법을 marking to market이라고 한다. 만약 이익을 보게 되어 거래자의 계정잔고가 개시증거금 수준 이상이 되면 그 초과분은 인출이 가능하나, 손실을 보게 되어 계정잔고가 감소하여 통화선물계약 거래자가 유지하여야 하는 최소한도의 계정잔고인 유지증거금(maintenance margin) 수준 이하로 떨어지면 추가로 증거금을 납입하여 계정잔고를 개시증거금 수준으로 회복시켜야 한다. 만약 거래자가 중도에 반대매매를 통하여 자기의 포지션을 청산하지 않고 포지션을 최종거래일까지 계속 유지하게 되면 해당통화선물계약의 최종거래일 종가가 수도결제일에 특정통화를 인수받는 대가로 지급 또는 특정통화를 인도하는 대가로 수취하게 되는 달러금액을 결정하게 된다. 그러나 이와 같이 실제로 통화의 수도결제가 행해지는 경우는 전체 통화선물계약의 1% 미만이며 대부분의 경우에는 반대매매를 통하여 거래자들이 자기의 포지션을 청산하고 있다. 이것은 대부분의 경우 실제로 통화의 수도결제가

표 3-2 각종 통화선물에 대한 호가표

Currency Futures

Japanese Yen (CME)-12.5 million yen; $ per yen (.00)								
Sept	.8435	.8445	.8365	.8371	-.0046	.8685	.7495	70,075
Dec	.8448	.8460	.8410	.8405	-.0047	.8885	.7569	1,848
Est vol 3,022; vol Fri 9,097; open int 72,376, -1,246.								
Canadian Dollar (CME)-100,000 dlrs.; $ per Can $								
Sept	.6301	.6316	.6250	.6254	-.0041	.6640	.6175	55,097
Dec	.6236	.6279	.6232	.6237	-.0041	.6620	.6190	7,169
Mr03	.6250	.6250	.6213	.6221	-.0041	.6590	.6198	1,732
June	.6230	.6230	.6205	.6206	-.0041	.6565	.6197	637
Sept	.6201	.6202	.6195	.6192	-.0041	.6535	.6195	147
Est vol 6,617; vol Fri 8,868; open int 64,854, +134.								
British Pound (CME)-62,500 pds.; $ per pound								
Sept	1.5652	1.5674	1.5566	1.5574	-.0078	1.5900	1.3990	34,310
Dec	1.5412	1.5540	1.5412	1.5484	-.0078	1.5720	1.4070	567
Est vol 1,304; vol Fri 8,599; open int 34,916, +213.								
Swiss Franc (CME)-125,000 francs; $ per franc								
Sept	.6813	.6813	.6750	.6754	-.0054	.6975	.5860	37,737
Dec	.6783	.6811	.6769	.6769	-.0054	.6986	.5875	858
Est vol 2,309; vol Fri 8,218; open int 38,671, -701.								
Australian Dollar (CME)-100,000 dlrs.; $ per A$								
Sept	.5370	.5376	.5245	.5257	-.0111	.5752	.4790	24,974
Dec	.5310	.5310	.5220	.5213	-.0111	.5702	.4980	749
Ju03	.5130	.5130	.5130	.5125	-.0111	.5587	.5050	653
Est vol 1,546; vol Fri 1,975; open int 26,479, -232.								
Mexican Peso (CME)-500,000 new Mex. peso, $ per MP								
Sept	.10143	.10218	.10060	.10143	00035	.10830	.09710	13,488
Dec	.09980	.09980	.09960	.09968	00035	.10673	.09540	1,550
Est vol 2,832; vol Fri 2,376; open int 15,481, +227.								
Euro FX (CME)-Euro 125,000; $ per Euro								
Sept	.9849	.9858	.9788	.9790	-.0058	1.0185	.8375	101,065
Dec	.9808	.9816	.9749	.9751	-.0058	1.0129	.8390	3,908
Ju03	.9728	.9728	.9695	.9680	-.0058	.9965	.8615	248
Est vol 7,974; vol Fri 24,498; open int 105,374, -1,778.								

행해지는 선도환계약과는 큰 대조를 이룬다고 할 수 있다.

〈표 3-2〉는 *The Wall Street Journal*에서 볼 수 있는 각종 통화선물에 대한 호가표이다. SF통화선물의 경우 1point(0.0001)의 가치가 $12.50이므로 SF 통화선물의 당일 종가가 전일종가에 비하여 0.0054만큼 하락한 경우에 SF 통화선물 1단위계약의 가치는 54 × $12.50 = $675만큼 하락하게 된다.

이 표의 첫번째 난은 현재 거래되고 있는 Swiss franc 통화선물계약의 한월(만기월)들을 나열하고 있다. 두번째 난부터 다섯번째 난까지는 Swiss franc 통화선물의 가격을 SF 1단위에 대한 $의 단위수로 나타낸 것으로서 각각 당일의 시가, 최고가, 최저가, 종가를 나타낸다. 여섯번째 난은 당일의 종가와 전일의 종가의 차이를 기록한 것이고 그 다음에 있는 두 개의 난은 해당 한월의 통화 선물계약이 거래되기 시작한 이후의 최고기록가격과 최저기록가격을 보여주고 있다. 그리고 마지막 난은 당일 거래종료시점을 기준으로 한 각 만기월별 통화선물계약의 총유효계약수를 나타내고 있다. 표의 맨 밑부분에는 당일의 거래량(추측치), 전일의 실제거래량, Swiss franc 선물계약 전체의 총유효계약수 및 당일과 전일간의 총유효계약수의 차이가 나타나 있다.

〈표 3-2〉에서는 모든 통화선물의 가격이 American terms로 호가되고 있음을 알 수 있다. 즉, 통화선물의 가격이 해당특정통화 1단위의 달러화 표시가격으로 나타나 있음을 알 수 있다. 이것을 European terms, 즉 달러화 1단위에 대한 해당특정통화 표시가격으로 전환시키고자 할 때는 American terms로 호가된 통화선물가격의 역수를 취하면 쉽게 얻을 수 있다. 예를 들어, $0.6813/ SF를 European terms로 전환시키면 SF1.4678/$가 된다[(1/0.6813) = 1.4678].

표 3-3 선도환시장과 통화선물시장의 비교

	선도환시장	통화선물시장
계약단위	거래당사자의 필요에 따라 결정	표준화 되어 있음
수도결제일	거래당사자의 필요에 따라 결정	표준화 되어 있음
거래방법	전화 및 텔렉스를 이용하여 거래당사자들간에 직접거래	거래소의 지정된 장소에서 다수의 경쟁적인 매입자와 매도자들간에 공개호가방식(open outcry)에 의해 거래
시장참여자	은행, 브로커, 다국적기업	은행, 브로커, 다국적기업 및 개인 투기자
수 수 료	은행의 매입률(bid)과 매도율(offered)간의 차이인 스프레드(spread)가 있는 반면 수수료는 없음	거래자는 일정액의 수수료(brokerage fee)를 브로커에게 지급해야 함
증 거 금	은행간 거래에서는 증거금이 요구되지 않지만 대고객거래인 경우에는 증거금이 요구될 수 있음	모든 거래자는 증거금을 납부해야 함
청산기능	개별은행 및 브로커에 의하여 청산됨	별도의 청산기관이 있음. 시장가격의 변동에 따라 매일결제(daily resettlement)가 행해짐
결 제	대분분의 경우 실제로 수도결제가 이루어짐	대부분의 경우 반대매매(reversing trade)를 통하여 자기의 포지션을 청산함
호 가	British pound 등 몇몇 통화를 제외하고는 European terms를 사용함	American terms를 사용함

자료: Chicago Mercantile Exchange, "Using Currency Futures and Options."

외환시장의 경우 선도시장(forward market)과 선물시장(futures market)의 차이점들은 〈표 3-3〉에 나열되어 있는 바와 같다.

위의 표로부터 알 수 있는 바와 같이 통화선물시장은 표준화된 계약단위, 표준화된 수도결제일 및 대부분 반대매매를 통하여 포지션을 청산한다는 등의 점에서 선도환시장과는 크게 대조를 이룬다고 할 수 있다. 선도환시장은 매우 오랜 역사를 가지고 있지만 통화선물시장은 1970년대에 이르러 개설되었으며 또한 London 및 New York 등지의 국제금융센터에서 활약하는 대규모 은행들은 주로 선도환시장에 참여하고 있으며 통화선물시장에의 참여는 그다지 활발하지 못한 실정이다. 그럼에도 불구하고 통화선물시장은 1980년대 이후 괄목할 만한 성장을 보이고 있으며 국제금융시장에서 차지하는 중요성은 점점 더 커지고 있다.

제 2 절 통화선물을 이용한 스프레딩

통화선물시장에서 투기적 전략(speculative strategy)을 구사하고자 할 때 반드시 기억해야 할 사실은 거래자는 시장참여자들 전체의 견해와는 다른 견해를 가진다는 것이다. 통화선물시장에서의 가격이 시장참여자들 전체의 견해를 나타낸다고 볼 때 거래자가 투기적 전략을 이용하여 이익을 얻기 위하여는 거래자의 미래의 환율에 대한 예상이 시장참여자들 전체의 그것보다 더 정확해야 한다고 할 수 있다.

가장 간단한 형태의 투기적 전략은 outright position 거래인데 선물시장에서 가격상승이 예상될 경우 선물을 매입하고 가격하락이 예상될 경우 선물을 매도함으로써 이익을 추구하고자 하는 거래를 말한다. 예를 들어, 5월 5일 현재 $와 Canadian dollar(C$)간의 현물환율이 $0.5140/C$이고 12월물의 C$통화선물가격이 $0.5286/C$이라고 하자. 만약 거래자가 12월물의 C$통화선물가격이 앞으로 하락할 것이라고 예상한다면 5월 5일 현재가격 $0.5286/C$으로 C$통화선물계약 1단위를 매도하면 된다. 그 후 11월 25일에 가서 $와 C$간의 현물환율이 $0.5211 / C$이 되고 12월물의 C$통화선물의 가격은

$0.5218/C$이 된다면 이 거래자의 예상대로 12월물의 C$통화선물의 가격은 하락한 것이 된다. 이제 11월 25일에 이 거래자가 반대매매를 통하여 자기의 매도포지션을 청산하기로 한다면 이 거래자는 12월물의 C$통화선물계약 1단위를 $0.5218/C$의 가격으로 매입하면 된다. C$통화선물의 가격이 5월 5일과 11월 25일 사이에 $0.5286/C$으로부터 $0.5218/C$으로 하락하였으므로 C$1 단위당 $0.0068의 이익이 발생하게 된다. 그런데 C$통화선물의 계약단위는 C$100,000이므로 C$통화선물 1단위계약당 선물거래이익은 ($0.0068/C$) · (C$100,000) = $680가 된다.

이와 같은 outright position 거래 이외에도 통화선물시장에서는 서로 다른 상품간의 가격차이나 동일상품에 있어서 서로 다른 만기월간의 가격차이를 이용하는 투기적 전략이 가능한데 이를 스프레딩(spreading)이라고 한다.

통화선물시장에서의 호가는 American terms로 행해진다고 하였으므로 모든 통화선물들의 가격은 달러화로 표시됨을 알 수 있다. 예를 들어, 어느 거래자가 Swiss franc 통화선물가격이 Canadian dollar 통화선물가격에 비하여 상대적으로 높아질 것이라고 예상하는 경우 통화선물시장에서 상품간 스프레드(inter-commodity spread)라고 불리우는 투기적 전략을 활용할 수 있다. 이 경우 중요한 사실은 거래자가 서로 다른 상품간의 가격 차이가 변할 것이라고 예상하는 것이므로 SF 통화선물가격 또는 C$통화선물가격 자체가 상승할 것인가 또는 하락할 것인가에 대하여는 확신을 가지고 있지 않아도 상관없다는 점이다.

상 황

현물환율 및 통화선물가격(2017년 8월 3일 현재)

만기월	$/C$	$/SF	크로스환율(C$/SF)
현물환율	0.5335	0.6404	1.2004
2017년 9월	0.5355	0.6442	1.2030
2017년 12월	0.5395	0.6513	1.2072
2018년 3월	0.5434	0.6579	1.2107

위에서는 2017년 8월 3일 현재 $/C$ 및 $/SF의 현물환율과 C$통화선물 및 SF통화선물의 각 만기월별 가격들을 보여주고 있다. 그리고 맨 오른쪽 난은 이러한 $/C$ 및 $/SF 환율로부터 산출한 C$과 SF간의 크로스환율을 보여주고 있다. 이와 같은 상황하에서 어느 거래자가 2017년 12월물의 C$ 및 SF통화선물가격으로부터 산출한 C$/SF 크로스환율의 값이 너무 낮다고 판단한다고 하자. 이러한 경우 통화선물시장에서 C$와 SF간의 직접매매는 불가능하다고 할지라도 거래자는 상품간 스프레드 포지션을 취하여 자기가 원하는 투기적 전략을 구사할 수 있다.

거래자가 12월물의 C$ 및 SF통화선물가격으로부터 산출한 크로스환율 C$1.2072/SF이 너무 낮다고 판단한다는 것은 8월부터 12월까지의 기간 동안 C$의 $에 대한 가치가 상승한다고 하더라도 SF의 $에 대한 가치는 보다 더 상승하리라고 판단한다는 것을 의미한다. 좀더 정확하게 말하자면, 통화선물가격들이 시장참여자들 전체의 미래의 환율에 대한 예상을 나타낸다고 볼 때 이 거래자는 다른 시장참여자들이 예상하는 것보다 SF의 C$에 대한 가치상승정도가 더 클 것이라고 예상한다고 할 수 있다. 거래자가 12월물 통화선물가격들로부터 산출한 크로스환율 C$1.2072/SF이 너무 낮다고 판단한다는 것이 반드시 C$의 $에 대한 가치상승보다 SF의 $에 대한 가치상승 정도가 더 크리라고 판단한다는 것만을 의미하는 것은 아니다. 즉, 거래자는 C$의 $에 대한 가치가 하락한다고 할 때 SF의 $에 대한 가치는 그보다 덜 하락하거나 또는 오히려 상승하리라고 판단한다고도 할 수 있다. 그러므로 거래자가 상품간 스프레드 포지션을 취할 때는 C$또는 SF의 $에 대한 가치가 상승할 것인가 하락할 것인가에 대하여 확신을 가질 필요가 없으며 단지 앞으로 SF이 C$에 대하여 상대적으로 그 가치가 상승하리라고 확신하고 있으면 된다.

이와 같은 경우에 취해야 할 상품간 스프레드 전략은 상대적으로 가치상승이 예상되는 SF통화선물계약을 매입하고 상대적으로 가치하락이 예상되는 C$통화선물계약을 매도하는 것이다. 즉, 8월 3일 현재 거래자는 통화선물시장에서 12월물 SF통화선물계약 1단위를 $0.6513/SF의 가격으로 매입하고 또한 12월물 C$통화선물계약 1단위를 $0.5395/C$의 가격으로 매도하면 된다. 이제 11월 27일에 이르러 12월물의 SF 및 C$통화선물가격이 각각 $0.6498/SF 및 $0.5365/C$이라고 할 때 거래자는 반대매매를 통하여 자기의 통화선물계약

포지션을 완전히 청산한다고 하자. 즉, 거래자는 12월물 SF통화선물계약 1단위를 $0.6498/SF의 가격으로 매도하고 또한 12월물 C$통화선물계약 1단위를 $0.5365/C$으로 매입한다고 하자. 그러면 거래자는 SF통화선물계약에 있어서는 SF 1단위당 $0.0015의 손실을 보게 되고 C$통화선물계약에 있어서는 C$ 1단위당 $0.0030의 이익을 보게 된다. 이들 통화선물의 계약단위는 SF 125,000 및 C$100,000이므로 거래자는 $300 − $187.5 = $112.5의 순이익을 보게 된다.

조치 및 결과

8월에 취하는 조치	8월가격	11월가격	point로 표시한 가격차이
12월물 SF통화선물 계약 매입	0.6513	0.6498	15
12월물 C$통화선물 계약 매도	0.5395	0.5365	30
크로스환율(C$/SF)	1.2072	1.2112	

11월에 취하는 조치

12월물 SF통화선물계약 매도

0.6498 (매도가격)
0.6513 (매입가격)
15points

손실 = ($12.50)* · (15points) = $187.5

12월물 C$통화선물계약 매입

0.5395 (매도가격)
0.5365 (매입가격)
30points

이익 = ($10.00)** · (30points) = $300

순이익 = $300 − $187.5 = $112.5

*SF통화선물의 경우 1point(0.0001)는 $12.50에 해당함.
**C$통화선물의 경우 1point(0.0001)는 $10.00에 해당함.

통화선물시장에서 활용할 수 있는 또 한 가지 투기적 전략은 동일상품에 있어서 만기월간의 가격차이를 이용하는 상품내 스프레드(intra-commodity spread)이다. 이 상품내 스프레드전략을 알아보기 위하여 다음의 경우를 살펴보기로 하자.

상 황

현물환율 및 통화선물가격(2017년 8월 3일 현재)

만기월	환율($/£)
현물 환율	1.7122
2017년 9월	1.7070
2017년 12월	1.6970
2018년 3월	1.6919

위에서는 2017년 8월 3일 현재 $/£의 현물환율과 British pound 통화선물의 각 만기월별 가격들을 보여주고 있다. 이와 같은 상황하에서 어느 거래자가 향후 1년간의 영국경제는 전망이 좋지 않으며 특히 영국의 물가상승률은 미국이 그것에 비하여 매우 높을 것이라고 판단한다고 하자. 또한 이 거래자는 영국 파운드화는 미국 달러화에 비하여 그 가치가 크게 하락할 것이고 특히 2017년 8월 3일 현재 통화선물시장에서의 각 만기월별 통화선물가격들 중에서 2018년 3월물 BP 통화선물가격은 너무 높다고 판단한다고 하자. 이러한 경우에 거래자는 2018년 3월물 BP 통화선물계약을 매도하는 outright position 거래를 행할 수도 있지만 그보다는 위험부담을 조금 줄일 수 있는 상품내 스프레드전략을 택할 수 있다. 즉, 단순히 2018년 3월물 BP 통화선물가격이 너무 높다고 판단하는 것이 아니라 2017년 12월물 BP 통화선물가격과 2018년 3월물 BP 통화선물가격의 차이가 너무 작으므로 앞으로 시간이 지남에 따라 이 두 만기월간의 가격차이가 더 벌어져서 2018년 3월물 BP 통화선물가격이 2017년 12월물 BP 통화선물가격보다 훨씬 더 낮아지리라고 예상할 때 거래자는 상품내 스프레드전략을 택할 수 있다.

이와 같은 경우에 취해야 할 상품내 스프레드전략은 상대적으로 가격하락이 예상되는 2018년 3월물 BP 통화선물계약 1단위를 매도하고, 2018년 3월물 BP 통화선물계약에 대하여 상대적으로 가격상승이 예상되는 2017년 12월물 BP 통화선물계약 1단위를 매입하는 것이다. 이제 2017년 12월 3일에 이르러 거래자의 예상이 적중하여 2017년 12월물 BP 통화선물가격의 하락폭에 비하여 2018년 3월물 BP 통화선물가격의 하락폭이 더 커졌다고 하자. 즉, 2017년 12월 3일에 이르러 2017년 12월물 BP 통화선물가격은 $1.6875/£가 되고 2018

년 3월물 BP 통화선물가격은 $1.6796/£가 되었다고 하자. 이 때 거래자가 반대매매를 통하여 자기의 통화선물계약 포지션을 완전히 청산한다고 하면 거래자는 2017년 12월물 BP 통화선물계약 1단위를 $1.6875/£의 가격으로 매도하고 2018년 3월물 BP 통화선물계약 1단위를 $1.6796/£의 가격으로 매입하게 된다. 그러면 거래자는 다음의 계산결과가 보여주는 바와 같이 순이익 $175를 확보하게 된다.

조치 및 결과

8월에 취하는 조치	8월가격	12월가격	point로 표시한 가격차이
2017년 12월물 BP 통화선물계약 매입	1.6970	1.6875	95
2018년 3월물 BP 통화선물계약 매도	1.6919	1.6796	123
스프레드(point로 표시)	51	79	

12월에 취하는 조치

2017년 12월물 BP 통화선물계약 매도

1.6875 (매도가격)
1.6970 (매입가격)
95points
손실 = ($6.25)* · (95points) = $593.75

2018년 3월물 BP 통화선물계약 매입

1.6919 (매도가격)
1.6796 (매입가격)
123points
이익 = ($6.25)* · (123points) = $768.75

순이익 = $768.75 − $593.75 = $175

*BP 통화선물의 계약단위는 £62,500이므로 1point(0.0001)의 가치는 $6.25에 해당함.

위의 경우에 있어서 만약 거래자가 outright position거래를 택하여 2017년 8월 3일에 2018년 3월물 BP 통화선물계약을 매도하는 거래만 행하였다면, 2017년 12월 3일에 다시 매입하는 경우 $768.75의 이익을 실현시킬 수 있었을 것이다. 그러나 outright position 거래를 택했을 경우 2018년 3월물 BP 통화선물가격이 이 기간중에 하락하지 않고 만약 상승한다면 거래자는 손실을 입게 된다. 이와는 대조적으로 상품내 스프레드 거래를 행할 경우에는 2018년 3월물 BP 통화선물가격이 이 기간중 하락하거나 또는 상승하거나에 관계없이 2017년 12월물 BP 통화선물가격과 2018년 3월물 BP 통화선물가격간의 격차가 8월에 비하여 12월에 더 벌어지게 되면 거래자는 이익을 얻을 수 있다.

outright position 거래와 spread position 거래가 모두 투기적 전략에 속하는데 이것은 거래자가 시장참여자들 전체의 판단보다 자기의 판단이 더 옳다고 생각하는 경우에 행하는 거래임을 말한다. 이와는 대조적으로 거래자가 어떠한 이유로 인하여 이미 가지게 된 위험을 제거하기 위하여 행하는 거래를 헤징이라고 하는데 다음에서는 통화선물을 이용한 헤징에 대하여 알아보기로 한다.

제 3 절 통화선물을 이용한 헤징

상 황

미국의 어느 수입업자는 일본으로부터 상품을 수입하고 그 수입대금 ￥50,000,000을 4개월 후에 지급하기로 하였다. 2018년 2월 7일 현재의 $/￥ 현물환율과 Japanese yen 통화선물의 각 만기월별 가격들이 아래와 같다고 할 때 이 수입업자는 환위험을 피하기 위하여 어떻게 해야 할 것인가?

만기월	환율($/￥)
현물환율	0.007536
2018년 3월	0.007571
2018년 6월	0.007640
2018년 9월	0.007706
2018년 12월	0.007783

이 미국 수입업자는 2018년 2월 7일로부터 4개월 후인 6월 7일에 ￥50,000,000을 지급하기로 하였으므로 6월 7일에 yen화 자금을 확보하여야 한다. 2018년 2월 7일 현재의 각 만기월별 통화선물가격이 미래의 $/￥ 환율에 대한 예상치라고 본다면 $에 대한 ￥의 가치는 앞으로 상승할 것으로 기대된

다. 또한 상품대금지급일인 6월 7일의 $/¥ 환율은 2월 7일 현재의 6월물 JY 통화선물가격인 $0.007640/¥과 비슷한 수준이 되리라고 예상할 수 있다. 이러한 상황하에서 이 미국 수입업자는 JY 통화선물계약의 거래를 행함으로써 ¥50,000,000을 확보하는 데 필요한 달러화 액수가 예상치 못한 환율의 변동으로 인하여 변하는 경우에 대한 대비를 할 수 있다.

이러한 경우에 이 미국 수입업자가 취해야 하는 구체적인 전략은 2018년 2월 7일 현재 2018년 6월물 JY 통화선물계약 4단위[(¥12,500,000) · (4) = ¥50,000,000]를 $0.007640/¥의 가격으로 매입하는 것이다. 이제 6월 7일에 이르러 $/¥ 현물환율은 $0.007686/¥이 되고 6월물 JY 통화선물가격은 $0.007692/¥이 되었다고 하자. 6월 7일의 $/¥ 현물환율 $0.007686/¥은 2월 7일의 현물환율 $0.007536/¥에 비하여 0.000150(150points)만큼 상승하였으므로 ¥50,000,000을 확보하는 데 필요한 달러화비용이 ($0.000150/¥) · (¥50,000,000) = $7,500만큼 증가하게 된다. 한편 6월 7일에 이 미국 수입업자는 통화선물시장에서 2월 7일에 이미 매입한 6월물 JY 통화선물계약 4단위를 $0.007692/¥의 가격으로 매도함으로써 자기의 포지션을 청산하면 된다. 이 경우에 JY 통화선물의 매입가격(2월 7일)은 $0.007640/¥이고 매도가격(6월 7일)은 $0.007692/¥이므로 0.000052(52points)의 가격차이가 있게 되고 이것은 JY 통화선물계약 4단위, 즉 ¥50,000,000에 대하여 ($0.000052/¥) · (¥50,000,000) = $2,600의 이익이 발생함을 의미한다. 그러므로 6월 7일에 이르러 이 미국의 수입업자가 상품수입대금의 지급을 위해 필요한 ¥50,000,000을 확보하는 데 드는 달러화비용은 2월 7일 당시의 현물환율을 기준으로 산출한 달러화비용보다 $7,500만큼 증가하지만 통화선물시장에서의 JY 통화선물계약의 거래로부터 발생하는 선물거래이익 $2,600를 감안하면 ¥50,000,000을 확보하는 데 드는 달러화비용의 순증가액은 $7,500 − $2,600 = $4,900가 된다. 즉, ¥50,000,000을 확보하는 데 드는 달러화비용을 2월 7일 당시의 현물환율을 기준으로 산출하면($0.007536/¥) · (¥50,000,000) = $376,800이므로 6월 7일 현재의 실효달러화비용은 $376,800 + $4,900 = $381,700가 된다. 그런데 이 금액은 2월 7일 당시 6월물 JY 통화선물계약 4단위를 매입할 때의 총매입가격($0.007640/¥) · (¥50,000,000) = $382,000와 비슷한 수준이므로 우리는 이 미국의 수입업자가 6월 7일에 ¥50,000,000을 확보하는 데 드는 실효달러화비용을 2월 7일 당시 6월물 JY 통화선물계약 4단위를 매입할 때의 총매입가격과 비슷한 수준으로 고정시킬 수 있음을 알 수 있다.

조치 및 결과

현물시장	선물시장
2월 7일 6월 7일에 상품수입대금 ¥50,000,000을 지급할 것으로 예상, 2월 7일의 현물환율 $0.007536/¥을 기준으로 달러화비용을 산출하면 $376,800가 됨.	2018년 6월물 JY 통화선물계약 4단위를 $0.007640/¥의 가격으로 매입 총매입가격 = $382,000
6월 7일 현물환시장에서 현물환율 $0.007686/¥으로 ¥50,000,000을 확보하는 데 드는 달러화비용은 $384,300가 됨. 달러화비용 $384,300 (차감) 선물거래이익 $ 2,600 실효달러화비용 $381,700	2018년 6월물 JY 통화선물계약 4단위를 $0.007692/¥의 가격으로 매도 총매도가격 = $384,600 선물거래이익 = $ 2,600

여기서 한 가지 주의해야 할 사실은 6월 7일에 ¥50,000,000을 확보하는 데 드는 실효달러화비용은 $381,700인 데 반하여 2월 7일 당시 2018년 6월물 JY 통화선물계약 4단위를 매입할 때의 총매입가격은 $382,000이므로 이 두 금액이 서로 비슷한 수준이지만 완전히 일치하지는 않는다는 점이다. 이와 같이 완전헤지(perfect hedge)가 되지 못하는 이유는 6월 7일 현재의 현물환율 $0.007686/¥과 6월 7일 현재의 2018년 6월물 JY 통화선물가격 $0.007692/¥이 서로 일치하지 않기 때문이다. 2018년 6월물 JY 통화선물계약의 만기일은 6월의 세번째 수요일이므로 6월 7일부터는 13일 후가 된다고 볼 수 있다. 그러므로 6월 7일 현재의 2018년 6월물 JY 통화선물가격은 6월 7일 현재의 현물환율과는 약간의 차이가 있게 되며 이러한 차이는 2018년 6월물 JY 통화선물계약의 만기일에 가서 완전히 없어지게 된다. 즉, JY 통화선물계약의 만기일에 가서는 현물환율과 JY 통화선물가격이 일치하게 되며 베이시스(basis)는 영이 된다.

상 황

어느 미국계 다국적기업의 재무관리자는 캐나다에 위치한 자회사로부터 2017년 12월 15일에 배당금 C$4,000,000을 받을 것으로 기대하고 있다. 2017년 8월 3일 현재의 $/C$ 현물환율과 Canadian dollar 통화선물의 각 만기월별 가격들이 아래와 같다고 할 때 이 재무관리자는 환위험을 피하기 위하여 어떻게 해야 하는가?

만기월	환율($/C$)
현물환율	0.5335
2017년 9월	0.5355
2017년 12월	0.5395
2018년 3월	0.5434

이 미국계 다국적기업의 재무관리자는 2017년 12월 15일에 받을 것으로 기대되는 배당금 C$4,000,000의 달러화 상당액을 고정시키고자 한다고 가정하자. 2017년 8월 3일 현재의 각 만기월별 통화선물가격이 미래의 $/C$환율에 대한 예상치라고 본다면 $에 대한 C$의 가치는 앞으로 상승할 것으로 기대된다. 그리고 배당금 수취일인 12월 15일의 $/C$환율은 2017년 8월 3일 현재의 12월물 C$통화선물가격인 $0.5395/C$과 비슷한 수준이 되리라고 예상할 수 있다. 이러한 상황하에서 이 미국계 다국적기업의 재무관리자는 C$통화선물계약의 거래를 행함으로써 C$4,000,000의 달러화 상당액이 환율의 변동으로 인하여 예상치 못한 변동을 보이는 경우에 대비할 수 있다.

이 경우에 이 미국계 다국적기업의 재무관리자는 2017년 8월 3일 현재 2017년 12월물 C$통화선물계약 40단위[(C$100,000) · (40) = C$4,000,000]를 $0.5395/C$의 가격으로 매도하면 된다. 이제 2017년 12월 15일에 이르러 12월 세 번째 수요일이 가까워짐에 따라 $/C$현물환율과 2017년 12월물 C$통화선물가격이 모두 $0.5380/C$이 되었다고 하자. 이 때 캐나다에 위치한 자회사로부터 받는 배당금 C$4,000,000을 현물환시장에서 달러화로 바꾸면 ($0.5380/C$) · (C$4,000,000) = $2,152,000가 된다. 한편 12월 15일에 이 미국계 다국적기업의 재무관리자는 통화선물시장에서 8월 3일에 이미 매도한 2017년 12월물 C$통화선물계약 40단위를 $0.5380/C$의 가격으로 매입함으로써 자기의 포지션을 청산하면 된다. 이 경우에 C$통화선물의 매도가격(8월 3일)은

$0.5395/C$이고 매입가격(12월 15일)은 $0.5380/C$이므로 0.0015(15 points)의 가격차이가 있게 되고 이것은 C$통화선물계약 40단위, 즉 C$4,000,000에 대하여 ($0.0015/C$) · (C$4,000,000) = $6,000의 선물거래이익이 발생함을 의미한다. 그러므로 12월 15일에 받는 배당금 C$4,000,000을 현물환시장에서 달러화로 바꿀 때 얻을 수 있는 금액 $2,152,000에 선물거래이익 $6,000를 더하면 합계 $2,158,000가 된다. 그런데 이 금액은 8월 3일 당시 2017년 12월물 C$통화선물계약 40단위를 매도할 때의 총매도가격($0.5395/C$) · (C$4,000,000) = $2,158,000와 같게 되므로 우리는 이 미국계 다국적기업의 재무관리자가 배당금 C$4,000,000의 달러화 상당액을 고정시킴에 있어서 8월 3일 당시의 2017년 12월물 C$통화선물가격인 $0.5395/C$의 환율수준을 보장받았다고 할 수 있다.

조치 및 결과

현물시장	선물시장
8월 3일 12월 15일에 배당금 C$4,000,000을 받을 것으로 예상, 8월 3일의 현물환율 $0.5335/C$을 기준으로 달러화 상당액을 산출하면 $2,134,000가 됨.	2017년 12월물 C$ 통화선물계약 40단위를 $0.5395/C$의 가격으로 매도 총매도가격 = $2,158,000
12월 15일 현물환시장에서 현물환율 $0.5380/C$으로 C$4,000,000을 달러화로 바꾸면 $2,152,000가 됨. 달러화상당액 $2,152,000 선물거래이익 $ 6,000 실효달러화 상당액 $2,158,000	2017년 12월물 C$ 통화선물계약 40단위를 $0.5380/C$의 가격으로 매입 총매입가격 = $2,152,000 선물거래이익 = $ 6,000

위의 예에서 보는 바와 같이 12월 15일 현재의 배당금 C$4,000,000의 실효달러화 상당액은 $2,158,000로서 8월 3일 당시 2017년 12월물 C$통화선물계약 40단위를 매도할 때의 총매도가격 $2,158,000와 일치한다. 즉, 8월 3일 당시의 2017년 12월물 C$통화선물가격인 $0.5395/C$이 그 당시의 12월 $/C$환율수

준에 대한 예상치를 나타낸다고 할 때 12월 15일에 이르러 $/C$현물환율이 그러한 예상을 벗어나 $0.5380/C$이 되지만 통화선물계약의 거래를 통하여 $0.5395/C$의 환율수준을 보장받게 된다. 이와 같이 완전헤지가 되는 이유는 12월 15일 현재의 현물환율 $0.5380/C$과 이 시점의 2017년 12월물 C$통화선물가격 $0.5380/C$이 서로 일치하기 때문이다. 만약 12월 15일 현재의 현물환율이 이 시점의 2017년 12월물 C$통화선물가격과 약간의 차이가 있다면 완전헤지가 되지 못하며 배당금 C$4,000,000의 실효달러화 상당액은 8월 3일 당시 2017년 12월물 C$통화선물계약 40단위를 매도할 때의 총매도가격과 약간의 차이가 생기게 된다.

즉, 12월 15일 현재의 현물환율이 통화선물가격과 차이가 있는 경우에는 베이시스(basis)가 영이 되지 않으므로 완전헤지(perfect hedge)가 되지 못함을 알 수 있다. 이와 같이 미래 시점의 베이시스가 어떠한 값을 가지게 될지를 현재 시점에서는 미리 알 수 없기 때문에 발생하게 되는 불확실성을 베이시스 리스크(basis risk)라고 부른다.

부록 베이시스 리스크(Basis Risk)

[그림 3-1]은 t_1시점과 t_2시점 사이에 현물가격과 선물가격이 어떻게 변해가는가를 보여주고 있다. 즉, t_1시점에서의 현물가격을 C_1, 선물가격을 F_1이라고 할 때 t_1시점에서의 베이시스는 $B_1 = C_1 - F_1$이 되며 t_2시점에서의 현물가격을 C_2, 선물가격을 F_2라고 하면 t_2시점에서의 베이시스는 $B_2 = C_2 - F_2$가 된다.

현물가격의 변동위험을 제거하기 위하여 선물거래를 하는 경우 선물가격의 변화폭, $(F_1 - F_2)$에 해당하는 선물거래이익(손실)을 보게 되므로 t_2시점에서의 실효가격(effective price)은 t_2시점에서의 현물가격, C_2와 선물거래이익(손실), $(F_1 - F_2)$을 합하여 구할 수 있다. 즉, effective price $= C_2 + (F_1 - F_2)$가 된다. 그런데 $C_2 - F_2 = B_2$, 즉 t_2시점에서의 베이시스이므로 위의 표현은 effective price $= F_1 + B_2$로 다시 나타낼 수 있다. 그런데 t_1시점에서는 t_2시점에서의 베이시스(B_2)의 값이 무엇이 될지 알 수가 없으므로 effective price에 대해서도

그림 3-1 Basis Risk

$$\text{effective price received} = C_2 + (F_1 - F_2) = F_1 + (C_2 - F_2) = F_1 + B_2$$

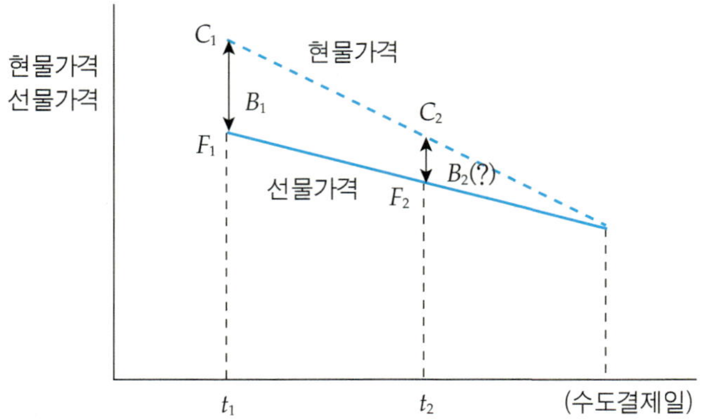

불확실성이 존재하게 된다. 이와 같이 B_2의 값이 불확실하기 때문에 발생하는 헤지효과의 불확실성을 베이시스 리스크(basis risk)라고 부른다.

그런데 t_2가 수도결제일인 경우에는 현물가격과 선물가격이 일치하게 되므로 $B_2 = 0$이 되고 effective price $= F_1$이 되므로 완전헤지(perfect hedge)를 달성할 수가 있게 된다. 즉, t_1시점에서 선물거래를 행함으로서 t_2시점에서의 effective price를 t_1시점에서의 선물가격(F_1)에 고정시킬 수 있게 된다.

예 제

3월 7일 현재 어느 미국기업은 8월 5일 경에 50,000,000yen을 받게 될 것으로 예상하고 있다. 3월 현재 IMM에서 Japanese yen 통화선물계약의 경우 계약단위는 12,500,000yen이며 9월물 Japanese yen 통화선물가격(F_1)은 \$0.007800/¥이라고 하자. 이 미국기업은 환율변동위험을 피하기 위하여 Japanese yen 통화선물계약 4단위를 매도한다고 가정하자.
이제 8월 5일에 이르러 \$/¥ 현물환율(C_2)은 \$0.007200/¥, 9월물 JY 통화선물가격(F_2)은 \$0.007250/¥이 된다면 8월에 이 기업이 확보하게 되는 실효달러화금액(effective price)은 얼마인가?

3월 7일 현재 이 미국기업은 환율변동위험을 피하기 위하여 9월물 JY통화선물계약 4단위를 $0.007800/¥($F_1$)의 가격으로 매도하면 된다. 8월 5일에 이르러 우선 JY 통화선물계약의 반대매매를 하기 위하여 $0.007250/¥($F_2$)의 가격으로 선물매입계약을 체결하면 선물거래이익은 ($0.000550/¥)×(¥50,000,000) = $27,500이 된다. 그리고 현물환시장에서 현물환율 $0.007200/¥($C_2$)으로 JY 50,000,000을 달러화로 바꾼다면 $360,000가 되므로 8월 5일에 이 미국기업이 확보하게 되는 실효달러화금액(effective price)은 $387,500(= $360,000 + $27,500)이 된다.

즉, Effective price received = $C_2 + (F_1 - F_2)$

= ($0.007200/¥) + ($0.007800/¥ − $0.007250/¥)

= ($0.007200/¥) + ($0.000550/¥)

= $0.007750/¥

= $0.007800 − $0.000050

= $F_1 + B_2$

여기서 $B_2 = C_2 - F_2$

= $0.007200 − $0.007250 = − $0.000050

연 · 습 · 문 · 제

EXERCISES

〈문제 1번부터 2번까지는 다음의 상황을 읽고 답하시오〉

상 황

3월 현재 어느 미국의 수입업자는 3개월 후에 일본으로부터 250,000,000yen에 상당하는 전자부품을 수입하려고 계획하고 있다. 3월 현재 미국 달러화와 일본 엔화와의 현물환율은 \$0.003820/¥이고 6월물 JY 통화선물가격은 \$0.003878/¥이다. JY 통화선물계약의 계약단위는 12,500,000yen이라고 가정하라.

1. 예상치 못한 환율변동위험에 대처하기 위하여 이 미국의 수입업자는 다음 중 어떠한 방법을 택해야 하는가?
   1) JY 통화선물(futures) 매도
   2) JY 통화선물(futures) 매입
   3) JY 선물환(forward) 매도
   4) 달러화 선물환(forward) 매입

2. 이 미국 수입업자가 3월에 JY 통화선물계약을 체결하고 3개월 후 현물환율이 \$0.003887/¥ 그리고 6월물 JY 통화선물가격이 \$0.003954/¥이 되었을 때 반대매매를 통하여 선물포지션을 청산한다면 선물거래이익 또는 손실은 얼마인가?

〈문제 3번부터 5번까지는 다음의 상황을 읽고 답하시오〉

상 황

미국의 어느 수입업자는 5월 20일 현재 스위스로부터 상품을 수입하고 그 수입대금 SF500,000을 4개월 후에 지급하기로 하였다. 5월 20일 현재의 미국 \$화와 스위스 SF화간 현물환율과 스위스프랑 통화선물의 각 만기월별 가격들이 아래와 같다.

만기월	환율 및 통화선물가격
현물환율	0.6404
6월물	0.6442
9월물	0.6513

3. 예상치 못한 환율변동위험에 대처하기 위하여 이 미국의 수입업자는 다음 중 어떠한 방법을 택해야 하는가?
   1) SF화 통화선물(futures) 매입
   2) SF화 통화선물(futures) 매도
   3) SF화 선물환(forward) 매도
   4) 달러화 선물환(forward) 매입

4. 이제 9월 20일에 이르러 미국 달러화와 스위스 SF화간의 현물환율이 $0.6571/SF이 된다면 현물환시장에서 SF500,000을 확보하는 데 필요한 달러화비용은 얼마인가?

5. 한편 9월 20일에 이르러 통화선물시장에서 9월물의 SF 통화선물가격이 $0.6578/SF이 되고 이 시점에서 5월 20일에 계약한 SF 통화선물에 대한 반대매매(reversing trade)를 행한다면 SF500,000에 대한 선물거래이익은 얼마인가?

〈문제 6번부터 9번은 다음의 호가표를 이용하여 답하시오〉

상 황

Mexican Peso 통화선물($/Peso), 계약단위: 500,000 pesos, 2월 3일 현재

만기월	시가	최고가	최저가	종가
3월물	.10953	.10988	.10930	.10958

6. 오늘의 종가로 3월물 페소화 통화선물 1계약을 매도한 경우 통화선물 만기일에 가서 현물환율이 $.08000/Peso가 된다면 포지션의 가치는 얼마인가?

7. 오늘의 종가로 3월물 페소화 통화선물 1계약을 매입한 경우 통화선물 만기일에 가서 현물환율이 $.08000/Peso가 된다면 포지션의 가치는 얼마인가?

8. 오늘의 종가로 3월물 페소화 통화선물 1계약을 매도한 경우 통화선물 만기일에

가서 현물환율이 $.09500/Peso가 된다면 포지션의 가치는 얼마인가?

9. 오늘의 종가로 3월물 페소화 통화선물 1계약을 매입한 경우 통화선물 만기일에 가서 현물환율이 $.09500/Peso가 된다면 포지션의 가치는 얼마인가?

〈문제 10번부터 13번은 다음의 호가표를 이용하여 답하시오〉

상 황

British Pound 통화선물($/£), 계약단위: 62,500 pounds, 2월 3일 현재

만기월	시가	최고가	최저가	종가
3월물	1.4246	1.4268	1.4214	1.4228
6월물	1.4164	1.4188	1.4146	1.4162

10. 오늘의 종가로 6월물 파운드화 통화선물 1계약을 매입한 경우 통화선물 만기일에 가서 현물환율이 $1.3980/£이 된다면 포지션의 가치는 얼마인가?

11. 오늘의 종가로 6월물 파운드화 통화선물 1계약을 매도한 경우 통화선물 만기일에 가서 현물환율이 $1.3980/£이 된다면 포지션의 가치는 얼마인가?

12. 오늘의 종가로 3월물 파운드화 통화선물 1계약을 매도한 경우 통화선물 만기일에 가서 현물환율이 $1.4560/£이 된다면 포지션의 가치는 얼마인가?

13. 오늘의 종가로 3월물 파운드화 통화선물 1계약을 매입한 경우 통화선물 만기일에 가서 현물환율이 $1.4560/£이 된다면 포지션의 가치는 얼마인가?

CHAPTER 04

통화옵션시장

제 1 절 통화옵션이란?

통화옵션이란 일정기간 내에(혹은 계약만기일에) 일정량의 통화를 일정가격으로 사거나 팔 수 있는 계약상의 권리를 의미한다. 옵션계약에는 옵션매입자(buyer 또는 holder)와 옵션매도자(seller 또는 writer)가 있게 되고 옵션매입자는 프리미엄(premium)을 지급함으로써 만기일 이내에 언제라도 옵션을 행사할 수 있는 권리를 취득하게 되며 옵션매도자는 premium을 받는 대가로 계약기간중 언제라도 옵션매입자의 옵션행사에 응해야 하는 의무를 지게 된다.

통화옵션은 환율이 불리한 방향으로 변화할 때는 환위험(foreign exchange risk)에 대한 헤징(hedging)을 제공해주고 유리한 방향으로 변화할 때에는 이익을 확보할 수 있도록 해주는 특징을 지닌다. 그리고 기업이 외국통화로 표시되는 상품의 매입 또는 매출이 반드시 실현될 것인가에 대하여 확신을 할 수 없는 경우 즉, 기업이 외국통화로 표시되는 상품의 매입 또는 매출에 있어서의 선택권을 상대방에게 부여하였을 경우에 통화옵션의 유용성이 크다고 할 수 있다. 또한 기업이 국제입찰에 참가하는 경우 환리스크를 헤징하기 위하여는 선도환계약(foreign exchange forward contract)을 맺는 것보다 통화옵션(foreign exchange option)을 이용하는 편이 유리하다. 왜냐하면, 입찰 준비시점에서 선도환계약을 체결하게 되면 불필요한 외환거래를 발생케 할 가능성이 있지만 통화옵션을 이용하게 되면 낙찰여부에 따라 옵션을 행사하거나 또는 그 옵션을 다시 매도함으로써 옵션 매입 당시 지불한 프리미엄의 부담을 경감시킬 수 있다.

통화옵션은 1982년 12월 Philadelphia Stock Exchange(PHLX)에서 본격적으로 거래되기 시작하였다. 유럽에서는 암스테르담 소재 European Options Exchange가 Philadelphia Stock Exchange보다 먼저 통화옵션 거래를 취급하기 시작하였다. 미국의 Philadelphia Stock Exchange나 Amsterdam의 European Options Exchange와 같은 거래소에서 거래되는 표준화된 옵션을 장내옵션(floor option)이라고 하며, 은행간시장 및 은행 · 고객간시장 등 거래소 이외의 장소에서 거래되는 옵션을 장외옵션(over-the-counter option)이라 한다. 그리고 옵션계약에 있어서 최종거래일을 만기일(maturity date 혹은 expiration date)이라고 하는데, 옵션계약 만기일 이전에 옵션의 행사가 가능한 옵션을 미국식옵션(American option)이라 하고 옵션계약 만기일에 한하여 옵션을 행사할 수 있는 옵션을 유럽식옵션(European option)이라 한다. 또한 통화옵션에는 현물통화를 대상으로 하는 현물옵션(cash option), 통화선물을 대상으로 하는 선물옵션(option on futures), 그리고 옵션 매입 후 옵션행사에 관계없이 옵션가격(프리미엄)의 변동에 따라 매일결제(daily resettlement)가 이루어지는 선물식옵션(futures style option) 등이 있다. 현물옵션계약하에서는 옵션행사시 현물통화가 수도결제되는 데 반하여 선물옵션계약하에서는 통화선물계약 포지션이 수도된다.

제 2 절 통화옵션의 기본원리

통화옵션에 있어서의 call 옵션이란 일정기간 이내(또는 계약만기일)에 일정가격(exercise price 또는 strike price)으로 일정량의 특정통화를 살 수 있는 권리를 뜻하며, put 옵션은 팔 수 있는 권리를 뜻한다. 예를 들어, 일정가격(일정환율)으로 Swiss franc(SF)을 살 수 있는 권리(달러를 대가로 지불하고)란 다시 말해서 일정환율로 SF를 대가로 받고 달러를 팔 수 있는 권리를 뜻하므로 통화옵션에 있어서의 call 옵션은 반대쪽 통화의 입장에서 본 put 옵션과 같음을

표 4-1 call 옵션과 put 옵션의 매입자와 매도자

매입자		매도자
만기일(또는 만기일 이전)에 특정통화를 행사가격에 매입할 권리를 갖게 됨	call 옵션	만기일(또는 만기일 이전)에 특정통화를 행사가격에 매도할 의무를 지게 됨
만기일(또는 만기일 이전)에 특정통화를 행사가격에 매도할 권리를 갖게 됨	put 옵션	만기일(또는 만기일 이전)에 특정통화를 행사가격에 매입할 의무를 지게 됨

알 수 있다.

통화옵션의 특징은 옵션매입자가 의무가 아닌 권리를 취득한다는 것이다. 옵션 매입자는 환율의 변화에 따라 자기에게 유리한 경우에만 옵션을 행사하게 된다. 이것은 선도환계약(forward exchange contract)을 맺은 경우에 불리한 상황하에서도 계약을 이행해야 하는 것과는 크게 대조를 이룬다. 한편 옵션 매도자는 옵션매입자의 옵션행사에 응해야 하는 의무를 지게 된다.

〈표 4-1〉은 call 옵션과 put 옵션의 매입자와 매도자의 권리 및 의무를 보여주고 있다.

영국의 스털링 파운드(sterling pound)화에 대한 옵션을 예로 들어 보기로 한다.

상 황

현물환율($/£)	: $1.5800/£
행사가격(exercise price)	: $1.6500/£
만기일(expiration date)	: 12월
call 옵션에 대한 premium	: $0.03/£

위의 경우 현물환율이 행사가격보다 낮으므로 call 옵션은 'out-of-the-money' 라고 부르며 put 옵션은 'in-the-money' 라고 부른다. 이 경우에 call 옵션은 파운드화를 $1.65/£의 행사가격으로 살 수 있는 권리를 뜻하므로 이 call 옵션을 매입하는 즉시 이를 행사하게 되면 파운드화를 $1.65/£의 가격으로 매입하게 되는데 이것을 현물환시장에서 다시 팔 경우 $1.58/£의 가격으로 매도하게 되므로 손실을 보게 된다. 따라서 이 때 call 옵션은 'out-of-the-money' 라고 부른다. 한편 put 옵션은 파운드화를 $1.65/£의 행사가격으로

팔 수 있는 권리를 뜻하므로 이 put 옵션을 매입하는 즉시 이를 행사하게 되면 파운드화를 \$1.65/£의 가격으로 매도하게 되는데 현물환시장에서 파운드화를 \$1.58/£의 가격으로 매입할 수 있으므로 \$0.07/£(=1.65−1.58)의 이익을 보게 된다. 이 경우 put 옵션의 고유가치(intrinsic value)는 \$0.07/£라고 말하며 이 때 put 옵션은 'in-the-money' 라고 부른다. 여기서 고유가치란 해당통화의 현물가격과 옵션의 행사가격과의 격차를 말한다. 그리고 해당통화의 현물가격과 옵션의 행사가격이 일치하는 경우에 그 옵션은 'at-the-money' 라고 부른다.

그림 4-1 call 옵션을 매입한 경우 만기일의 현물환율과 순이익과의 관계

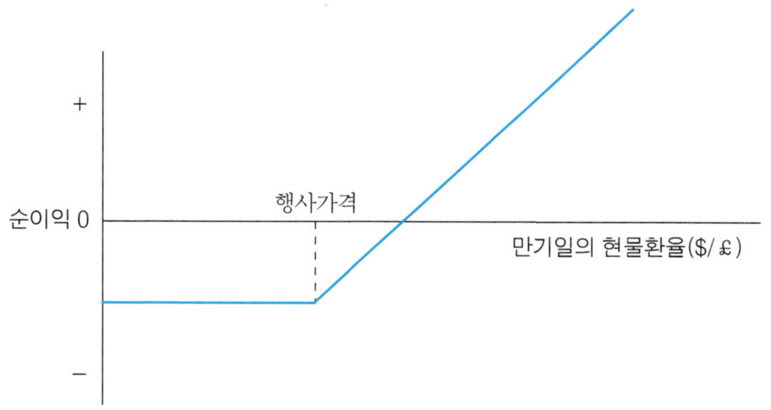

그림 4-2 call 옵션을 매도한 경우 만기일의 현물환율과 순이익과의 관계

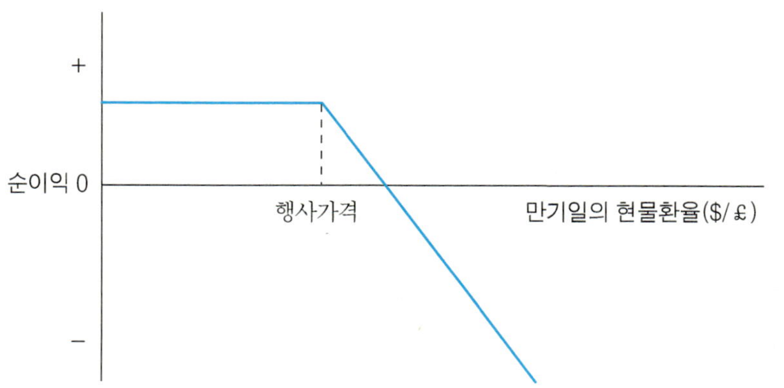

그림 4-3 put 옵션을 매입한 경우 만기일의 현물환율과 순이익과의 관계

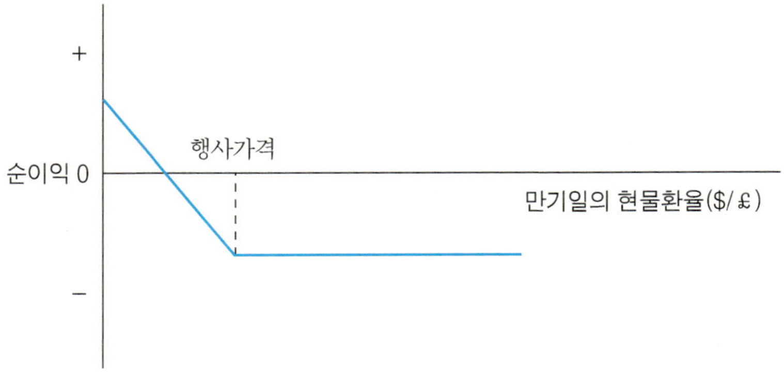

그림 4-4 put 옵션을 매도한 경우 만기일의 현물환율과 순이익과의 관계

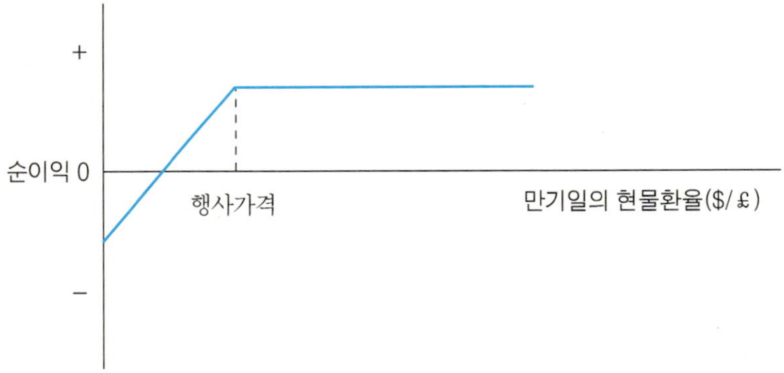

위의 그림들은 앞에서 가정한 상황에서 call 옵션과 put 옵션을 매입한 경우와 매도한 경우에 만기일의 달러화와 파운드화간의 현물환율이 어떤 수준에 있는가에 따라 순이익이 얼마만큼 되는가를 보여주고 있다. [그림 4-1]은 call 옵션을 매입한 경우 만기일의 현물환율과 순이익과의 관계를 보여주고 있다. call 옵션을 매입한 경우 만기일에 이르러 현물환율이 행사가격(exercise price)보다 낮게 되면 call 옵션을 행사하지 않게 되므로 손실은 옵션매입 당시 지급한 프리미엄에 국한된다. 그러나 만기일에 이르러 현물환율이 행사가격보다 높게 되면 옵션을 행사하여 행사가격으로 파운드화를 매입하고 그보다 높은 현물환율로 파운드화를 다시 매도함으로써 이익을 얻게 된다. 그리고 만기일의 현물환율이 행사가격보다 높으면 높을수록 그 이익은 더 크게 된다.

call 옵션을 매도한 경우에 있어서의 만기일의 현물환율과 순이익과의 관계는 [그림 4-2]가 보여주고 있다. call 옵션을 매도한 경우에 call 옵션 매도자는 premium을 지급받는 대가로 call 옵션 매입자의 옵션행사에 응해야 하는 의무를 지게 된다. 즉, call 옵션 매입자가 파운드화를 매입하고자 할 때 call 옵션 매도자는 그에 응하여 파운드화를 매도해야 한다. 만약 만기일에 이르러 현물환율이 행사가격보다 높게 되면 call 옵션 매입자가 옵션을 행사하게 될 것이고 call 옵션 매도자는 이에 응하여 파운드화를 행사가격으로 매도해야 한다. 즉, 이 경우에 call 옵션 매도자는 만기일에 파운드화를 현물환율로 매입하여 그보다 낮은 행사가격으로 파운드화를 call 옵션 매입자에게 매도하여야 하므로 손실을 보게 된다. 예를 들어, 만기일의 현물환율이 $1.70라고 하고 행사가격이 $1.65 그리고 call 옵션을 매도할 당시 지급받은 프리미엄이 $0.03라고 할 때 순손실은 ($1.70 − $1.65) − $0.03 = $0.02가 된다. [그림 4-1]과 [그림 4-2]를 비교하여 볼 때, call 옵션 매도자의 순이익을 나타내는 그림은 call 옵션 매입자의 순이익을 나타내는 그림과 수평축을 기준으로 하여 서로 대칭관계에 있음을 알 수 있다. [그림 4-3]은 put 옵션 매입자의 순이익을 나타내 주고 있으며 put 옵션 매도자의 순이익을 나타내 주는 [그림 4-4]는 put 옵션 매입자의 순이익을 나타내주는 그림을 수평축을 중심으로 대칭이동하여 얻을 수 있다.

이제 위에서 본 네 가지 그림 중 call 옵션을 매입한 경우와 put 옵션을 매입한 경우의 만기일의 현물환율과 순이익과의 관계를 나타내는 그래프를 결합시키면 [그림 4-5]에서 볼 수 있는 바와 같은 V자 형태의 그래프를 얻게 된다. 즉, 특정통화에 대한 call 옵션과 put 옵션을 동일한 행사가격으로 동시에 매입하는 경우를 straddle 매입이라고 하는데 만기일의 현물환율이 행사가격으로부터 일정한 크기 이상의 차이가 날 때 straddle 매입자는 이익을 얻게 되고 그렇지 않은 경우에는 손실을 보게 된다. 따라서 환율의 변동이 심한 경우에 straddle 매입을 행하게 되면 환율의 상승 또는 하락과는 관계없이 만기일의 현물환율과 행사가격의 차이가 일정한 크기 이상이 될 때 straddle 매입자는 이익을 얻게 된다.

그림 4-5 Straddle 매입: 동일한 행사가격의 call 옵션과 put 옵션 매입

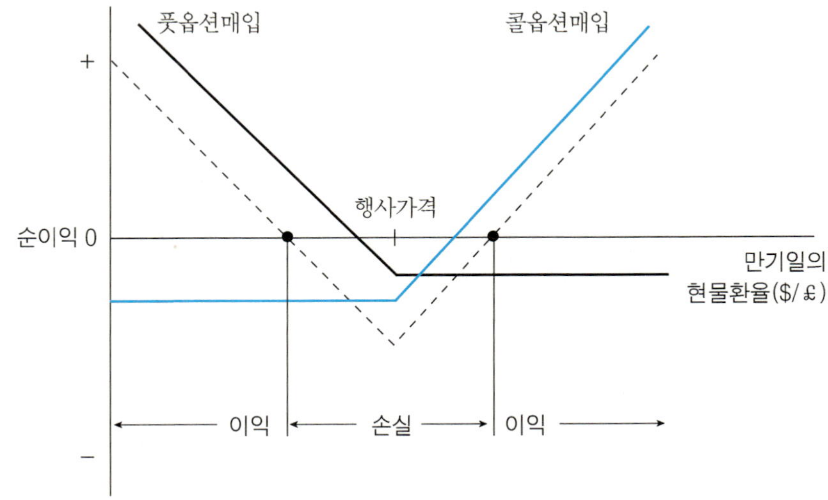

그러나 straddle 매입에 소요되는 프리미엄비용이 부담스러운 경우에는 strangle 매입을 행함으로써 프리미엄비용을 상당히 경감시킬 수 있다. strangle 매입은 특정 통화에 대한 call 옵션과 put 옵션을 서로 다른 행사가격으로 동시에 매입하는 것인데 이 때 call 옵션의 행사가격은 높고 put 옵션의 행사가격은 낮아 두 가지 옵션이 모두 'out-of-the-money' 인 경우이다. 따라서 두 가지 옵션의 프리미엄이 모두 저렴하기 때문에 strangle 매입의 경우 초기의 총프리미엄비용이 낮게 된다.

한편, 환율변동의 방향을 예측하여 투기거래를 행하기는 하지만 일정한 범위를 벗어나는 경우에는 손실과 이익을 모두 제한하는 전략으로서 bull spread와 bear spread가 있다. bull spread는 환율이 앞으로 상승할 것으로 예상하는 경우 특정 통화에 대한 call 옵션을 일정 행사가격으로 매입함과 동시에 보다 높은 행사가격의 call 옵션을 매도하는 전략이다. 이 때 낮은 행사가격의 call 옵션 프리미엄은 높은 행사가격의 call 옵션 프리미엄보다 항상 비싸므로 초기에는 순손실이 발생하게 된다. 그러나 bull spread의 경우 만기일의 현물환율이 매입한 call 옵션의 행사가격보다 높아지면 질수록 순이익이 커지게 되며 만기일의 현물환율이 매도한 call 옵션의 행사가격에 도달하면 순이익은 최고

그림 4-6 Strangle 매입: 서로 다른 행사가격의 call 옵션과 put 옵션 매입

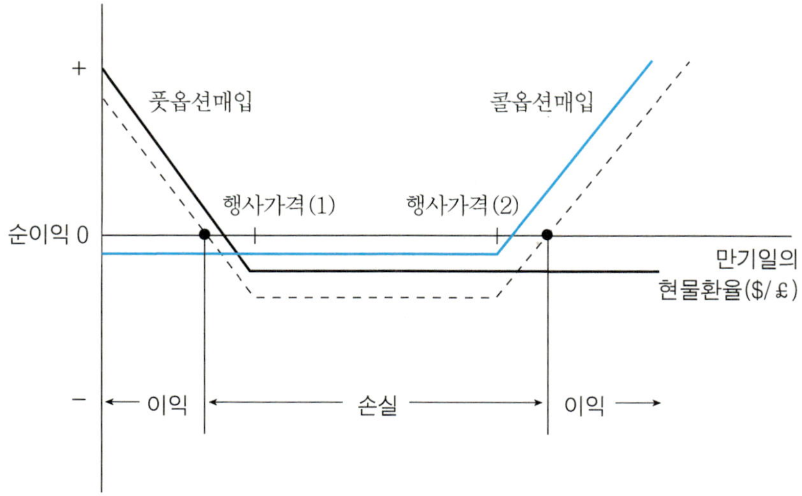

에 달하게 된다.

반면에 환율이 앞으로 하락할 것으로 예상하는 경우에는 bear spread전략을 취하면 된다. 즉, 특정 통화에 대한 put 옵션을 높은 행사가격으로 매입하고 낮은 행사가격의 put 옵션을 매도하면 된다. bear spread의 경우에도 초기에는 프리미엄비용으로 인하여 순손실이 발생하지만 만기일의 현물환율이 매입한 put 옵션의 행사가격보다 낮아짐에 따라 순이익이 점차 커지게 되며 만기일의 현물환율이 매도한 put 옵션의 행사가격에 도달하면 순이익은 최고에 달하게 된다. 결국 투자자는 일정 행사가격의 put 옵션을 매입한 후 보다 낮은 행사가격의 put 옵션을 매도함으로써 put 옵션의 매입에서 얻을 수 있는 이익의 일부를 포기하는 것이라고 할 수 있다. 그리고 그 포기하는 이익 대신에 put 옵션 매도에 따른 프리미엄 수입을 얻는 것이다.

그림 4-7 Bull Spread: 낮은 행사가격의 call 옵션 매입과 높은 행사가격의 call 옵션 매도

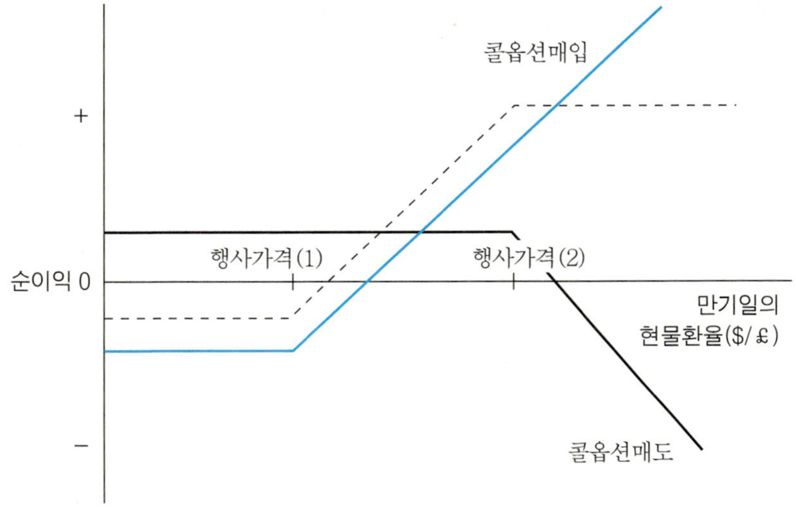

그림 4-8 Bear Spread: 높은 행사가격의 put 옵션 매입과 낮은 행사가격의 put 옵션 매도

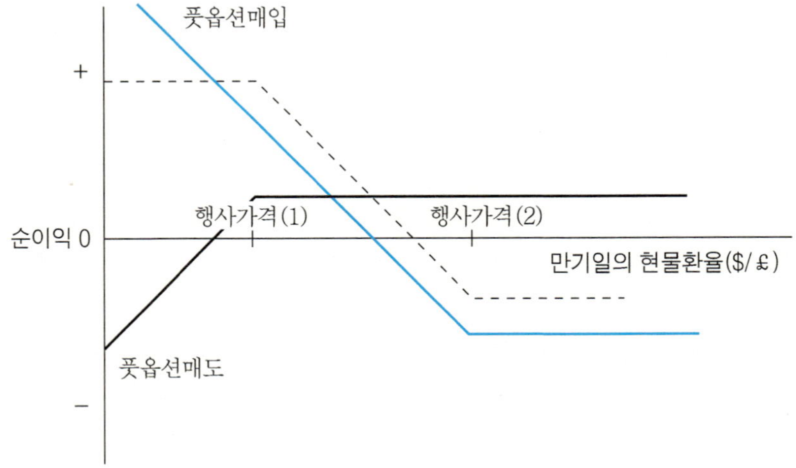

제 3 절 통화옵션과 선도환과의 관계

call 옵션과 put 옵션의 매매에 있어서의 프리미엄을 영이라고 가정하면, 동일한 행사가격 '*E*' 로 call 옵션을 매입하고 put 옵션을 매도하는 것은 결과적으로 선도환율 '*E*' 로 특정통화를 선도환시장에서 매입하는 것과 같게 된다. 우리는 [그림 4-9]로부터 call 옵션 매입과 put 옵션 매도를 결합하면 선도환 매입과 같은 결과가 된다는 것을 쉽게 알 수 있다.

즉, 만기일의 현물환율이 행사가격보다 높게 되면 매입한 call 옵션을 행사하므로 행사가격 '*E*' 로 특정통화를 확보하게 되고, 반대로 만기일의 현물환율이 행사가격보다 낮게 되면 매입한 call 옵션은 행사하지 않지만 put 옵션을 매도하였으므로 이 때 put 옵션 매입자가 옵션행사를 하고자 함에 따라 put 옵션매도자는 그에 응해야 한다. 다시 말하자면, 만기일의 현물환율이 행사가격보다 낮은 경우 put 옵션 매입자가 특정통화를 행사가격으로 팔 수 있는 권리를 행사하고자 함에 따라 put 옵션 매도자는 그에 응하여 특정통화를 행사가격 '*E*' 로 사게 된다. 따라서 만기일의 현물환율이 행사가격보다 높은 경우에는 매입한 call 옵션의 권리를 행사하여 행사가격 '*E*' 로 특정통화를 확보하게 되고, 만기일의 현물환율이 행사가격보다 낮은 경우에는 매도한 put 옵션의 의무를 이행해야 함에 따라 행사가격 '*E*' 로 특정통화를 확보하게 된다. 이것은 call 옵션 매입과 put 옵션 매도를 결합하면 만기일의 현물환율이 어떤 수준이 되든지 관계없이 일정한 행사가격(환율)으로 특정통화를 확보하게 됨을 말하는데 이것은 결과적으로 선도환 매입계약으로 특정통화를 확보하는 것과 동일한 효과를 가져온다. [그림 4-9]는 call 옵션 매입과 put 옵션 매도의 결합이 선도환매입과 같은 효과를 나타내며 이러한 경우 만기일의 현물환율이 행사가격(또는 선도환율)보다 높거나 낮은 정도만큼 이익이나 손실을 보게 된다는 것을 보여주고 있다.

우리는 [그림 4-9]에서 편의상 call 옵션과 put 옵션의 프리미엄을 영이라고 가정하였으나 실제로는 프리미엄이 존재하게 된다. 이제 call 옵션 매입시에 지급한 프리미엄 $C(E)$와 put 옵션 매도시에 지급받은 프리미엄 $P(E)$를 고려하

그림 4-9 call 옵션 매입과 put 옵션 매도의 결합

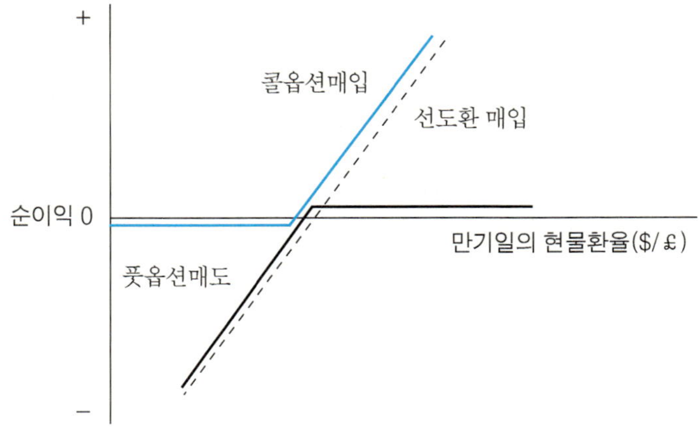

여 $C(E)$와 $P(E)$의 차이를 프리미엄의 순비용으로 포함시키기로 한다. 그러면 call 옵션과 put 옵션을 결합하는 방법을 이용하여 만기일에 가격 E를 지불하고 특정통화를 확보하는 데 드는 총비용을 만기일 시점에서의 비용으로 표시하면 다음과 같다.

$$E + \underbrace{[C(E) - P(E)]} \cdot (1 + r)^t$$

이 금액은 옵션계약 당시 지급되어야 하므로 그 미래가치를 구하려면 이자율 r로 t기간만큼 금리계산을 해 주어야 한다.

이러한 비용을 들여 옵션계약 만기일에 특정통화를 확보할 수 있으므로 이 확보된 특정통화를 옵션계약일에 선도환시장에서 옵션계약 만기일을 수도결제일로 하여 선도환율 'F'로 매도할 수 있다. 그러므로 옵션계약 만기일에 있어서의 이익은 다음과 같이 구할 수 있다.

$$\text{이익} = F - \{E + [C(E) - P(E)] \cdot (1 + r)^t\}$$

위와 같은 전략은 무위험재정거래(risk-free arbitrage)이므로 시장이 균형상태에 도달하면 이익은 영이 될 것이다. 즉,

$$F - E - [C(E) - P(E)] \cdot (1 + r)^t = 0$$

위의 식을 정리하면 다음을 얻는데 이것을 풋 · 콜 · 선도환평가(put-call-forward exchange parity: PCFP)라고 부른다.

$$C(E) - P(E) = \frac{F - E}{(1 + r)^t} \qquad \text{(PCFP)}$$

이제 위에서 얻은 PCFP(풋 · 콜 · 선도환평가)를 이용하여 한 단계 더 복잡한 경우를 생각해 보기로 하자. 즉, 동일한 행사가격 E_1으로 call 옵션을 매입하고 put 옵션을 매도하는 것은 마치 선도환율 E_1으로 통화를 선도환시장에서 매입하는 것과 같은 결과가 되므로 PCFP에 의하여 다음의 식이 성립한다.

$$C(E_1) - P(E_1) = \frac{F - E_1}{(1 + r)^t} \cdots\cdots (1)$$

한편, 동일한 행사가격 E_2로($E_2 > E_1$을 가정) call옵션을 매도하고, put옵션을 매입하는 것은 마치 선도환율 E_2로 통화를 선도환시장에서 매도하는 것과 같은 결과가 되므로 PCFP에 의하여 다음과 같은 관계가 성립한다.

$$P(E_2) - C(E_2) = \frac{E_2 - F}{(1 + r)^t} \cdots\cdots (2)$$

이제 식 (1)과 식 (2)를 더하면 식 (3)을 얻는다.

$$\underbrace{C(E_1) - P(E_1)}_{①} + \underbrace{P(E_2) - C(E_2)}_{②} = \underbrace{\frac{E_2 - E_1}{(1 + r)^t}}_{③} \cdots\cdots (3)$$

① 만기일에 가격 E_1을 지불하고 통화를 확보하도록 하는 데 드는 비용(옵션계약 당시를 기준으로 한 비용)

② 만기일에 가격 E_2를 받고 통화를 매도할 수 있도록 하는 데 드는 비용(옵션계약 당시를 기준으로 한 비용)

③ 만기일에 통화를 가격 E_1을 지불하여 매입하고, 다시 가격 E_2를 받고 매도할 때 발생하는 이익의 옵션계약 당시를 기준으로 한 현재가치

식 (3)이 의미하는 바는 call 옵션과 put 옵션을 결합하여 만기일에 가격 E_1을 지불하고 통화를 확보하도록 하는 데 드는 옵션계약 당시의 비용과 만기일

에 가격 E_2를 받고 통화를 매도할 수 있도록 call 옵션과 put 옵션을 결합하는데 드는 옵션계약 당시의 비용의 합계는 이와 같은 방법으로 고정시킨 이익(locked-in profit)의 옵션계약 당시를 기준으로 한 현재가치와 같아야 한다는 것이다.

제 4 절 삼각대등관계

우리는 위에서 미래에 특정통화를 확보하는 방법이 두 가지가 있음을 알았다. 그 중 한 가지 방법은 선도환시장에서 통화를 매입하는 것이고, 다른 한 가지 방법은 동일한 행사가격으로 call 옵션을 매입, put 옵션을 매도하고 call 옵션과 put 옵션의 프리미엄의 차이를 차입하거나 또는 대출하거나 하는 것이다. 즉, 선도환시장을 통하지 않고도 통화옵션시장을 통하여 미래에 특정통화를 확보할 수 있다는 것을 알았다.

그러나 미래에 특정통화를 확보하는 것은 선도환시장이나 통화옵션시장을 통하여서뿐만 아니라 금융시장(및 현물환시장)을 통하여서도 가능하다는 것을 제2장에서 이미 살펴본 바 있다. 예를 들어, 미래에 파운드화를 확보하기 위하여는 선도환시장에서 선도환율 '*F*'로 미래에 달러화를 인도하고 파운드화를 인수하기로 하는 선도환 계약을 체결하면 된다. 그러나 달러화 금융시장에서 자금을 차입하고 이것을 현물환시장에서 파운드화로 바꾼 다음 파운드화 금융시장에서 일정기간 동안 투자를 하게 되면 이것도 결국 선도환시장에서 파운드화를 매입하는 것과 같은 결과가 된다고 할 수 있다. 그 이유는 일정기간 경과후 달러화 금융시장에서는 차입한 달러화 자금을 상환해야 하고 파운드화 금융시장에서는 투자한 파운드화 자금의 원리금 합계를 받게 되므로 이것은 선도환계약을 체결한 경우 일정기간 경과 후에 달러화를 인도하고 파운드화를 인수하는 것과 같은 결과가 되기 때문이다. [그림 4-10]은 선도환시장을 통하여 미래에 파운드화를 확보하는 방법과 금융시장(및 현물환시장)을 통하여 미래에 파운드화를 확보하는 방법을 비교하여 보여주고 있다.

그러므로 이제 우리는 미래에 특정통화를 확보하는 세 가지 방법을 살펴보

그림 4-10 선도환시장과 금융시장을 이용하여 미래에 파운드화를 확보하는 방법의 비교*

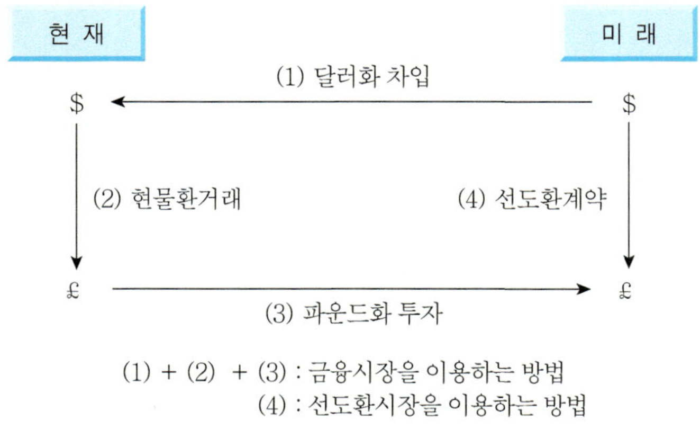

* : 이자율평가(interest rate parity)가 성립할 때는 금융시장을 이용하여 미래에 파운드화를 확보하는 방법과 선도환시장을 이용하여 미래에 파운드화를 확보하는 방법이 완전히 동일한 결과를 가져온다.

았다. 그 중 첫번째 방법은 선도환시장에서 특정통화를 매입하는 것이고, 두번째 방법은 동일한 행사가격으로 특정통화에 대한 call 옵션을 매입, put 옵션을 매도하고 call 옵션과 put 옵션의 프리미엄의 차이를 차입하거나 또는 대출하거나 하는 것이며, 마지막으로 세번째 방법은 자국금융시장에서 자국통화를 차입한 후 현물환 시장에서 원하는 특정통화로 교환한 후 그 특정통화금융시장에서 이 자금을 투자하는 것이다. 이 세 가지 방법은 모두 미래에 특정통화를 확보하는 수단이므로 우리는 이 세 가지 방법들이 서로 대등한 관계에 있다고 말할 수 있다. 그러므로 이러한 관계를 삼각대등관계(triangular equivalence)라고 부르며 [그림 4-11], [그림 4-12] 및 [그림 4-13]은 여러 가지 삼각대등관계를 보여주고 있다. 이들 그림에서는 편의상 자국통화를 달러화로 가정하고 원하는 특정통화를 파운드화로 가정하기로 한다. [그림 4-12]는 [그림 4-11]의 세 가지 방법에 각각 '선도환시장에서 £화를 매도'를 추가하면 헤지(hedge)된 선도환시장에서의 £화 매입포지션을 얻게 된다는 것을 보여준다. 한편 [그림 4-13]은 [그림 4-11]의 세 가지 방법에 각각 '£화 put 옵션 매입'을 추가하면 £화 call 옵션 매입포지션을 얻게 된다는 것을 보여준다.

통화옵션의 헤징도구로서의 독특한 특징은 우리로 하여금 통화옵션, 단기

그림 4-11 미래에 특정통화(£)를 확보하는 방법

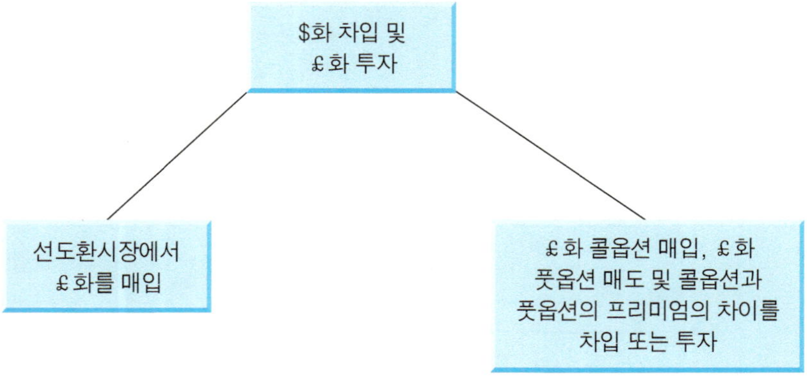

그림 4-12 헤지된 선도환시장에서의 £화 매입포지션

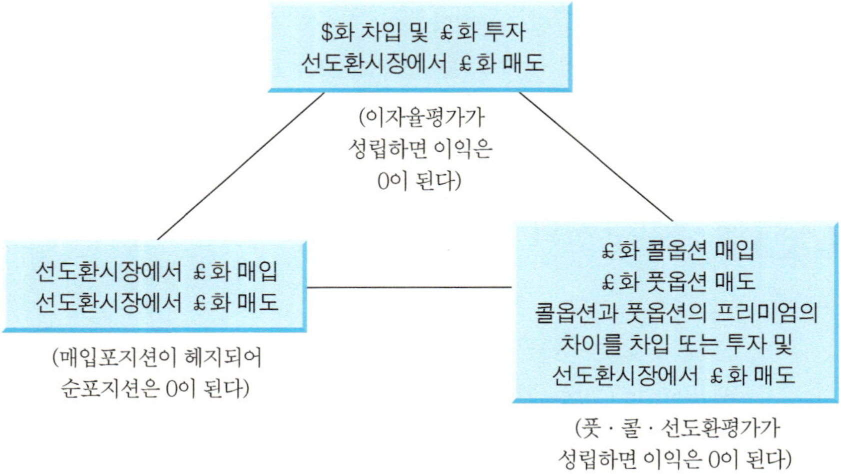

금융시장의 금융자산(money market instruments), 현물환 및 선도환계약간의 관계를 규정지을 수 있도록 한다는 점이다. 앞에서 살펴본 풋 · 콜 · 선도환평가(put-call-forward exchange parity: PCFP)가 그러한 하나의 예라고 볼 수 있다. 풋 · 콜 · 선도환평가는 선도환시장에서의 매입 또는 매도포지션을 통화옵션시장에서 call 옵션과 put 옵션을 적절히 배합하여 확보할 수 있음을 보여준

그림 4-13 £화 call 옵션 매입포지션을 확보하는 방법

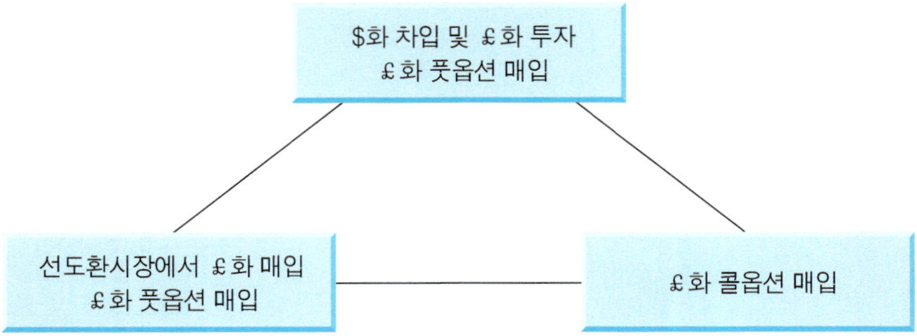

다. 그리고 이자율평가(interest rate parity: IRP)는 선도환시장에서의 매입 또는 매도포지션을 금융시장에서 한 통화의 차입과 다른 통화의 투자 그리고 현물환계약을 결합하여 확보할 수 있음을 보여준다. 이러한 통화옵션, 단기금융자산, 현물환 및 선도환계약간의 관계를 잘 이해하게 될 때, 비로소 우리는 통화옵션의 환위험 헤징수단으로서의 잠재력을 충분히 활용할 수 있게 된다.

제 5 절 통화옵션의 가격결정요인

〈표 4-2〉는 현물통화를 대상으로 하는 현물옵션(cash option)의 가격이 *The Wall Street Journal*에 어떻게 보도되는지를 보여주고 있다. 각 통화별로 첫째 줄 오른쪽에는 옵션계약의 대상이 되는 통화의 현물가격, 즉 현물환율이 표시되고 둘째 줄에는 옵션의 계약단위가 표시되어 있다. 그리고 첫째 난은 행사가격(strike price), 둘째 난은 만기월을 나타내며 그 다음 네 개의 난은 call 옵션의 거래량과 프리미엄, put 옵션의 거래량과 프리미엄을 보여주고 있다. 그리고 표의 마지막 부분에는 call 옵션과 put 옵션 각각의 총거래량(volume) 및 총유효계약수(open interest)가 나타나 있다. 예를 들어, Swiss Franc 통화옵션의 경우 행사가격 68($0.6800/SF)의 9월물 call 옵션의 프리미엄은 0.44cents로 나타나 있으므로 SF화 통화옵션 1계약(SF62,500)을 매입할 때 지급해야 하는

표 4-2 현물통화를 대상으로 하는 통화옵션의 호가표

OPTIONS
PHILADELPHIA EXCHANGE

		Calls Vol.	Calls Last	Puts Vol.	Puts Last
ADllr					**65.38**
50,000 Australian Dollar EOM-European.					
65	Aug	...	0.01	10	0.44
Euro					**107.08**
62,500 Euro-cents per unit.					
100	Sep	2	7.40	...	...
106	Dec	...	...	20	1.63
110	Sep	9	0.40	...	0.01
110	Dec	23	1.83	...	0.01
114	Dec	126	0.86	...	0.01
118	Dec	52	0.30	...	0.01
British Pound					**160.50**
31,250 Brit. Pounds-cents per unit.					
161	Sep	13	1.83	...	0.01
Canadian Dollar					**66.55**
50,000 Canadian Dollars-cents per unit.					
66½	Aug	...	0.01	60	0.12
66½	Sep	...	...	60	0.45
67½	Aug	...	...	75	0.81
68½	Sep	...	0.01	159	1.79
German Mark					**54.76**
62,500 German Marks-cents per unit.					
53	Aug	1	1.92	...	0.01
Japanese Yen					**86.77**
6,250,000J.Yen-100ths of a cent per unit.					
85	Sep	...	...	4	0.40
86	Dec	...	0.01	4	1.52
Swiss Franc					**66.87**
62,500 Swiss Francs-cents per unit.					
67½	Sep	15	0.78	...	0.01
68	Sep	29	0.44	...	...
68	Dec	20	1.83	...	0.01
Call Vol 2,708			**Open Int ... 30,546**		
Put Vol 541			**Open Int ... 40,958**		

프리미엄은 \$275[=(0.44cents/SF)(SF62,500)]에 달하게 됨을 알 수 있다.

〈표 4-3〉은 통화선물을 대상으로 하는 선물옵션(option on futures)의 가격이 *The Wall Street Journal*에 어떻게 보도되는지를 보여주고 있다. 현물옵션계약하에서는 옵션행사시 현물통화가 수도결제되는 데 반하여 선물옵션계약하에서는 옵션행사시 통화선물계약 포지션이 수도된다. 예를 들어, 선물옵션의 경우 call 옵션의 매입자가 옵션을 행사하게 되면 특정통화에 대한 선물계약의 매입포지션을 갖게 되고 이 때 call 옵션의 매도자는 그 통화에 대한 선물계약의 매도포지션을 가지게 된다. 반면에 put 옵션 매입자가 옵션을 행사하게 되면 특정통화선물계약의 매도포지션을 갖게 되고 이 때 put 옵션의 매도자는 특정통화선물계약의 매입포지션을 가지게 된다. 이 표의 첫째 난은 행사가격을 나타내고 있으며 그 다음 여섯 개의 난은 각 만기월별 call 옵션의 프리미엄과 put 옵션 프리미엄을 보여주고 있다. 여기서 call 옵션 및 put 옵션 프리미엄(가격)은 당일의 종가를 나타낸다. 그리고 각 통화별로 표의 맨 밑부분에는 당일의 거래량(추측치), 전일의 call 옵션 및 put 옵션 각각의 실제거래량, 전일의 call 옵션 및 put 옵션 각각의 총유효계약수가 나타나 있다. 예를 들어, SF 선물에 대한 통화옵션의 경우 행사가격 6700(\$0.6700/SF)의 9월물 call 옵션의 프리미엄은 1.19cents로 나타나 있으므로 SF 통화옵션 1계약(SF125,000)을 매입할 때 지급해야 하는 프리미엄은 \$1,487.5[=(1.19cents/SF)(SF125,000)]가 된다.

그러면 이제 위의 호가표들에 나타나 있는 통화옵션의 가격(프리미엄)을 결정하는 요인들이 무엇인가를 살펴보기로 한다.

첫째, 통화옵션의 가격(프리미엄)은 행사가격에 대한 현물환율의 상대적 관

표 4-3 통화선물을 대상으로 하는 통화옵션의 호가표

Currency

Japanese Yen (CME)

12,500,000 yen; cents per 100 yen

Price	Aug	Sep	Oct	Aug	Sep	Oct
8250	1.30	1.72	2.23	0.09	0.51	0.69
8300	0.88	1.40	1.90	0.17	0.69	0.86
8350	0.55	1.13	1.62	0.34	0.92	1.07
8400	0.33	0.90	1.36	0.62	1.19	1.31
8450	0.18	0.71	...	0.97	1.50	1.59
8500	0.12	0.56	0.95	1.41	1.85	1.90

Est vol 1,051 Fr 200 calls 347 puts
Op int Fri 41,237 calls 64,322 puts

Canadian Dollar (CME)

100,000 Can.$, cents per Can.$

Price	Aug	Sep	Oct	Aug	Sep	Oct
6150	...	...	...	...	0.25	0.41
6200	...	0.93	...	...	0.39	...
6250	...	0.65	...	0.26	0.61	...

STRIKE	CALLS-SETTLE			PUTS-SETTLE		
6300	0.12	0.43	...	47.00	0.89	...
6350	0.05	0.28	...	1.01	1.24	...
6400	0.02	0.18	...	1.48	1.64	...

Est vol 230 Fr 177 calls 127 puts
Op int Fri 26,968 calls 7,264 puts

British Pound (CME)

62,500 pounds; cents per pound

Price	Aug	Sep	Oct	Aug	Sep	Oct
1540	1.90	2.62	...	0.16	0.88	1.74
1550	1.04	2.00	2.06	0.30	1.26	...
1560	0.50	1.48	1.64	0.76	1.74	...
1570	0.24	1.12	1.28	1.50	2.38	...
1580	0.16	0.84	1.02	...	3.10	...
1590	...	0.56	0.78	...	3.82	...

Est vol 102 Fr 261 calls 236 puts
Op int Fri 7,282 calls 7,086 puts

Swiss Franc (CME)

125,000 francs; cents per franc

Price	Aug	Sep	Oct	Aug	Sep	Oct
6650	1.12	...	...	0.08	0.46	...
6700	0.72	1.19	...	0.18	0.65	...
6750	0.40	0.93	...	0.36	0.89	...
6800	0.22	0.72	...	0.68	1.18	...
6850	0.10	0.55	...	1.06	1.51	...
6900	0.08	0.42	0.73	1.54	1.88	...

Est vol 149 Fr 79 calls 352 puts
Op int Fri 8,570 calls 4,284 puts

Euro Fx (CME)

125,000 euros; cents per euro

Price	Aug	Sep	Oct	Aug	Sep	Oct
9700	1.08	1.78	...	0.18	0.88	1.48
9750	0.73	1.49	...	0.33	1.09	...
9800	0.46	1.24	1.53	0.56	1.34	2.02
9850	0.28	1.02	...	0.88	1.62	...
9900	0.16	0.83	1.15	1.26	1.93	2.63
9950	0.10	0.68	...	1.70	2.28	...

Est vol 1,963 Fr 2,962 calls 1,158 puts
Op int Fri 50,158 calls 37,794 puts

계에 의하여 영향을 받는다. 예를 들어, 통화옵션에 있어서 call 옵션이란 특정 통화를 행사가격으로 살 수 있는 권리를 말하므로 call 옵션의 경우 일반적으로 현물환율이 행사가격에 비하여 높으면 높을수록 그 call 옵션의 가치가 더 크다고 할 수 있다. 만약 만기일의 현물환율이 행사가격보다 더 낮다고 하면 call 옵션의 가치는 영이 되며 아무도 그 call 옵션을 행사하지 않을 것이다. 둘째, 만기가 긴 옵션일수록 환율이 현재수준에서 크게 변동할 가능성이 커지고 따라서 옵션의 행사로부터 이익을 볼 가능성도 커진다. 그러므로 만기가 짧은 옵션에 비하여 만기가 긴 옵션이 일반적으로 그 가치가 더 크다고 할 수 있다. 셋째, 환율의 변동률이 크면 클수록 옵션의 행사로부터 이익을 볼 가능성이 더 커진다. 예를 들어, 현물환율이 행사가격보다 낮은 경우, 즉 call 옵션이 'out-of-the-money'인 경우 만약 환율변동률이 영이라면 환율이 현재수준에서 변동할 가능성이 없고 따라서 옵션의 행사로부터 이익을 볼 가능성도 없으므로 call 옵션의 가치 또한 영이 된다고 할 수 있다. 반대로 예상환율변동률이 크면 클수록 일반적으로 옵션의 가치는 크다고 할 수 있다.

그림 4-14 옵션가치의 구성요소

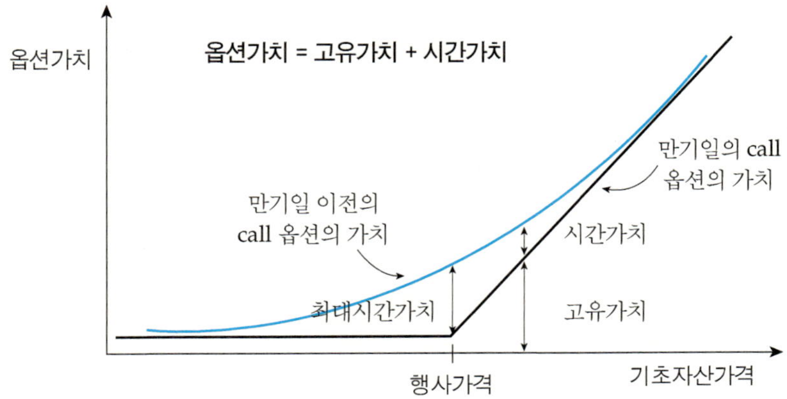

[그림 4-14]에서 볼 수 있는 바와 같이 옵션의 가격(프리미엄)은 고유가치(intrinsic value)와 시간가치(time value)로 구성되어 있다. 고유가치란 기초자산가격 즉, 해당통화의 현물가격과 옵션의 행사가격과의 격차를 말하며 시간가치란 옵션의 가격(프리미엄)과 고유가치와의 격차를 말한다. 만기일 전의 옵션의 가격은 그 고유가치를 초과하게 되는데 그 이유는 만기일까지의 기간 동안 환율이 유리한 방향으로 변동하여 이익의 실현을 가져올 수 있는 가능성, 즉 시간가치가 존재하기 때문이다. 기초자산가격이 옵션의 행사가격으로부터 멀리 떨어져 있는 경우에는 옵션의 가격은 주로 고유가치를 반영하게 되는데 그 이유는 옵션행사여부에 대한 불확실성이 매우 낮기 때문이다. 그러나 기초자산가격이 행사가격에 가까운 경우에는 옵션행사여부에 대한 불확실성이 매우 높게 되며 따라서 시간가치도 매우 크게 된다. 한편 이 시간가치는 옵션의 만기일에 가까워질수록 감소되어 만기일에 가서 시간가치는 영이 된다.

통화옵션의 가격을 구하기 위하여는 주식옵션의 가격결정공식인 Black-Scholes공식을 통화옵션에 적합하도록 수정한 Garman-Kohlhagen공식이 이용된다. 유럽식 call 옵션의 가격을 구하기 위한 Garman-Kohlhagen공식은 다음과 같이 표현된다. 즉,

$$C(E) = [FN(d_1) - EN(d_2)] / e^{rt}$$

여기서

$$d_1 = \frac{\ln(F/E) + (\sigma^2/2)t}{\sigma\sqrt{t}}$$

$$d_2 = d_1 - \sigma\sqrt{t}$$

F : 선도환율
E : 행사가격
t : 만기일까지의 기간
r : 무위험자산의 이자율(risk-free interest rate)
σ^2 : 환율변동률(연율)의 분산
$N(\ )$: 누적표준정규분포함수
(cumulative standard normal distribution function)

위의 공식에서 $N(d_1)$은 call 옵션이 행사될 확률을 나타내므로(부록: Garman-Kohlhagen 공식을 참조할 것), $FN(d_1)$은 만기일에 call 옵션의 행사를 통하여 확보하게 될 기초자산의 가치에 대한 기대치(옵션이 행사될 확률을 감안한)를 나타낸다. 그리고 만기일에 call 옵션을 행사하는 경우 행사가격(E)를 지급해야 하므로 $EN(d_2)$는 만기일에 지급할 것으로 기대되는 가치(옵션이 행사될 확률을 감안한)를 나타낸다. 그러므로 만기일에 확보할 것으로 기대되는 가치와 지급할 것으로 기대되는 가치의 격차 즉, 만기일의 기대이익을 구하고 그것의 현재가치를 구하면 바로 이것이 call 옵션의 가치가 된다는 것이다.

위의 Garman-Kohlhagen공식은 유럽식 call 옵션의 가격을 구하기 위하여서만 이용할 수 있으므로 유럽식 put 옵션의 가격을 구하기 위해서는 앞에서 이미 살펴본 풋 · 콜 · 선도환평가를 이용하면 된다. 즉,

$$C(E) - P(E) = \frac{F - E}{(1 + r)^t} \qquad \text{(PCFP)}$$

위의 식을 $P(E)$에 관하여 풀면 다음을 얻는다.

$$P(E) = C(E) + \frac{E - F}{(1 + r)^t}$$

그러므로 Garman-Kohlhagen공식을 이용하여 얻은 $C(E)$의 값을 위의 식에

대입하면 행사가격이 'E' 인 put 옵션의 가격을 구할 수 있다.

한편, 기초자산의 가격 변화에 대한 옵션가격 변화의 민감도를 나타내는 척도로서 델타(delta)가 사용된다. [그림 4-15]는 옵션가치곡선의 기울기가 델타를 나타낸다는 것을 보여주고 있다. 델타는 옵션이 행사될 확률을 말해준다고 볼 수도 있는데 파운드화 call 옵션의 경우 파운드화 현물환율이 행사가격인 $2.00/£보다 매우 낮은 수준인 $1.60/£(즉, deep-out-of-the-money)이라면 옵션이 행사될 가능성은 거의 없으며 델타는 그 값이 0이 될 것이다. 그러나 현물환율이 $2.40/£(즉, deep-in-the-money)이라면 옵션의 행사는 거의 확실시되며 델타는 1이 될 것이다. 그리고 현물환율과 행사가격이 일치하는 경우(즉, at-the-money)에는 옵션이 행사될 확률은 50%이며 델타는 0.5가 될 것이다.

또한 [그림 4-16]은 델타(delta)가 옵션가치곡선의 기울기를 나타냄과 동시에 델타는 옵션 1단위의 가격변화를 상쇄시키기 위하여 필요한 기초자산의 단위 수를 나타내기도 한다는 것을 보여주고 있다.

예를 들어, 기초자산이 현물통화인 경우 옵션의 델타가 0.5라면 옵션 1단위의 가치변동을 상쇄시키기 위하여 0.5단위의 현물통화가 필요하게 된다. 즉, [그림 4-16]의 〈a〉점에서 어느 은행이 현물통화에 대한 call 옵션 1단위를 매입

그림 4-15 델타(delta): 기초자산 가격변화에 대한 옵션 가격변화의 민감도

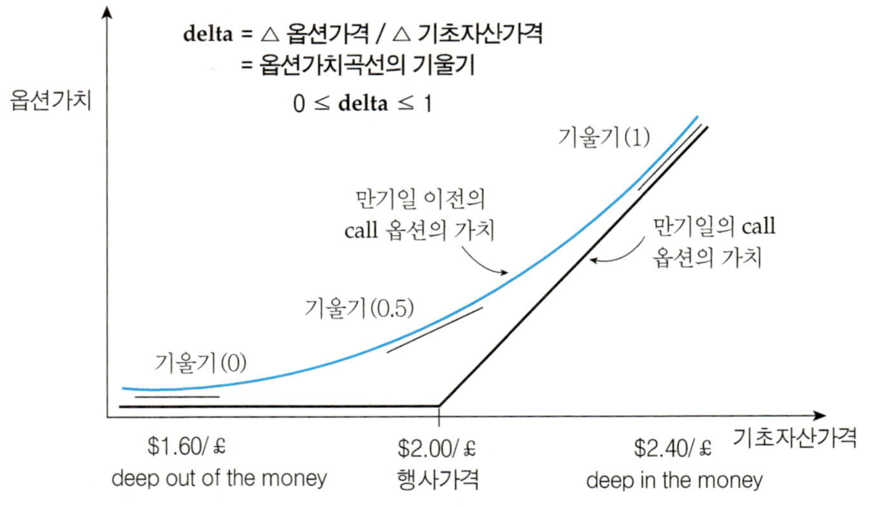

그림 4-16 델타(delta): 옵션가치곡선의 기울기

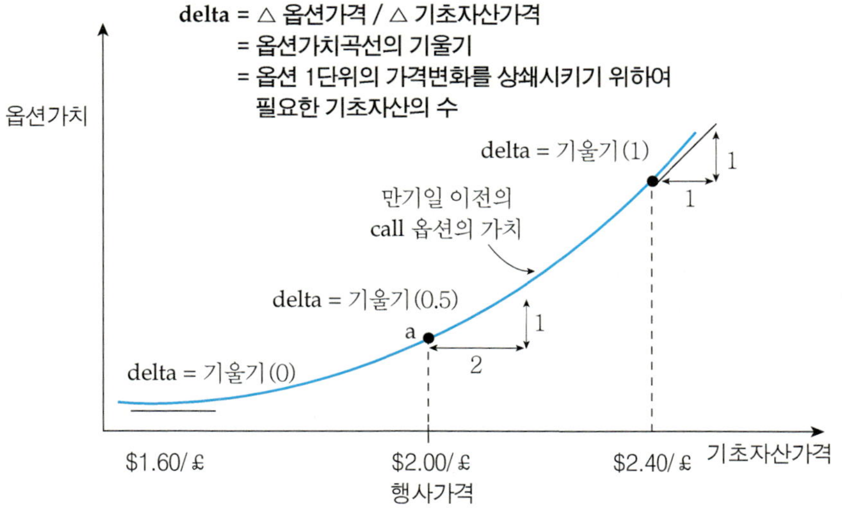

한다면 동시에 0.5단위의 현물통화를 매도해 놓음으로써 가치변화를 서로 상쇄시킬 수 있게 된다. 왜냐하면, 〈a〉점으로부터 기초자산(현물통화) 가격이 상승하면 기초자산 가격 상승의 1/2에 해당하는 옵션가치의 상승이 있게 되어 call 옵션 매입에 따른 이익이 발생하지만 동시에 기초자산 가격 상승은 현물통화 0.5단위의 매도에 따른 손실을 발생시키므로 옵션 매입에 의한 이익과 현물통화 매도에 따른 손실이 서로 상쇄되기 때문이다.

옵션 1단위의 가격변화를 상쇄시키기 위하여 필요한 기초자산의 단위 수로 표시되는 델타는 소위 무위험 헤지(riskless hedge)를 하는 데 있어서 매우 중요한 개념이라고 할 수 있다. 델타를 이용하여 무위험 헤지를 하는 경우 옵션계약에 의해 발생하는 포지션과는 반대의 포지션을 기초자산에 의해 발생시켜야 한다. 예를 들어, Swiss franc 현물통화에 대한 call 옵션 100단위를 매도한 은행은 call 옵션 매도계약에 의하여 Swiss franc 현물통화를 팔아야 하는 의무를 가지는 매도포지션이 발생하므로 델타가 0.5인 경우에 50단위의 Swiss franc 현물통화(기초자산)를 매입해야 무위험헤지를 하게 되는 것이다. 기초자산이 통화선물인 경우를 예로 든다면 put옵션 100단위를 매도한 은행의 경우

옵션계약에 의해 매입포지션이 발생하므로 델타가 0.72(72%)이라면 72단위의 통화선물계약(기초자산)을 매도해야 한다.

참 고 **무위험 헤지**

우리는 무위험 포트폴리오(riskless portfolio)를 구성함으로써 소위 무위험 헤지(riskless hedge) 또는 델타 헤지(delta hedge)를 할 수 있게 된다. 다음과 같은 상황을 가정하기로 한다.

즉, 기초자산의 현재가격은 $20이고 3개월 후에 이 기초자산의 가격이 $22 또는 $18가 된다고 가정한다. 이제 3개월 후에 이 기초자산을 $21의 행사사격으로 매입할 수 있는 유럽식 call 옵션을 생각한다면 3개월 후의 옵션가치는 다음과 같게 된다. 만약 3개월 후 기초자산의 가격이 $22가 된다면 옵션가치는 $1가 될 것이고, $18가 된다면 옵션가치는 0이 될 것이다.

이제 단위 수 Δ(델타)만큼의 기초자산과 이 기초자산에 대한 call 옵션 1단위로 포트폴리오를 구성하기로 한다. 즉, 기초자산 Δ단위의 매입포지션과 call 옵션 1단위의 매도포지션으로 포트폴리오를 구성한다.

우선, 3개월 후에 기초자산의 가격이 $22가 되는 경우에는 기초자산의 전체가치는 $(22 \cdot \Delta)$달러가 되고 옵션가치는 1달러가 되므로 포트폴리오의 가치는 $(22 \cdot \Delta - 1)$달러가 된다. 한편 3개월 후에 기초자산의 가격이 $18가 되는 경우에는 기초자산의 전체가치는 $(18 \cdot \Delta)$달러가 되고 옵션가치는 0이 되므로 포트폴리오의 가치도 역시 $(18 \cdot \Delta)$달러가 된다.

위의 두 가지 경우의 포트폴리오 가치가 동일해지도록 기초자산의 단위 수 Δ(델타)를 결정하면 우리는 무위험 포트폴리오를 구성하였다고 말한다. 즉,

$$22 \cdot \Delta - 1 = 18 \cdot \Delta$$

따라서 $\Delta = 0.25$가 된다. 그러므로 무위험 포트폴리오는 기초자산 0.25단위의 매입포지션과 call 옵션 1단위의 매도포지션으로 구성된다.

이와 같이 무위험 포트폴리오를 구성하는 경우 만약 3개월 후에 기초자산의 가격이 $22가 된다면 포트폴리오의 가치는 $(22) \cdot (0.25) - 1 = 4.5$달러가 되고, 기초자산의 가격이 $18가 된다면 포트폴리오의 가치가 $(18) \cdot (0.25) = 4.5$달러가 되므로 3개월 후에 기초자산 가격이 어떻게 되느냐에 관계없이 포트폴리오의 가치는 항상 4.5달러가 된다.

우리는 이와 같이 무위험 포트폴리오를 구성하여 기초자산의 가격수준과 관계없이

포트폴리오의 가치가 항상 일정해지도록 하는 것을 무위험 헤지 또는 델타 헤지라고 말한다. 그리고 Δ(델타)는 옵션 1단위를 매도하였을 경우 무위험 헤지를 달성하기 위하여 보유해야 하는 기초자산의 단위수를 말한다.

부록 Garman-Kohlhagen 공식

$$C(E) = [FN(d_1) - EN(d_2)] / e^{rt}$$

여기서

$$d_1 = \frac{\ln(F/E) + (\sigma^2/2)t}{\sigma\sqrt{t}}$$

$$d_2 = d_1 - \sigma\sqrt{t}$$

F : 선도환율
E : 행사가격
t : 만기일까지의 기간
r : 무위험자산의 이자율
σ^2 : 환율변동률의 분산
$N(\ )$: 누적표준정규분포함수

[그림 4-17]은 누적표준정규분포함수를 보여주고 있으며 그림에서 진한 색 부분은 변수 X가 특정 값 x보다 작은 값을 가질 확률 즉, $N(x) = Prob(X < x)$를 나타낸다. 여기서 x가 양수이고 절대값이 매우 클때, $N(x)$는 1에 가까운 값을 가지고, x가 음수이고 절대값이 매우 클때, $N(x)$의 값은 0에 가까운 값을 가진다.

$$d_1 = \frac{\ln(F/E) + (\sigma^2/2)t}{\sigma\sqrt{t}}$$

$$d_2 = d_1 - \sigma\sqrt{t}$$

그림 4-17 누적표준정규분포함수(Cumulative Standard Normal Distribution)

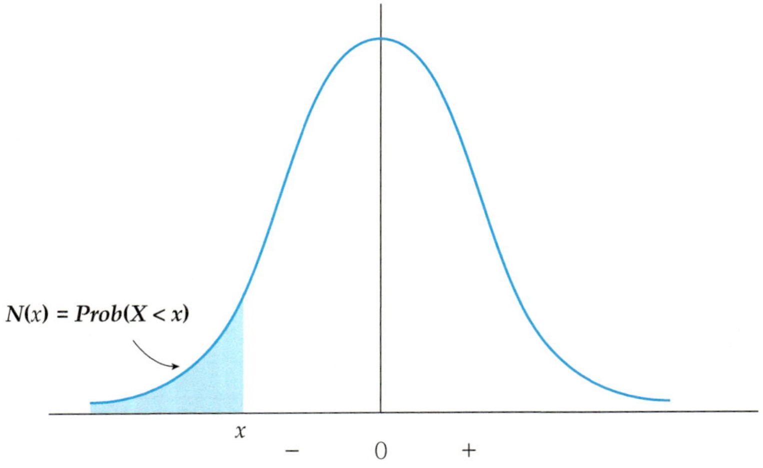

이제 d_1과 d_2에 관한 위의 표현들 중에서 d_1의 분자에 있는 $\ln(F/E)$에 대하여 살펴보기로 한다.

첫째, 만약 F의 값이 E의 값 보다 매우 큰 경우에는 $\ln(F/E)$는 로그함수의 특성에 의하여 양수로서 매우 큰 절대값을 가지고 따라서 d_1과 d_2도 양수로서 매우 큰 절대값을 가지게 된다. 이 경우 누적표준정규분포에 의하면 $N(d_1)$과 $N(d_2)$는 1에 가까운 값을 가진다. 그리고 F의 값이 E의 값보다 매우 큰 경우에는 call 옵션의 행사가 거의 확실시 된다.

둘째, 만약 F의 값이 E의 값보다 매우 작은 경우에는 $\ln(F/E)$는 로그함수의 특성에 의하여 음수로서 매우 큰 절대값을 가지고 따라서 d_1과 d_2도 음수로서 매우 큰 절대값을 가지게 된다. 이 경우 누적표준정규분포에 의하면 $N(d_1)$ 과 $N(d_2)$는 0에 가까운 값을 가진다. 그리고 F의 값이 E의 값보다 매우 작은 경우에는 call 옵션이 행사될 가능성이 거의 없다.

우리는 F의 값이 E의 값보다 매우 큰 경우에는 $N(d_1)$과 $N(d_2)$는 1에 가까운 값을 가지게 됨을 알았다. 그런데 F의 값이 E의 값보다 매우 큰 경우에는 [그림 4-18]에서 보는 바와 같이 call 옵션의 행사가 거의 확실시 된다. 왜냐하면 F(선도환율)이 만기일의 현물환율에 대한 예상치를 나타낸다면 만기일의 현물

그림 4-18 Call 옵션의 행사가 거의 확실시되는 경우

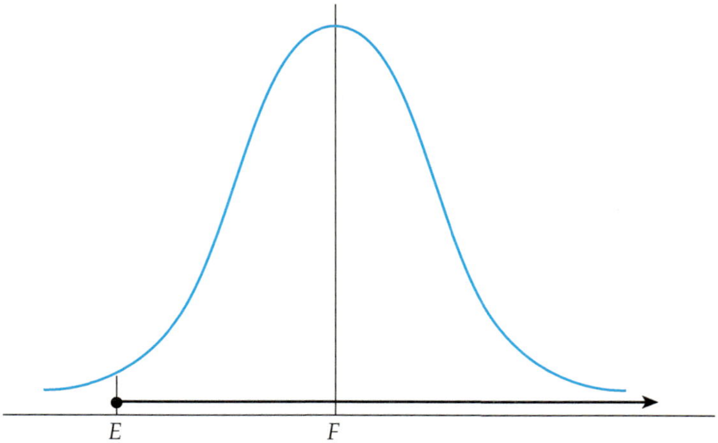

환율은 [그림 4-18]과 같은 확률분포를 나타낼 것이며 만기일의 현물환율이 *E*(행사가격)보다 높은 경우에는 call 옵션이 행사 될 것이기 때문이다.

또한 우리는 *F*의 값이 *E*의 값보다 매우 작은 경우에는 $N(d_1)$과 $N(d_2)$는 0에 가까운 값을 가지게 됨을 알았다. 그런데 *F*의 값이 *E*의 값보다 매우 작은 경우에는 [그림 4-19]에서 보는 바와 같이 call 옵션의 행사 가능성은 거의 없다. 왜냐하면 *F*(선도환율)이 만기일의 현물환율에 대한 예상치를 나타낸다면 만기일의 현물환율은 [그림 4-19]와 같은 확률분포를 나타낼 것이며 만기일의 현물환율이 *E*(행사가격)보다 높은 경우에만 call 옵션이 행사될 것이기 때문이다.

우리는 앞에서 살펴 본 두 가지 경우의 확률분포 그림으로부터 $N(d_1)$과 $N(d_2)$는 유럽식 call 옵션이 행사될 확률을 나타냄을 알 수 있다. 그러므로 다음의 Garman-Kohlhagen 공식에서

$$C(E) = [FN(d_1) - EN(d_2)]/e^{rt}$$

$N(d_1)$과 $N(d_2)$는 유럽식 call 옵션이 행사될 확률을 나타내므로 $FN(d_1)$은 만기일에 call 옵션의 행사를 통하여 확보하게 될 기초자산(특정 통화)의 가치에 대한 기대치를 나타낸다. 그리고 만기일에 call 옵션을 행사하는 경우 행사가

그림 4-19 Call 옵션의 행사가능성이 거의 없는 경우

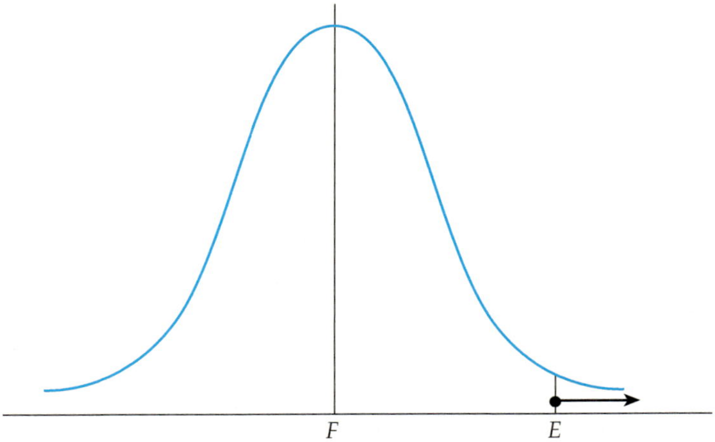

격(E)를 지급해야 하므로 $EN(d_2)$는 만기일에 지급할 것으로 기대되는 가치를 나타낸다.

즉, 만기일에 확보할 것으로 기대되는 가치가 $FN(d_1)$이고 만기일에 지급할 것으로 기대되는 가치가 $EN(d_2)$이므로 만기일의 기대이익은 $FN(d_1) - EN(d_2)$이 된다. 따라서 만기일의 기대이익의 현재가치를 구하면 바로 그것이 유럽식 call 옵션의 가치가 된다는 것을 Garman-Kohlhagen 공식이 말해주고 있다.

일단, 유럽식 call 옵션의 가치가 구해지면 다음에서 볼 수 있는 식 즉, Put-Call-Forward Parity를 이용하여 유럽식 put 옵션의 가치를 구할 수 있다.

$$C(E) - P(E) = \frac{F - E}{(1 + r)^t} \qquad \text{(Put-Call-Forward Parity)}$$

위의 식을 변형하면 다음의 식을 얻는다.

$$P(E) = C(E) + \frac{E - F}{(1 + r)^t}$$

통화옵션가격산출(Garman-Kohlhagen 공식 활용)

상 황

어느 기업의 재무관리자는 3개월 후에 영국 파운드화로 대금지불을 해야 할 가능성에 대비하고자 파운드화 call 옵션을 매입할 것을 고려하고 있다. 다음을 가정하라.

파운드화 call 옵션의 행사가격(E) : $1.92
파운드화 call 옵션의 만기 : 3개월
달러/파운드 선도환율(3개월 만기) : $1.90
무위험채권 수익률: 12%(연율

〈옵션가격산출〉

Step 1: Garman-Kohlhagen Formula의 변수들의 값을 구해보면?

Forward Rate:	$F = 1.90$
Exercise Price:	$E = 1.92$
만기까지의 기간:	$t = 0.25$, 즉 3개월, (3/12)year
무위험 이자율:	$r = 0.12$

Step 2: 다음의 표는 과거 2년 동안의 달러/파운드 월말환율에 대한 historical data 및 그로부터 계산한 연속복리(continuous compounding) 수익률, u_k를 보여주고 있다. 즉, 연속복리수익률 $u_k = \ln(S_k/S_{k-1})$ 로 구할 수 있다.

첫째, 주어진 연속복리수익률(u_k) data로부터 표본의 분산을 구할 때 degrees of freedom correction을 감안하여 다음의 공식을 사용한다.

$$s^2 = \frac{1}{n-1} \Sigma (u_k - \bar{u})^2$$

$$s^2 = \frac{1}{n-1} \Sigma u_k^2 - \frac{1}{n(n-1)} (\Sigma u_k)^2$$

위의 공식에 $n = 23$, $\Sigma u_k = -0.17298$, $\Sigma u_k^2 = 0.030247$을 대입하면 $s^2 = 0.0013157$을 얻는다. 그리고 이와 같이 구한 분산(s^2)의 제곱근을 구하면

표 4-4 달러/파운드 월말환율

월	월말환율	S_k/S_{k-1}	$\ln(S_k/S_{k-1})$
1	2.2683		
2	2.2787	1.004585	0.00457445
3	2.1668	0.950893	−0.0503537
4	2.266	1.045782	0.04476474
5	2.33	1.028244	0.0278521
6	2.362	1.013734	0.01364045
7	2.338	0.989839	−0.0102129
8	2.3926	1.023353	0.02308478
9	2.3883	0.998203	−0.0017988
10	2.4383	1.020935	0.02071926
11	2.3595	0.967682	−0.0328513
12	2.385	1.010807	0.01074939
1	2.386	1.000419	0.0004192
2	2.2045	0.923931	−0.0791176
3	2.2442	1.018009	0.01784838
4	2.1404	0.953747	−0.0473564
5	2.0695	0.966875	−0.0336857
6	1.9428	0.938777	−0.0631768
7	1.856	0.955322	−0.0457066
8	1.837	0.989763	−0.0102898
9	1.8005	0.980131	−0.0200694
10	1.845	1.024715	0.02441487
11	1.97	1.067751	0.06555427
12	1.908	0.968528	−0.031978

표준편차(s)가 되며 그 값은 0.0362733이 된다.

둘째, 월별 data인 경우에는 표준편차에 $\sqrt{12}$를 곱하여 모집단의 연간변동성(σ)을 추정한다. 즉, N을 연간 data 측정구간의 수라고 할 때

$$\sigma = s \cdot \sqrt{N} = (0.0362733) \cdot \sqrt{12} = 0.1256544$$

Step 3: Garman-Kohlhagen formula의 d_1과 d_2값을 구하면?

$$d_1 = \frac{\ln(F/E) + (\sigma^2/2)t}{\sigma\sqrt{t}}$$

$$d_1 = \frac{\ln(1.90/1.92) + ((0.1256544)^2/2)(0.25)}{(0.1256544)\sqrt{0.25}}$$

$$= -0.13526$$

$$d_2 = d_1 - \sigma\sqrt{t}$$

$$d_2 = (-0.13526) - (0.1256544)\sqrt{0.25} = -0.19809$$

Step 4: 누적표준정규분포함수를 이용하여 $N(d_1)$ 및 $N(d_2)$의 값을 구해보면?

$$N(d_1) = N(-0.13526) = 0.4462$$
$$N(d_2) = N(-0.19809) = 0.4215$$

Step 5: Garman-Kohlhagen Formula를 이용하여 파운드화 call 옵션의 가격을 산출하면?

$$C(E) = [FN(d_1) - EN(d_2)]/e^{rt}$$

$$C(1.92) = [(1.90)(0.4462) - (1.92)(0.4215)]/e^{(0.12)(0.25)}$$
$$= [0.84778 - 0.80928]/1.030455 = \$0.03736$$

제 6 절 통화옵션을 이용한 헤징

상 황

지금 미국의 한 수출업자가 영국에 상품을 수출하기로 계약하고 수출대금 £1,000,000를 2018년 6월에 받기로 하였다. 2018년 2월 7일 현재의 $/£ 현물환율과 파운드화 통화옵션의 가격이 아래와 같다고 할 때 이 미국의 수출업자는 환위험을 피하기 위하여 어떻게 해야 하는가?

현물환율($/£)	: $1.6115/£
행사가격(exercise price)	: $1.6000/£
만기일(expiration date)	: 6월
put 옵션에 대한 프리미엄	: $0.0510/£

이러한 상황하에서 이 미국 수출업자가 취해야 하는 조치는 2018년 2월 7일 현재 2018년 6월을 만기일로 하는 파운드화 put 옵션계약 32단위를 매입하는 것이다. 즉, Philadelphia Stock Exchange를 이용하는 경우 파운드화 옵션의 계약단위는 £31,250이므로 파운드화 put 옵션계약 32단위를 매입함으로써 £1,000,000[=(£31,250)·(32)]를 6월의 만기일까지의 기간 동안 행사가격 $1.6000/£로 팔 수 있는 권리를 얻게 되는 것이다. 그리고 이러한 권리를 얻는 대가로 이 미국 수출업자는 파운드당 5.10cents의 프리미엄을 지급해야 하므로 총프리미엄 비용은 $51,000[=($0.0510/£)·(£31,250)·(32)]가 될 것이다.

이제 2018년 6월에 이르러 수출대금 £1,000,000를 받을 때 £1,000,000의 달러화 상당액은 그 당시의 $/£ 현물환율에 의하여 결정될 것이다. 그러나 이 미국 수출업자는 2월 7일에 이미 파운드화 put 옵션을 매입해 두었으므로 6월의 현물환율이 put 옵션의 행사가격인 $1.6000/£ 수준보다 낮게 되면 put 옵션을 행사하여 수출대금으로 받은 £1,000,000를 행사가격 $1.6000/£으로 매도하고 $1,600,000를 수취하게 된다. 반면에 6월의 현물환율이 put 옵션의 행사가격인 $1.6000/£ 수준보다 높게 되면 이 미국 수출업자는 옵션을 행사하지 않고 보다 유리한 현물환율로 £1,000,000를 달러화로 전환시키게 될 것이다. 가령, 6월의 현물환율이 \$1.6600/￡가 된다면 현물환시장에서 ￡1,000,000를 매도하고 그 대가로 \$1,660,000를 수취하게 될 것이다.

여기서 한 가지 주의할 점은 6월에 확보하게 되는 달러화 금액은 6월 당시의 금액이지만 put 옵션을 매입할 때 지급한 프리미엄은 2월 7일 당시의 금액이므로 프리미엄비용을 6월의 금액으로 환산해 주기 위하여는 2월부터 6월까지의 기간 동안에 해당하는 이자율을 고려해주어야 한다. 즉, 이 기간 동안의 이자율을 r로 표시할 경우 put 옵션 매입시 지급한 프리미엄비용 \$51,000는 6월의 금액으로 환산하면 \$[(51,000) · (1 + r)]가 될 것이다.

조치 및 결과

2월에 취하는 조치

파운드화 put 옵션계약 32단위 매입(행사가격 : \$1.6000/￡)
총프리미엄 \$51,000 지급

6월에 취하는 조치

파운드화 put 옵션 행사(현물환율 〈 행사가격)
수출대금으로 받은 ￡1,000,000를 행사가격으로 매도하고 \$1,600,000를 수취. 프리미엄비용을 고려한 순수취액은 \$[1,600,000 − (51,000)(1 + r)]가 됨.
파운드화를 현물환시장에서 매도(현물환율 〉 행사가격)
수출대금으로 받은 ￡1,000,000를 현물환율(S)로 매도하고 \$[(1,000,000)(S)]를 수취. 프리엄비용을 고려한 순수취액은 \$[(1,000,000)(S) − (51,000)(1 + r)] 가 됨.

우리는 위의 예로부터 6월의 현물환율이 옵션의 행사가격보다 낮게 되면 옵션을 행사하고 반대로 6월의 현물환율이 옵션의 행사가격보다 높게 되면 옵션을 행사하는 대신 현물환시장에서 보다 유리한 현물환율로 ￡1,000,000를 매도함으로써 최소한도의 달러화 수취금액 \$1,600,000를 확보할 수 있음을 알 수 있다. 그러므로 2월 7일 파운드화 put 옵션 매입시 지급한 프리미엄 비용까지도 고려할 경우 6월의 최소한도의 달러화 순수취액은 \$[1,600,000 − (51,000)(1 + r)]가 됨을 알 수 있다.

연 · 습 · 문 · 제

EXERCISES

〈문제 1번부터 4번까지는 다음의 상황을 읽고 답하시오〉

상 황

미국의 한 수입업자가 5월 20일 현재 스위스로부터 상품을 수입하기로 계약하고 수입대금 SF1,000,000를 9월에 지급하기로 하였다. 5월 20일 현재 $/SF 현물환율과 9월을 만기일로 하는 스위스프랑화 통화옵션의 가격이 아래와 같다고 가정하라.

현물환율	: $0.6687/SF
옵션행사가격	: $0.6800/SF
만기일	: 9월
put 옵션의 프리미엄	: $0.0279/SF
call 옵션의 프리미엄	: $0.0183/SF

1. 이 미국 수입업자가 취해야 하는 조치는?
   1) 스위스프랑화 call 옵션 매도
   2) 스위스프랑화 선물환(forward) 매도
   3) 스위스프랑화 call 옵션 매입
   4) 스위스프랑화 put 옵션 매입

2. 이 미국 수입업자가 스위스프랑화 옵션거래를 하기로 한다면 SF1,000,000에 대한 총프리미엄 비용은 얼마인가?

3. 5월에 옵션거래를 하였다면 9월에 이르러 현물환율이 옵션의 행사가격인 $0.6800/SF보다 높게 형성되는 경우 즉, 현물환율이 $0.6870/SF이 되는 경우에 이 미국 수입업자가 지급하게 되는 달러화 금액은 얼마인가?(단, 프리미엄비용은 고려하지 말 것)

4. 9월에 이르러 현물환율이 옵션의 행사가격인 $0.6800/SF보다 낮게 형성되는 경우 즉, 현물환율이 $0.6730/SF이 되는 경우에 이 미국 수입업자가 지급하게 되는 달러화 금액은 얼마인가?(단, 프리미엄비용은 고려하지 말 것)

〈문제 5번부터 8번까지는 다음의 상황을 읽고 답하시오〉

상 황

5월 20일 현재 12월 만기 영국 파운드화에 대한 옵션의 경우 행사가격이 $1.9500/£인 call 옵션의 프리미엄이 $0.03/£이다. 그리고 5월 20일 현재 현물환율은 $1.8800/£이다.

5. 위의 상황에서 현물환율과 행사가격에 관한 다음의 표현 중 정확한 것은?
   1) in-the-money
   2) at-the-money
   3) out-of-the-money

6. 현물환율과 행사가격은 위와 상황과 동일하지만 put 옵션의 경우에는 어떠한 표현이 정확하다고 할 수 있는가?
   1) in-the-money
   2) at-the-money
   3) out-of-the-money

7. 파운드화 put 옵션의 경우 현물환율과 행사가격의 격차를 무엇이라고 하는가?
   1) premium
   2) time value
   3) intrinsic value

8. 위의 상황에서 파운드화 call 옵션 프리미엄은 무엇을 나타낸다고 할 수 있는가?
   1) exercise price
   2) time value
   3) intrinsic value

9. 통화옵션 프리미엄에 관한 다음의 설명 중 틀린 것은?
   1) call 옵션의 경우 일반적으로 현물환율이 행사가격에 비하여 높으면 높을수록 그 call 옵션의 가치는 더 크다.

2) 만기가 짧은 옵션에 비하여 만기가 긴 옵션이 일반적으로 그 가치가 더 크다.
3) 예상되는 환율의 변동률이 작을수록 그 옵션의 가치가 더 크다.

〈문제 10번부터 11번까지는 다음의 상황을 읽고 답하시오〉

상 황

델타(delta)는 기초자산의 가격변화와 옵션가격 변화와의 관계를 나타내는 척도로서 무위험헤지를 하는 데 있어서 중요한 개념이라고 할 수 있다. 어느 은행이 스위스프랑 통화선물에 대한 call 옵션 100단위를 매도하였는데 델타는 0.5라고 하자.

10. 이 은행은 무위험헤지를 하기 위하여 무엇을 해야 하는가?
   1) 스위스프랑 통화선물 매도
   2) 스위스프랑 통화선물 매입
   3) 스위스프랑 통화선물에 대한 put 옵션 매입
   4) 스위스프랑 선물환 매도

11. 무위험헤지를 하기 위하여 필요한 통화선물계약의 단위 수는?

12. 통화옵션의 경우 다음 중 bull spread 전략에 관한 설명으로 타당한 것은?
   1) 환율이 앞으로 상승하지 않고 하락할 것으로 예상하는 경우에 취하는 전략이다.
   2) 환율의 상승 또는 하락과 관계없이 만기일의 현물환율과 행사가격의 차이가 일정한 크기 이상이 될 때 이익을 얻게 된다.
   3) 투기거래를 행하기는 하지만 환율이 일정한 범위를 벗어나는 경우에는 손실과 이익을 모두 제한하는 전략이다.
   4) 특정 통화에 대한 call 옵션과 put 옵션을 서로 다른 행사가격으로 동시에 매입하는 전략이다.

13. 통화옵션의 경우 다음 중 strangle매입 전략에 관한 설명으로 타당하지 못한 것은?
   1) 환율이 앞으로 상승하지 않고 하락할 것으로 예상하는 경우에 취하는 전략이다.
   2) 환율의 상승 또는 하락과 관계없이 만기일의 현물환율이 행사가격들과 크게 차이가 날 때 이익을 얻게 된다.

3) straddle매입에 소요되는 프리미엄비용이 부담스러운 경우에는 이 전략을 행함으로써 프리미엄비용을 경감시킬 수 있다.
4) 특정 통화에 대한 call 옵션과 put 옵션을 서로 다른 행사가격으로 동시에 매입하는 전략이다.

〈문제 14번부터 17번까지는 다음을 읽고 답하시오〉

통화옵션의 경우 동일한 행사가격으로 call 옵션 (A)와 put 옵션 (B)를 결합시키면 만기일에 이 행사가격으로 특정통화를 확보할 수 있게 된다. 여기에 call옵션을 (A)할 때 (C)하는 프리미엄과 put옵션을 (B)할 때 (D)하는 프리미엄의 차액에 대한 이자비용(또는 수익)을 옵션 만기일 당시의 비용으로 환산하여 더해주면 만기일에 특정통화를 확보하는데 드는 총비용을 계산할 수 있다. 그리고 이와 같이 확보하게 되는 특정통화를 옵션계약일에 옵션만기일을 수도결제일로 하여 (E)하게 되면 이러한 일련의 재정거래에 따른 이익을 계산할 수 있다. 여기서 시장이 균형상태에 도달하는 경우에는 재정거래이익이 발생하지 않는다는 사실을 이용하여 우리는 (F)라는 관계식을 도출할 수가 있다.

14. 위의 내용 중 (A)와 (B)에 순서대로 들어가야 할 말은 무엇인가?
1) 매입, 매입
2) 매도, 매도
3) 매도, 매입
4) 매입, 매도

15. 위의 내용 중 (C)와 (D)에 순서대로 들어가야 할 말은 무엇인가?
1) 지급, 지급
2) 지급, 수취
3) 수취, 지급
4) 수취, 수취

16. 위의 내용 중 (E)에 들어가야 할 말은 무엇인가?
1) 선물환 매도
2) 선물환 매입

3) 통화선물 매입
4) 금리선물 매도

17. 위의 내용 중 (F)에 들어가야 할 말은 무엇인가?
1) Interest Rate Parity
2) Purchasing Power Parity
3) International Fisher Effect
4) Put Call Forward Parity

18. 옵션의 델타에 관한 다음의 설명 중 틀린 것은?
1) 기초자산 가격변화에 대한 옵션가격 변화의 민감도를 나타낸다.
2) 델타는 옵션이 행사될 확률을 말해준다.
3) 특정통화에 대한 call옵션의 경우 만약 현물환율이 행사가격보다 매우 낮다면 델타는 영(zero)에 가까운 값을 가지게 될 것이다.
4) 특정통화에 대한 call옵션의 경우 만약 현물환율이 행사가격보다 매우 높다면 델타는 영(zero)에 가까운 값을 가지게 될 것이다.

19. 다음 중 옵션이 행사되는 경우에 기초자산을 매도하게 되는 경우는?

A. call 옵션 매입자	B. put 옵션 매입자
C. call 옵션 매도자	D. put 옵션 매도자

1) A와 B
2) B와 C
3) A와 D
4) C와 D

20. "call 옵션을 매도한 경우 포지션을 상쇄시키기 위하여는 call 옵션을 매입하면 된다." 이 주장은 타당한가?
1) O 2) X

21. 선물에 대한 옵션의 경우 call 옵션을 매입하여 보유하다가 옵션을 행사하게 되면?
    1) 선물매입 포지션을 갖게 된다
    2) 선물매도 포지션을 갖게 된다.
    3) 현물매입 포지션을 갖게 된다.
    4) 현물매도 포지션을 갖게 된다.

22. 선물에 대한 옵션의 경우 put 옵션의 매입자가 옵션을 행사하게 되면?
    1) put 옵션의 매도자는 선물매도 포지션을 갖게 된다.
    2) put 옵션의 매입자는 선물매도 포지션을 갖게 된다.
    3) put 옵션의 매입자는 선물매입 포지션을 갖게 된다.
    4) 위의 세 가지 경우 모두 해당되지 않는다.

23. 만약 call 옵션이 "out-of-the-money"이라면, 옵션의 행사가격은?
    1) 기초자산의 시장가격과 동일하다.
    2) 기초자산의 시장가격보다 낮다.
    3) 기초자산의 시장가격보다 높다.
    4) 위의 세 가지 경우 모두 해당되지 않는다.

CHAPTER 05

스왑금융시장 *

제 1 절 스왑금융이란?

스왑금융시장이 1980년대 이후 크게 성장한 이유는 스왑금융기법이 다른 어떤 금융기법과도 비교될 수 없을 만큼 다양한 형태로 이 기법의 잠재적 이용자들의 요구를 충족시켜 줄 수 있었기 때문이었다. 즉, 기업의 재무관리자, 은행의 부채관리자 및 각종 포트폴리오 관리자 등의 필요에 의하여 스왑금융시장은 크게 성장하였다고 할 수 있다. 스왑금융시장은 창조적인 금융기법들을 개발함으로써 이들의 요구를 충족시켜 주었으며 이것은 전 세계의 금융시장 및 외환시장의 통합화를 촉진시키게 되었고, 또한 이들 시장에서의 자금차입자, 자금투자자, 재정거래자(arbitrager) 및 헤지거래자(hedger) 등에게 금융기법의 선택의 폭을 넓혀주게 되었다.

스왑금융시장의 계속적인 성장과 발전은 스왑금융시장의 참여자들이 혁신적인 기법들을 계속하여 개발하였기 때문이라고 할 수 있다. 따라서 이 시장의 참여자들의 창조성이 고갈되지 않는 한 새로운 스왑금융기법들이 계속하여 개발될 것이다. 그렇지만 오늘날 스왑금융시장에서의 거래들을 자세히 살펴보면 두 가지의 기본구조로부터 발전된 것임을 알 수 있다. 이 기본구조란 두 채무자가 각자의 금리지급조건을 교환하는 금리스왑(interest rate swap)과 이종통

* : 이 부분은 Ian H. Giddy, *Global Financial Markets* (Lexington, MA: D. C. Heath and Co., 1994)를 참고하였음.

화의 원리금상환을 상호 교환하는 통화스왑(currency swap)을 말한다.

제 2 절 금리스왑

금리스왑(interest rate swap)이란 두 채무자가 각각의 채무에 대한 이자지급의무를 일정기간 동안 상호교환하기로 약정하는 거래를 말한다. 금리스왑의 기본형태는 고정금리채무와 변동금리채무의 교환이라고 할 수 있는데, 이러한 금리스왑계약 당사자간에는 이자지급금액만 상호 교환되며 당초의 채무는 영향을 받지 않는다.

대부분의 금리스왑거래는 두 당사자가 모두 각각의 자금차입비용을 절감할 수 있다는 이점 때문에 이루어진다고 할 수 있다. 그런데 이러한 자금차입비용의 절감은 자금시장에서의 신용도의 차이에 의하여 가능하게 된다.

일반적으로 고정금리부 금융자산에 대한 투자자들은 차입자의 신용도에 대하여 매우 민감한 반응을 보이는 반면 변동금리 자금시장에서의 자금공여자인 은행들은 차입자의 신용도에 대하여 비교적 덜 민감한 반응을 보이게 된다. 즉, 고정금리부 금융자산으로는 유로채(Eurobond)를 들 수 있는데 차입자의 신용도에 따라 금리는 상당한 차이를 보이는 반면 변동금리 자금시장에서는 차입자의 신용도에 따른 금리차가 상대적으로 작게 나타나는 경향이 있다. 그러므로 금리스왑의 당사자들은 각각 상대방보다 자금차입비용면에서 비교우위에 있는 시장에서 자금을 차입하여 각자의 이자지급의무를 서로 교환하기로 하는 금리스왑계약을 체결함으로써 재정이익을 얻을 수 있게 된다. 다음의 예는 금리스왑거래란 신용도에 따른 금리차가 변동금리 자금시장과 고정금리 자금시장 사이에 서로 다르게 나타날 때 이를 이용한 재정거래라는 것을 보여준다.

지금 A회사는 유로달러채시장에서 연율 10.80%의 5년만기 고정금리부 채권발행이 가능하며 변동금리 자금시장에서는 LIBOR + 0.25%의 조건으로 자금차입이 가능하다고 하자. 한편 B회사는 유로달러채시장에서 연율 12.00%의 5년만기 고정금리부 채권발행이 가능하며 변동금리 자금시장에서는 LIBOR + 0.75%의 조건으로 자금차입이 가능하다고 하자. 이와 같은 상황하에서 A회사

상 황

	A회사	B회사	금리차
평가등급	AAA	BBB	
자금차입비용 (고정금리시장)	10.80%	12.00%	1.20%
자금차입비용 (변동금리시장)	LIBOR + 0.25%	LIBOR + 0.75%	0.50%

* AAA는 BBB보다 신용상태가 양호한 회사임을 나타내는 평가등급.
* LIBOR는 London Interbank Offered Rate의 약자로서 국제금융시장에서의 대표적인 기준금리.

는 B회사에 비하여 변동금리 자금시장보다는 고정금리 자금시장에서 자금차입비용의 비교우위를 가지고 있다고 할 수 있다. 이러한 경우에 A회사는 비록 변동금리 자금시장에서도 B회사보다 저렴한 비용으로 자금차입을 할 수 있다고 할지라도 비교우위가 있는 고정금리 자금시장에서 자금차입을 하고 B회사는 변동금리 자금시장에서 자금차입을 한 후 금리스왑계약을 체결하여 각자의 이자지급의무를 서로 교환함으로써 두 회사 모두의 자금차입비용을 절감할 수 있게 된다.

조치 및 결과

	A회사	B회사
A회사의 자금차입비용 (고정금리시장)	−10.80%	
B회사의 자금차입비용 (변동금리시장)		−(LIBOR + 0.75%)
변동금리 지급 및 수취 (A회사 → B회사)	−LIBOR	LIBOR
고정금리 지급 및 수취 (B회사 → A회사)	10.90%	−10.90%
실효차입비용	−(LIBOR − 0.10%)	−11.65%
직접차입비용	−(LIBOR + 0.25%)	−12.00%
차입비용절감	0.35%	0.35%

그림 5-1 금리스왑의 구조

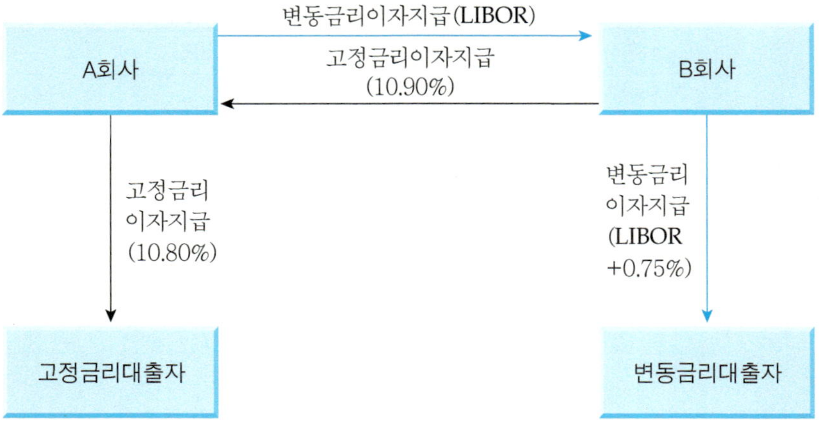

위의 [그림 5-1]은 A회사와 B회사가 각각 자기가 비교우위가 있는 시장에서 자금차입을 한 다음 이자지급의무를 서로 교환하여 A회사는 B회사에게 변동금리 LIBOR를 지급하고, B회사는 A회사에게 고정금리 10.90%를 지급함으로써 A회사는 변동금리 자금시장에서 직접 자금차입을 하는 경우보다 자금차입비용을 절감시킬 수 있으며, B회사는 고정금리 자금시장에서 직접 자금차입을 하는 경우보다 낮은 비용으로 자금차입을 할 수가 있음을 보여주고 있다.

일반적으로 고정금리 자금시장에서 높은 신용도를 바탕으로 낮은 비용으로 자금차입(즉, 유로채 발행)을 할 수 있는 국제금융기관들은 변동금리부 대출을 통하여 자산운용을 하게 되므로 자금조달도 변동금리부로 하기를 원하는데, 이들은 고정금리의 유로채를 발행하여 자금차입을 한 후 금리스왑계약을 체결하면 변동금리부로 자금차입을 한 것과 같은 효과를 얻을 수 있게 된다. 한편 일반기업의 경우에는 고정금리부로 자금조달을 하기를 원하지만 신용도가 낮아 고정금리 자금시장에서는 자금조달이 어려우므로 일단 변동금리부로 자금차입을 한 후 금리스왑계약을 체결하면 고정금리부로 자금차입을 한 것과 같은 효과를 얻을 수 있게 된다. 그러므로 금리스왑은 자금차입비용의 절감뿐만 아니라 신용도 또한 과다한 자금차입 등의 이유로 특정자금시장에서의 직접 접근이 어려운 경우 그러한 자금시장에 간접적으로 접근할 수 있는 수단을 제공한다고 할 수 있다.

스왑거래에 있어서 실제로는 적절한 거래 상대방을 찾기가 어려우므로 중개은행(intermediary bank)이 개입하게 되는데 중개은행은 각 당사자와 별개의 계약을 체결하게 된다. 따라서 스왑거래의 참여자는 상대방의 기관명이나 차입조건 등을 모르며 상대방의 신용상태에 신경을 쓰지 않고 중개은행과 직접거래를 하는 것이 일반적이다.

사례 5-1 스미토모은행의 금리스왑

현재 5년만기 미국재정증권보다 1% 높은 금리를 지급하는 고정금리부채를 지닌 스미토모은행과 6개월 LIBOR + 0.25%를 지급하는 변동금리부채를 가지고 있는 POSCO가 있다. 그런데 이들은 서로의 부채를 고정금리부채에서 변동금리부채로, 변동금리부채에서 고정금리부채로 바꾸기를 원하고 있다. 그런데 스미토모은행이 변동금리 자금시장에서 직접 자금차입을 할 경우에는 자금차입비용이 LIBOR이며, POSCO가 고정금리 자금시장에서 직접 차입을 할 경우에는 자금차입비용이 미국재정증권금리 + 1.75%가 된다. 즉, 스왑 전의 상황을 정리하면 아래와 같다.

스미토모의 상황 : 5년만기 Treasury 금리 + 1%(고정금리부채 보유)
변동금리 자금시장에서의 비용 : LIBOR

POSCO의 상황 : LIBOR + 0.25%(변동금리부채 보유)
고정금리 자금시장에서의 비용 : Treasury 금리 + 1.75%

스미토모은행은 활발한 스왑거래자이며 POSCO와의 스왑거래를 유치하였다. 스미토모은행은 POSCO에게 매 6개월단위로 LIBOR − 0.25%를 지급하기로 하는 대신 POSCO는 스미토모은행에게 매 6개월 단위로 현재의 미국재정증권금리에 1%를 가산한 금리를 지급하기로 하였다. 스왑거래를 한 후의 상황을 정리하면 아래와 같다.

스미토모의 스왑 후의 상황
기존의 부채조건 : 5년만기 미국재정증권금리 + 1% 지급
스왑 : LIBOR − 0.25% 지급
5년만기 미국재정증권금리 + 1% 수취
순비용 : LIBOR − 0.25%(변동금리)

POSCO의 스왑 후의 상황
기존의 부채조건 : LIBOR + 0.25% 지급

스왑 : 5년만기 미국재정증권금리 + 1% 지급
LIBOR − 0.25% 수취
순비용 : 5년만기 미국재정증권금리 + 1.50%(고정금리)

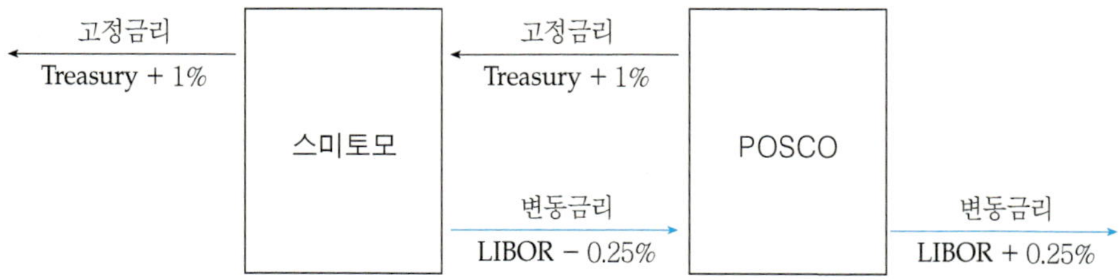

두 회사 모두 스왑을 행함으로써 원하는 자금시장에서 자신이 직접 자금조달을 하는 경우보다 더 유리한 조건을 취할 수 있게 되었다. 스미토모는 금리가 하락하면 비용이 감소하는 변동금리를 지급하게 되었으며 순비용은 LIBOR보다 0.25% 낮은 수준으로 변동금리 자금시장에서 자신이 직접 차입할 때보다 0.25%가 낮은 수준이 된다. POSCO는 결과적으로 미국 재정증권금리보다 단지 1.5% 높은 금리를 지불하게 되었으며, 이는 POSCO가 고정금리 자금시장에서 직접 차입하는 경우보다 금리가 0.25% 낮게 되는 것을 의미한다.

제 3 절 베이시스 레이트 스왑

베이시스 레이트 스왑(basis rate swap)의 구조는 금리스왑(interest rate swap)의 구조와 유사하나 한 가지 기준금리의 변동금리채무와 다른 기준금리의 변동금리채무간에 그 이자지급의무를 서로 교환한다는 점에서 차이가 난다고 볼 수 있다. 초기에는 LIBOR를 기준으로 한 변동금리와 프라임 레이트(prime rate)를 기준으로 한 변동금리간의 베이시스 레이트 스왑이 성행하였으나 1개월 LIBOR와 6개월 LIBOR간 그리고 LIBOR와 달러화표시 CP(commercial paper) 금리간의 베이시스 레이트 스왑 등도 성행하고 있다.

차입자들에게 적용되는 실제금리와 기준금리와의 차이, 즉 스프레드

그림 5-2 베이시스 레이트 스왑의 구조

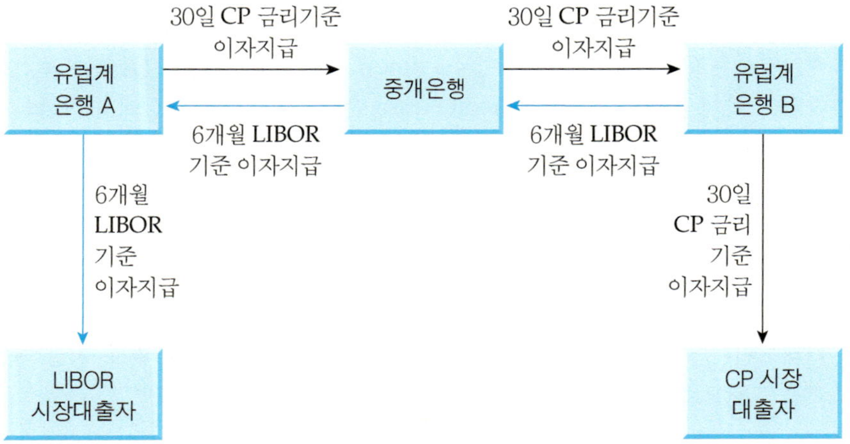

(spread)가 차입자의 각 자금시장에서의 신용도에 따라 다르게 나타나는데 베이시스 레이트 스왑은 서로 다른 변동금리 자금시장간에 스프레드의 차이를 이용한 재정거래를 할 수 있는 기회를 자금차입자들에게 제공한다. 그리고 베이시스 레이트 스왑은 접근하기 어려운 특정 자금시장에의 접근을 가능하게 해주는 이점을 지니고 있다. 특히 미국의 CP시장은 그 발행요건이 까다로와서 유럽계 차입자들은 미국 CP시장에서 자금을 차입하기가 어려운데 이들 유럽계 차입자들은 유로달러시장에서 LIBOR를 기준금리로 한 변동금리부로 달러화 자금을 차입한 후 CP금리를 기준금리로 한 변동금리부로 달러화 자금을 차입한 상대방과 베이시스 레이트 스왑계약을 체결함으로써 미국의 CP시장에서 자금을 차입한 것과 같은 효과를 얻을 수 있다.

위의 [그림 5-2]는 Bankers Trust가 중개은행(intermediary bank)의 역할을 하여 베이시스 레이트 스왑계약을 체결한 경우를 나타낸다. 유럽계 은행 A는 6개월 LIBOR를 기준금리로 한 변동금리부로 달러화 자금을 차입한 후 30일 CP금리를 기준금리로 한 변동금리부로 달러화 자금을 차입한 다른 유럽계 은행 B와 베이시스 레이트 스왑계약을 체결하여 실제로 미국의 CP시장에서 자금을 차입한 것과 같은 효과를 얻을 수 있게 된다.

사례 5-2 Credit Suisse의 베이시스 레이트 스왑

Credit Suisse 뉴욕지점은 미국의 프레이저사에게 대출을 해주기로 결정하였으며 프레이저사는 Credit Suisse에게 미국 Prime + 1.25%의 금리를 지급하는 조건으로 자금차입을 하게 되었다. 그러나 Credit Suisse 은행은 유로달러시장에서 자금을 조달하고 있기 때문에 베이시스 리스크(basis risk)에 직면하게 된다. 즉, LIBOR는 매일 시장상황에 따라 변동하는 반면 프라임 레이트는 가끔 한 번씩 크게 변하기 때문에 Credit Suisse 은행이 유로달러시장에서 자금조달을 하면서 프라임 레이트 기준으로 대출금리를 받게 되면 베이시스 리스크를 가지게 된다. Credit Suisse는 이 베이시스 리스크를 제거하기 위하여 Citibank와 베이시스 레이트 스왑계약을 체결하였다. Citibank와의 거래조건은 3개월 LIBOR 대 Prime − 1.20%이며, 매 분기마다 서로 지급하는 것이다. 이를 그림으로 나타내면 아래와 같다.

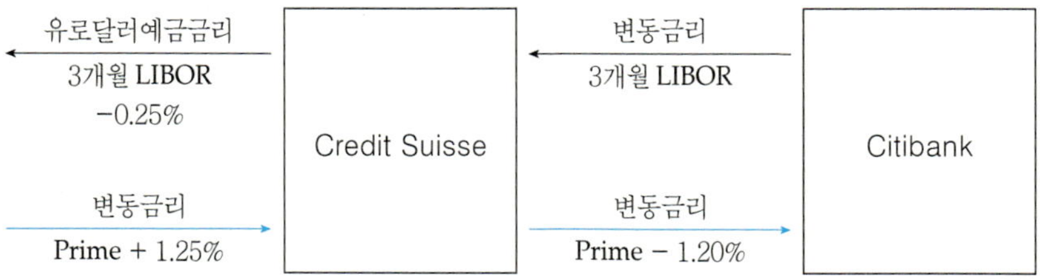

3개월 유로달러시장에서 예금을 유치하는 데 있어서 Credit Suisse가 LIBOR − 0.25%의 낮은 금리를 지불한다면 Credit Suisse는 대출과 스왑을 통하여 2.70%의 마진을 얻게 된다.

제 4 절 통화스왑

통화스왑(currency swap)의 가장 전형적인 형태는 이종통화표시 고정금리채무와 변동금리채무간에 이루어지는 교환거래로서 한 통화표시의 고정금리채무와 다른 통화표시의 변동금리채무가 서로 교환된다.

지금 스위스회사 B는 달러화 자금시장에서 변동금리부로 달러화 자금을 차

상 황

	A회사	B회사	금리차(A－B)
자금차입비용 ($화 자금시장)	LIBOR＋0.50%	LIBOR＋0.75%	－0.25%
자금차입비용 (SF화 자금시장)	7.75%	7.50%	0.25%

입하기를 원하나 달러화 자금시장에서 신용도가 높지 못하므로 높은 수준의 금리를 부담하여야 한다. 그러나 이 스위스회사 B는 SF화 자금시장에서는 신용도가 높아 유리한 조건으로 고정금리부 SF화 자금을 차입할 수 있다. 반면에 미국회사 A는 유리한 조건으로 변동금리부 달러화 자금을 차입할 수 있으나 SF화 자금시장에서는 신용도가 높지 못하여 SF화 자금을 차입할 경우에는 높은 금리를 부담해야 한다.

이러한 상황하에서 스위스회사 B는 고정금리(7.50%)부 SF화 자금을 차입하고 미국회사 A는 변동금리(LIBOR＋0.50%)부 달러화 자금을 차입한 후 통화스왑을 체결하여 차입한 원금을 서로 교환하는 경우의 자금흐름은 [그림 5-3]과 같다.

그림 5-3 통화스왑의 최초의 자금흐름

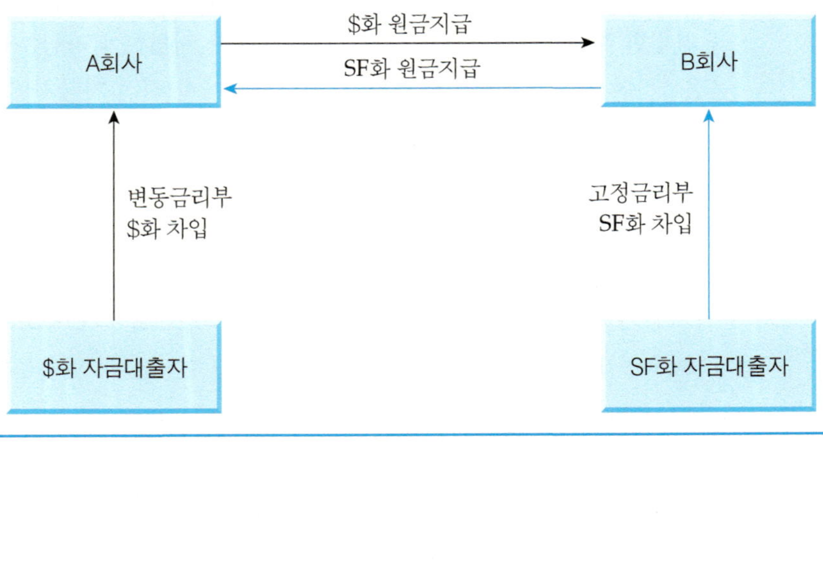

그림 5-4 통화스왑의 원리금 지급흐름

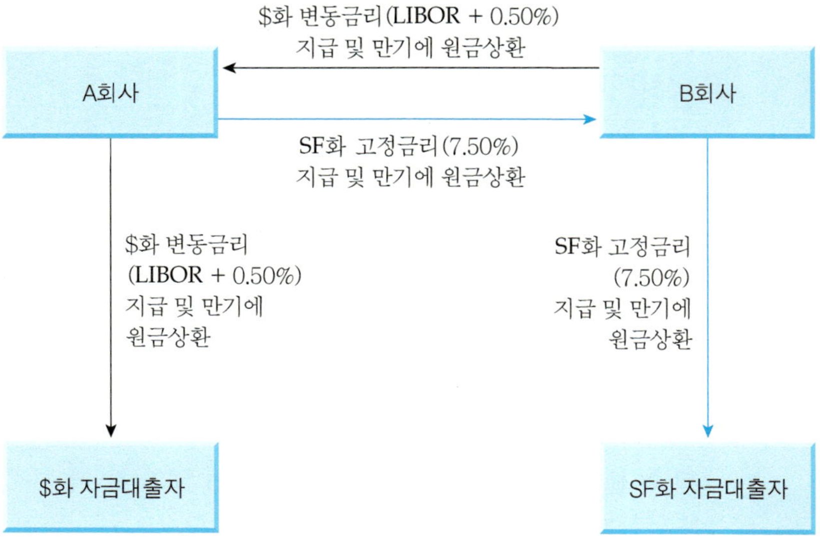

한편 계약기간 동안의 이자지급 및 만기시의 원금상환도 계속 서로 교환하기로 약속하므로 통화스왑에 있어서의 이자지급 및 원금상환에 대한 자금흐름은 [그림 5-4]와 같이 나타낼 수 있다.

우리는 위의 예로부터 A회사와 B회사는 모두 원하는 금리조건 및 통화표시의 자금을 직접차입할 경우보다 자기가 유리한 조건으로 조달할 수 있는 자금을 차입한 후 통화스왑을 체결하는 경우에 보다 저렴하게 자금차입을 할 수 있음을 알 수 있다. 즉, A회사는 SF화 자금시장에서 직접 자금차입을 할 경우에는 자금차입비용이 7.75%이지만 달러화 자금시장에서 변동금리조건으로 자금차입을 한 후 통화스왑을 이용하여 0.25%(7.75% − 7.50%)만큼 SF화 자금차입비용을 절감할 수 있음을 알 수 있다. 한편 B회사는 달러화 자금시장에서 직접 자금차입을 할 경우의 자금차입비용이 LIBOR + 0.75%인 반면 SF화 자금시장에서 자금차입을 한 후 통화스왑을 이용하여 0.25%[= (LIBOR + 0.75%) − (LIBOR + 0.50%)]만큼 달러화 자금차입비용을 절감할 수 있음을 알 수 있다.

사례 5-3 POCO GRAPHITE의 스왑거래

POCO GRAPHITE사는 미국시장에서 단기자금시장에 접근하기는 용이하나 스위스에 새로운 시설을 설립하기 위하여 고정금리 스위스프랑화 차입을 원한다. 스위스은행은 고정금리로 스위스프랑화자금을 많이 조달하고 있는데, 그 중 일부를 LIBOR기준의 미달러화 자금으로 변환시키고자 한다. POCO GRAPHITE사는 스위스은행과의 스왑조건이 시장에서 가장 유리하다는 것을 발견하고, 7년간 6개월 LIBOR 대 스위스프랑화 고정금리간의 스왑계약을 체결한다. POCO GRAPHITE사는 현지에서의 수익으로 스왑계약에 따른 지급을 충당하게 될 것이다. 이에 스왑계약에 따른 이자지급의 흐름을 그림으로 나타내면 아래와 같다.

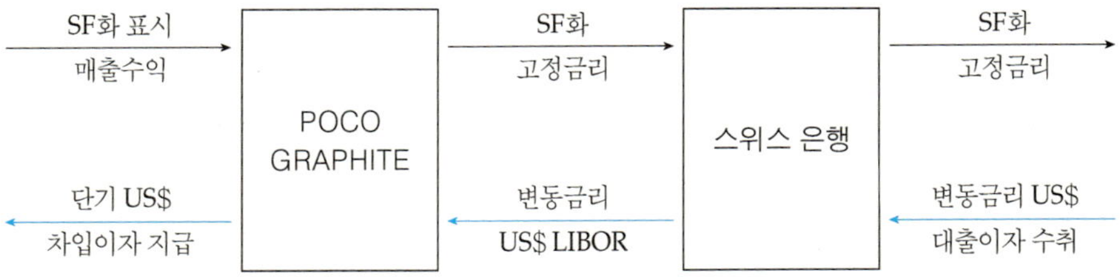

제 5 절 SWAP 고시내용 해설

금리와 통화스왑 고시내용 해석에 있어 핵심은 전통적으로 고정금리가 6개월 미달러화 LIBOR로 교환되는 것에 있다. 따라서 변동금리는 주어진 것으로 보고 고정금리측면만 고시된다. 스왑은 보통 BID와 OFFER 가격이 모두 고시되는데 그 중 BID는 낮은 쪽으로 고시은행인 시장조성자가 6개월 LIBOR와 교환으로 지급하고자 하는 금리이고, 높은 금리(OFFER)는 고시은행이 6개월 LIBOR를 대가로 수취하고자 하는 금리이다.

미달러화 금리스왑의 가격이 고시될 때에는 대개 미국 재정증권 수익률에 대한 스프레드로 고시되는데 이는 중장기 재정증권(T-note 및 T-bond)의 수익률이 미국에서의 중장기자금 시장수익률의 기준이 되고 있기 때문이다.

표 5-1 스왑고시

스왑 가격 고시표				
US$ interest-rate swaps[1)]			Currency swaps[2)]	
Years	Treasury curve benchmark yields S.A[3)]	Spread(BP)	A$/US$ ann.	¥/$ ann.
2	8.74	79 – 86[4)]	12.68 – 12.76	5.68 – 5.78
3	8.99	80 – 85	12.74 – 12.84	5.85 – 5.93
4	9.23	78 – 84	12.90 – 13.07	5.93 – 6.00
5	9.30	80 – 86	12.90 – 13.07	6.10 – 6.18
7	9.59	86 – 93	NA	6.23 – 6.30
10	9.71	88 – 94	NA	6.40 – 6.50

Currency swaps			
Years	SFR/$ ann.	£/$ ann.	ECU/$ ann.
2	4.90 – 5.00	10.60 – 10.70	8.65 – 8.75
3	5.30 – 5.40	10.58 – 10.68	8.75 – 8.85
4	5.42 – 5.50	10.58 – 10.68	8.85 – 8.95
5	5.62 – 5.70	10.68 – 10.78	8.95 – 9.05
7	5.65 – 5.75	10.60 – 10.70	9.15 – 9.25
10	5.80 – 5.90[5)]	10.68 – 10.78	9.30 – 9.40

* 고시되는 이자율은 6개월물의 미달러 LIBOR와 교환되는 고정금리(또는 달러화의 경우 재정증권 수익률을 상회하는 스프레드)로 표시된다.

1) 미달러 고정금리와 변동금리간의 금리스왑
2) 외화(달러 이외의 통화)표시 고정금리와 미달러 변동금리간의 통화스왑
3) 미달러화 금리스왑의 경우에는 기준금리로서의 T-bond 수익률과 스프레드로 표시된다.
4) T-bond 수익률에 스프레드를 가산하면 bid : 9.53, offer : 9.60이 된다.
5) 6개월물 미달러 LIBOR에 대한 통화스왑의 금리고시. 이 은행은 6개월물 미달러 LIBOR에 대하여 연 1회(ann.) 스위스프랑 고정금리 5.80%를 지불하거나 5.90%를 수취하겠다는 것을 고시한 것이다.

사례 5-4 **Wellington의 스왑거래**

Wellington사는 만기 5년의 고정금리 호주달러화 부채를 가지고 있으나 이를 저금리의 일본엔화 부채로 바꾸려 한다. Wellington사는 통화스왑 고시표에 의해 스왑가격을 쉽게 얻을 수 있을 것이다. 은행은 6개월 LIBOR를 대가로 12.90%의 호주달러 금리를 지급하거나 13.07%를 수취하고자 할 것이다. 6개월 LIBOR에 대한 일본엔화 스왑의 경우에는 은행이 6.10%를 지급하거나 6.18%를 수취하고자 할 것이다.

Wellington사는 액면 그대로 이들 가격들을 제시받아 6개월 LIBOR에 대한 2가지 통화스왑계약을 체결함으로써 원하는 목적을 이룰 수 있게 된다.

첫번째 스왑 : 6개월 미달러화 LIBOR의 변동금리를 지불하고, 호주달러 고정금리 12.90%를 수취한다.

두번째 스왑 : 일본엔화 고정금리 6.18%를 지급하고, 6개월 미달러화 LIBOR 변동금리를 수취한다.

변동금리에 대한 지급과 수취는 상쇄되고, Wellington사에게는 일본엔화 고정금리 6.18%를 지급하고, 그 대가로 호주달러화 고정금리 12.90%를 수취하는 스왑만이 남게 된다.

이와 같이 2개의 스왑을 하는 대신 은행이 일본엔화에 대한 호주달러화의 스왑금리를 고시한다면 한 번의 스왑으로 비슷한 효과가 나타날 것이다.

제 6 절 스왑금리의 결정

스왑가격(금리)은 상당부분 회사채(corporate bond)시장의 수익률에 의하여 결정되는데 스왑금리가 회사채 수익률과 크게 다를 수 없다는 것을 이해하기 위하여 일반적인 변동금리 대 고정금리간 스왑의 두 당사자, 즉 기업과 은행의 입장에서 이를 살펴보고자 한다.

우선, 기업의 입장에서 살펴보면 기업은 원하는 시장에서 직접 채권을 발행하거나 아니면 금리스왑계약을 체결하여 LIBOR를 수취하는 대신 중장기 고정금리를 지급하게 된다. 만약 LIBOR가 그 기업의 단기 차입비용이라고 한다면, 스왑계약에 의하여 지급하는 고정금리는 그 기업이 고정금리채권을 직접 발행할 때의 금리와 비교되어야 할 것이다. 따라서 스왑금리는 채권금리를 상회할 수가 없게 된다. 그리고 많은 기업들이 스왑을 이용하여 시장간 재정거래를 하면 할수록 스왑금리는 특정 신용도에 해당하는 기업들의 채권발행수익률에 접근해 갈 것이다. 물론 이것은 스왑시장에 쉽게 접근할 수 있는 신용도가 높은 기업들에게 해당되는 경우이다.

반면 은행의 입장에서 살펴보면 은행은 스왑을 통해 수취하는 고정금리를 그 자신의 고정금리부채에 의하여 헤지하거나 아니면 다른 기업이나 은행과 또 다른 스왑을 함으로써 원래의 스왑이 고정금리를 지급하는 부채와 서로 상쇄되도록 하여야 한다. 따라서 스왑금리의 일반적인 수준은 은행이 고정금리시장에서 기채를 할 때에 지급하여야 하는 수준보다 낮을 수는 없을 것이다. 대부분의 활발한 은행들은 대개 AA정도의 신용도를 갖고 있으므로 스왑금리는 AA신용도를 가진 은행이나 기업들이 차입할 수 있는 금리수준과 비슷하게 된다.

그러나 시장의 스왑금리는 이와 같은 일반성을 벗어나기도 한다. 몇몇 은행들과 심지어는 기업들도 스왑을 차입의 목적이 아닌 투기 또는 헤지목적으로 이용한다. 따라서 스왑금리는 금리와 환율에 대한 예상에 의하여 영향을 받게 된다. 이러한 예상의 변화에 의해 스왑금리가 영향을 받게 되는 경우 차입자들에게는 저렴한 차입을 할 수 있는 일시적인 기회가 생기기도 한다. 또한 은행이 자신의 스왑포지션이 불균형상태에 있을 경우에는 균형상태로 돌아가기 위해 상대방에게 시장가격보다 유리한 가격을 제시함으로써 그 거래를 유치하고자 할 것이다. 한편 World Bank가 가끔씩 행하는 것처럼 대규모의 차입 및 스왑프로그램도 시장에 일시적인 불균형을 가져올 수 있다. 그리고 은행들은 작은 금액의 거래에 대하여는 상대방에게 다소 불리한 가격을 제시하는 경향이 있다.

사례 5-5 Mobira사의 저렴한 자금조달을 위한 스왑협상

Ravintola Nevski는 핀란드 회사인 Mobira사의 국제재무담당자로 이 회사는 최근 일본지역의 판매망을 확충하였으며 고정금리 일본엔화를 차입할 수 있는 방법을 모색하고 있다. 최근 런던을 방문한 Nevski는 여러 은행들과 Mobira의 차입수단들에 대하여 상의한 결과 Mobira가 매 분기 결정되는 LIBOR + 0.125%로 신디케이트론을 할 수 있다는 것을 알게 되었다. 어느 일본은행은 유로엔채를 제안하였는데, 여러 수수료를 감안할 때 4년만기 엔화채권의 총차입비용은 6.55%였다. 세번째의 가능성은 핀란드정부의 수출금융기관으로부터 8%로 미달러화 정책금융을 받는 것이었다. 귀국함과 동시에 그는 몇몇 은행들로부터 4년만기 스왑가격을 제시받았다. 그가 제시받은 가장 유리한 가격들은 다음과 같다.

- **금리 스왑** : 미국정부채권 금리 + 75 ~ 80bp, 매 6개월 이자지급
  〈4년만기 재정증권 수익률 : 7.70%〉
- **베이시스 레이트 스왑** : 6개월 LIBOR와 교환하는 3개월 LIBOR + 5 ~ 8bp
- **통화 스왑** : 엔/미달러화, 6.70 ~ 6.80%, 연 1회 이자지급

Nevski가 해야 할 일은 여러 가지 가능한 차입방법들과 스왑을 결합하여 서로 비교할 수 있도록 표시한 후 가장 저렴하게 고정금리 엔화자금을 차입하는 방법이 어느 것인지를 결정하는 것이다.

분 석

우선 고정금리 엔화부채를 조달하는 3가지 방법을 열거하면 다음과 같다.

방법 1	방법 2	방법 3
• 6.55%의 고정금리부 엔화자금 차입	• 3개월 LIBOR+0.125%의 변동금리부 미달러화 차입 • 베이시스 레이트 스왑으로 3개월 LIBOR를 6개월 LIBOR로 전환 • ¥/$ 통화스왑을 이용하여 6개월 US$ LIBOR를 4년짜리 고정금리부 엔화자금으로 전환	• 8%로 정부로부터 고정금리부 미달러화 차입 • 금리스왑으로 위의 고정금리부 미달러화를 6개월 LIBOR로 전환 • ¥/$ 통화스왑을 이용하여 6개월 US$ LIBOR를 4년짜리 고정금리부 엔화자금으로 전환

다음 단계로 방법 2 및 방법 3에 대하여 이자의 지급 및 수취를 합산하여 그 비용을 추정한다.

	방법 2 (변동금리 달러화 차입 및 스왑)		방법 3 (고정금리 달러화 차입 및 스왑)	
	지 급	수 취	지 급	수 취
미달러화 차입	3개월 $LIBOR + 0.125%		4년짜리 달러화 8.00%	
6개월 미달러 LIBOR로 스왑	6개월 $LIBOR	3개월 $LIBOR + 0.05%	6개월 $LIBOR	4년짜리 달러화 8.45%
4년짜리 엔화로 전환(스왑)	4년짜리 엔화 6.80%	6개월 $LIBOR	4년짜리 엔화 6.80%	6개월 $LIBOR
순비용(개략)	4년짜리 엔화 6.875%		4년짜리 엔화 6.35%	

이와 같은 분석의 결과 여러 차입방법들에 대한 비용계산의 첫 단계에 있어서는 핀란드 정부의 대출이 가장 유리한 것으로 나타났다. 그러나 보다 정확한 비교를 위해서는 재무담당자인 Nevski는 서로 다른 통화로 표시되어 있거나 발생시점이 서로 다른 베이시스 포인트는 단순한 가감이 불가능하다는 것을 감안하여야 할 것이다. 또한 방법 2 및 방법 3에 대해서는 2개의 독립된 스왑들을 하나로 결합할 수 있으며, Nevski는 하나로 결합된 스왑의 가격으로부터 보다 유리한 조건을 얻을 수도 있을 것이다. 그러므로 Nevski가 해야 할 일은 Mobira가 4년 동안 매년 8%의 미달러화 고정금리를 받고 엔화 고정금리를 매년 지급하는 스왑에 대한 가격을 제시받는 것이다.

연 · 습 · 문 · 제

EXERCISES

〈문제 1번부터 2번까지는 다음의 상황을 읽고 답하시오〉

상 황

호주의 어느 기업은 만기 3년의 고정금리 호주달러화 부채를 가지고 있으나 이를 저금리의 일본엔화 부채로 바꾸려고 한다. 이 기업은 은행으로부터 다음과 같은 스왑 가격들을 제시받았다.

1) 은행은 6개월 LIBOR를 대가로 12.74%의 호주달러화 금리를 지급하거나 12.84%를 수취하고자 한다.
2) 은행은 6개월 LIBOR를 대가로 5.85%의 일본엔화 금리를 지급하거나 5.93%를 수취하고자 한다.

이 기업은 위와 같은 스왑가격들을 제시받고 은행을 상대로 6개월 LIBOR에 대한 2가지 통화스왑계약을 체결함으로써 원하는 목적을 이루고자 한다. 즉,

첫번째 스왑 : 6개월 미달러화 LIBOR의 변동금리를 지불하고
호주달러화 고정금리 (1)%를 (2)한다.
두번째 스왑 : 일본엔화 고정금리 (3)%를 (4)하고
6개월 미달러화 LIBOR의 변동금리를 수취한다.

1. 다음 중 위의 괄호 (1)과 (2)에 들어갈 내용이 정확하게 짝지어진 것은?
   1) (12.74), (수취)
   2) (12.84), (수취)
   3) (12.74), (지급)
   4) (12.84), (지급)

2. 다음 중 위의 괄호 (3)과 (4)에 들어갈 내용이 정확하게 짝지어진 것은?
   1) (5.85), (수취)
   2) (5.85), (지급)
   3) (5.93), (수취)
   4) (5.93), (지급)

3. 다음 중 베이시스(레이트) 스왑에 해당하지 않는 것은?
   1) (LIBOR기준 변동금리) 대 (prime rate기준 변동금리)
   2) (1개월 LIBOR기준 변동금리) 대 (6개월 LIBOR기준 변동금리)
   3) (LIBOR기준 변동금리) 대 (달러화표시 CP금리기준 변동금리)
   4) (LIBOR기준 변동금리) 대 (달러화표시 고정금리)

4. 다음 중 통화스왑에 해당하는 것은?
   1) (LIBOR기준 변동금리) 대 (prime rate기준 변동금리)
   2) (LIBOR기준 변동금리) 대 (YEN화표시 고정금리)
   3) (LIBOR기준 변동금리) 대 (달러화표시 CP금리기준 변동금리)
   4) (LIBOR기준 변동금리) 대 (달러화표시 고정금리)

5. 다음 중 금리스왑에 관한 설명으로 옳지 못한 것은?
   1) 고정금리채무와 변동금리채무에 대한 이자지급의무를 일정기간 동안 상호교환하기로 하는 약정이다.
   2) 두 당사자가 각각의 자금차입비용을 절감할 수 있다는 이점 때문에 거래가 이루어진다.
   3) 신용도가 낮아 고정금리시장에서 자금조달이 어려운 경우 변동금리시장에서 자금차입을 한 후 금리스왑을 행하면 고정금리로 자금조달을 한 것과 같은 효과를 거둘 수 있다.
   4) 서로 다른 통화로 표시된 고정금리채무와 변동금리채무간에 이루어지는 교환거래이다.

〈문제 6번부터 9번까지는 다음의 상황을 읽고 답하시오〉

상 황

호주회사 B는 달러화 자금시장에서 변동금리부로 달러화자금을 차입하기를 원하지만 달러화 자금시장에서 신용도가 높지 못하므로 높은 수준의 금리를 부담하여야 한다. 그러나 이 회사는 Australian dollar(A$)화 자금시장에서는 유리한 조건으로 고정금리부 A$화 자금을 차입할 수 있다. 반면 미국회사 A는 유리한 조건으로 변동금리부 달러화 자금을 차입할 수 있으나 A$화 자금을 차입할 경우에는 높은 금리를 부담해야 한다.

	미국회사(A)	호주회사(B)
자금차입비용(달러화 자금시장)	LIBOR + 0.50%	LIBOR + 0.75%
자금차입비용(A$화 자금시장)	4.75%	4.50%

6. 이러한 상황하에서 필요한 스왑계약의 종류는 무엇인가?
   1) 금리스왑
   2) 통화스왑
   3) 베이시스스왑
   4) 부채자본스왑

7. 이러한 상황하에서 호주회사 B는 스왑계약을 체결하기 위하여 우선 무엇을 해야 하는가?
   1) 변동금리부 달러화 자금차입
   2) 고정금리부 A$화 자금차입
   3) 고정금리부 달러화 자금차입
   4) 변동금리부 A$화 자금차입

8. 이러한 상황하에서 미국회사 A는 스왑계약을 체결하기 위하여 우선 무엇을 해야 하는가?
   1) 변동금리부 달러화 자금차입
   2) 고정금리부 A$화 자금차입
   3) 고정금리부 달러화 자금차입
   4) 변동금리부 A$화 자금차입

9. 이제 미국회사 A와 호주회사 B가 스왑계약을 체결하여 차입한 원금을 서로 교환하고 스왑계약기간 동안 이자지급 및 만기시의 원금상환도 계속 교환하기로 약속한다면 호주회사 B는 달러화 자금시장에서 직접 자금차입을 하는 경우보다 달러화 자금차입비용을 얼마나 절감할 수 있는가?
   1) 0.75%
   2) 0.50%
   3) 0.25%
   4) LIBOR

10. 다음 중 통화스왑에 관한 설명으로 옳지 못한 것은?
   1) 동일한 통화로 표시된 고정금리채무와 변동금리채무에 대한 이자지급의무를 일정기간 동안 상호교환하기로 하는 약정이다.
   2) 두 당사자가 각각의 자금차입비용을 절감할 수 있다는 이점 때문에 거래가 이루어진다.
   3) 특정 통화시장에서 자금조달이 어려운 경우 다른 통화시장에서 자금차입을 한 후 스왑을 행하여 특정 통화시장에서 자금조달을 한 것과 같은 효과를 거둘 수 있다.
   4) 서로 다른 통화로 표시된 고정금리채무와 변동금리채무간에 이루어지는 교환거래이다.

Part 3

환위험의 관리

CHAPTER 06

환율의 구조 및 결정

제 1 절 환율, 이자율 및 물가상승률의 상호관계

1. 구매력평가설

1) 일물일가의 법칙

일물일가의 법칙(law of one price)은 동일한 상품은 어떤 시장에서든지 그 가격이 같아야 한다는 주장이다. 따라서 일물일가의 법칙은 다음과 같이 표현된다.

$$P = S \cdot P^*$$

S : 현재환율(방화표시, 즉 외국통화 1단위를 얻기 위하여 지급해야 하는 자국통화의 단위수로 표시)

P : 특정상품의 국내가격

P^* : 그 특정상품의 외국에서의 외국통화 표시가격

일물일가의 법칙은 자유롭고 완전한 국제적 상품재정거래를 통하여 이루어진다. 국제적 상품재정거래란 두 나라간에 있어서 특정상품의 가격차이가 운송비 및 기타 거래비용의 합계보다 더 클 때 가격이 낮은 나라에서 그 특정상품을 매입하고 가격이 높은 나라에서 매도하여 이익을 취하는 것을 말한다. 만약, 운송비 및 기타 거래비용이 무시할 수 있을 정도로 적다면 국제적 상품재

정거래는 일물일가의 법칙이 성립할 때까지 계속될 것이다. 예를 들면, 운송비 및 기타 거래비용이 무시할 수 있을 정도로 적은 경우에 서울에서의 사과 1개의 값이 도쿄에서의 사과 1개의 값과 크게 차이가 나지 않게 된다는 것이다.

실제환율이 일물일가의 법칙으로부터 괴리되는 현상은 다음과 같은 경우에 주로 발생한다. 첫째, 운송비를 포함한 거래비용이 높은 경우 둘째, 관세 등의 무역장벽이 높은 경우 셋째, 제품차별화(product differentiation)의 정도가 높은 경우 그리고 상품이 비교역재(non-tradable)인 경우 등을 들 수 있다.

2) 절대적 구매력평가설

절대적 구매력평가설(purchasing power parity theory-absolute version)은 일물일가의 법칙을 하나의 상품가격뿐만 아니라, 전체적인 물가수준에 확대 적용시킨 것이다.

$$P = S \cdot P^*$$

S : 현재환율(방화표시)
P : 국내물가수준
P^* : 해외물가수준

물가지수를 특정경제의 대표적 재화들 가격의 가중평균으로 산출한다면, 절대적 구매력평가설이 뜻하는 바는 국내의 대표재화바스켓(representative basket of commodities)의 가격이 해외의 대표재화바스켓의 가격과 크게 차이가 나지 않는다는 것이다.

실제환율이 절대적 구매력평가 수준으로부터 괴리되는 현상은 다음과 같은 경우에 주로 발생한다. 첫째, 거래비용이 높은 경우 둘째, 무역장벽이 높은 경우 셋째, 제품차별화의 정도가 높은 경우 넷째, 대표재화바스켓을 구성하고 있는 재화 중에 비교역재가 많이 있는 경우 그리고 국내와 해외의 대표재화바스켓의 구성 재화가 서로 다르거나 각 구성재화에 부여된 가중치가 서로 다른 경우 등을 들 수 있다.

3) 상대적 구매력평가설

상대적 구매력평가설(purchasing power parity theory-relative version)은

환율의 상대적 변화율은 국내와 해외의 물가상승률의 차이와 같게 된다는 주장이다.

$$\frac{\dot{S}}{S}=\frac{\dot{P}}{P}-\frac{\dot{P}^*}{P^*}$$

S : 현재환율(방화표시)
P : 국내물가수준
P^* : 해외물가수준
(·)는 기준시점과 비교시점 간의 변화율을 나타낸다.[1)]

즉,

$$\dot{P}_t=\frac{d}{dt}(P_t)\approx\frac{\Delta P_t}{\Delta t}=\frac{P_{t+1}-P_t}{\Delta t}$$

위의 상대적 구매력평가설 표현의 양변에 100을 곱해주면 다음을 얻는다.

$$\frac{\dot{S}}{S}\times 100=\frac{\dot{P}}{P}\times 100-\frac{\dot{P}^*}{P^*}\times 100$$

$$\hat{S}=\pi-\pi^*$$

$\hat{S}$: 환율의 상대적 변화율(%로 표시)
π : 국내물가상승률(%로 표시)
π^* : 해외물가상승률(%로 표시)

위의 표현을 환율의 상대적 변화율에 대한 예상과 국내 및 해외의 물가상승률에 대한 예상과의 관계로 나타내면 다음과 같다.

$$\frac{E(S_{t+n})-S_t}{S_t}\times\frac{12}{n}\times 100=\pi-\pi^*$$

1) $P_t=100$, $P_{t+1}=120$이며, 여기에서 t시점은 현재를 나타내고 $(t+1)$시점은 지금으로부터 1년 후를 나타낸다고 가정하자.

$$\Delta P_t=P_{t+1}-P_t=120-100=20$$

$$\Delta t=1\text{년}$$

$$\dot{P}_t=\frac{\Delta P_t}{\Delta t}=\frac{20}{1\text{년}}\rightarrow \text{물가수준의 변화율(연간 20)}$$

$$\frac{\dot{P}_t}{P_t}=\frac{\Delta P_t/\Delta t}{P_t}=\frac{20/1\text{년}}{100}=0.2/1\text{년}$$

이 때에 우리는 물가수준의 상대적 변화율이 1년에 0.2라고 하거나 또는 물가상승률(rate of inflation)이 연간 20%라고 한다.

S_t : t시점에서의 현물환율(방화표시)
$E(S_{t+n})$: t시점에서 예상하는 $(t+n)$시점에서의 환율에 대한 기대치
π : 국내예상물가상승률(%로 표시)
π^* : 해외예상물가상승률(%로 표시)
n : 해당기간의 개월수

예 제

향후 1년 동안 멕시코의 물가상승률은 17%, 영국의 물가상승률은 5%가 되리라고 예상된다. 현재 멕시코의 통화인 Peso와 영국의 통화인 Sterling pound 간의 환율이 £1 = 5.2130Pesos라고 할 때 1년 후의 Peso와 £간의 환율수준은 어떻게 되리라고 예상하는가?

우선 Peso를 자국통화 그리고 £를 외국통화로 가정하면, 방화표시환율의 단위는 외국통화인 £ 1단위의 가치를 자국통화인 Peso의 단위수로 나타내는 Peso/£가 될 것이다. 그리고 1년 후의 환율수준에 대한 예상을 묻고 있으므로 해당기간의 개월수를 나타내는 n의 값은 12가 되어야 한다.

$$\frac{E(S_{t+n})-S_t}{S_t} \times \frac{12}{n} \times 100 = \pi - \pi^*$$

위의 식에 $\pi = 17$, $\pi^* = 5$ 및 $n = 12$를 각각 대입하면

$$\frac{E(S_{t+12})-S_t}{S_t} \times \frac{12}{12} \times 100 = 17 - 5 = 12$$

$$\frac{E(S_{t+12})-S_t}{S_t} = 0.12$$

$$E(S_{t+12}) = (1.12)\ (S_t)$$

여기에 $S_t = 5.2130$Pesos/£를 대입하면

$$E(S_{t+12}) = (1.12)\ (5.2130\text{Pesos/£})$$
$$= 5.8386\text{Pesos/£}$$

따라서 1년 후의 Peso와 £ 간의 환율수준은 5.8386Pesos/£가 되리라고 예상된다.

상대적 구매력평가가 성립하지 않게 되는 이유로는 경제의 구조적 요인을 들 수 있다. 예를 들어, 수입품에 대한 수요의 변화, 외국자본의 국내투자율의 변화 그리고 국내에서의 갑작스러운 석유의 발견 등이 그것이다. 이러한 경우에 있어서 국내와 해외의 물가수준의 관계에 아무런 변동이 없다고 할지라도 경제의 구조적 요인에 의해 국내 거주자의 외국통화에 대한 수요 또는 외국거주자의 자국통화에 대한 수요가 변할 수 있으므로 상대적 구매력평가로부터의 괴리가 발생할 수 있다.

2. 피셔효과

피셔효과(the Fisher effect)는 명목이자율이 실질이자율과 예상물가상승률의 합과 같다는 주장이다.

$$i = r + \pi$$

i : 명목이자율

r : 실질이자율

π : 예상물가상승률

예를 들어, 투자자들이 물가상승률이 연간 5%가 될 것이라고 예상할 때 명목이자율이 실질이자율보다 연간 5%가 더 높아야 한다는 주장이다.

한편, 외국에 있어서의 명목이자율, 실질이자율 및 예상물가상승률간의 관계도 또한 피셔효과로써 표현할 수 있다.

$$i^* = r^* + \pi^*$$

(*)는 해외변수를 표시한다.

이제 처음 식에서 나중 식을 빼면 다음을 얻는다.

$$\begin{array}{rl} & i = r + \pi \\ -) & i^* = r^* + \pi^* \\ \hline & i - i^* = (r - r^*) + (\pi - \pi^*) \end{array}$$

이것은 국내와 해외의 명목이자율의 차이는 국내와 해외의 실질이자율의 차이와 예상물가상승률의 차이를 합한 것과 같다는 것을 말해준다. 그런데 장기에 있어서는 국내와 해외의 실질이자율이 서로 같아지는, 즉 $r-r^*=0$이 되는 경향이 있으므로 국내와 해외의 명목이자율의 차이가 국내와 해외의 예상물가상승률의 차이와 같게 된다고 할 수 있다. 즉, 장기에 있어서는

$$i-i^*=\pi-\pi^*$$

가 성립한다고 볼 수 있다.

3. 국제피셔효과

국제피셔효과(the international Fisher effect)는 환율변화율에 대한 예상은 서로 다른 통화간에 존재하는 이자율의 차이와 밀접한 관계가 있다는 주장이다. 다시 말하면, 서로 다른 통화로 표시된 동일한 종류의 증권에 투자하는 경우, 투자자들이 가치하락이 예상되는 통화로 표시된 증권에 투자하기 위해서는 그 통화가치 하락에 따른 손실을 상쇄시킬 수 있을 만큼 명목이자율이 충분히 높아야 한다는 것이다. 예를 들어, 투자자들이 자국통화의 가치가 연간 5% 하락할 것이라고 예상하는 경우에 국내명목이자율은 해외명목이자율보다 연간 5%가 더 높아야 한다는 것이다.

$$\frac{E(S_{t+n})-S_t}{S_t}\times\frac{12}{n}\times 100=i-i^*$$

S_t : t시점에서의 환율(방화표시)
$E(S_{t+n})$: t시점에서 예상되는 $(t+n)$시점에서의 환율에 대한 기대치
i : 국내명목이자율(%로 표시)
i^* : 해외명목이자율(%로 표시)
n : 해당기간의 개월수

그러므로 국제피셔효과는 환율의 상대적 변화율에 대한 예상은 국내와 해외의 명목이자율의 차이와 같아야 한다는 것을 말해주고 있다.

우리는 앞에서 상대적 구매력평가설에 관하여 살펴볼 때 환율의 상대적 변화율을 $\hat{S}$로 나타내었다. 즉,

$$\hat{S} = \frac{\dot{S}}{S} \times 100 = \frac{\Delta S / \Delta t}{S} \times 100$$

여기서 ΔS가 t시점의 환율과 그로부터 n개월 후의 환율과의 차이를 나타낸다면, 즉 $\Delta S = S_{t+n} - S_t$이라면 $\Delta t = (t+n) - t = n$개월 또는 $(n/12)$년이 되므로 위의 $\hat{S}$에 관한 표현은 다음과 같이 나타낼 수 있다.

$$\hat{S} = \frac{S_{t+n} - S_t}{S_t} \times \frac{12}{n} \times 100$$

따라서 환율의 상대적 변화율은 국내와 해외의 물가상승률의 차이와 같다고 주장하는 상대적 구매력평가설은 다음과 같이 표현할 수도 있다.

$$\frac{S_{t+n} - S_t}{S_t} \times \frac{12}{n} \times 100 = \pi - \pi^*$$

한편 이 상대적 구매력평가설에 대한 표현을 $(t+n)$시점에서의 환율에 대한 기대치 및 t시점부터 $(t+n)$시점까지의 기간 동안에 대한 국내와 해외의 예상물가상승률을 사용하여 기대치에 대한 표현으로 바꾸면 다음을 얻는다.

$$\frac{E(S_{t+n}) - S_t}{S_t} \times \frac{12}{n} \times 100 = \pi - \pi^*$$

$E(S_{t+n})$: t시점에서 예상하는 $(t+n)$시점에서의 환율에 대한 기대치
π : 국내예상물가상승률(%로 표시)
π^* : 해외예상물가상승률(%로 표시)

그런데 피셔효과에 의하면 장기에 있어서는 $i - i^* = \pi - \pi^*$가 성립한다고 하였으므로 환율의 상대적 변화율에 대한 예상이 장기에 있어서는 국내와 해외의 명목이자율의 차이와 같게 된다고 할 수 있다.

즉,

$$\frac{E(S_{t+n}) - S_t}{S_t} \times \frac{12}{n} \times 100 = i - i^*$$

그러므로 우리는 상대적 구매력평가설에 관한 표현을 장기에 있어서의 기대치로 바꾸어 표현하면 국제피셔효과와 동일한 표현이 됨을 알 수 있다. 그러나 단기에 있어서는 $i-i^* = \pi - \pi^*$의 관계가 성립하지 않으므로 국제피셔효과와 상대적 구매력평가설은 그 주장하는 내용이 서로 다르다고 할 수 있다.

예 제

1년만기의 정부발행 채권의 수익률이 미국과 캐나다에서 각각 5.68% 및 5.08%라고 할 때 미국의 US$와 C$ 간의 현재환율이 C$1 = US$0.6680이라면 6개월 후의 US$와 C$ 간의 환율수준은 어떻게 되리라고 예상하는가?

우선 US$를 자국통화 그리고 C$를 외국통화로 가정하면 방화표시환율의 단위는 외국통화인 C$ 1단위의 가치를 자국통화인 US$의 단위수로 나타내는 US$/C$가 될 것이다. 그리고 6개월 후의 환율수준에 대한 예상을 묻고 있으므로 해당기간의 개월수를 나타내는 n의 값은 6이 되어야 한다.

$$\frac{E(S_{t+n})-S_t}{S_t} \times \frac{12}{n} \times 100 = i - i*$$

위의 식에 $i=5.68$, $i^*=5.08$, $n=6$ 및 $S_t=$ US$0.6680/C$를 각각 대입하면

$$\frac{E(S_{t+6})-0.6680}{0.6680} \times \frac{12}{6} \times 100 = 5.68 - 5.08 = 0.6$$

위의 식을 풀면 $E(S_{t+6})$ = US$0.6700/C$를 얻는다. 따라서 6개월 후의 US$와 C$ 간의 환율수준은 US$0.6700/C$가 되리라고 예상된다.

4. 이자율평가설

예를 들어, $1의 자금을 보유하고 있는 미국의 투자자가 미국 내에서 투자를 할 경우 미국 금융시장에서의 이자율이 i라고 할 때 1년 후에 받는 원리금의 합계는 $\$(1+i)$가 될 것이다. 한편 이 자금($1)을 미국 내에 투자하지 않고 현물환시장에서 현물환율 S($/£)로 Sterling pound(£)로 바꾸면 £(1/S)가

될 것이고, 이것을 영국의 금융시장에서 투자하면 영국 금융시장에서의 이자율을 i^*라고 할 때 1년 후에 받는 원리금의 합계는 £$\frac{1}{S}$ $(1+i^*)$가 된다. 이제 남은 일은 투자만기일에 £를 \$로 바꾸는 것이다. 그러나 1년 후 투자만기일의 현물환율(future spot exchange rate)이 최초의 시점에서의 현물환율(curent spot exchang rate)인 S와 동일하게 되리라는 보장은 없다. 이러한 국제투자에 따르는 환리스크를 회피하기 위하여 최초의 시점에서 투자만기일에 £를 \$로 교환하는 선도환계약(forward exchange contract)을 체결해두면 된다. 그러면 투자만기일의 실제환율이 어떤 값이 되든지 간에 계약된 선도환율(forward exchange rate)로 £를 \$로 교환할 수 있게 된다. 따라서 영국의 금융시장을 이용하는 경우의 원리금의 합계는 최초의 시점에서 계약할 수 있는 선도환계약에 적용되는 선도환율을 $F(\$/£)$라고 할 때 다음과 같이 나타내어질 수 있다.

$$\$\,\frac{1}{S}(1+i^*)\cdot F \quad \text{또는} \quad \$\,\frac{F}{S}(1+i^*)$$

그러므로 \$1를 가지고 있는 미국의 투자자가 미국 내 투자를 하는 경우에는 1년 후 만기일의 원리금 합계가 $\$(1+i)$가 될 것이고, 영국의 금융시장을 이용하는 경우에는 만기일의 원리금 합계는 $\$\frac{F}{S}(1+i^*)$가 될 것이다. 즉,

미국 내 투자	국제 투자
$\$(1+i)$	$\$\,\frac{F}{S}(1+i^*)$

이제 우리는 잠시 국제 투자의 원리금 합계가 미국 내 투자의 원리금 합계보다 더 크다고 가정하자. 이러한 경우 비단 위에서 말한 한 사람의 미국 투자자뿐만 아니라 많은 수의 투자자들이 국제 투자쪽을 택하게 될 것이다. 따라서 자금은 미국에서 영국으로 이동하게 될 것이며, 그 결과 현물환시장에서 £에 대한 수요가 증가하게 되어 £는 그 가치가 상승하게 되고($S\uparrow$), 선도환시장에서 £의 공급이 증가하게 되어 £는 그 가치가 하락하게 된다($F\downarrow$). 또한 영국의 금융시장에서는 자금이 풍부해져서 이자율이 하락하고($i^*\downarrow$), 미국의 금융시장에서는 자금이 부족해져서 이자율이 상승하게 된다($i\uparrow$).

미국 내 투자		국제 투자
$\$(1+i\uparrow)$	$<$	$\$\dfrac{F\downarrow}{S\uparrow}(1+i^*\downarrow)$

(가정)

그러므로 시간이 경과하게 되면 미국 내 투자와 국제 투자는 그 만기일의 원리금 합계가 서로 같아지게 될 것이다.

$$\$\,(1+i) = \$\,\frac{F}{S}(1+i^*)$$

윗 식의 양변을 $(1+i^*)$로 나누면,

$$\frac{(1+i)}{(1+i^*)} = \frac{F}{S}$$

윗 식의 양변에서 1을 빼면,

$$\frac{(1+i)}{(1+i^*)} - 1 = \frac{F}{S} - 1$$

$$\frac{(1+i)-(1+i^*)}{(1+i^*)} = \frac{F-S}{S}$$

$$\frac{i-i^*}{(1+i^*)} \approx i-i^* = \frac{F-S}{S}$$

즉,

$$\frac{F-S}{S} = i-i^*$$

위에서 우리는 투자의 만기가 1년이라고 가정하였으나, 보다 일반적인 경우를 생각하여 투자의 만기가 n개월이라고 한다면 위의 표현은 다음과 같이 바뀌어져야 한다.

$$\frac{F_{t+n}-S_t}{S_t} \times \frac{12}{n} \times 100 = i-i^*$$

F_{t+n} : t시점(현재)에서 계약할 수 있는 n개월 선도환계약에 적용되는 선도환율 (방화표시)

S_t : t시점에서의 현물환율(방화표시)

i : 국내명목이자율(%로 표시)

i^* : 해외명목이자율(%로 표시)

n : 선도환계약의 계약기간

예 제

US$와 £ 간의 현물환율이 $2.40 / £이고 3개월 선도환율이 $2.47 / £라면 연율로 표시된 프리미엄 또는 디스카운트는 얼마인가?

	$ / £
spot rate	2.4000
forward differential(3months)	0.0700
forward outright rate(3months)	2.4700

선도환율을 $2.4700 / £와 같이 표시하는 것을 forward outright rate라고 하며 현물환율과 선도환율의 차 $0.0700 / £를 forward differential 또는 swap rate라고 부른다. 이 swap rate를 연율표시방법으로 표현하기 위하여는 다음의 공식을 이용하면 된다.

$$\text{forward premium 또는 discount (연율표시)} = \frac{F_{t+n} - S_t}{S_t} \times \frac{12}{n} \times 100$$

$$= \frac{2.4700 - 2.4000}{2.4000} \times \frac{12}{3} \times 100$$

$$= 11.67\%$$

여기서 환율의 단위 $/ £는 $의 입장에서 본 방화표시환율로서 외국통화인 £의 가치를 자국통화 $의 단위수로 표현한 것이다. 그러므로 위의 계산으로 얻은 값 11.67%란 외국통화인 £가 선도환시장에서 11.67%만큼 premium에 있다는 것을 의미한다. 즉, 계산결과 (+)값을 얻게 되면 forward premium, (−)값을 얻게 되면 forward discount를 의미하며 위의 경우에는 환율이 외국

통화인 £의 가치를 나타내므로 £의 가치는 현물환시장에 비하여 선도환시장에서 더 높다는 것을 뜻한다.

이자율평가설에 의하면 연율표시방법으로 선도환율을 표시할 때, 그것이 두 나라 사이에 존재하는 이자율의 차와 같다는 것이다. 즉, 위의 경우에는 외국통화인 £가 $에 대하여 선도환시장에서 11.67%만큼 premium에 있으므로 외국통화인 £의 이자율이 자국통화인 $의 이자율보다 11.67%만큼 낮아야 한다는 것이다. 따라서 이자율평가설이란 선도환시장에서 premium에 있는 통화의 이자율은 상대방통화의 이자율보다 낮아야 한다는 주장이라고 할 수 있다. 한편 이자율평가설과 앞에서 살펴본 국제피셔효과의 차이점은 이자율평가설에서는 선도환율을 사용하고 국제피셔효과에서는 미래환율에 대한 기대치를 사용한다는 점이다. 그러므로 국제피셔효과는 커버되지 않은 이자율평가조건(uncovered interest rate parity condition)이라고도 불리운다.

우리는 이자율, 환율 및 물가상승률의 상호관계를 살펴보는 데 있어서 구매력평가설, 피셔효과, 국제피셔효과 및 이자율평가설 등이 주장하는 바를 살펴보았다. 그러나 이러한 이론들이 주장하는 바가 외환 및 국제금융시장에서 실제로 성립하는가 하는 것은 별개의 문제이며 시장에서의 실제 성립 여부는 실증적 연구를 통하여 규명되어야 할 것이다.

제 2 절 환율결정모형

1. 자산시장 접근방법

1970년대 중반 이후 환율결정에 있어서의 금융자산시장(financial asset market)의 역할을 강조하는 연구들이 많이 진행되어 왔다. 환율결정에 관한 자산시장 접근방법(the asset market approach to the exchange rate)의 가장 큰 특징은 국가간의 자본이동에 대한 제약이 존재하지 않는다는 이른바 자본의 완전이동성(perfect capital mobility)을 가정하고 있다는 점이다. 이 자본의 완전이동성하에서는 국가들의 금융자산(financial asset)에 대한 국제적 수요가 균형을 이루도록 환율이 즉시 조정되어야 한다. 이것은 국가들의 재화의 유량(flow)에 대한 국제적 수요가 균형을 이루도록 환율이 조정된다고 보는 전통적 환율결정이론과는 크게 대조를 이룬다. 즉, 상품의 수출과 수입, 따라서 무역수지 또는 경상수지가 균형을 이루도록 환율이 조정된다고 보는 과거의 환율결정이론과는 커다란 차이를 보인다.

환율결정에 관한 자산시장 접근방법에 의한 모형들은 그 모형이 국내채권과 해외채권을 자산보유자들의 포토폴리오(portfolio) 내에서 서로 완전대체재(perfect substitute)라고 가정하느냐 또는 아니냐에 따라 크게 두 가지로 분류할 수 있다. 여기서 자본의 이동성(capital mobility)과 채권의 대체성(substitutablity of bonds)의 차이를 분명히 정리하는 것이 중요하다고 생각된다. 국가간의 자본의 완전이동성이란 금융자산보유자들의 실제 포트폴리오 구성이 그들이 원하는 포트폴리오 구성대로 즉시 조정될 수 있음을 의미한다. 그리고 이 자본의 완전이동성하에서는 커버된 이자율평가(covered interest rate parity)가 성립하여야 한다. 즉, 국내채권의 이자율은 유사한 해외채권의 이자율과 외국통화의 선도환시장에서의 프리미엄(forward premium on foreign exchange)을 합한 것과 같아야 한다. 왜냐하면, 자본이동에 대한 제약이 존재하지 않으므로 이자율평가가 성립하지 않는 경우에는 커버된 금리재정거래가 활발하게 이루어질 것이기 때문이다.

한편 국내와 해외채권의 완전대체성(perfect substitutability)은 보다 강한 가정으로서 국내와 해외채권의 예상수익률을 동일통화로 표시할 경우에 서로 같다면 자산보유자들이 그들의 포트폴리오 내에서 국내채권과 해외채권을 구태여 구분하지 않는다는 것을 말한다. 다시 말하면, 환율변동까지 고려한 국내와 해외채권의 예상수익률이 서로 같은 경우에는 자산보유자들이 그들의 포토폴리오 구성에 대하여는 무관심하다는 것을 뜻한다. 그리고 이 채권의 완전대체성은 커버되지 않은 이자율평가(uncovered interest rate parity), 즉 국내채권의 이자율은 해외채권의 이자율과 외국통화의 예상가치상승률(expected rate appreciation of foreign currency)을 합한 값과 같아야 한다는 것을 의미한다.[2)]

---

2) 커버되지 않은 이자율평가(uncovered interest rate parity)와 국제피셔효과(international Fisher effect)는 같은 뜻을 나타낸다. 여기서 채권의 완전대체성이 자본의 완전이동성보다 강한 가정이라고

그림 6-1 환율결정에 관한 자산시장 접근방법

화폐시장의 균형에 초점	포트폴리오 균형에 초점
화폐의 공급 : 통화량 화폐에 대한 수요 : 실질소득 명목이자율(= 실질이자율 + 예상물가상승률)	경상수지

자산시장 접근방법에 의한 모형들 중의 한 가지 부류는 국내채권과 해외채권이 서로 완전대체재라고 가정한다. 이 접근방법에서는 금융자산보유자들이 국내와 해외채권의 동일통화로 표시한 예상수익률이 서로 같은 한 그들의 포트폴리오 내에서 국내채권과 해외채권이 차지하는 비율 즉, 포트폴리오 구성에 대하여는 무관심하므로 포트폴리오 균형에 관한 고려는 하지 않고, 화폐시장의 균형에 관심의 초점을 맞추게 된다. 이 접근방법은 화폐적 접근방법(the monetary approach)이라고 불리우는데 그 이유는 환율결정에 있어서 관심의 초점이 화폐시장 즉, 화폐에 대한 수요와 공급에 모아지기 때문이다.

자산시장 접근방법에 의한 모형들 중의 다른 한 가지 부류는 국내채권과 해외채권이 서로 불완전대체재(imperfect substitute)라고 가정한다. 즉, 이 접근방법에서는 금융자산보유자들이 그들의 포트폴리오 내에서 국내와 해외채권을 구분한다고 본다. 이것을 포트폴리오 균형 접근방법(the portfolio-balance approach)이라고 하는데 이 접근방법에서는 금융자산보유자들이 그들의 포트폴리오 구성을 결정할 때 포트폴리오 내의 각 항목의 예상수익률을 고려하여

하는 이유는 자본의 완전이동성을 가정한다고 하더라도 국내채권이 해외채권과 서로 완전대체성을 보일 수도 있고 그렇지 않을 수도 있기 때문이다. 국내와 해외채권의 완전대체성을 가정하는 경우에는 국제피셔효과가 성립하게 되고 국내채권과 해외채권이 서로 불완전대체재라고 가정하는 경우에는 국제피셔효과가 성립하지 않게 된다.

그 몫을 할당한다고 본다. 이 포트폴리오 균형 접근방법의 예로는 Kouri(1976), Branson, Halttunen과 Masson(1977), Dooley와 Isard(1979) 등을 들 수 있다.

2. 화폐적 접근방법

우리는 앞에서 자산시장 접근방법(the asset market approach)의 가장 큰 특징은 국가간의 자본이동에 대한 제약이 존재하지 않는다는 이른바 자본의 완전이동성(perfect capital mobility)을 가정하고 있다는 점이라고 하였다. 이 자본의 완전이동성하에서는 각국의 금융자산의 스톡(stock)에 대한 국제적 수요가 균형을 이루도록 환율이 즉시 조정되어야 한다. 이것은 각국의 재화의 플로우(flow)에 대한 국제적 수요가 균형을 이루도록 환율이 조정된다고 보는 전통적 환율결정이론과는 크게 대조를 이룬다. 그리고 우리는 화폐적 접근방법(monetary approach)을 정의함에 있어서 자국채권과 외국채권이 서로 완전대체재(perfect substitute)임을 가정하고 환율결정에 있어서 관심의 초점을 화폐시장에 집중한다고 하였다.

그런데 화폐적 접근방법의 신축가격모형(the flexible-price monetary model)은 위의 가정에 추가하여 국가간의 재화이동에 대한 제약이 존재하지 않는다는 재화의 완전이동성과 자국과 외국재화 간의 완전대체성을 가정한다. 이와 같은 재화의 완전이동성 및 완전대체성의 가정은 활발한 국제적 상품재정거래가 이루어질 수 있음을 의미하며, 가격의 완전신축성이라는 가정이 추가될 때 구매력평가(purchasing power parity)가 항상 성립함을 의미한다.

그러므로 화폐적 접근방법의 신축가격모형은 구매력평가조건과 자국 및 외국화폐시장의 균형조건을 그 기본골격으로 하고 있다. 이제 화폐적 접근방법의 신축가격모형을 살펴보면 다음과 같다.

1) 구매력평가(PPP)

$$P = S \cdot P^* \quad \cdots\cdots (1)$$

P : 국내물가수준
P^* : 해외물가수준
S : 현재환율(방화표시)

2) 화폐시장의 균형조건

$$M_d = P \cdot Y^k \cdot e^{-\beta i}$$

M_d : 명목화폐에 대한 수요
Y : 실질소득(산출량)
i : 명목이자율
k : 화폐수요의 소득탄력성
β : 화폐수요의 이자율탄력성

화폐의 공급량, 즉 통화량을 M_s로 나타나면 화폐시장의 균형조건은 다음과 같이 표시된다.

$$M_s = M_d = P \cdot Y^k \cdot e^{-\beta i}$$

표현을 간편화하기 위하여 M_s를 M으로 나타내면,

$$M = P \cdot Y^k \cdot e^{-\beta i} \cdots\cdots (2)$$

이 된다. 외국에 대하여도 유사한 화폐시장 균형조건을 얻을 수 있다.

$$M^* = P^* \cdot Y^{*k} \cdot e^{-\beta i^*} \cdots\cdots (3)$$

여기서 *는 해외변수를 나타내며, 분석의 편의를 위하여 k와 β는 국내와 해외의 경우에 그 값이 서로 같다고 가정한다.

이제 위에서 얻은 식 (1), (2) 및 (3)의 양변에 각각 자연 log(natural logarithm)를 취하면 아래와 같다.

$$\ln P = \ln S + \ln P^*$$

또는

$$\ln S = \ln P - \ln P^* \cdots\cdots (1)'$$

그리고

$$\ln M = \ln P + k \cdot \ln Y - \beta i \cdots\cdots (2)'$$
$$\ln M^* = \ln P^* + k \cdot \ln Y^* - \beta i^* \cdots\cdots (3)'$$

식 (2)′에서 식 (3)′를 빼면,

$$\ln M - \ln M^* = (\ln P - \ln P^*) + k(\ln Y - \ln Y^*) - \beta(i - i^*)$$

위의 식을 $(\ln P - \ln P^*)$에 대하여 표현하면,

$$\ln P - \ln P^* = (\ln M - \ln M^*) - k(\ln Y - \ln Y^*) + \beta(i - i^*) \cdots (4)$$

이제, 식 (1)′을 식 (4)에 대입하면,

$$\ln S = (\ln M - \ln M^*) - k(\ln Y - \ln Y^*) + \beta(i - i^*) \cdots\cdots (5)$$

식 (5)는 화폐적 접근방법의 신축가격모형에 의한 환율결정방정식으로서 다음과 같은 점들을 나타내고 있다. 첫째, 자국의 통화량증대($M\uparrow$)는 자국통화의 가치하락, 즉 방화표시 환율의 상승을 초래한다. 이것은 환율을 두 통화의 상대가격으로 볼 때 당연한 결과라고 할 수 있다. 다시 말하자면, 자국의 통화량증대는 자국통화의 공급량증대를 의미하므로 자국통화에 대한 수요의 변화가 없다면 자국통화의 가치는 하락하게 되며 방화표시 환율은 상승하게 된다.

둘째, 자국의 이자율상승($i\uparrow$)은 자국통화의 가치하락, 즉 환율의 상승을 초래한다. 자국에서의 이자율상승은 화폐보유에 따르는 기회 비용의 증가를 의미하므로 화폐에 대한 수요가 감소하게 된다. 화폐의 공급이 일정한 경우 화폐에 대한 수요감소는 자국통화의 가치하락을 초래한다. 그러므로 자국의 이자율상승은 자국통화의 가치하락을 초래한다.

이와 같은 이자율의 변동과 환율의 변동과의 관계는 전통적인 케인지안(Keynesian)적 환율결정이론과는 정반대라고 할 수 있다. 케인지안적 환율결정이론에서는 자국이자율의 상승은 해외로부터의 자본유입을 유도하며 이는 외환시장에서의 자국통화의 가치상승, 즉 환율의 하락을 초래한다고 본다.

셋째, 자국에서의 실질소득의 증대($Y\uparrow$)는 자국통화의 가치상승, 즉 환율의 하락을 초래한다. 자국에서의 실질소득의 증대는 화폐에 대한 수요를 증가시

키게 되고, 이러한 화폐수요의 증가는 화폐공급이 일정한 경우 자국통화의 가치상승을 초래하게 된다.

이와 같은 실질소득의 변동과 환율의 변동과의 관계도 역시 케인지안적 환율결정이론과는 정반대라고 할 수 있다. 케인지안적 환율결정이론에서는 소득이 증가할 경우 수입품에 대한 수요 역시 증가하며 수입의 증가는 외환시장에서 외국통화에 대한 수요를 증가시키고 동시에 자국통화의 공급을 증가시켜서 자국통화의 가치하락과 방화표시 환율의 상승을 초래한다고 본다.

화폐적 접근방법의 신축가격모형은 1970년대 후반의 대표적 환율결정이론으로 등장하였지만 이 이론은 몇 가지 심각한 문제점을 가지고 있다. 그 중에서도 이 이론의 기본가정 중의 하나인 구매력평가가 항상 성립한다는 가정은 현실적으로 타당하지 못하다는 비판이 많이 제기된다. 즉, Dornbusch와 Krugman(1976) 및 Frenkel(1981) 등의 실증적 연구결과에 의하면 구매력평가는 성립하지 않는 경우가 매우 흔하며 특히 단기에 있어서는 구매력평가가 성립하지 않는 경우가 대부분이다. 그러므로 구매력평가가 항상 성립한다는 가정은 너무 지나치다고 할 수 있다.

화폐적 접근방법의 신축가격모형이 환율결정에 대한 장기적 설명을 해준다는 데 대하여는 별로 이견이 없으나 단기에 있어서 구매력평가가 성립하지 않는다는 사실은 화폐적 접근방법의 신축가격모형이 환율결정이론으로서 부적합함을 의미하는데 그 이유는 구매력평가가 항상 성립한다는 가정이 신축가격모형에 있어서 가장 기본적인 가정이기 때문이다.

Dornbusch(1976)는 화폐적 접근방법의 신축가격모형의 가정인 자국재화와 외국재화 간의 완전대체성 및 가격의 완전신축성을 완화시킴으로써 구매력평가로부터의 괴리를 허용하였다. Dombusch모형은 가격은 순간적으로 변화하지 않고 시간이 지남에 따라 점차적으로 조정된다고 가정한다. 그러므로 그의 모형에서는 가격의 경직성으로 인하여 명목통화량의 변화는 곧 실질통화량의 변화로서 나타나며 그렇기 때문에 유동성효과(liquidity effect)가 발생하게 된다. 예를 들어, 자국의 명목통화량이 갑작스럽게 감소하는 경우 가격이 경직적이라면 실질통화량 역시 감소하게 되므로 이러한 유동성의 감소는 명목이자율의 상승을 초래하게 된다는 것이다.

앞에서 본 화폐적 접근방법의 신축가격모형에서는 명목이자율이 환율과 정의 상관관계(즉, 자국의 명목이자율 상승은 자국통화의 가치 하락, 즉 환율의 상승을 초래함)를 가지나 Dornbusch의 경직가격모형에서는 명목이자율이 환율과 부의 상관관계를 가지게 된다. 즉, 신축가격모형에서와는 달리 경직가격모형에서는 외국명목이자율에 대한 자국명목이자율의 상대적 상승은 외국으로부터 자국으로의 자본의 유입을 촉진시키고 따라서 자국통화의 가치상승(환율의 감소)을 초래한다고 본다.

Dornbusch의 경직가격모형은 장기적 예상물가상승률이 영인 경우 즉, 인플레이션이 없는 상황에 적합하다고 볼 수 있으나 지속적인 물가상승이 존재하는 경우의 환율결정이론으로는 부적합하다고 할 수 있다. 이와는 대조적으로 신축가격모형은 물가상승률이 매우 높은 경우의 환율결정이론으로 적합하다고 할 수 있다. Frenkel(1976)은 실증 연구를 통하여 독일에 있어서 엄청나게 물가상승률이 높았던 1920년 2월부터 1923년 11월까지의 기간중에는 물가상승에 대한 기대효과가 큰 효력을 발휘함을 발견하였다. 그러므로 이러한 경우에는 명목이자율의 상승이 주로 예상물가상승률의 증가에 기인한다고 볼 수 있다. 따라서 국내명목이자율이 해외명목이자율에 비하여 상대적으로 상승할 때 자국통화는 물가상승을 통하여 그 가치가 하락하리라고 기대되며 이 때 자국통화에 대한 수요가 감소하고 자국통화는 그 가치가 즉시 하락(환율의 증가)하게 된다. 이것은 명목이자율이 환율과 정의 상관관계를 가짐을 의미한다.

이러한 환율과 이자율과의 상관관계에 대한 상충적인 견해는 1970년대에 많은 논란을 불러 일으키게 되었으며 가격은 단기에 있어서 경직적이나 지속적인 물가상승도 역시 존재하는 경우의 환율결정이론을 필요로 하게 되었다 이러한 배경하에 Frankel(1979)은 Dornbusch모형의 가정인 가격의 경직성과 신축가격모형의 가정인 지속적 물가상승의 존재를 융합시키려는 시도를 하였다.

Frankel의 실질이자율차모형은 명목이자율이 실질이자율과 예상물가상승률의 합이라는 점을 인식하는 데서 출발한다. 그리고 환율과 이자율과의 상관관계에 대하여 상충적인 견해가 있게 된 이유는 명목이자율의 변화가 어디로부터 기인하는가에 대하여 신축가격모형과 경직가격모형이 서로 다른 설명을 하고 있기 때문이라는 점을 강조한다. 경직가격모형은 명목이자율의 상승이 통화공급의 감소에 기인한다고 즉, 유동성효과라고 보는 데 반하여 신축가격모형은 명목이자율의 상승이 예상물가상승률의 증가에 기인한다고 보기 때문이라는 것이다. 그러므로 환율과 이자율과의 관계를 파악함에 있어서는 명목 이자율의 변화가 나타낼 수 있는 금융정책적 측면 즉, 통화팽창 또는 긴축 측면과 예상물가상승률의 변화 측면을 서로 분리하여 고려하는 것이 바람직하다는 것이다. 따라서 Frankel의 실질이자율차모형은 환율의 결정요인으로 자국과 외국의 통화량 및 실질소득수준 그리고 두 나라간의 명목이자율 차이(환율과 부의 상관관계를 가정) 및 예상물가상승률 차이(환율과 정의 상관관계를 가정)를 강조한다. 여기서 명목이자율과 예상물가상승률의 차가 실질이자율이므로 Frankel의 모형은 실질이자율이 환율결정에 있어서 중요한 역할을 한다는 것을 보여 준다.

3. 포트폴리오 균형 접근방법

화폐적 접근방법과 달리 포트폴리오 균형 접근방법(the portfolio-balance approach)은 자국채권과 외국채권이 서로 불완전대체재(imperfect substitute)라고 가정한다. 화폐적 접근방법에서는 자국채권과 외국채권이 서로 완전대체재(perfect substitute)라고 가정하므로 관심의 초점이 화폐시장에 모아지지만 포트폴리오 균형 접근방법에서는 자산보유자들의 자국통화표시채권과 외국통화표시채권 간의 선택에 관한 문제를 강조한다.

포트폴리오 균형 접근방법에서는 자산보유자들이 그들의 부(wealth)를 자국화폐, 자국통화표시채권 및 외국통화표시채권 간에 배분한다고 본다. 즉,

$$M = a(i,\ i^*) \cdot W \quad \cdots\cdots (1)$$

$$B = b(i,\ i^*) \cdot W \quad \cdots\cdots (2)$$

$$SF = c(i,\ i^*) \cdot W \quad \cdots\cdots (3)$$

$$W = M + B + SF \quad \cdots\cdots (4)$$

여기서 M은 자국통화량, B는 자국통화표시채권의 공급, F는 외국통화표시채권의 보유량, S는 방화표시의 현재환율, W는 당초의 부 그리고 i 및 i^*는 각각 자국 및 외국의 명목이자율을 나타낸다. 그리고 a, b 및 c는 각각 자산보유자들이 그들의 부 중 자국화폐, 자국통화표시채권 및 외국통화표시채권 형태로 보유하고자 하는 비율을 말하므로 $a + b + c = 1$이 되어야 한다. 또한 F는

자국이 순채권국 또는 순채무국이냐에 따라 정 또는 부의 값을 갖는다.

일반적으로 자국화폐에 대한 수요는 자국 또는 외국이자율이 상승할 때 감소하는 반면, 자국통화표시채권에 대한 수요는 자국이자율이 상승할 때 그리고 외국이자율이 하락할 때 증가한다고 가정한다. 이러한 가정은 외국통화표시채권에 대한 수요가 외국이자율이 상승할 때 그리고 자국이자율이 하락할 때 증가한다는 것을 충분히 보장해 준다.

예를 들어, 수입품에 대한 수요가 외생적으로 감소하는 경우를 생각하기로 한다. 이 경우에 경상수지는 흑자가 발생하고 이는 다시 자본의 유출, 즉 자국 내에서의 외국통화표시채권의 보유량증가를 의미한다. 그리고 외국통화표시채권의 보유량증가는 자산보유자들의 총부의 증가를 초래하여 자국화폐 및 자국통화표시채권에 대한 수요가 증가하게 된다. 한편 총부의 증가로 인하여 외국통화표시채권에 대한 수요도 증가하지만 이 수요의 증가폭은 경상수지 흑자에 의한 외국통화표시채권의 보유량증가폭에 미치지 못하므로 외국통화표시채권은 초과공급이 발생하게 된다. 이러한 경우에 자산보유자들은 그들이 원하는 포트폴리오 균형을 회복하기 위하여 외국통화표시채권 보유량의 일부를 매각하고 자국화폐 및 자국통화표시채권의 보유량을 늘리려고 하게 된다. 그러므로 외국통화표시자산의 자국통화표시 자산에 대한 상대가치는 하락하고 이는 환율의 하락(자국통화의 가치 상승)으로 나타난다. 여기에서 우리는 경상수지 흑자가 자산보유자들의 자산보유량에 영향을 주고 자산보유자들은 즉시 그들의 포트폴리오가 균형을 회복하도록 조정함으로써 자국통화의 가치가 상승함을 알 수 있다.

포트폴리오 균형 접근방법에서는 자산보유자들이 그들의 부의 구성에 변화가 생길 때 어떠한 반응을 보이느냐 하는 것을 특히 강조한다. 환율은 자산보유자들이 실제의 자국 및 외국통화표시자산들의 스톡을 부담 없이 보유할 수 있도록 조정된다.

이제 당초의 포트폴리오 균형상태에서 자국통화량 및 외국명목이자율 등의 변수가 변화할 때 어떠한 변화가 발생하는가를 살피기로 한다. 우선 자국통화량이 증가하는 경우 자국화폐의 초과공급이 발생하며 총부의 증가로 인한 자국 및 외국통화표시채권에 대한 초과수요가 발생하게 된다. 외국통화표시채권에 대한 초과수요 및 자국화폐의 초과공급은 환율의 증가(자국통화의 가치하락)

를 초래하며 환율의 증가는 총부의 증가를 통하여 자국화폐에 대한 수요를 증가시켜 포트폴리오 균형을 회복시킨다.

한편 외국명목이자율이 증가하면 외국통화표시채권에 대한 초과 수요가 발생하고 자국화폐 및 자국통화표시채권의 초과공급이 발생하게 된다. 왜냐하면 외국명목이자율의 증가에 따라 외국통화표시채권에 대한 선호도가 높아지므로 자산보유자들은 그들이 보유하고 있던 자국화폐 및 자국통화표시채권의 일부를 처분하려고 하기 때문이다. 이러한 외국통화표시채권에 대한 초과수요는 환율의 증가(자국통화의 가치하락)를 초래하게 된다.

4. 화폐적 접근방법과 포트폴리오 균형 접근방법의 종합모형

1970년대 말에 경상수지 적자국 통화의 가치가 하락하는 현상이 지속되자 환율결정이론은 화폐적 접근방법에 환율결정요인으로서 경상 수지를 첨가하려는 방향으로 발전되기 시작하여 화폐적 접근방법과 포트폴리오 균형 접근방법의 결합이 시도되었다. 이러한 시도는 Frankel(1983), Hooper와 Morton (1982), 그리고 Isard(1980, 1983) 등에 의하여 진행되었는데 이들 종합모형은 다음과 같이 표현될 수 있다.

$$\ln S = a_1(\ln M - \ln M^*) + a_2(\ln Y - \ln Y^*) + a_3(i - i^*) + a_4(\pi - \pi^*) + a_5(Cu - Cu^*)$$

S : 현재환율(방화표시)
M: 국내통화량
Y : 국내실질소득
i : 국내명목이자율
π : 국내예상물가상승률
Cu : 자국경상수지
($*$): 해외변수를 나타낸다.

위의 식에서 계수 a_1, a_2, a_3, a_4, a_5는 각각 다음과 같은 부호를 가질 것으로 기대된다. 즉,

$$a_1 > 0,\ a_2 < 0,\ a_3 < 0,\ a_4 > 0,\ a_5 < 0$$

그리고 이것은 해외변수의 값이 일정하다고 가정하는 경우 국내변수의 값이 변화함에 따라 자국통화의 가치는 다음과 같이 변화한다는 것을 의미한다.

환율결정 요인	통화량 증가	실질소득 증가	명목이자율 상승	예상물가 상승률 증가	경상수지 개선
통화가치	하락	상승	상승	하락	상승

연·습·문·제

EXERCISES

1. 1년만기 정부발행 채권의 수익률이 미국과 캐나다에서 각각 6.68% 및 6.08%라고 할 때 미국의 US$와 캐나다 C$간의 현재환율이 C$1 = US$0.7680이라면 1년 후의 US$와 C$간의 환율수준은 어떻게 되리라고 예상하는가?

2. 향후 1년 동안 멕시코의 물가상승률은 15%, 캐나다의 물가상승률은 5%가 되리라고 예상된다. 현재 멕시코 통화인 Peso와 캐나다의 통화인 Canadian dollar간의 환율이 C$1 = 6.2130Pesos라고 할 때 6개월 후의 Peso와 C$간의 환율수준은 어떻게 되리라고 예상하는가?

3. "환율결정에 관한 자산시장 접근방법(Asset Market Approach)은 국가간의 자본이동에 관한 제약이 존재하지 않는다는 이른바 자본의 완전이동성을 가정하는 환율결정이론을 말한다." 타당한가?

4. 다음 중 환율결정이론으로서 화폐적 접근방법(Monetary Approach)에서 도출되는 주요 환율결정요인이 아닌 것은?
   1) 통화량　　2) 실질소득　　3) 명목이자율　　4) 경상수지

5. "환율결정에 관한 포트폴리오 균형 접근방법(Portfolio-Balance Approach)은 자국채권과 외국채권간의 완전한 대체성(perfect substitutability)을 가정하는 환율결정이론을 말한다." 타당한가?

6. 다음 중 환율결정에 관한 포트폴리오 균형 접근방법에서 강조하는 환율결정요인은?
   1) 경상수지　　2) 정부지출　　3) 실질소득　　4) 조세

〈문제 7번부터 9번까지는 다음을 읽고 답하시오.〉

상 황

환율결정에 관한 자산시장 접근방법(the asset market approach)의 가장 큰 특징은 국가간의 자본이동과 관련하여 이른바 (A)를 가정하고 있다는 점이다. 이러한 (A)하

에서는 국가들의 금융자산에 대한 국제적 수요가 균형을 이루도록 환율이 즉시 조정되어야 한다.

자산시장 접근방법에 의한 모형들 중의 한 가지 부류는 (B)를 가정한다. 화폐적 접근방법(the monetary approach)이라고 불리우는 이 접근방법에서는 금융자산보유자들이 국내와 해외채권의 동일통화로 표시한 예상수익율이 서로 같은 한 그들의 포트폴리오내에서 국내채권과 해외채권이 차지하는 비율 즉, 포트폴리오 구성에 대하여는 무관심하므로 포트폴리오 균형에 관한 고려는 하지 않아도 되며 환율결정을 위하여는 화폐시장의 균형만으로 충분하다고 본다. 다른 한 가지 부류는 (C)를 가정하는데 이 접근방법에서는 금융자산보유자들이 그들의 포트폴리오 구성을 결정할 때 포트폴리오내의 각 항목의 예상수익율을 고려하여 그 몫을 할당한다고 보며 이것을 포트폴리오 균형 접근방법이라고 부른다.

7. 위의 (A)에 들어갈 내용은?
   1) 자본의 불완전 이동성
   2) 채권의 불완전 대체성
   3) 채권의 완전 대체성
   4) 자본의 완전 이동성

8. 위의 (B)에 들어갈 내용은?
   1) 자본의 불완전 이동성
   2) 채권의 불완전 대체성
   3) 채권의 완전 대체성
   4) 자본의 완전 이동성

9. 위의 (C)에 들어갈 내용은?
   1) 자본의 불완전 이동성
   2) 채권의 불완전 대체성
   3) 채권의 완전 대체성
   4) 자본의 완전 이동성

10. "환율결정에 관한 화폐적 접근방법(Monetary Approach)에 따르면 통화량의

증가는 자국 통화의 가치하락을 초래한다." 타당한가?
(1) O (2) X

11. "환율결정에 관한 화폐적 접근방법(Monetary Approach)에 따르면 실질소득의 증가는 자국 통화의 가치하락을 초래한다." 타당한가?
(1) O (2) X

12. "환율결정에 관한 포트폴리오 균형 접근방법(Portfolio-Balance Approach)에 따르면 경상수지의 흑자는 자국 통화의 가치하락을 초래한다." 타당한가?
(1) O (2) X

13. 양통화간의 이자율 차이(interest differential)와 현물환율과 선물환율의 차이(forward differential)가 서로 같으면 시장은 균형상태가 된다고 주장하는 이론을 무엇이라고 하는가?
(1) 상대적 구매력평가설
(2) 국제피셔효과
(3) 이자율평가설
(4) 피셔효과

14. 명목이자율은 실질이자율과 예상물가상승률의 합계와 같아야 한다는 주장을 무엇이라고 하는가?
(1) 상대적 구매력평가설
(2) 국제피셔효과
(3) 이자율평가설
(4) 피셔효과

15. 상대적구매력평가설, 국제피셔효과 그리고 이자율평가정리를 상호비교 설명하라.

16. 향후 1년 동안 일본의 물가상승률은 1%, 미국의 물가상승률은 5%가 되리라고

예상된다. 현재 일본 엔화와 미국 달러화간의 환율이 1 Yen = $0.008615라고 할 때 6개월 후의 엔화와 달러화간의 환율수준은 어떻게 되리라고 예상하는가?

17. 1년 만기 정부발행 채권의 수익률이 미국과 스위스에서 각각 3% 및 1.5%라고 할 때 미국의 US$와 스위스의 SF간의 현재환율이 SF 1 = $ 0.9757이라면 3개월 후의 US$와 SF간의 환율수준은 어떻게 되리라고 예상하는가?

〈문제 18번부터 19번까지는 다음을 읽고 답하시오.〉

상 황

2016년 1월 현재 아르헨티나의 Peso화와 미국 달러화 간의 환율수준은 Peso 1=$ 1 이었지만 2017년 1월에 이르러 환율은 Peso 3.20=$ 1 수준으로 변하였다. 이 기간 중에 아르헨티나의 인플레이션율은 20% 미국의 인플레이션율은 2.20%이었다.

18. 상대적 구매력평가설이 성립한다고 가정할 때의 2017년 1월 환율을 구한다면?
  1) 1.153 Peso/$ 2) 1.162 Peso/$ 3) 1.178 Peso/$ 4) 1.185 Peso/$
  5) 1.192 Peso/$ 6) 1.198 Peso/$ 7) 1.203 Peso/$

19. 위 예문에서 2017년 1월의 미국 달러화에 대한 Peso화의 실제 가치는 상대적 구매력평가설이 성립한다고 가정할 때의 가치에 비하여 더 높게 평가되어 있는가 아니면 더 낮게 평가되어 있는가?

CHAPTER 07

환위험의 측정과 관리

제 1 절 환위험의 측정

1. 환노출의 정의와 종류

외화표시자산, 부채, 수익 또는 비용을 가지고 있는 기업의 순이익이나 가치가 해당 외국통화의 예상치 않았던 환율변동으로 인하여 변할 수 있는 상태 또는 그 범위를 환노출(foreign exchange exposure)이라고 한다. 환노출은 크게 거래노출(transaction exposure), 환산노출(translation exposure), 경제적 노출(economic exposure)로 구분해 볼 수 있다.

거래노출이란 외화로 표시된 거래의 결제에서 환율변동으로 인한 이익이나 손실이 생길 가능성을 말한다. 환율변동 이전에 거래가 발생하였으나 환율변동 이후에 결제가 이루어지는 외화표시거래에 있어서 거래노출이 발생하며, 이러한 거래에는 외화표시의 외상매입 또는 매출, 외화대출 또는 차입 등이 포함된다.

환산노출이란 연결재무제표를 작성하는 과정에서 외화로 표시된 자산, 부채, 수익, 비용 등을 자국의 통화로 환산할 때 환율이 변동함으로써 기업의 재무상태 및 성과가 변동될 가능성을 말한다.

이러한 환산노출을 계산하는 방법에는 현행환율법, 화폐성/비화폐성법 등이 있다. 먼저 현행환율법은 자기자본을 제외한 모든 항목을 환산일자의 현행환율(current exchange rate)로 환산하며, 화폐성/비화폐성법은 현금, 유가증권, 외상매출금, 장 · 단기부채와 같은 화폐성 자산 및 부채는 현행환율로 환산하고 그 밖의 비화폐성 자산 및 부채, 그리고 자본은 그러한 항목이 발생한 시점의 역사적 환율(historical exchange rate)로 환산하는 방법이다.

경제적 노출은 기대치 않은 환율의 변동으로 기업의 기대현금흐름이 변화할 수 있는 가능성을 말한다. 일반적으로 기업의 가치는 미래에 기대되는 현금흐름의 총현재가치라고 할 수 있으므로 환율변동으로 인하여 기업의 미래현금흐름이 바뀐다면 기업의 가치도 바뀔 가능성이 있다.

2. 환노출의 측정

1) 거래노출의 측정

거래노출(transaction exposure)의 측정은 외국통화로 표시된 거래의 결제에서 환율의 변동으로 인하여 발생하는 이익이나 손실을 측정하는 것을 말한다.

거래노출이 발생하는 대표적인 예는 기업이 외화로 표시된 외상매입금 또는 외상매출금을 가지게 되는 경우이다. 예를 들어, 우리나라의 어느 컴퓨터 수출업체가 미국에 $1,000,000의 상품을 수출하기로 계약하고 그 대금을 3개월 후에 지급받기로 한 경우 3개월 후의 원/달러 환율이 오늘 현재의 현물환율 수준인 ₩1,200/$과 달라진다면 3개월 후에 확보하게 되는 원화금액은 12억원과는 크게 달라질 가능성이 있게 된다. 이 경우에 비록 미국의 수입업체가 수입대금을 원화로 지급하기로 약속한다고 하더라도 거래노출이 없어지는 것은 아니다. 그러한 경우에는 한국의 수출업체가 아니라 미국의 수입업체가 거래노출을 가지게 되는 것이다.

또한 거래노출은 외화로 표시된 자금의 차입 또는 대출시에도 발생한다. 가령, 우리나라의 어느 기업이 일본의 엔화표시자금 1억엔을 차입할 당시에는 원/엔 환율이 ₩9/¥이었는데 차입자금의 상환시에는 엔화가 평가절상되어 환율이 ₩10/¥이 된다면 차입자금에 대한 원금상환의 부담만 보더라도 9억원에서 10억원으로 늘어나게 됨을 알 수 있다.

2) 환산노출의 측정

기업이 해외에 현지법인을 소유하고 있을 경우 매년 회계년도 말에 그 기업의 진정한 영업실태 및 재무상태를 알기 위해서는 본사의 재무제표와 해외자회사의 재무제표를 통합한 연결재무제표를 작성해야 하는데 해외 자회사의 재무제표는 당연히 외국통화로 표시되어 있으므로 자국의 통화로 환산(translation)을 하게 된다.

환산노출(translation exposure)이란 기업이 보유하고 있는 외화표시자산이나 부채를 자국통화로 환산할 때 각 항목들의 취득 또는 발생시점과 환산시점간의 환율변동으로 인해 발생할 수 있는 환위험 노출상태를 말한다.

이러한 환산노출의 크기는 환율변동으로 인해 가치의 변동이 초래되는 외화로 표시된 자산과 부채의 차로써 측정하는데 환산노출의 측정에 있어서 가장 중요한 문제는 환율이 변동하였을 때 대차대조표 및 손익계산서의 각 항목에 어떤 환율을 적용하느냐 하는 것이다.

만약 환산시 모든 항목에 대하여 그러한 항목이 발생한 시점의 역사적 환율(historical exchange rate)을 적용한다면 환산노출은 발생하지 않을 것이다. 그러나 반대로 모든 항목에 대하여 환산시점의 현행환율(current exchange rate)을 적용하여 평가한다면 모든 항목이 환위험에 노출되게 된다. 따라서 환산노출의 측정은 어떤 항목에 대해서 역사적 환율을 적용하고 어떤 항목에 대해서 현행환율을 적용하는가에 따라 서로 다른 결과가 나타나게 된다.

(1) 환산방법

환산방법에는 ① 현행환율법(current rate method) ② 화폐성/비화폐성법(monetary/non-monetary method) ③ 유동성/비유동성법(current/non-current method) 등이 있는데 여기서는 현재 각국에서 많이 채택하고 있는 현행환율법과 화폐성/비화폐성법에 대해서만 설명하기로 한다.

① 현행환율법(current rate method)

현행환율법이란 대차대조표의 모든 자산과 부채항목을 환산일자의 현행환율을 적용하여 환산하며 자본금은 역사적 환율로 환산하는 방법을 말한다. 손익계산서의 모든 항목(감가상각비와 매출원가를 포함한)에 대해서는 수익이나 비용, 이득, 손실이 실제 발생한 일자의 환율, 또는 이들 항목이 실제 발생한 해당기간 동안의 개략적인 가중평균환율로 환산한다. 또한 지급배당금에 대해서는 실제지급일의 환율로 환산한다.

이러한 현행환율법의 근거는 해외자회사를 본사와 완전히 독립된 기업체로 파악하는 데 있으며 따라서 해외자회사의 경우 영업이 주로 현지국 화폐로 수행되므로 그 영업상태는 현지국 화폐단위로 표시된 재무제표에 의해서만 가장 잘 평가될 수 있다는 것이다. 현행환율법의 장점은 모든 외화표시자산 및 부채를 현행환율이라는 한 가지 기준으로 처리하므로 재무제표상의 모든 외화표시 자산 및 부채를 환산하더라도 본래의 계정들간의 상대적 비율에 변동을 가져오지 않는다는 것이라고 할 수 있다. 그러나 이 방법의 단점은 대차대조표의 각 계정을 역사적 원가에 준해 상정해야 하는 회계원칙에 위배된다는 점이다.

② 화폐성 / 비화폐성법(monetary / non-monetary method or temporal method)

화폐성 / 비화폐성법은 대차대조표상의 현금, 유가증권, 외상매출금 등의 화폐성 자산이나 유동부채, 장기차입금 등의 화폐성 부채에 대해서는 대차대조표 작성일의 현행환율을 적용하고 기타 모든 자산 및 부채는 역사적 환율을 적용하는 방법이다. 이 방법은 환노출 대상이 되는 대차대조표의 항목을 금융적 또는 실물적 특성에 따라 구분하는 것으로 화폐적 항목이란 특정통화로 표시된 일정액을 수취하거나 지급해야 할 계약상의 권리와 의무를 나타내고 있는 자산과 부채 등을 말하며 비화폐적 항목이란 재고나 고정자산과 같이 물가수준의 변화에 따라 특정통화로 표시된 가치가 변화하는 자산과 부채를 말한다.

한편, 손익계산서상의 항목들에 대한 환산은 각 항목들을 해당기간의 평균환율로 환산하게 되는데 단, 감가상각비, 매출원가 등과 같은 비화폐성 자산 또는 부채에 직접적으로 연관된 항목들은 역사적 환율로 환산한다.

(2) FAS #52

이러한 환산방법들에 의해 해외자회사의 재무제표의 항목들을 자국통화로 환산하면 환산에 따른 손실 또는 이익이 발생하게 되는데 이러한 환산손익을 손익계산서상에서 어떻게 처리할 것이며 그 처리시점은 언제가 될 것인가 등의 문제가 발생하게 된다.

환산손익에 대한 회계처리는 첫째, 환산손익을 당해 회계년도의 당기손익으로 처리하는 방안 둘째, 당해 회계년도 이후로 이연시켜 처리하는 방안 셋째, 손익계산서를 거치지 않고 직접 이익잉여금이나 별도의 자본계정에 반영시켜 처리하는 방안으로 나눌 수 있다. 미국의 경우에는 1976년 FAS #8(Statement of Financial Accounting Standards Number 8)이 발효되기 이전에는 환산이익이 발생하더라도 당기이익으로 보고하지 않고 미래의 환산손실에 대한 유보항목으로 기록하여 두었다가 환산손실이 발생할 경우 그전에 발생한 환산이익의 유보금에서 차감하며 그래도 환산손실이 남게 되면 당해년도 이익에서 차감시켜 왔다. 그러나 1976년 이후 적용되기 시작한 FAS #8하에서는 유보계정을 허용하지 않고 환산이익 또는 손실을 분기별 손익계산서에 직접 반영시킴으로써 당기손익으로 처리해 오다가 1982년 FAS #52(Statement of Financial Accounting Standards Number 52)가 발효된 이후 사용되기 시작한 현행환율법에서는 환산이익 또는 손실을 당기순손익으로 처리하지 않고 누적환산조정계정(cumulative translation adjustment)이라는 별도의 자본계정으로 누적시켜 처리한 후 해외자산의 처분이나 투자청산 등으로 그러한 이익 또는 손실이 실현될 때 그 해의 손익계산서에 반영시키고 있다.

미국의 FAS #8하에서는 환산방법으로 화폐성/비화폐성법을 사용하여 오다가 FAS #52가 발효된 이후로는 현행환율법을 주로 사용하나 경우에 따라서는 화폐성/비화폐성법이 사용되는데 FAS #52하의 환산방법은 기능통화(functional currency)가 어느 통화이냐에 의해 결정된다. 기능통화란 기업이 활동하고 있는 주된 경제환경의 통화이다. 다시 말해 기업의 현금흐름, 판매가격의 결정, 판매시장, 비용, 자금조달, 계열기업간의 거래 등을 고려한 주된 기업활동이 이루어지는 통화를 말한다. 이와 함께 보고통화(reporting currency)란 모기업의 재무제표를 작성할 때 사용하는 통화로서 보통 모기업 국가의 통화가 보고통화가 된다.

해외자회사의 기업활동이 현지국 경제와 아주 밀접한 관계를 가짐으로써 영업활동이 본사와는 독립적이며 주로 현지국가의 범주 내에서 전개될 때는 현지국통화가 기능통화가 되며, 해외 자회사의 영업활동이 본국경제와 아주 밀접한 관계를 가짐으로써 해외자회사의 영업활동이 모기업의 영업활동의 일부이거나 그 연장으로 생각되면 본국통화가 기능통화가 되고, 현지국도 아니고 본국도 아닌 제3국경제와 아주 밀접한 관계를 가지면 제3국통화가 기능통화가 된다.

현지국 통화가 기능통화인 경우에는 현행환율법을 적용하며 본국통화가 기능통화인 경우에는 화폐성/비화폐성법을 적용한다. 또한 기능통화가 제3국통화인 경우에는 우선 현지국 통화표시의 재무제표를 화폐성/비화폐성법을 이용하여 기능통화표시의 재무제표로 고치고 이것을 다시 현행환율법을 이용하여 본국통화로 환산한다.

한편 FAS #52하에서는 특별조항을 두어 3년 이상에 걸친 기간 동안의 누적 인플레이션이 100% 이상인 고인플레 국가에 있는 미국기업의 자회사는 영업활동상태에 상관없이 보고통화인 US$가 기능통화로 되며 따라서 화폐성/비화폐성법을 적용하도록 하고 있다. 그 이유는 공장 및 설비 등의 고정자산 항목을 환산하는 경우 현지국의 높은 인플레이션으로 인해 현지국 통화가 평가절하된 현행환율을 사용한다면 보고통화로 표시되는 이들 고정자산의 장부가치는 시장가치보다 훨씬 낮게 되는 대차대조표상의 왜곡을 피하기 위해서이다. 즉, 이들 고정자산 항목을 평가절하되지 않은 역사적 환율로 환산하는 화폐성/비화폐성법을 적용하는 것이 왜곡을 줄일 수 있다는 것이다.

표 7-1 기능통화 결정시 고려요인

	현지국 통화	본사국 통화
현금흐름	주로 현지국 통화로 이루어지며 본사의 현금흐름에 직접적인 영향을 미치지 않는 경우	본사의 현금흐름에 직접적인 영향을 주며 본사에 대한 송금이 용이한 경우
판매가격	현지의 경쟁상태에 의해 결정되며 환율의 변화에 단기적으로 반응하지 않는 경우	세계적인 경쟁상태에 따라 결정되며 환율의 변화에 단기적으로 반응하는 경우
판매시장	주로 현지국인 경우	주로 본사국이거나 본사국 통화표시로 판매되는 경우
비 용	주로 현지국 통화로 발생하는 경우	본사국으로부터 많은 부품을 조달하는 경우
자금조달	주로 현지국 통화로 이루어지며 현지 영업수익으로 상환되는 경우	주로 본사국 통화로 이루어지며 상환을 위해 본사 자금이 필요한 경우
계열기업간 거 래	계열기업간 거래가 적을 경우	계열기업간 거래가 많고 본사의 영업활동과 광범위한 상호관련성을 가지는 경우

(3) 환산노출의 측정사례

아카풀코사는 미국의 다국적기업인 프레이저사가 100% 전액 출자한 멕시코 자회사로서 아카풀코사의 기능통화는 Mexican Peso이고 모기업인 프레이저사의 보고통화는 US$로서 다음의 상황을 가정하기로 한다.

1. 고정자산, 장기부채, 그리고 자본금(보통주)은 환율이 Peso6.00/$일때 장부에 기입되었다.
2. 보유재고자산은 전분기에 발생하였으며 전분기의 평균환율은 Peso 6.25/$ 임.
3. 2017년 12월 31일 현재 환율은 Peso6.40/$임.
4. 2018년 12월 31일까지 페소화는 20% 평가절하한 Peso8.00/$가 될 것으로 기대됨.

아카풀코사의 2017년 회계년도말의 대차대조표는 아래와 같다.

표 7-2 아카풀코사의 대차대조표(2017.12.31일자) (단위 : 1,000페소)

계 정	금 액	계 정	금 액
현 금	Peso8,000	외상 매입금	4,000
외상 매출금	16,000	단 기 차 입	8,000
재 고	12,000	장 기 부 채	8,000
고 정 자 산	24,000	보 통 주	9,000
		유 보 이 익	31,000
계	60,000	계	60,000

① 현행환율법

〈표 7-3〉은 아카풀코사의 대차대조표를 현행환율법을 사용하여 환산할 때 환율이 Peso6.40/$ 수준으로부터 Peso8.00/$ 수준으로 페소화가 20% 평가절하하는 경우의 기대환산손실을 산출하는 과정을 보여주고 있다. 현행환율법을 채택하는 경우 평가절하 전에는 대차대조표상에서 모든 자산 및 부채항목들이 현행환율인 Peso6.40/$로 환산된다. 보통주는 역사적 환율인 Peso6.00/$이 그대로 적용되고 유보이익은 매년 발생할 때마다 그 당시의 환율을 적용한 것들의 누적치로 나타낸다. 누적환산조정계정에는 $250,000의 환산손실이 이미

표 7-3 아카풀코사의 평가절하 후 기대환산손실 (단위 : 통화별 1,000)

계정과목	페 소 화	평가절하 직전		평가절하 직후	
		환 율	달러금액	환 율	달러금액
현 금	Peso8,000	6.4	1,250	8.0	1,000
외상매출금	16,000	6.4	2,500	8.0	2,000
재 고	12,000	6.4	1,875	8.0	1,500
고 정 자 산	24,000	6.4	3,750	8.0	3,000
계	60,000		9,375		7,500
외상매입금	4,000	6.4	625	8.0	500
단 기 차 입	8,000	6.4	1,250	8.0	1,000
장 기 부 채	8,000	6.4	1,250	8.0	1,000
보 통 주	9,000	6.0	1,500	6.0	1,500
유 보 이 익	31,000		5,000		5,000
누적환산조정			〈250〉		〈1,500〉
계	60,000		9,375		7,500

표 7-4 환산손실의 산출(현행환율법 적용)

노출자산		노출부채	
현 금	1,250,000	외상매입금	625,000
외상매출금	2,500,000	단 기 차 입	1,250,000
재 고	1,875,000	장 기 부 채	1,250,000
고 정 자 산	3,750,000		
총노출자산	9,375,000	총노출부채	3,125,000

* 환산손실 : $6,250,000(순노출자산) × 0.20(20% 평가절하) = $1,250,000

누적되어 있음을 알 수 있다. 평가절하 후에도 자본금계정을 제외하고는 모든 항목에 새로운 환율인 Peso8.00/$가 적용되고 보통주는 역사적 환율인 Peso6.00/$가 적용되게 된다. 그리고 유보이익은 각 해당연도 환율에 의해 산출된 것들의 누적치를 나타낸다. 평가절하 전에는 $250,000의 환산손실이 누적환산조정계정에 누적되었는데 평가절하 후의 누적환산손실이 $1,500,000가 되어 현행환율법에 의한 당해년도 환산손실은 $1,250,000(= $1,500,000 − $250,000)가 된다.

〈표 7-4〉는 평가절하 시점의 순노출자산을 이용하여 환산손실을 산출하는

것으로 20% 절하 후의 환산손실은 (총노출자산 – 총노출부채) × 평가절하율로 계산됨에 따라 $1,250,000 = [($9,375,000 – $3,125,000) × 0.20]가 된다.

② 화폐성 / 비화폐성법

〈표 7-5〉는 화폐성 / 비화폐성법을 사용할 경우 환율이 Peso6.40 / $ 수준으로부터 Peso8.00 / $ 수준으로 페소화가 20% 평가절하하는 경우의 기대환산손실을 산출하는 과정을 보여주고 있다. 화폐성 / 비화폐성법을 채택하는 경우 평가절하 전에는 현금, 외상매출금 등의 화폐성자산은 현행환율인 Peso6.40 / $가 적용되지만 비화폐성자산인 재고자산은 Peso6.25 / $의 전분기환율이 적용되고 고정자산은 역사적 환율인 Peso6.00 / $가 적용된다. 또한 외상매입금, 단기차입, 장기부채 등의 화폐성부채들도 역시 현행환율인 Peso6.40 / $가 적용되며 보통주는 역사적 환율인 Peso6.00 / $가 적용된다.

화폐성 / 비화폐성법에서는 환산이익 또는 손실을 당기손익으로 처리하게 되므로 손익계산서에 반영되고 유보이익에 포함됨에 따라 누적환산조정계정이란 것이 필요하지 않게 된다. 따라서 평가절하 전의 달러화로 환산된 대차대조표상에서 유보이익은 매년 발생할 때마다 그 당시의 환율을 적용한 것들의 누적치와 환산손실 또는 이익의 누적치의 합계라고 할 수 있다. 평가절하 후에

표 7-5 아카풀코사의 평가절하 후 기대환산손실 (단위 : 통화별 1,000)

계정과목	페 소 화	평가절하 직전		평가절하 직후	
		환 율	달러금액	환 율	달러금액
현 금	Peso8,000	6.4	1,250	8.0	1,000
외상매출금	16,000	6.4	2,500	8.0	2,000
재 고	12,000	6.25	1,920	6.25	1,920
고 정 자 산	24,000	6.0	4,000	6.0	4,000
계	60,000		9,670		8,920
외상매입금	4,000	6.4	625	8.0	500
단 기 차 입	8,000	6.4	1,250	8.0	1,000
장 기 부 채	8,000	6.4	1,250	8.0	1,000
보 통 주	9,000	6.0	1,500	6.0	1,500
유 보 이 익	31,000		5,045		5,045
환 산 이 익					〈125〉
계	60,000		9,670		8,920

표 7-6 환산손실의 산출(화폐성/비화폐성법 적용)

노출자산		노출부채	
현 금	1,250,000	외상매입금	625,000
외상매출금	2,500,000	단 기 차 입	1,250,000
		장 기 부 채	1,250,000
총노출자산	3,750,000	총노출부채	3,125,000

* 환산손실 : $625,000(순노출자산) × 0.20(20% 평가절하) = $125,000

도 재고자산, 고정자산, 보통주를 제외한 화폐성항목에는 새로운 환율인 Peso 8.00/$가 적용된다. 이 때 발생하는 $125,000의 환산손실은 실제로는 유보이익에 포함되어 있으므로 이 경우 실질유보이익은 $4,920,000(= $5,045,000 − $125,000)가 된다.

한편, 화폐성/비화폐성법에서의 환산손실은 (재고자산 및 고정자산을 제외한 총노출자산 − 총노출부채) × 평가절하율로 계산되어 $125,000 = [($3,750,000 − $3,125,000) × 0.20]가 된다.

앞에서 현행환율법하에서의 환산손실은 $1,250,000인 데 반하여 화폐성/비화폐성법하에서의 환산손실은 $125,000로서 화폐성/비화폐성법이 현행환율법보다 환산손실이 적음을 알 수 있는데 그 이유는 화폐성/비화폐성법하에서는 재고와 고정자산이 노출된 것으로 고려되지 않았기 때문이다. 따라서 아카풀코사의 재무관리자는 노출자산을 감소시키거나 노출부채를 증가시킴으로써 페소화의 평가절하에 따른 환산손실을 감소시킬 수 있게 된다.

(4) 연결재무제표의 작성

여기에서는 재무제표를 환산하는 목적이라고 할 수 있는 본사·자회사간 연결재무제표의 작성에 대하여 살펴보기로 한다. 몬트리올사 역시 아카풀코사와 마찬가지로 모기업인 프레이저사가 100% 지분을 소유하고 있는 해외자회사이며 캐나다에 위치하고 있다. 프레이저사, 아카풀코사 및 몬트리올사의 재무상황에 대하여 다음을 가정하기로 한다.

모기업인 프레이저사는 몬트리올사에 대해서 C$3,000,000에 해당하는 만큼의 외상매출금을 가지고 있으며, 또한 프레이저사는 $6,250,000를 아카풀코사에 투자하였고 몬트리올사에 대해선 $16,700,000를 투자하였다. 한편 몬트리올

표 7-7 연결전 법인별 대차대조표(2017.12.31일자) (단위 : 통화별 1,000)

	프레이저사	아카풀코사	몬트리올사
현 금	$4,000	Peso8,000	C$3,000
외상매출금	12,000	16,000	10,000
재 고	15,000	12,000	9,000
고 정 자 산	25,000	24,000	15,000
투자(아카풀코사)	6,250		
투자(몬트리올사)	16,700		
자산총계	$78,950	Peso60,000	C$37,000
외상매입금	$10,000	Peso4,000	C$7,000
단 기 차 입	10,000	8,000	4,125
장 기 부 채	15,000	8,000	5,000
보 통 주	20,000	9,000	6,000
유 보 이 익	23,950	31,000	14,875
부채 및 자본총계	$78,950	Peso60,000	C$37,000

사는 £2,200,000의 단기차입금과 Peso25,600,000의 장기부채를 가지고 있다.

한편 2017년 12월 31일자 현재환율은 다음과 같고 3개 기업의 환율변동 전의 대차대조표는 〈표 7-7〉과 같다.

$1.00 = Peso6.40 → Peso1.00 = $0.15625
$1.00 = C$1.25 → C$1.00 = $0.80
$1.00 = £0.6667 → £1.00 = $1.50
C$1.00 = £0.5333 → £1.00 = C$1.8750
Peso1.00 = C$0.1953 → C$1.00 = Peso5.1200

위의 세 개 기업들의 대차대조표를 현행환율법을 적용하여 환산한 후 통합시킨 결과가 〈표 7-8〉에 나타나 있다.

연결대차대조표의 작성시 사내계정(intracompany accounts)은 상계처리되며 기타 잔여외환계정은 보고통화인 $로 환산된 후에 각 법인별 계정이 합계처리된다. 즉, 프레이저사의 외상매출금 $9,600,000는 프레이저사가 원래 US$12,000,000의 외상매출금을 가지고 있으나 그 중 일부는 사내거래로서 몬

표 7-8 **프레이저사의 연결대차대조표(2017.12.31일자)** (단위 : 1,000달러)

	프레이저사	아카풀코사	몬트리올사	연결대차대조표
현 금	$4,000	$1,250	$2,400	$7,650
외상매출금	9,600	2,500	8,000	20,100
재 고	15,000	1,875	7,200	24,075
고 정 자 산	25,000	3,750	12,000	40,750
투자(아카풀코사)	0			
투자(몬트리올사)	0			
자산총계				$92,575
외상매입금	$10,000	$625	$3,200	$13,825
단 기 차 입	10,000	1,250	3,300	14,550
장 기 부 채	15,000	1,250	4,000	20,250
보 통 주	20,000	0	0	20,000
유 보 이 익	23,950	0	0	23,950
부채 및 자본총계				$92,575

트리올사가 프레이저사에 대하여 $2,400,000(C$3,000,000 × $0.80 / C$)의 외상매입금을 가지고 있는 것이므로 이것을 차감시킨 결과이다.

한편 몬트리올사의 경우 외상매입금 C$7,000,000에서 프레이저사에 대해 지고 있는 외상매입금 C$3,000,000을 차감한 결과를 US$로 환산하면 US $3,200,000가 된다.

또한 아카풀코사에 대한 프레이저사의 투자금 US$6,250,000와 몬트리올사에 대한 투자금 $16,700,000는 아카풀코사와 몬트리올사의 보통주 및 유보이익과 상계처리된다.

이제 연결대차대조표 작성의 결과로 프레이저사는 US$92,575,000의 자산과 US$48,625,000의 부채 그리고 US$43,950,000의 자본을 가지게 되는데 이러한 연결대차대조표의 작성이 환산의 주목적이 된다.

(5) 손익계산서의 환산

여기서는 아카풀코사의 2018년도 손익계산서를 바탕으로 하여 2018년 12월 31일 현재시점에서의 환산손실을 측정하고자 한다.

멕시코의 페소화는 2017년 12월 31일의 Peso6.40 / $에서 2018년 12월 31일에는 Peso8.00/$으로 평가절하하였다고 가정하며 역사적 환율은 Peso6.00/$가 적용된다. 또한 손익계산서의 환산에는 당해년도의 평균환율이 필요한데 매출액, 일반관리판매비에 대한 연평균환율(2018년 1/4분기~4/4분기)은 Peso 7.20/$이 되며 매출원가에 대한 역사적 환율의 평균치는 2017년 4/4분기부터 2018년 3/4분기까지의 기간 동안의 평균환율인 Peso6.80/$이 된다고 가정한다. 아카풀코사는 3개월의 재고회전율을 가지므로 매분기 생산되는 1,250,000 단위의 제품은 다음 분기에 모두 판매되며 매출원가 산정시에는 선입선출법을 사용한다.

아카풀코사의 2018년 중 주요 영업활동에 대하여 살펴보면 우선 아카풀코사의 매출액은 Peso64,000,000이며 이는 분기당 1,250,000단위가 단위당 Peso 12.80으로 1년에 총 5,000,000단위가 팔린 것이다.

외상매출금은 매분기마다 회수되며 연말 외상매출금은 4/4분기의 매출에 대한 것이다(Peso16,000,000 = Peso12.80 × 1,250,000).

매출원가는 단위당 Peso9.60으로 연간 총매출원가는 Peso 48,000,000 (Peso9.60 × 1,250,000 × 4)이다.

일반관리비는 Peso6,000,000이며 2018년 동안 발생되고 현금으로 지급되었

표 7-9 아카풀코사의 손익계산서 (단위 : 통화별 1,000)

항 목	Peso	현행환율법		화폐성/비화폐성법	
		환 율	달러금액	환 율	달러금액
매출액(Peso12.8)	64,000	7.2	8,888.9	7.2	8,888.9
매출원가(Peso9.6)	48,000	7.2	6,666.7	6.8	7,058.8
일반관리판매비	6,000	7.2	833.3	7.2	833.3
감 가 상 각 비	1,200	7.2	166.7	6.0	200.0
총 영 업 비 용	55,200		7,666.7		8,092.1
세 전 이 익	8,800		1,222.2		796.8
법인소득세(50%)	4,400	7.2	611.1	7.2	611.1
세 후 이 익	4,400		611.1		185.7
외화환산이득(손실)			해당없음		(192.2)
순 이 익	4,400		611.1		(6.5)
유보이익('17년말)	31,000		5,000.0		5,045.0
배 당 금	0		0		0
유보이익('18년말)	35,400		5,611.1		5,038.5

표 7-10 아카풀코사의 2017 회계년도 대차대조표(2017.12.31)

(단위 : 통화별 1,000)

항 목	Peso	현행환율법		화폐성/비화폐성법	
		환 율	달러금액	환 율	달러금액
현 금	8,000	6.4	1,250	6.4	1,250
외상매출금	16,000	6.4	2,500	6.4	2,500
재 고	12,000	6.4	1,875	6.25	1,920
고정자산	24,000	6.4	3,750	6.0	4,000
계	60,000		9,375		9,670
외상매입금	4,000	6.4	625	6.4	625
단기차입	8,000	6.4	1,250	6.4	1,250
장기부채	8,000	6.4	1,250	6.4	1,250
보 통 주	9,000	6.0	1,500	6.0	1,500
유보이익	31,000		5,000		5,045
누적 환산 조정			〈250〉		
계	60,000		9,375		9,670

표 7-11 아카풀코사의 2018 회계년도 대차대조표(2018.12.31)

(단위 : 통화별 1,000)

항 목	Peso	현행환율법		화폐성/비화폐성법	
		환 율	달러금액	환 율	달러금액
현 금	13,600	8.0	1,700	8.0	1,700
외상매출금	16,000	8.0	2,000	8.0	2,000
재 고	12,000	8.0	1,500	7.8	1,538.5
고정자산	22,800	8.0	2,850	6.0	3,800
계	64,400		8,050		9,038.5
외상매입금	4,000	8.0	500	8.0	500
단기차입	8,000	8.0	1,000	8.0	1,000
장기부채	8,000	8.0	1,000	8.0	1,000
보 통 주	9,000	6.0	1,500	6.0	1,500
유보이익	35,400		5,611.1		5,038.5
누적환산조정			〈1,561.1〉		해당없음
계	64,400		8,050		9,038.5

으며 연간 감가상각비는 Peso1,200,000이다. 멕시코의 법인세율은 50%이며 매년 현금으로 지급되고 배당금은 지급되지 않는다.

외상매입금과 은행단기차입금은 상환되고 2017년 말 현재와 동일한 금액이 2018년 중에 새로 발생하는 것으로 하며 이자는 무시하기로 한다. 그리고 2018년 말의 현금잔고는 Peso13,600,000이라고 가정한다.

상기내용의 2018년도 아카풀코사의 손익계산서는 〈표 7-9〉와 같으며 〈표 7-10〉, 〈표 7-11〉에는 2017년 말 및 2018년 말의 아카풀코사의 대차대조표 및 현행환율법, 화폐성/비화폐성법을 이용하여 환산시킨 결과가 각각 나타나 있다.

① 현행환율법

아카풀코사의 손익계산서를 현행환율법을 적용하여 환산할 때 모든 수익과 비용계정은 당해 회계년도의 평균환율로 환산된다. 현행환율법에서는 환산손익은 손익계산서상에 나타나지 않을 뿐더러 유보이익계정에도 반영이 되지 않고 단지 대차대조표상의 누적환산조정계정에만 나타난다.

따라서 손익계산서를 현행환율법으로 환산할 경우 순이익은 US$611,100가 되며 연말 유보이익은 전년도말까지의 유보이익에 당해년도 순이익을 합친 US$5,611,100가 된다. 2017년까지의 누적환산조정계정에 누적된 금액은 −$250,000이고 2018년 말의 누적환산조정계정의 잔고는 − $1,561,100가 되므로 당기 환산손실은 US$1,311,100가 된다.

② 화폐성/비화폐성법

화폐성/비화폐성법을 적용하여 환산할 때는 매출액과 일반관리판매비는 당해 회계년도의 평균환율이 적용되며 매출원가와 감가상각비는 역사적 환율이 적용된다. 따라서 매출원가는 전분기에 생산된 제품을 당해분기에 판매하므로 생산시점의 환율인 전분기 환율의 평균치인 Peso6.80/$이, 감가상각비는 고정자산에 대한 역사적 환율인 Peso6.0/$이 각각 적용된다.

한편 화폐성/비화폐성법하의 환산손실(US$192,200)은 2017~2018년간의 유보이익의 변화에 따라 발생된 $6,500(= $5,045,000 − $5,038,500)의 손실에 대해 손익계산서상에서의 세후이익인 $185,700와 조정시킨 결과이며 이러한 조정이 가능한 것은 화폐성/비화폐성법하에서는 대차대조표상의 환산손실이 유보이익에 포함되고 또한 손익계산서에 반영되기 때문이다.

3) 경제적 노출의 측정

사 례

미국에 본사를 두고 있는 다국적기업 프레이저사의 멕시코 자회사인 아카풀코사는 프레이저사가 100% 지분을 확보하고 있으며 멕시코에서 원자재와 노동을 사용하여 제조활동을 하고 있다. 전체 생산량의 1/2은 멕시코에서 판매되고 나머지 1/2은 다른 국가에 수출된다. 모든 제품판매는 페소화로 표시되고 외상매출금은 연간 매출액의 1/4이다. 재고는 연간 판매량의 1/4이고 직접비용은 판매가격의 75%에 달하고 있다. 단위당 직접원가나 일반관리비에 관계없이 생산량을 변화시킬 수 있으며 고정자산에 대한 감가상각비는 매년 Peso1,200,000이고 멕시코의 법인세율은 50%이다. 현금흐름분석의 시계(time horizon)는 5년으로 정하기로 한다.

대차대조표(아카풀코사)

2017. 12. 31

현 금	Peso8,000,000	외상매입금	Peso4,000,000
외상매출금	16,000,000	단 기 차 입	8,000,000
재 고 자 산	12,000,000	장 기 부 채	8,000,000
고 정 자 산	24,000,000	보 통 주	9,000,000
		유 보 이 익	31,000,000
	Peso60,000,000		Peso60,000,000

여기에서 2018년 1월 2일 영업활동이 개시되기 직전에 페소화가 Peso6.40/$에서 20%의 평가절하를 하여 Peso8.00/$ 수준이 되었다고 가정한다. 평가절하가 없을 경우에는 아래와 같은 영업활동을 기대하고 있었다.

추정손익 및 현금흐름 계산서

2018.

매출액(5,000,000단위 @ Peso12.8)	Peso64,000,000
직접비(5,000,000단위 @ Peso9.6)	48,000,000
일반관리비(고정비)	6,000,000
감가상각비	1,200,000
법인세차감전 이익	Peso8,800,000
법 인 세(50%)	4,400,000

순 이 익	Peso4,400,000
감가상각비(가산)	1,200,000
현 금 흐 름(페소)	Peso5,600,000
달러환산 현금흐름(환율 : Peso6.40 = $1.00)	$ 875,000

Case 1 어떠한 변수도 변화가 없는 경우

향후 5년 동안 판매량과 판매가격 및 영업비 등의 변수에는 변화가 일어나지 않는다고 가정하면 이 기간 동안의 페소화표시 현금흐름은 예상치와 마찬가지로 Peso 5,600,000이 될 것이다. 페소화가 평가절하되면 새로운 환율인 Peso8.00 = $1.00을 적용하므로 달러환산 현금흐름은 감소하게 된다. 즉,

첫해의 기대현금흐름(평가절하가 없을시)	$875,000
첫해에 실현된 현금흐름(평가절하시)	$700,000
첫해의 현금흐름 변화량	$175,000

아카풀코사는 $175,000에 해당하는 현금흐름의 감소가 발생하며 이러한 현금흐름의 감소가 5년간 지속된다면 총 $875,000에 해당하는 현금흐름의 감소가 발생한다.

Case 2 판매량 증가, 다른 변수는 불변인 경우

평가절하 이후 멕시코산 제품이 수입품보다 더 경쟁력이 있게되어 내수시장에서의 판매량이 두 배로 증가하고 수출시장에서도 가격경쟁력이 향상되어 수출량이 두 배로 증가한다고 가정한다. 그러나 판매량 이외의 단위당 직접비, 일반관리비 등의 비용에는 변화가 없고 따라서 판매가격도 그대로 유지시키기로 한다고 할 경우 추정손익 및 현금흐름계산서는 다음과 같다.

추정손익 및 현금흐름 계산서(판매량 증가)

매출액(10,000,000단위 @ Peso12.8)	Peso128,000,000
직접비(10,000,000단위 @ Peso9.6)	96,000,000
일반관리비(고정비)	6,000,000
감가상각비	1,200,000

법인세차감전 이익	Peso24,800,000
법 인 세(50%)	12,400,000
순 이 익	Peso12,400,000
감가상각비(가산)	1,200,000
현금흐름(페소)	Peso13,600,000
달러환산 현금흐름 (환율 : Peso8.00 = $1.00)	$ 1,700,000

판매량이 두 배가 되는 경우에는 외상매출금과 재고에 추가적인 투자가 필요하기 때문에 첫해의 현금흐름은 위의 계산결과와는 다르게 된다. 매출액의 증가로 인하여 소요되는 추가적인 운전자금을 영업활동에서 발생하는 현금흐름으로 부터 조달한다고 가정한다. 그러면 첫해 말 외상매출금 Peso32,000,000(연간 매출액의 1/4)은 전년도의 외상매출금의 두 배가 된 것이므로 추가분에 대한 자금조달이 필요하며, 첫해 말 재고 Peso 24,000,000(연간 직접비의 1/4)은 전년도 재고의 두 배가 된 것으로 역시 추가분에 대한 자금조달이 필요하다. 즉, Peso16,000,000 + Peso12,000,000 = Peso28,000,000의 추가운전자본이 필요하다. 그리고 이와 같은 운전자금의 증가는 현금흐름분석 시계의 말인 5년 후에는 전액 회수되는 것으로 가정한다. 5년간의 연도별 현금흐름은 다음과 같다.

연도	항 목	Pesos	Dollars (Peso8 = $1)
1	영업활동으로부터의 현금흐름	Peso13,600,000	
	(차감)운전자본의 추가소요액	− 28,000,000	
		−Peso14,400,000	−$1,800,000
2	영업활동으로부터의 현금흐름	13,600,000	1,700,000
3	영업활동으로부터의 현금흐름	13,600,000	1,700,000
4	영업활동으로부터의 현금흐름	13,600,000	1,700,000
5	영업활동으로부터의 현금흐름	13,600,000	1,700,000
	(가산)운전자본의 회수	28,000,000	3,500,000

평가절하가 없을 경우에 기대되는 첫해의 현금흐름은 앞에서 구한 바와 같이 $875,000인 데 반하여 이 경우에는 평가절하에 의하여 첫해의 현금흐름이 − $1,800,000이 될 것으로 기대된다. 그러나 나머지 4년간의 현금흐름은 평가절하의 효과에 의하여 상당히 증가됨을 알 수 있다. 따라서 전체기간으로 볼 때는 평가절하가 없을 경우에 비하여 아카풀코사의 현금흐름은 훨씬 증대된다.

Case 3 판매가격 상승, 다른 변수는 불변인 경우

원래의 제품판매가격 Peso12.8은 평가절하 이전의 환율 Peso6.40/$를 적용할 때 달러표시가격은 $2.00가 된다. 이제 페소화가 Peso6.40/$에서 Peso8.00/$ 수준으로 평가절하를 하였다고 할 때 달러표시가격을 그대로 유지하기로 한다면 제품판매가격을 단위당 Peso12.8에서 Peso16으로 인상시킨다는 것을 의미한다. 판매량이 변하지 않으며 자국 내의 비용도 변하지 않는다고 가정한다.

추정손익 및 현금흐름 계산서(판매가격 상승)

매출액(5,000,000단위 @ Peso16.0)	Peso80,000,000
직접비(5,000,000단위 @ Peso9.6)	48,000,000
일반관리비(고정비)	6,000,000
감가상각비	1,200,000
법인세차감전 이익	Peso24,800,000
법　인　세(50%)	12,400,000
순　이　익	Peso12,400,000
감가상각비(가산)	1,200,000
현금흐름(페소)	Peso13,600,000
달러환산 현금흐름(환율 : Peso8.00 = $ 1.00)	$ 1,700,000

판매량은 떨어지지 않고 판매가격이 증가하였으므로 평가절하는 아카풀코사에게 유리하게 작용한다. 한편 새로운 외상매출금의 수준은 매출액의 1/4인 Peso20,000,000이 되어야 하므로 이 경우에는 Peso4,000,000의 추가운전자본이 필요하게 된다. 재고에 대한 새로운 투자는 필요치 않음을 쉽게 알 수 있다.

연도	항 목	Pesos	Dollars (Peso8 = $1)
1	영업활동으로부터의 현금흐름	Peso13,600,000	
	(차감)운전자본의 추가소요액	−4,000,000	
		Peso9,600,000	$1,200,000
2	영업활동으로부터의 현금흐름	13,600,000	1,700,000
3	영업활동으로부터의 현금흐름	13,600,000	1,700,000
4	영업활동으로부터의 현금흐름	13,600,000	1,700,000
5	영업활동으로부터의 현금흐름	13,600,000	1,700,000
	(가산)운전자본의 회수	4,000,000	500,000

운전자본의 추가소요로 인하여 첫해에는 순현금흐름이 $1,200,000 밖에 안 되지만 다음 해부터는 $1,700,000의 현금흐름이 발생하게 됨을 알 수 있다. 이 경우에는 비용이 페소화로 발생하고 평가절하에 의해 증가하지 않으므로 평가절하만큼의 판매가격 인상은 기업의 이익을 증진시키게 된다.

제 2 절 환위험의 관리

1. 거래노출의 관리

거래노출에 대한 관리방법은 크게 대내적 환노출관리방법과 대외적 환노출관리방법으로 나눌 수 있다. 대내적 환노출관리방법이란 환노출을 본원적으로 감소 및 제거시키기 위해 기업내부적으로 사용하는 방법으로서 네팅(netting), 매칭(matching), 리딩(leading)과 래깅(lagging) 등을 말한다. 네팅이란 다국적기업의 본사 및 현지자회사들간에 발생하는 채권과 채무의 차액만을 일정한 기간마다 결제하는 방법을 말하는 반면 매칭은 다국적기업의 사내거래뿐만 아니라 제3자와의 거래에도 이용할 수 있는 것으로서 통화별로 현금흐름의 수급금액 및 시기를 의도적으로 일치시키는 방법을 말한다. 그리고 리딩과 래깅이란 각종 대금지급시기를 앞당기거나 지연시키는 것을 말한다.

대외적 환노출관리방법이란 외환시장 및 국제금융시장을 통한 거래를 행함으로써 환노출을 제거시키는 방법을 말하며 그 대표적인 예로서 선도환시장, 금융시장 또는 옵션시장을 통한 헤징방법 등이 있다. 먼저 선도환시장을 통한 헤징은 미리 정해진 환율로 한 통화를 다른 통화로 교환하기로 하는 선도환계약을 체결함으로써 환율변동으로 인한 위험을 제거하는 방법이다. 금융시장을 통한 헤징은 예컨대 외국통화를 차입하여 자국통화로 바꾸어 자국의 금융자산에 투자를 함으로써 환율변동에 따르는 위험을 피하는 방법이다. 선도환시장을 통한 헤징이 금융시장을 통한 헤징과 다른 점은 선도환시장을 통한 헤징의 비용은 forward premium 또는 discount에 의하여 결정되는 데 비해 금융시장을 통한 헤징의 비용은 두 국가간의 이자율차이에 의해서 결정된다는 점이다.

마지막으로 옵션시장을 이용한 헤징은 미래 일정시점에서 일정환율로 외국통화를 사거나 팔 수 있는 옵션을 매입함으로써 환율변동에 따르는 위험을 제거하는 방법이다. 이 경우 헤징의 비용은 옵션가격에 의해 결정된다.

다음에서는 선도환시장, 단기금융시장, 옵션시장 등을 이용함으로써 어떻게 환노출을 헤징할 수 있는지를 예를 들어 설명한 후 세 가지 방법에 대해 서로 비교해 보기로 한다.

상 황

미국의 컴퓨터 수출업체인 프레이저사는 영국의 후커사에게 개인용 컴퓨터 £1,000,000어치를 3월에 팔기로 계약하고 대금은 3개월 후에 £화로 결제받기로 하였다면 프레이저사는 계약시점 이후부터는 £1,000,000에 대하여 환노출 상태에 있게 되는데 이러한 환노출을 제거하고자 한다. 다음과 같은 상황을 가정한다.

현물환율 : $1.5640 / £
90일 선도환율 : $1.5540 / £(forward discount per annum 2.5575%)
프레이저사의 90일 후 현물환율에 대한 예상치 : $1.56 / £
영국의 90일 차입이자율 : 10.00%(분기당 2.5%)
영국의 90일 투자이자율 : 9.00%(분기당 2.25%)
미국의 90일 차입이자율 : 8.00%(분기당 2.0%)
미국의 90일 투자이자율 : 7.00%(분기당 1.75%)
6월 만기 put option(거래소) : 12,500pounds; 행사가격 $1.55;
옵션 프리미엄 £당 2.5cents
계약건당 수수료 $25
6월 만기 put option(장외시장) : 1,000,000pounds; 행사가격 $1.55;
옵션 프리미엄 1.7%

1) 선도환시장 헤징

선도환시장(forward exchange market)을 이용한 헤징이란 환노출이 발생한 시점에서 미래의 일정시점(결제시점)에 대한 두 통화의 교환비율(선도환율)을 거래액과 함께 미리 결정해 두고 실제 외환의 인수 · 인도는 결제시점에서 이루어지도록 하는 선도환거래를 행하는 것을 말한다.

위의 예에서 미국의 프레이저사가 선도환시장 헤징을 이용할 경우 외상매출금에 대하여 90일 선도환율로 £매도계약을 체결하게 되면 결제가 이루어지는 3개월 후에 프레이저사는 환율변동 여하에 관계없이 £1,000,000을 은행에 지불하고 그 대가로 \$1,554,000(= \$1.5540 / £ × £1,000,000)를 확보할 수 있게 됨에 따라 안정된 \$ 자금을 수취할 수 있게 된다.

2) 금융시장 헤징

금융시장을 이용한 헤징이란 노출된 외화자산에 대해서는 외화부채를, 노출된 외화부채에 대해서는 외화자산을 발생시킴으로써 순노출포지션을 영으로 만들어 환노출상태를 제거시키려는 방법이다.

[그림 7-1]과 같이 미국의 프레이저사는 3개월 후 영국의 후커사로부터 받게 될 수출대금 £1,000,000가 있으므로 이것을 가지고 상환한다는 계획하에 환노출이 발생한 시점에서 파운드화 금융시장에서 파운드화 자금을 3개월간 차입한다. 그러면 이 때 차입하는 금액은 £1,000,000를 2.5%의 이자율로 할인한 금액인 £975,610가 된다. 이 금액을 현물환시장에서 달러화로 바꾸면 \$1,525,854(= \$1.5640 / £ × £975,610)가 될 것이고 다시 이 금액을 달러화 금

그림 7-1 선도환시장 헤징과 금융시장 헤징의 비교

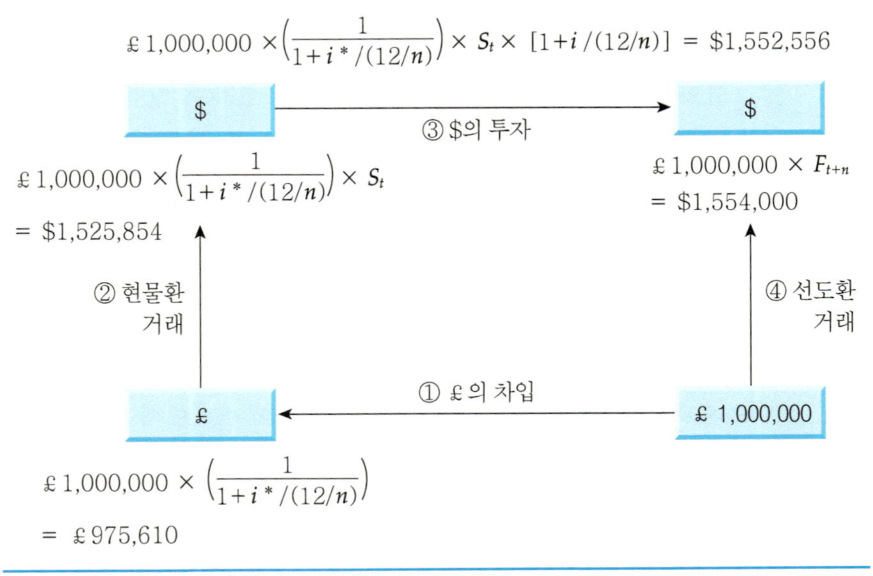

융시장에서 투자하면 3개월 후에는 $1,552,556(= $1,525,854 × 1.0175)를 확보하게 될 것이다. 이제 프레이저사는 3개월 후 영국의 후커사로부터 받게되는 수출대금 £1,000,000로 파운드화 금융시장에서 차입금에 대한 원리금을 상환함으로써 모든 거래는 청산된다.

[그림 7-1]에서 볼 수 있는 바와 같이 프레이저사가 현재시점으로부터 3개월 후 수출대금 £1,000,000를 수취하기로 되어 있으므로 프레이저사는 3개월 후 받게되는 £화를 $화로 전환시켜 확실한 $화 금액을 확보하고자 한다고 볼 수 있다. 이러한 목적을 달성하기 위하여 그림에서 ① + ②+ ③의 경로를 택하는 것이 금융시장을 이용한 헤징이라고 할 수 있으며 그러한 목적은 ④의 경로를 통한 직접적인 방법으로도 이루어질 수 있는데 이것이 앞에서 설명한 선도환시장을 이용한 헤징방법이다.

3) 옵션시장 헤징

통화옵션(currency option)이란 일정기간 내에(혹은 계약만기일에) 일정량의 통화를 일정가격으로 사거나 팔 수 있는 계약상의 권리를 의미한다. 옵션계약에는 옵션 매입자와 옵션 매도자가 있게 되는데 옵션 매입자는 프리미엄을 지급함으로써 만기일 이내에 언제라도 옵션을 행사할 수 있는 권리를 취득하게 되며 옵션 매도자는 프리미엄을 받는 대가로 계약기간 중 언제라도 옵션 매입자의 옵션행사에 응해야 하는 의무를 지게 된다.

통화옵션은 거래되는 장소에 따라 장내옵션(floor option)과 장외옵션(over-the-counter option)으로 구분되는데 미국의 Philadelphia Stock Exchange나 암스테르담의 European Options Exchange와 같은 거래소에서 거래되는 표준화된 옵션을 장내옵션(floor option)이라고 하며 은행간 및 은행 · 고객간 시장 등 거래소 이외의 장소에서 거래되는 옵션을 장외옵션(over-the-counter option)이라 한다. 또한 옵션의 행사시기에 따라서 미국식 옵션과 유럽식 옵션으로 구분되는데 옵션 계약 만기일 이전에 옵션의 행사가 가능한 옵션을 미국식 옵션(American option)이라 하고 옵션계약 만기일에 한하여 옵션을 행사할 수 있는 옵션을 유럽식 옵션(European option)이라 한다.

통화옵션에 있어서 call 옵션이란 일정기간 이내에(또는 계약만기일에) 일정가격으로 일정량의 특정통화를 살 수 있는 권리를 뜻하며 put 옵션이란 팔 수 있는 권리를 뜻한다. 옵션을 산다는 것은 권리를 산다는 것이므로 매입한 권리를 행사할 것인지 아니할 것인지는 항상 행사가격과 행사하려는 시점에서의 현물환율간의 차이에 따라 결정된다.

즉, 옵션행사시의 현물환율이 행사가격보다 높으면 call 옵션 매입자는 옵션을 행사하여 현물환율보다 낮은 행사가격으로 특정통화를 확보할 수 있으므로 call 옵션을 매입하지 않았을 경우에 비해 보다 유리한 입장에 설 수 있게 된다. 한편 put 옵션 매입자는 이때 현물환율로 특정통화를 매도하는 것이 보다 유리해짐에 따라 옵션의 행사를 포기할 것이며 옵션행사의 포기에 대해서는 프리미엄만큼만 손해를 감수하면 된다.

이제 우리는 앞의 예에서 미국의 프레이저사가 환노출을 제거하기 위해 옵션을 이용하는 경우를 생각하기로 하자. 미국의 프레이저사는 파운드화 put 옵션을 매입함으로써 £1,000,000의 환노출을 제거할 수 있으며 £화가 평가절상할 경우에는 이익을 누릴 수도 있게 된다.

즉, 프레이저사는 £1,000,000의 환노출이 발생한 시점에서 3개월 만기 put 옵션을 매입하여 두었다가 3개월 후 현물환율이 행사가격보다 유리하면 현물환율로 £화 자금을 $화로 교환하고 반대로 행사가격이 현물환율보다 유리하면 put 옵션을 행사함으로써 일정한 수준의 $화 금액을 확보할 수 있게 된다.

프레이저사가 Philadelphia Stock Exchange에서 3개월 만기 put 옵션을 매입할 경우 그 비용은 다음과 같다.

옵션계약 1건당 프리미엄 = 파운드당 옵션 프리미엄 × 옵션 1계약 단위
= \$0.025 × £12,500
= \$312.50

옵션계약 1건당 수수료 = \$25

옵션계약 1건당 총비용 = \$337.50

필요한 옵션계약수 = £1,000,000 / £12,500 = 80계약

옵션 80계약에 대한 총비용 = 80 × \$337.50 = \$27,000

한편 3개월 만기 파운드화 put 옵션을 은행으로부터 구입할 경우에는 옵션비용 = 옵션의 거래규모 × 프리미엄 × 현물환율이므로 \$26,588(= £1,000,000 × 0.017 × \$1.5640)가 된다.

따라서 Philadelphia Stock Exchange를 이용하는 경우와 장외옵션을 이용하는 경우를 비교해 보면 우리는 프레이저사가 $412(= $27,000 − $26,588)가 덜 드는 장외옵션을 이용하는 것이 더 유리하다는 것을 알 수 있다.

이제 결제가 이루어지는 3개월 후 시점을 생각해 보자. 미국의 90일 차입이자율은 연간 8%이므로 3개월 후 시점에서의 put 옵션비용은 $27,120(= $26,588 × 1.02)가 된다. 여기서 3개월 후의 현물환율이 행사가격인 $1.55/£보다 높다면 옵션을 행사하지 않고 현물환시장에서 £1,000,000를 $화로 바꿀 것이다. 가령 현물환율이 $1.56/£가 된다면 프레이저사는 현물환시장에서 £1,000,000를 $1,560,000로 바꾸어 여기에서 옵션비용을 차감하면 $1,532,880(= $1,560,000 − $27,120)의 자금을 확보할 수 있다.

이러한 옵션시장 헤징의 특징은 환율이 유리한 방향으로 크게 변할 경우에는 높은 수준의 이익도 얻을 수 있는 기회가 존재한다는 것인데 put 옵션의 행사로 인해 최저 $1,522,880(= $1,550,000 − $27,120)가 확보될 경우 이는 선도환시장 헤징이나 금융시장 헤징의 경우보다는 확보되는 $화 금액이 작지만 이들과는 달리 환율의 변화에 따라 금액의 상한선에 한계가 없다는 장점이 있으므로 투기적 성격도 갖고 있다고 볼 수 있다. 그러므로 옵션시장 헤징과 선도환시장 헤징 및 금융시장 헤징간의 상대적 선호도는 경영자의 위험회피도에 달려 있다고 할 수 있다.

4) 헤징전략의 비교

[그림 7-2]는 위의 예에서 미국의 프레이저사가 £1,000,000의 환노출에 대해 결제시점에서 확보되는 $화 금액을 확정시키기 위한 각 전략들을 요약한 것이다.

£1,000,000의 환노출에 대해서 만약 프레이저사의 자금부서가 3개월 후의 예상현물환율을 선도환율($1.5540/£)보다 높은 $1.56/£나 또는 그 이상으로 예상하고 있고 이러한 자금부서의 환율예측능력을 경영진이 깊이 신뢰하고 있다면 프레이저사는 환노출을 헤징하기 위한 어떤 방법도 취하려 하지 않을 것이다. 그러나 그러한 이익의 가능성과 똑같이 손실의 가능성도 존재한다는 것을 우리는 알고 있다.

위의 예에서 선도환시장을 이용한 헤징의 경우($1,554,000 확보)가 금융시

그림 7-2 헤징전략의 비교

헤징을 하지않음	선도환시장헤징	금융시장헤징	옵션시장헤징
: 3개월 후 지급 받는 ￡1,000,000를 현물환시장에서 $화로 교환	: 현재시점에서 ￡1,000,000를 선도환시장에서 매도	: 파운드화시장에서 ￡975,610(연율 10%)를 차입한 후 현물환율로 $1,525,854의 $자금으로 교환한 후 3개월간 달러화 금융시장에 투자	: $1.55 / ￡가 행사가격인 3개월 put 옵션을 구입함 – 프리미엄 $26,588
: 3개월 후 ① 최대 : ∞ ② 기대값 : $1,560,000 ③ 최소 : 0	: 3개월 후 $1,554,000의 자금을 확보할 수 있음	: 3개월 후 $1,552,556의 자금을 확보할 수 있음	: 3개월 후 ① 최대 : ∞ – $27,120 ② 기대값 : $1,560,000 – $27,120 = $1,532,880 ③ 최소 : $1,550,000 – $27,120 = $1,522,880

장을 이용한 헤징의 경우($1,552,556)에 비해 $1,444가 더 확보되므로 선도환시장을 이용하는 것이 더 유리할 것이다.

이제는 옵션시장 헤징과 기타전략을 비교해 보기로 하자. 옵션시장 헤징은 put 옵션 매입에 따른 비용 $0.0271 / ￡(= $27,120 / ￡1,000,000)를 충당하여야 하므로 선도환율 $1.5540 / ￡보다 ￡가 더 절상되어 최소한 $1.5811($1.5540 + $0.0271)가 되거나 그 이상이 되어야 선도환시장을 이용하는 것보다는 옵션시장을 이용하는 것이 더 유리하게 될 것이다

만약 현물환율이 $1.55 이하가 되면 프레이저사는 put 옵션을 행사할 것이므로 $1.55의 행사가격으로 ￡1,000,000를 매도할 것이다. 그러나, 옵션의 매입비용 $0.0271 / ￡를 차감해야 하므로 ￡당 순수취액은 $1.5229가 된다. 만약 3개월 후의 현물환율이 $1.5229 이하가 된다면 옵션을 행사하는 것이 헤징을

하지 않은 경우보다 낮게 된다. 하지만 현물환율이 $1.5229 이상이 된다면 헤징을 하지 않은 경우가 보다 유리하게 된다.

2. 환산노출의 관리

환산노출을 관리하는 데 주로 사용되는 기법은 대차대조표헤지(balance sheet hedge)라고 부른다.

대차대조표헤지란 다국적기업 전체의 연결재무제표상의 항목들 중 환위험에 노출된 특정외국통화표시 자산항목들의 합계가 같은 통화표시 부채항목들의 합계와 일치하도록 하는 방법이다. 그렇게 되면 순환산노출액은 영이 되며 그 특정외국통화의 가치가 변한다 할지라도 환손실이나 환이익이 발생하지 않게 된다.

환산노출은 특정국가가 아니라 특정통화에 대하여 측정이 되므로 대차대조표헤지는 개별 현지자회사의 대차대조표가 아니라 다국적기업 전체의 연결재무제표상에서 노출자산의 합계와 노출부채의 합계가 같아지도록 하는 방법이다. 그리고 앞에서 이미 살펴본 바와 같이 화폐성/비화폐성법과 현행환율법 중에서 어느 환산방법을 사용하는가에 따라서 노출된 금액이 달라지므로 그에 따라서 취하는 조치도 달라져야 할 것이다.

대차대조표헤지를 하게 되는 경우 대차대조표상의 항목들의 표시통화를 변경시키게 되는데 사실상 이것은 그리 쉬운 일이 아니다. 대차대조표상의 항목들의 표시통화를 바꿈으로써 환산노출은 관리할 수 있게 되겠지만 때로는 자금차입비용 또는 영업활동의 효율성 측면에서 부담이 수반될 수가 있다.

3. 경제적 노출의 관리

경제적 노출을 관리하는 목적은 예상치 못한 환율변동이 기업의 미래현금흐름에 미치는 효과를 예측하여 이를 기업에 유리한 방향으로 작용하도록 조치를 취하고자 하는 것이다. 그러기 위하여 기업의 경영진은 시장에서 불균형상태가 발생하는 경우 이것을 즉시 발견하여 적절한 대응을 할 수 있도록 준비를 갖추고 있어야 한다. 이러한 목적을 달성하기 위한 가장 효과적인 방법은 기업의 영업활동 및 자금조달원천을 국제적으로 다변화시키는 것이다. 영업활동의 국제적 다변화는 판매, 생산시설의 위치, 원료공급원 등을 국제적으로 분산시키는 것을 말하며, 자금조달원천의 국제적 다변화는 여러 국가의 자본시장에서 여러 가지 통화로 자금조달을 하는 것을 말한다.

우선 기업의 영업활동이 국제적으로 다변화되어 있는 경우에는 시장에서 발생하는 불균형상태를 보다 쉽게 발견할 수가 있고 또한 여기에 효과적으로 대응할 수가 있게 된다. 예를 들어, 구매력평가(purchasing power parity)로부터의 일시적인 괴리가 발생하는 경우 기업의 경영진은 여러 나라에 위치하고 있는 자기회사의 공장간에 상대적 비용에 변화가 발생한다든지 또는 특정지역에서의 수익률이나 판매량이 다른 지역에 비하여 변화하는 등의 현상을 발견할 수가 있게 된다. 이러한 불균형상태를 발견하게 되면 기업의 경영진은 원료 및 부품을 보다 저렴한 공급원으로부터 조달하도록 하고 생산비용이 상대적으로 낮아진 지역에서 생산을 증대시키며 가격경쟁력이 보다 강화된 수출시장에서 판매증대를 위한 마케팅 노력을 집중시키는 등의 전략을 수행하면 된다.

시장에서의 불균형상태에 대하여 이와 같이 적극적으로 영업전략을 변화시키지 않는다고 하더라도 영업활동의 국제적 다변화는 기업에게 포트폴리오 효과를 주게 된다. 즉, 생산, 원료 및 부품구입, 판매 등을 국제적으로 분산시키게 되면 환율변동으로 인한 기업의 현금흐름의 변화정도는 크게 줄어들게 된다. 왜냐하면 불균형상태하에서의 환율변동은 어떤 시장에서는 기업의 경쟁력을 강화시키는 반면 다른 시장에서는 경쟁력을 약화시켜 서로 상쇄효과가 나타날 수 있기 때문이다. 따라서 영업활동의 국제적 다변화를 통하여 기업은 경제적 노출을 중화(neutralize)시킬 수 있게 된다.

국제적으로 영업활동을 다변화한 다국적기업과는 대조적으로 순전히 국내에서만 영업활동을 하는 기업의 경우에는 외국통화로 표시되는 현금흐름이 없다고 하더라도 경제적 환노출로 인한 영향을 그대로 받게 된다. 예를 들어, 통화가치가 하락한 국가에서 생산된 제품이 수입되는 경우 이러한 수입품과 경쟁해야 하는 국내기업은 상당한 어려움에 처하게 될 것이다. 또한 순전히 국내영업활동만을 하는 기업은 국제적 시장불균형상태에 대하여 다국적기업과 같은 대응능력을 갖고 있지 못하다고 할 수 있다. 즉, 국내영업활동만을 하는 기업은 회사내부의 정보수집능력이 부족하므로 외부의 공표된 자료를 활용하게 되는데 이 경우 이미 시장불균형상태에 대응하기에는 시기적으로 너무 늦어버렸을 가능성이 크다. 또한 시장불균형상태를 제때에 파악하였다고 할지라도 해외에 거점을 확보하고 있지 못하므로 생산이나 판매를 신속하게 해외로 이전하는 등의 효과적 대응을 하기가 어렵다고 할 수 있다.

기업이 자금조달원천을 국제적으로 다변화시킬 경우에는 국제피셔효과(international Fisher effect)로부터 일시적인 괴리가 발생할 때 이를 효과적으로 이용할 수 있다. 즉, 두 나라 사이의 이자율 차이가 환율의 예상변화율과 일치하지 않을 때는 기업은 자금조달비용을 감소시킬 수 있는 기회를 가지게 된다. 그러나 이러한 기회를 활용할 수 있기 위해서는 기업이 국제금융시장에서 어느 정도의 명성을 지니고 있어야 하며 은행과의 거래관계도 확립되어 있어야 한다. 따라서 국내금융시장에서만 자금조달을 해온 기업은 비록 국제피셔효과로부터의 괴리를 파악한다고 하더라도 이를 이용한다는 것이 거의 불가능하다고 볼 수 있다.

한편 다국적기업은 자금을 차입할 때 차입통화의 구성과 영업활동의 결과 받게 되는 수취통화의 구성을 서로 대응시킴으로써 차입금에 대한 원리금 상환의무를 제대로 이행하지 못하게 되는 채무불이행위험(default risk)을 감소시킬 수가 있다. 많은 기업들이 환노출을 관리하기 위하여 이 전략을 택하고 있으나 그 실용성에는 한계가 있다는 지적이 있다. 왜냐하면 미래의 현금흐름을 정확하게 예측한다는 것은 상당히 힘든 일이며 특히 먼 미래시점의 현금흐름에 대한 예측은 더욱 그러하기 때문이다.

제 3 절 사례분석: Imperial사

사 례

2006년 미국에 본사를 두고 있는 다국적기업 Imperial사는 스페인에 소형 전기모터를 제조하기 위한 새로운 공장을 완공했다. 여기서 생산된 모터는 프랑스와 독일에 소재한 Imperial사의 자회사로 판매되고 이들 자회사는 이 모터를 조립하여 다양한 최종

제품을 만들어 유럽전역에 판매한다. 그러나 스페인 국내시장에는 거의 침투하지 못하고 있다. 스페인 정부로부터의 투자유인, 안정되고 숙련된 노동력의 이용 가능성, 그리고 스페인에 직접 공장을 가지는 것이 마케팅면에서 유리할 수 있겠다는 기대감 등으로 인하여 Imperial사는 Madrid근교에 공장을 설립한 것이다. 새로운 자회사(Imperial-Spain)를 설립하는 데 요구되는 자본을 마련하기 위해, Imperial사는 자기자본금에 추가하여 US$800,000를 자회사에 장기대출하였다. 또한 New York 소재 Chase Manhattan Bank가 Imperial사에 의해 보증된 시설담보로 US$300,000를 제공하였다. 2007년 초 Madrid 공장의 가동률은 70% 수준이었다. 프랑스와 독일 자회사는 거의 100% 수준에서 가동되고 있었다.

2006년 말 Imperial사의 최고경영진은 스페인 Peseta화의 평가절하 가능성에 대해 고심하게 되었다. 경제를 약화시키는 심각한 정치불안과 파업으로 경영진은 2007년 9월 말까지는 20% 정도의 평가절하가 있게 될 것 같다고 결론을 내리게 되었다. 비록 Peseta / $ 환율이 변동하고는 있었지만, 스페인 통화당국은 환율을 좁은 폭내에서 유지하기 위하여 자주 외환시장에 개입하는 것으로 알려지고 있었다. 그러므로 만약 평가절하가 있게 된다면 점진적으로 일어나기보다는 갑작스럽게 발생할 것으로 판단되었다. 현행환율(US$1단위에 대한 여타통화의 단위수로 표시한)은 아래와 같다.

DM2.4127	Peseta106.67	FF6.27	£0.5602

조업개시 시점에서 발생한 부채 외에도 Imperial-Spain사는 Banco Espanol de Credito와 Chase Manhattan Bank(Madrid)로부터 각각 Peseta7.5million을 추가로 차입했다. 그러나 시설담보는 50% 상환했다. 본사에 제출된 월별 보고서에 의하면 Imperial-Spain사는 평균 50%의 매출 총이익률을 올리고 있었다. 직 · 간접 수입재료비는 제조 변동비의 25%를, 스페인 국내재료비는 제조변동비의 15%를 차지하고 나머지는 노무비와 간접비가 차지하고 있었다.

예상되는 평가절하에 대처하기 위하여 현금잔고를 감소시키고자 Imperial-Spain사는 Credit Lyonnais로부터 CD를 $250,000어치 매입하였고 스페인 정부채권을 Peseta 14,000,000어치 매입하였다. 프랑스와 독일 자회사로부터 받아야 할 매출채권이 각각 FF250,000과 DM200,000에 달하고 있었으며 Imperial-Spain사는 Essex Wire(영국)사에 £32,000 그리고 Ruhr Steel(독일)사에 DM125,000 채무를 지고 있었다. 나머지 외상매입금은 스페인 국내공급업자에게 갚아야 할 돈이었다.

다음의 표는 2007년 3월 31일자 Imperial-Spain사의 대차대조표이다. 2008년 3월 31

일로 끝나는 회계년도의 예산편성된 매출액은 Peseta280,000,000이다.

표 7-12 2007. 3. 31. 기준 Imperial-Spain사의 대차대조표 (단위 : 1,000)

자산		부채	
현 금	P6,300	외상매입금	P32,620
매출채권 및 유가증권	53,763	미지급 임금 및 조세	2,300
재고자산	41,000	장기부채	116,336
순고정자산	75,100	자기자본	24,907
합 계	P176,163	합 계	P176,163

(1) Imperial사의 재무담당 부사장으로서, 평가절하의 위험과 영향에 관한 분석을 실시하라. 필요한 가정들을 분명하게 밝히라.

(2) 이전가격의 조작에 관한 본사의 정책은 매입자와 매도자가 환율변화가 가격에 미치는 영향을 똑같이 분담하는 것이다. 본사의 이전가격 조작에 관한 정책은 환율변화로부터의 이익 또는 손실에 어떤 영향을 미치는가?

(3) 만약 스페인 공장이 스페인 기업과의 50% 합작투자업체라고 한다면, 위의 분석은 어떻게 바뀌어야 할 것인가?

분 석

1. 환산노출

Imperial-Spain사 대차대조표를 각 세부항목별로 표시통화에 따라 상세하게 나타내면 다음의 〈표 7-13〉과 같다.

표 7-13 Imperial-Spain사의 확대된 대차대조표 (통화별 단위 : 1,000)

계정과목	표시통화	평가절하 직전	
		환 율	Peseta
현 금	P6,300		6,300
유가증권			
- CD	$250	106.67	26,668
- 스페인 정부채권	P14,000		14,000

계정과목	표시통화	평가절하 직전	
		환 율	Peseta
매출채권			
– 프랑스 자회사	FF250	17.013	4,253
– 독일 자회사	DM200	44.212	8,842
재고자산	P41,000		41,000
순고정자산	P75,100		75,100
자산 합계			176,163
외상매입금			
– Essex Wire(영국)	£32	190.41	6,093
– Ruhr Steel(독일)	DM125	44.212	5,527
– 현지공급업체	P21,000		21,000
미지급 임금/조세	P2,300		2,300
장기부채			
– Chase Bank(Madrid)	P7,500		7,500
– Banco Espanol	P7,500		7,500
– Chase Bank(N.Y.)	$150	106.67	16,000
– Imperial(미국본사)	$800	106.67	85,336
자기자본	P24,907		24,907
부채와 자기자본 합계			176,163

다음의 〈표 7-14〉는 Imperial-Spain사의 대차대조표를 현행환율법을 사용하여 환산할 때 환율이 Peseta106.67/$ 수준으로부터 Peseta133.34/$ 수준으로 스페인 페세타화가 20% 평가절하는 경우의 기대환산손실을 산출하는 과정을 보여주고 있다. 현행환율법을 채택하는 경우 모든 자산 및 부채항목들에 대하여 현행환율이 적용되며 페세타화의 평가절하는 페세타화로 표시된 항목들에만 영향을 미침을 알 수 있다.

표 7-14 Imperial-Spain사의 평가절하 후 기대환산손실(현행환율법 적용)

(통화별 단위 : 1,000)

계정과목	표시통화	평가절하 직전		평가절하 직후	
		환 율	달러금액	환 율	달러금액
현 금	P6,300	106.67	59	133.34	47
유가증권					
– CD	$250	1	250	1	250
– 스페인 정부채권	P14,000	106.67	131	133.34	105

계정과목	표시통화	평가절하 직전		평가절하 직후	
		환 율	달러금액	환 율	달러금액
매출채권					
– 프랑스 자회사	FF250	6.27	40	6.27	40
– 독일 자회사	DM200	2.4127	83	2.4127	83
재고자산	P41,000	106.67	384	133.34	307
순고정자산	P75,100	106.67	704	133.34	563
자산 합계	P176,163	–	1,651	–	1,395
외상매입금					
– Essex Wire(영국)	£32	0.5602	57	0.5602	57
– Ruhr Steel(독일)	DM125	2.4127	51	2.4127	51
– 현지공급업체	P21,000	106.67	197	133.34	157
미지급 임금/조세	P2,300	106.67	22	133.34	18
장기부채					
– Chase Bank(Madrid)	P7,500	106.67	70	133.34	56
– Banco Espanol	P7,500	106.67	70	133.34	56
– Chase Bank(N.Y.)	$150	1	150	1	150
– Imperial(미국 본사)	$800	1	800	1	800
자기자본	P24,907		234		234
환산손실(누적환산조정계정)					184
부채와 자기자본 합계	P176,163		1,651		1,395

다음의 〈표 7-15〉는 평가절하시점의 순노출자산을 이용하여 환산손실을 산출하는 것으로 20% 평가절하 후의 환산손실은 (총노출자산 – 총노출부채) × 평가절하율로 계산됨에 따라 $184,000[=($1,278,000 – $359,000) × 0.20]가 된다.

표 7-15 환산손실의 산출(현행환율법 적용) (단위 : 1,000)

노출자산		노출부채	
현 금	$59(P6,300)	외상매입금(현지공급업체)	$197(P21,000)
스페인정부채권	$131(P14,000)	미지급 임금/조세	$22(P2,300)
재고자산	$384(P41,000)	장기부채	
순고정자산	$704(P75,100)	– Chase Bank(Madrid)	$70(P7,500)
		– Banco Espanol	$70(P7,500)
총노출자산 : $1,278(P136,400)		총노출부채 : $359(P38,300)	
순노출자산 : $919(P98,100) = $1,278 – $359			
환산손실 : $919 × 0.20(20% 평가절하) = $184			

다음의 〈표 7-16〉은 Imperial-Spain사의 대차대조표를 화폐성/비화폐성법을 사용하여 환산할 때 환율이 Peseta106.67/$ 수준으로부터 Peseta133.34/$ 수준으로 스페인 페세타화가 20% 평가절하하는 경우의 기대환산손실을 산출하는 과정을 보여주고 있다. 화폐성/비화폐성법을 채택하는 경우 재고자산, 고정자산 등의 비화폐성항목은 현행환율이 적용되지 않으므로 페세타화의 평가절하는 이들 항목에는 영향을 미치지 않음을 알 수 있다. 또한 화폐성/비화폐성법에서는 환산이익 또는 손실을 당기손익으로 처리하게 되므로 손익계산서에 반영되고 유보이익에 포함됨에 따라 누적환산조정계정은 필요하지 않게 된다.

표 7-16 Imperial-Spain사의 평가절하 후 기대환산이익(화폐성/비화폐성법 적용)

(통화별 단위 : 1,000)

계정과목	표시통화	평가절하 직전		평가절하 직후	
		환 율	달러금액	환 율	달러금액
현 금	P6,300	106.67	59	133.34	47
유가증권					
- CD	$250	1	250	1	250
- 스페인 정부채권	P14,000	106.67	131	133.34	105
매출채권					
- 프랑스 자회사	FF250	6.27	40	6.27	40
- 독일 자회사	DM200	2.4127	83	2.4127	83
재고자산	P41,000	106.67	384	106.67	384
순고정자산	P75,000	106.67	704	106.67	704
자산 합계	P176,163		1,651		1,613
외상매입금					
- Essex Wire(영국)	£32	0.5602	57	0.5602	57
- Ruhr Steel(독일)	DM125	2.4127	51	2.4127	51
- 현지공급업체	P21,000	106.67	197	133.34	157
미지급 임금/조세	P2,300	106.67	22	133.34	18
장기부채					
- Chase Bank(Madrid)	P7,500	106.67	70	133.34	56
- Banco Espanol	P7,500	106.67	70	133.34	56
- Chase Bank(N.Y.)	$150	1	150	1	150
- Imperial(미국본사)	$800	1	800	1	800
자기자본	P24,907		234		234
환산이익(유보이익)					34
부채와 자기자본 합계	P176,163		1,651		1,613

한편, 화폐성/비화폐성법에서의 환산손실은 (재고자산 및 고정자산을 제외한 총노출자산 − 총노출부채) × 평가절하율로 계산되는데 여기에서는 순노출부채가 발생하므로 환산손실이 아닌 환산이익을 얻게 된다. 즉, $34,000[= ($359,000 − $190,000) × 0.20]의 환산이익을 얻게 된다.

표 7-17 환산이익의 산출(화폐성/비화폐성법 적용) (단위 : 1,000)

노출자산		노출부채	
매출액	$59(P6,300)	외상매입금(현지공급업체)	$197(P21,000)
스페인정부채권	$131(P14,000)	미지급 임금/조세	$22(P2,300)
		장기부채	
		− Chase Bank(Madrid)	$70(P7,500)
		− Banco Espanol	$70(P7,500)
총노출자산 : $190(P20,300)		총노출부채 : $359(P38,300)	
순노출부채 : $169(P18,000) = $359 − $190			
환산이익 : $169 × 0.20(20% 평가절하) = $34			

2. 경제적 환노출

《가정》

1) Imperial-Spain사가 제조하는 전기모터는 Imperial-France사와 Imperial-Germany사로 모두 수출되며 달러화표시 거래를 하고 있다.
2) 매출총이익률은 50%이다.
3) 2007년도의 예상매출액은 평가절하를 고려하지 않을 때 Peseta280,000,000이다.
4) 평가절하로 인한 생산요소비용의 변동은 없다.
5) Imperial-France사와 Imperial-Germany사는 설계능력의 100%에 가깝게 가동되고 있으므로 평가절하로 인한 Imperial-Spain사의 수출량 증가는 없다.
6) 원가 구성항목 중 해외원자재 구입비는 평가절하를 100% 반영한다.
7) Peseta화는 20% 평가절하한다(P106.67/$ → P133.34/$).
8) 평가절하에 따른 가격변동은 Seller와 Buyer가 균등 부담한다. 20%의 평가절하로 인해 매출액은 Peseta350,000,000가 되고 이전가격 조작시 가격변동의 50%를 균등 부담함에 따라 매출액은 Peseta315,000,000가 된다.

표 7-18 Imperial-Spain사의 손익계산서(평가절하의 효과) (단위 : 1,000)

	평가절하 전	평가절하 후	평가절하 후(이전가격조작)
매출액	P280,000($2,625)	P350,000($2,625)	P315,000($2,363)
매출원가	P140,000	P148,750	P148,750
- 해외수입원자재(25%)	P35,000($328)	P43,750($328)	P43,750($328)
- 국내원자재(15%)	P21,000	P21,000	P21,000
- 노무비 및 제조간접비(60%)	P84,000	P84,000	P84,000
매출총이익	P140,000($1,312)	P201,250($1,509)	P166,250($1,247)

〈표 7-18〉로부터 우리는 페세타화가 20% 평가절하는 경우 Imperial-Spain사의 매출액은 Peseta70,000,000(= Peseta350,000,000 − Peseta280,000,000만큼 증가하고 수입원자재비용은 Peseta8,750,000(= Peseta43,750,000 − Peseta35,000,000)만큼 증가하므로 매출총이익은 Peseta61,250,000(= Peseta201,250,000 − Peseta140,000,000)만큼 증가하게 됨을 알 수 있다. 이것을 달러화로 평가한다면 매출액과 수입원자재비용은 페세타화의 평가절하에 의하여 영향을 받지 않지만 국내원자재비용과 노무비 및 제조간접비는 비록 페세타화로 표시된 금액은 변동이 없다고 하더라도 페세타화의 평가절하에 따라 달러화표시 금액은 감소하게 된다. 그러므로 이러한 비용감소로 인하여 매출총이익이 평가절하 전에는 $1,312,000[= (Peseta140,000,000) ÷ (Peseta106.67/$)]이던 것이 평가절하 후에는 $1,509,000[= (Peseta201,250,000) ÷ (Peseta133.34/$)]로 증가하므로 결국 $197,000(= $1,509,000) − $1,312,000)만큼 매출총이익이 증가하게 됨을 알 수 있다.

한편, 이전가격의 조작에 관한 본사의 정책 즉, 환율변화가 가격에 미치는 영향을 매입자와 매도자가 똑같이 분담한다는 원칙에 따르는 경우 Imperial-Spain사의 매출액은 Peseta315,000,000이 되며 이 때 매출총이익은 Peseta166,250,000이 됨을 〈표 7-18〉은 보여주고 있다. 여기서 매출총익을 달러화로 표시하면 $1,247,000 [= (Peseta166,250,000) ÷ (Peseta133.34/$)]가 된다.

Imperial-Spain사가 제조하는 전기모터는 전량 모두 Imperial-France사와 Imperial-Germany사로 수출되므로 페세타화의 평가절하가 있기 전 Imperial-Spain사의 매출액 $2,625,000은 Imperial-France사와 Imperial-Germany사의 입장에서는 제조원가(재료비)에 해당된다고 할 수 있다. 페세타화의 평가절하가 있는 경우 이전가격의 조작을 실시한다면 Imperial-Spain사의 매출액은 $2,363,000이 되므로 Imperial-France사와 Imperial-Germany사의 제조원가도 $2,363,000가 된다. 따라서 프랑스와 독일 자회사는 제조원가가 $262,000(= $2,625,000 − $2,363,000)만큼 감소하게 되며 이것은 본사의 이전가격 조작에 따른 이익이라고 볼 수 있다. 그런데 Imperial-Spain사는 이전가격조작에 관한 본사의 정책을 따름으로 인하여 매출총이익이 평가절하 전에 비하여 오히려 $65,000(= $1,312,000 − $1,247,000)만큼 감소하므로 그만큼 손실을 본다고 할 수 있다. 따라서 Imperial-Spain사뿐만 아니라 Imperial-France사와 Imperial-Germany사를 모두 포함하여 다국적기업 시스템 전체입장에서 본다면 $262,000(Imperial-France사와 Imperial-Germany사의 이익) − $65,000(Imperial-Spain사의 손실) = $197,000에 해당하는 다국적기업 시스템 전체이익을 얻게 된다.

그런데 우리는 앞에서 이전가격의 조작을 실시하지 않는 경우 Imperial-Spain사의 매출총이익이 페세타화의 평가절하와 함께 $197,000(= $1,509,000 − $1,312,000)만큼 증가하게 됨을 확인한 바 있으므로 이전가격 조작은 다국적기업 시스템 전체의 이익에 아무런 영향도 주지 못함을 알 수 있다.

그러나 국가간에 상이한 세율을 고려하는 경우에는 이전가격 조작이 다국적기업 시스템 전체의 이익에 영향을 미칠 수가 있게 된다. 예를 들어, 프랑스나 독일의 세율이 스페인보다 높은 경우에는 이전가격의 조작을 통하여 Imperial-Spain사로부터 Imperial-France사나 Imperial-Germany사로 이익을 이전시킬 때 프랑스와 독일에서는 늘어나는 이익에 대하여 추가로 세금을 지불하고 스페인에서는 이익이 줄어들게 됨에 따라 세금을 덜 내게 되지만 다국적기업 시스템 전체적으로는 세금부담이 늘어나는 경우를 생각할 수가 있다.

만약 스페인 공장이 스페인 기업과의 50% 합작투자업체라고 한다면 이전가격의 조작이 불가능할 것이다. 합작파트너는 평가절하로 인한 가격인상효과를 그대로 누림으로써 더 많은 이익을 확보하여 주당 배당소득을 증가시키려고 할 것이다.

연·습·문·제

EXERCISES

1. 예상치 못한 환율의 변동으로 인하여 기업의 수익과 비용이 변하게 되어 기업의 미래현금흐름이 변화할 수 있는 위험을 무엇이라고 하는가?

2. 다국적기업의 사내거래뿐만 아니라 제3자와의 거래에도 이용할 수 있는 대내적 환노출관리방법으로서 통화별로 현금흐름의 수급금액 및 시기를 의도적으로 일치시키는 방법을 무엇이라고 하는가?

3. "FAS #52(Statement of Financial Accounting Standards Number 52)하에서 다국적기업의 해외자회사 재무제표의 항목들을 환산(translation)할 때는 해외자회사의 현금흐름, 판매가격의 결정, 판매시장, 비용, 자금조달 등을 고려하여 기업의 주된 활동이 이루어지는 통화를 파악해야 하는데 이러한 통화를 무엇이라고 하는가?

〈문제 4번부터 5번까지는 다음의 상황을 읽고 답하시오〉

상 황

미국의 제네럴사가 100% 전액 출자하여 한국에 설립한 자회사인 제네랄 코리아사의 대차대조표가 다음과 같다. 2017년 12월 당시의 환율은 $1 = ₩1,200이라고 가정한다.

제네럴 코리아사(2017년 12월)

자산계정	금 액	부채계정	금 액
현금	₩1,200,000,000	외상매입금	₩480,000,000
외상매출금	₩1,200,000,000	단기차입	₩720,000,000
재고	₩1,200,000,000	장기부채	₩720,000,000
고정자산	₩2,400,000,000	보통주	₩960,000,000
		유보이익	₩3,120,000,000
합계	₩6,000,000,000	합계	₩6,000,000,000

4. 연결재무제표를 작성함에 있어서 현행환율법(current rate method)을 사용하여 환산하는 경우 환율이 $1 = ₩1,200에서 $1 = ₩1,000으로 원화가 평가절상을 한다면 기대되는 환산이익 또는 환산손실은 얼마인가?

5. 이 경우 만약 화폐성 / 비화폐성법(monetary / nonmonetary method)을 사용한다면 기대되는 환산이익 또는 환산손실은 얼마인가?

〈문제 6번부터 10번까지는 다음의 상황을 읽고 답하시오〉

상 황

미국의 수출업체인 A사는 2017년 12월 7일 영국의 B사에게 £1,000,000어치의 상품을 수출하기로 계약하고 수출대금은 3개월 후에 결제받기로 하였다. 다음과 같은 상황을 가정하기로 한다.

현물환율 : $1.6640 / £
선물환율(3개월) : $1.6540 / £
영국 이자율(연율) : 10.00%
미국 이자율(연율) : 7.00%
2018년 3월 만기 £화 put 옵션 :
계약단위 : £31,250
행사가격 : $1.6520 / £
프리미엄 : 2.5cents / £
수수료 : $50 / 계약

6. A사는 £1,000,000 수출대금을 3개월 후에 받기로 하였으므로 선물환계약을 체결함으로써 3개월 후에 수취하는 수출대금의 달러상당액을 $1,654,000로 미리 확정시킬 수가 있을 것이다. 이 때 달러화와 파운드화간의 환율은 현물환시장에서는 $1.6640 / £이고 선물환시장에서는 $1.6540 / £이므로 우리는 “파운드화가 forward premium에 있다”고 표현한다. 타당한가?

7. 선물환계약을 체결하는 것과 유사한 효과를 얻기 위하여 단기금융시장과 현물환시장을 이용하는 방법을 생각해보기로 한다. 우선 A사는 파운드화 금융시장에

서 3개월 후에 £1,000,000를 상환하기로 약속하고 오늘 당장 파운드화 자금을 차입한다. 그리고 이와 같이 차입한 파운드화 금액을 현물환시장에서 달러화로 바꾸고 다시 이 달러화 금액을 달러화 금융시장에서 3개월간 투자를 하면 3개월 후의 달러화 원리금합계는 얼마가 되는가?

8. 2017년 12월 7일 현재 가지게 된 £1,000,000의 환노출을 제거하기 위하여 파운드화 put 옵션을 매입하는 경우 필요한 계약단위 수는 얼마인가?

9. 만약 2018년 3월 만기 파운드화 put 옵션을 매입한다면 옵션계약 1건당 프리미엄과 수수료를 합친 총비용은 얼마가 될 것인가?

10. "만약 3개월 후의 현물환율이 2018년 3월 만기 파운드화 put 옵션의 행사가격인 $1.6520/£보다 높아지는 경우(예를 들면 $1.6550)에는 파운드화 put 옵션을 행사하는 것이 유리하다." 타당한가?

〈문제 11번부터 13번까지는 다음의 상황을 읽고 답하시오〉

상 황

미국의 POCO사가 100% 전액 출자하여 한국에 설립한 자회사인 POCO-KOREA사의 대차대조표가 다음과 같다. 2017년 12월 당시의 환율은 $1=₩1,200이라고 가정한다.

POCO-KOREA사

(2017년 12월) (금액단위: 1,000,000)

자산계정	금액	부채계정	금액
현 금	₩ 800	외상매입금	₩ 400
외상매출금	₩ 1,600	단기차입	₩ 800
재 고	₩ 1,200	장기부채	₩ 800
고정자산	₩ 2,400	보통주	₩ 900
		유보이익	₩ 3,100
합 계	₩ 6,000	합 계	₩ 6,000

11. POCO-KOREA사의 재무제표를 미국 본사의 재무제표와 통합한 연결재무제표를 작성하고자 할 때 화폐성/비화폐성법(monetary/nonmonetary method)을 사용하여 환산하는 경우 다음중 역사적환율(historical exchange rate)을 적용하는 항목은?
   1) 외상매입금
   2) 외상매출금
   3) 단기차입
   4) 재고

12. 연결재무제표를 작성함에 있어서 현행환율법(current rate method)을 사용하여 환산하는 경우 환율이 $1=₩1,200에서 $1=₩1,000으로 원화가 평가절상을 한다면 기대되는 환산이익 또는 환산손실은 얼마인가?
   1) $666,666 환산손실
   2) $333,333 환산손실
   3) $666,666 환산이익
   4) $333,333 환산이익

13. 이 경우 만약 화폐성/비화폐성법(monetary/nonmonetary method)을 사용한다면 기대되는 환산이익 또는 환산손실은 얼마인가?
   1) $66,666 환산이익
   2) $66,666 환산손실
   3) $33,333 환산이익
   4) $33,333 환산손실

Part 4

국제조세 및 운전자본관리

CHAPTER 08

국제조세관리

제 1 절 다국적기업과 국제조세환경

다국적기업의 국제조세관리는 매우 복잡하지만 국제경영활동에 있어서 극히 중요하다고 할 수 있다. 다국적기업의 국제재무관리자는 국제조세환경이 다국적기업의 의사결정에 어떠한 영향을 미치는가를 파악하고 적절하게 대처해야 하므로 본사국 및 현지국의 다양한 조세제도를 이해하고 있어야 한다.

법인세의 경우 선진국들은 대개 35~50%의 높은 법인세율을 적용하나 개발도상국들은 일반적으로 비교적 낮은 법인세율을 적용하고 있다. 어떤 국가들은 극히 낮은 법인세율을 책정하여 자국 기업활동의 활성화를 도모하거나 또는 다국적기업을 유치하기 위하여 노력하기도 한다. 한편 현지국정부들은 특정산업이나 특정지역에 외국인투자를 유치하기 위해 외국인 투자기업에 대해 처음 몇 년간 법인세를 면제해주는 등의 조세유인(tax incentive)을 제공하기도 한다.

본사국 및 현지국의 조세제도가 다국적기업의 의사결정에 막대한 영향을 미치지만 그러한 조세영향력을 감소시키고 이익을 극대화할 수 있는 적절한 대응책을 마련하는 것도 가능하다. 예를 들어, 특정국가에서 고정자산에 대하여 가속상각법(accelerated depreciation method)을 허용하는 경우 다국적기업의 입장에서는 이 국가에 대규모의 고정시설을 갖춘 생산공장을 설립하는 것이 유리할 것이다.

다국적기업의 해외원천소득에 관한 처리방법은 국가별로 상이하다. 이와 같은 차이는 조세중립성(tax neutrality)에 대한 해석이 국가별로 상이한 데에 기인하기도 한다. 한편 국가간의 차이는 조세이연(tax deferral)의 가능성, 해외에서 납부한 세액의 공제제도(foreign tax credit system) 및 특수관계기업(associated enterprises)간 거래에 관한 처리방법 등에서도 나타난다. 한편 본사국이 다국적기업의 해외 원천소득에 대하여 어떠한 방식으로 과세하느냐에 따라서 다국적기업의 해외영업 운영형태가 영향을 받는다. 즉, 해외원천소득에 대한 과세방식은 다국적기업이 해외영업활동을 지점의 형태로 수행할 것인가 아니면 현지법인의 형태로 수행할 것인가를 결정하는 데 영향을 미치게 된다. 그리고 해외원천소득에 대한 과세방식은 조세피난처(tax haven)의 활용이 얼마만큼 바람직한지도 결정짓게 된다.

제 2 절 조세의 중립성

정부가 조세를 부과할 때는 조세수입이 얼마나 될 것이며, 얼마나 효율적으로 그 조세를 거두어 들일 수 있을 것인가에 대하여뿐만 아니라 그 조세가 경제주체들의 경제행위에 어떠한 영향을 미치게 될 것인가를 고려해야 한다. 예를 들어, 해외투자소득에 대한 미국정부의 조세정책은 다음과 같은 목표들을 지향하고 있다. 즉, 첫째, 미국기업의 여타 개발국으로 투자를 촉진(또는 저해)시키는 조세유인을 상쇄시킨다. 둘째, 미국기업의 개발도상국으로의 투자를 촉진시킨다. 셋째, 조세피난처의 활용에 따른 이점을 제거하고 자금을 본국으로 가져오도록 장려함으로써 미국의 국제수지를 개선시킨다. 넷째, 조세수입을 증대시킨다.

이상적인 조세란 효율적으로 그 조세를 거두어 들일 수 있어야 할 뿐만 아니라 경제주체들의 경제행위에 가능한 한 최소의 부정적 영향을 미치는 조세를 말한다고 할 수 있다. 일부 조세이론가들은 이상적 조세는 경제주체들의 의사결정에 미치는 영향이 완전히 중립적이고 조세부담자들간에 공평해야 한다고 주장한다. 그러나 또 다른 부류의 조세이론가들은 조세가 단지 중립적이고 공평해야 한다기보다는 국제수지의 개선 또는 개발도상국으로의 투자촉진 등의 국가정책 목표를 달성하기 위하여 적극적으로 활용되어야 한다고 주장한다. 대부분의 조세제도는 위의 두 가지 입장을 어느 정도 절충하고 있다고 볼 수 있다.

다국적기업의 해외원천소득에 대한 과세방식은 다국적기업에게 상당한 영향을 미치므로 이 경우에 있어서의 조세의 중립성을 정의해 볼 필요가 있다. 한 가지 정의방법은 특정 다국적기업의 국내영업활동으로부터 얻는 이익에 대한 조세부담비율이 같은 다국적기업의 해외영업활동으로부터 얻는 이익에 대한 조세부담비율과 동일하도록 과세한다면 그러한 조세는 중립적이라고 할 수 있다. 이러한 경우를 국내중립성(domestic neutrality)이라고 한다. 다국적기업의 해외원천소득에 대한 조세중립성의 다른 한 가지 정의방법은 특정 다국적기업의 해외현지법인의 조세부담이 그 현지국에서의 다른 경쟁기업들의 조세부담과 동일하도록 하는 경우로서 이러한 경우를 우리는 해외중립성(foreign neutrality)이라고 한다. 일반적으로 각국 정부들은 국내중립성의 정의를 선호하며 다국적기업들은 해외중립성의 정의를 선호한다고 할 수 있다. 예를 들어, 미국 재무성은 미국계 다국적기업의 해외현지법인은 미국 국내기업과 동일한 과세관할권에 속하므로 해외 영업활동으로부터 얻는 이익에 대한 조세부담비율이 국내영업활동으로부터 얻는 이익에 대한 조세부담비율과 동일해야 한다는 입장을 견지하고 있다.

제 3 절 국제적 이중과세의 배제방법

국제적 이중과세(international double taxation)란 동일한 납세자의 동일한 소득에 대하여 둘 이상의 국가의 과세권이 경합되는 현상을 말하는데 여기에서는 거주지국 과세권과 원천지국 과세권이 경합되는 경우를 살펴보고자 한다. 즉, 특정국가의 거주자가 외국에서 소득을 수취한 경우 당해 외국은 소득원천지국으로서 그 소득에 대하여 과세권을 행사하는 반면 그 납세자가 거주하는 국가는 거주지국으로서 당해 납세자의 해외원천소득을 포함한 전 세계소득에 대하여 납세의무를 지우기 때문에 발생하는 과세권의 경합에 초점을 맞추기로 한다.

이러한 국제적 이중과세의 배제방법은 크게 두 가지로 나눌 수 있는데 해외소득면제방법과 해외세액공제방법이 그것이다. 해외소득면제방법은 거주지국이 자국 거주자의 해외원천소득에 대한 과세권을 포기하는 방법을 말하는데, 이는 다시 완전면제방법과 누진부면제방법으로 나눌 수 있다. 완전면제방법(full exemption method)은 거주지국이 자국 거주자의 해외원천소득을 과세소득에 전혀 산입하지 않을 뿐만 아니라 과세소득에 대하여 적용될 한계세율을 결정하는 경우에도 해외원천소득을 전혀 고려하지 않는 방법이다. 이에 반하여 누진부면제방법(exemption with progression)은 거주지국의 거주자가 해외원천소득을 취득하는 경우, 그 소득을 과세하지는 않지만 당해 납세자의 잔여소득에 대해 적용될 세율을 결정함에 있어서 해외원천소득을 고려하는 방법으로서 누진세율체계하에서 실효성을 갖는다.

한편 해외세액공제방법은 거주지국이 자국 거주자의 해외원천소득을 거주지국의 과세소득에 산입하여 계산된 산출세액에서 원천지국에서 납부한 세액을 공제한다는 점에서 처음부터 해외원천소득을 과세소득에 산입하지 않는 해외소득면제방법과는 차이가 있다. 해외세액공제방법은 완전세액공제방법과 일반세액공제방법으로 나눌 수 있으나 완전세액공제방법은 해외에서 납부한 세액의 전부를 자국에서 납부할 세액으로부터 공제해주는 방법으로서 이 방법을 채택하고 있는 국가는 거의 없다. 일반세액공제방법은 해외납부세액을 거주지국에서 무제한 인정하여 주는 것이 아니라 해외원천소득에 거주지국의 법인세율을 적용하여 산출한 세액을 한도로 하여 공제하여 주는 방법이다.

일반세액공제방법하에서 원천지국의 세율이 거주지국의 세율보다 낮을 경우에는 납세자가 원천지국에서 납부한 세액을 전액 자국에서 공제받을 수 있으므로 당해 소득 전부가 자국에서 발생한 경우와 세부담이 동일하게 됨을 다음의 예로부터 쉽게 알 수 있다.

〈예〉

자 국 세 율	48%
원천지국세율	30%
	18%

즉, 위의 예에서 해외원천소득에 대하여 거주지국 세율 48%를 적용하여 산출된 세액에서 동 소득에 대하여 원천지국에서 납부한 세액(즉, 해외원천소득에 원천지국 세율 30%를 적용하여 산출된 세액)을 공제받을 수 있으므로 거주지국에서 실제로 납부해야 하는 세액은 해외원천소득에 대하여 거주지국 세율과 원천지국 세율의 차이인 18%의 세율을 적용하여 산출된 금액이 된다. 그러므로 이 경우 원천지국에서 납부한 세액(30% 적용)과 거주지국에서 납부해야 하는 세액(18% 적용)을 합하면 당해 소득이 자국에서 발생한 경우와 세부담은 동일하게 된다.

그러나 일반세액공제방법하에서 원천지국의 세율이 거주지국의 세율보다 높을 경우에는 납세자가 원천지국에서 납부한 세액 중 일부는 자국에서 공제받을 수 없으므로 납세자의 소득이 자국에서 발생한 경우보다 세부담이 더 많게 됨을 다음의 예로부터 알 수 있다.

〈예〉

자 국 세 율	48%
원천지국세율	52%
	4%

즉, 위의 예에서 해외원천소득에 대하여 거주지국 세율 48%를 적용하여 산출된 세액에서 동 소득에 대하여 원천지국에서 납부한 세액을 공제받을 수 있기는 하지만 일반세액공제방법하에서는 해외원천소득에 거주지국 세율 48%(원천지국 세율 52%가 아니라)를 적용하여 산출된 세액을 한도로 하여 공제받게 된다. 따라서 동 해외원천소득에 대하여 거주지국에서 실제로 납부해야 하는 세액은 0이 된다. 이 경우 원천지국에서 납부한 세액(52% 적용)과 거주지국에서 납부해야 하는 세액(0)을 합하면 당해 소득이 자국에서 발생한 경우 납부해야 하는 세액(48% 적용)보다 더 많게 된다.

일반세액공제방법하에서의 세액공제 한도액의 계산방식은 다음의 두 가지로 구분된다. 우선, 국별한도방식(per country limitation method)은 해외원천소득이 2개국 이상에서 발생하는 경우 거주지국에서 공제혜택이 부여되는 해외납부세액의 한도액을 해외소득이 발생한 국가별로 계산하는 방식이다. 반면에 일괄한도방식(overall limitation method)은 거주지국에서 공제혜택이 부여되는 해외납부세액의 한도액을 해외소득이 발생한 국가별로 구분하여 계산하

표 8-1 직접해외세액공제방식과 간접해외세액공제방식의 비교

직접해외세액공제방식		간접해외세액공제방식	
현지법인으로부터의 배당금	700	현지법인의 법인세 차감전 이익(본사지분에 해당하는)	1,000
배당금에 대한 원천세(15%)	105	현지국의 법인세(30%)	300
원천세 차감후 순배당금	595	현지법인의 법인세 차감후 순이익	700
본사 순이익 산정시 포함되는 현지법인으로부터 배당금	700	현지법인으로부터 본사로 지급된 배당금	700
본사국 법인세(48%)	336	배당금에 대한 원천세(15%)	105
차감 : 해외세액공제액	105	본사가 받은 원천세 차감후 순배당금	595
본사국에서 지급해야 되는 순세액	231	본사 순이익 산정시 포함되는 현지법인 이익의 산출 : 본사가 받은 배당금 총액	700
		추가 : 현지국 법인세	300
		본사 순이익 산정시 포함되는 현지법인 이익	1,000
		본사국 법인세(48%)	480
		차감 : 해외세액 공제액	405
		본사국에서 지급해야 되는 순세액	75

주 : 1) 위의 예에서는 본사국 법인세율, 현지국 법인세율 및 현지국 원천세율을 각각 48%, 30% 및 15%로 가정하고 있음.
2) 두 가지 방법에서 모두 현지법인으로부터의 배당금은 700으로 가정하고 있음.
3) 화폐단위는 생략하였음.

지 않고 거주지국 이외의 전 세계소득을 일괄하여 세액공제한도액을 계산하는 방식이다. 따라서 일괄한도방식을 적용하는 경우 세율이 높은 원천지국에서 납부한 세액 중에서 국별 공제한도액을 초과한 금액을 세율이 낮은 원천지국에서 납부한 세액이 국별 공제한도액에 미치지 못하는 경우 거주지국에서 공제받을 수 있기 때문에 다국적기업에게는 일괄한도방식이 국별한도방식보다 유리한 방식이라고 할 수 있다.

일반세액공제방법은 다시 직접해외세액공제방식과 간접해외세액공제방식으로 나눌 수 있다. 직접해외세액공제방식(direct foreign tax credit system)은 현지법인으로부터 본사로 지급된 이익배당금 중에서 본사가 현지국정부에 납부한 세액을 본사국정부에 납부할 세액에서 공제해주는 방식인 데 반하여, 간접해외세액공제방식(indirect foreign tax credit system)은 본사가 현지국정부에 직접 납부한 세액뿐만 아니라 현지법인이 현지국정부에 납부한 법인세납부액 중에서 본사지분만큼의 세액까지도 공제해주는 방식이다. 〈표 8-1〉로부터 쉽게 파악할 수 있는 바와 같이 직접해외세액공제방식에 비하여 간접해외세액공제방식은 다국적기업의 본사국에서의 조세부담을 경감시켜 주게 된다.

대부분의 국가에서는 직접해외세액공제방식과 간접해외세액공제방식을 병행하여 사용하고 있는데 미국의 경우 본사가 현지법인의 10% 이상 지분을 보유하고 있을 때에 한하여 간접해외세액공제방식을 사용할 수 있도록 하고 있다.

마지막으로, 개발도상국과 같은 원천지국이 외국인투자자의 투자소득에 대하여 조세감면을 인정하는 경우, 동 투자자의 거주지국이 원천지국에서의 감면세액 상당액을 실제로 납부한 것으로 의제하여 자국세액에서 공제하여 주는 의제외국납부세액공제제도(tax sparing credit)에 대하여 살펴보기로 한다.

이 제도의 취지는 이 제도가 인정되지 아니한 경우에 원천지국에서의 감면효과가 거주지국의 국고에 귀속되는 현상을 방지함으로써 외국인 투자자가 실질적인 혜택을 수혜하도록 하자는 데 있다. 그러므로 이와 같이 의제외국납부세액공제가 인정되는 경우에는 해외투자자의 전체 세부담이 경감되고 가처분소득은 증가하여 해외투자자의 본국에서는 해외투자를 촉진시킬 수 있고, 반면 원천지국의 경우에는 외자도입촉진 및 외자도입조건 개선의 효과를 얻을 수 있게 된다.

의제외국납부세액공제의 대상이 되는 원천지국에서의 감면세액은 조세조약에서 규정하는 바에 따르나 대부분의 경우 배당, 이자 및 사용료와 같은 투자소득에 대하여 조세가 감면되는 경우 당해 감면세액을 의미한다. 그리고 조세조약은 투자소득에 대한 모든 조세감면을 의제외국납부세액공제의 대상으로 인정하는 것이 아니라 당해 국가의 경제개발을 촉진시키기 위한 특별조치에 의하여 부여되고 있는 조세감면에 한정하여 동 세액공제를 인정하고 있다.

제 4 절 해외영업 운영형태와 조세제도

다국적기업의 해외영업 운영형태는 크게 지점(branch)과 현지법인(locally incorporated subsidiary)으로 나눌 수 있다. 다국적기업이 해외진출시 지점과 현지법인 중에서 어느 형태로 진출할 것인가를 결정하기 위하여는 현지국의 법적 · 정치적 요구조건, 현지국 내에서의 기업 이미지 및 기업의 경영정책 등 조세 이외의 문제들도 종합적으로 검토하여야 하나 여기에서는 조세제도를 중심으로 지점형태와 현지법인형태의 차이점을 살펴보기로 한다.

첫째, 해외사업체가 설립된 후 처음 몇 년 동안 손실이 발생할 것으로 예상되는 경우 지점형태를 취하게 되면 지점의 손실이 본사이익의 일부를 상쇄시켜줄 수 있으므로 다국적기업의 세부담을 줄여줄 수 있다. 그러나 현지법인형태를 취하는 경우에는 비록 현지법인에서 손실이 발생한다고 하더라도 그 손실이 본사이익의 일부를 상쇄시켜주지 못하므로 조세경감의 효과는 기대할 수가 없게 된다.

둘째, 대부분의 국가가 다국적기업의 현지법인이 본사로 이익배당금을 지급하는 경우에 배당금에 대하여 원천세(withholding tax)를 징수하지만 지점의 이익송금에 대하여는 원천세를 징수하지 않는다. 따라서 지점형태를 취할 경우에는 현지법인형태를 취할 경우와는 달리 이익송금에 대한 원천세를 피할 수 있다는 이점이 있다.

셋째, 다국적기업의 해외현지법인은 현지국정부에 법인세를 납부하지만 본사국정부는 현지법인의 이익이 본사로 배당이 된 경우에만 과세하는 것이 일반적이다. 따라서 현지국의 세율이 본사국의 세율보다 낮은 경우에는 현지국에서 발생된 이익의 배당을 유보함으로써 본사국에서의 과세를 이연(tax deferral)시킬 수 있다. 그러나 지점의 경우에는 지점의 이익이 본사로 송금되지 않았더라도 본사의 과세대상에 포함되므로 조세이연을 기대할 수 없다.

넷째, 일부 국가들은 천연자원 조사 및 개발활동을 하는 기업들로 하여금 그들의 천연자원 탐사비 또는 일부 개발비를 자본화해서 상각하는 대신 당기비용으로 처리하도록 허용하고 있다. 그러므로 이러한 비용을 당기비용으로 처리할 수 있는 이점을 활용하기 위하여 천연지원 조사 및 개발분야의 다국적기업들은 해외에서의 이러한 활동을 현지법인보다는 지점의 형태를 취하여 행하는 경우가 많다.

마지막으로, 특정국가에 현지법인을 설립하는 경우 이를 거점으로 제3국에 재투자가 가능하며 그 특정국가와 제3국 간에 체결된 조세조약상의 혜택을 누릴 수 있다. 특히, 본사국과 조세조약이 체결되지 않은 제3국에 진출하기 위하여 당해 제3국과 조세조약을 체결한 국가에 지주회사(holding company)를 설립하고 당해 지주회사가 제3국에 다시 현지법인을 설립하여 지주회사 소재지국과 제3국 간의 조세조약에 정한 혜택을 향유할 수 있다.

그러나 최근 각국 정부는 다국적기업의 조세 회피를 방지하기 위하여, 특정 조세조약을 당해 조약의 체약당사국의 거주자가 아닌 제3국 거주자가 당해 조세조약상의 특혜를 향유하기 위하여 체약당사국에 지주회사를 설립하는 경우 조약상의 혜택을 부인하는 규정을 두고 있으므로 각국의 국내법과 조세조약상의 규제사항에 대한 사전검토가 필요하다.

제 5 절 이전가격의 조작

이전가격(transfer price)이란 다국적기업 등의 동일 계열기업그룹 내 산하기업, 즉 특수관계기업(associated enterprises)간의 원자재, 제품 및 서비스 수수시에 적용되는 가격을 말한다. 내부이전가격은 정상적인 사업상의 관행에 따라 시장가격수준이 적용되기도 하나 계열기업그룹의 이익관리 및 회계방식에 따라 공개시장가격과는 다른 조작된 가격이 적용되는 경우가 보다 일반적이라고 할 수 있는데, 이와 같이 다국적기업이 그 내부거래가격을 공개시장가격과 달리 인위적으로 책정하는 행위를 이전가격의 조작이라 한다. 다국적기업이 이전가격을 조작하는 동기는 여러 가지로 나눌 수 있지만 여기에서는 다국적기업이 각국에 소재하는 계열기업에 귀속될 납세전 이익을 조작함으로써 세후 전체 그룹이익을 극대화하려는 목적에 초점을 맞추기로 한다. 즉, 다국적기업이 고세율국가에 소재하는 계열기업의 세부담을 줄이기 위하여 당해 기업에 대한 이전가격을 상향 조정하여 세전이익을 감소시키는 반면, 저세율국가에 소재하는 계열기업에 대한 이전가격은 하향 조정하여 세전이익을 증가시킴으로써 그룹 전체의 세부담을 극소화하려고 하는 경우를 말하고자 한다.

이와 같이 하나의 기업이 국경을 달리하는 특수관계에 있는 다른 기업과의 거래시 당해 기업그룹 전체로서의 조세부담을 최소화하기 위하여 가격 또는 비용의 부담을 인위적으로 조작함으로써 특수관계 기업간에 소득을 이전시키는 이전가격의 조작은 필연적으로 국가간 세부담의 불균형을 초래하게 된다.

이러한 이전가격의 조작으로 세수가 감소된 국가의 세무당국의 입장에서는 자기 관할구역 내에서 활동하는 기업의 과세소득을 적정하게 계산할 필요가 있게 되므로 어떤 형태로든지 기업내부 거래가격을 공개시장에서 형성되는 가격으로까지 조정해야 한다. 이와 같은 세무당국의 일련의 조정절차를 이전가격의 조정이라고 한다.

이전가격의 조정에 있어서 중요한 점은 각국 세무당국의 이전가격 조정이 다국적기업의 이전가격 조작을 통한 조세포탈의도의 유무를 요건으로 하지 않고 또한 세무당국의 이전가격 조정에 대한 입증책임을 납세자가 진다는 것이다. 따라서 특수관계기업간에 이전가격의 조작을 통한 거래를 행한 경우에는 그 동기여하를 불문하고 각국 세무당국의 이전가격 조정대상에 해당하게 된다. 그러나 세무당국이 특수관계기업간의 이전가격 거래를 부인하는 경우, 그 기준이 되는 독립기업간 거래가격(arm's length price)을 얼마로 보느냐에 따라 과세소득이 달라지기 때문에 이 문제가 실무상 가장 중요한 것이지만 조세조약에서는 일반적으로 아무런 언급이 없으므로 각국 국내법의 규정에 정한 바에 따라야 한다.

한편 다국적기업들은 조세피난처(tax haven)를 활용하여 과세를 회피하기도 한다. 조세피난처란 기업의 이익에 대해 부과하는 세율을 의도적으로 낮게 책정하고 기타 세제상의 유인을 제공함으로써 외국인 기업들이 명목상의 기업체(paper company)를 만들어 운영하도록 하는 나라를 말한다.

다국적기업들의 조세피난처 활용은 본사국정부가 현지법인의 이익이 본사로 배당될 때까지 과세를 이연시켜주는 데 기인한다고도 할 수 있다. 일반적으로 조세피난처에 설립된 현지법인의 주식은 본사가 100% 보유하게 된다. 그리고 계열기업들간의 출자금 및 배당금 등 자금의 이전이 조세피난처에 설립된 현지법인을 통해 행해지도록 한다. 그러므로 일반적인 경우에는 해외현지법인이 이익배당을 실시하게 되면 이에 대하여 본사국정부가 즉시 과세하게 되나 이와 같이 조세피난처에 설립된 현지법인으로 일단 자금을 이전시키는 경우에는 동 현지법인이 다시 본사로 이익배당을 할 때까지 과세의 이연이 가능하게 된다. 만약 해외기업활동이 계속적으로 확장되고 다국적기업의 내부자금이 계속적으로 필요한 경우에 조세피난처에 설립된 현지법인이 이러한 내부자금 공급원의 역할을 하게 된다면 본사국정부의 과세를 무기한 이연시키는 것도 가능하게 된다.

특정국이 다국적기업의 조세피난처로서 활용될 수 있기 위하여는 다음과 같은 조건들을 충족시켜야 한다고 할 수 있다. 첫째, 외국인기업의 투자소득에 대한 세율이 낮아야 하며 현지법인이 본사로 배당금을 송금할 때 부과하는 원천세율 또한 낮아야 한다. 둘째, 다른 통화들과 쉽게 교환이 이루어지는 안정된 통화를 가지고 있어야 한다. 셋째, 통신시설, 사무직 근로자 및 금융기관 등이 상당한 수준으로 발달되어 있어야 한다. 넷째, 외국인투자를 장려하는 안정된 정부를 가지고 있어야 한다. 이와 같은 조건들을 충족시키는 대표적인 조세피난처로서 유럽에서는 스위스를 들 수 있으며 그 이외에 파나마, 쿠웨이트, 홍콩, 바하마 및 리히텐슈타인 등을 들 수 있다.

실제로 오늘날 다국적기업들은 이전가격의 조작을 통하여 다국적기업 전체의 세부담을 줄이고 있으며 또한 조세피난처를 활용하여 본사국 또는 현지국의 과세를 회피하기도 한다. 그러나 각국 정부들은 이와 같은 다국적기업들의 재무적 조작에 적극적으로 대처하고 있다. 예를 들어, 미국의 국세청은 내국세법 제482조(U.S. Internal Revenue Code, Section 482)의 강력한 집행으로 다국적기업들의 이전가격조작에 대처하고 있으며 또한 1962년의 개정세법(U.S. Internal Revenue Act of 1962)의 한 가지 목적은 조세피난처의 활용에 따른 이점을 제거하기 위한 것이었다.

제 6 절 사례분석: Dallas사[1)]

사 례

Dallas사는 국제현금관리를 개선하기 위하여 사내거래에 있어서 가격정책의 변경문제를 심각하게 고려하고 있었다. 좀더 구체적으로 말하자면 벨기에에 위치한 자회사가 대만에 위치한 자회사에게 공급하는 부품가격을 인위적으로 낮춤으로써 벨기에 자회사의 세전이익을 $10,000,000만큼 낮추고 대만 자회사의 세전이익을 $10,000,000만큼 높

1) 이 부분은 Ian H. Giddy가 개발한 사례, *Dallas Semiconductor*를 참고하여 수정 보완하였음.

이는 방법을 고려하고 있었다. Dallas사의 본사에서는 이러한 이전가격의 조작은 벨기에보다 낮은 대만의 세율 때문에 Dallas사의 전 세계적 조세부담을 상당히 경감시켜줄 것으로 예상하였다. 한편 프랑스에 위치한 자회사에 대하여 Dallas사는 현재 7%의 지분을 가지고 있지만 지분을 10%로 늘릴 경우에는 간접해외세액공제방법을 채택할 수 있게 되므로 조세부담의 상당한 경감이 있게 될 것으로 예상하였다. 단, 이러한 지분의 증가를 위하여는 $16,000,000의 비용이 들 것으로 판단되므로 지분의 증가에 따른 세후이익의 증가폭이 비용을 고려할 때 과연 충분하다고 볼 수 있을지를 살펴보기로 하였다. 이러한 문제들에 대한 해답을 구하기 전에 당시 해외자회사들의 세전이익, 본사지분 및 배당률 등을 살펴보면 다음의 〈표 8-2〉와 같다.

한편, Dallas사의 본사국 및 자회사국별 법인세율 및 배당에 대한 원천세율은 〈표 8-3〉과 같다.

표 8-2 해외자회사들의 세전이익, 본사지분 및 배당률

	세전이익(단위 : 백만$)	지분(%)	배당률(%)
독 일 자회사	80	100	100
벨 기 에 자회사	260	100	50
프 랑 스 자회사	300	7	70
싱가포르 자회사	14.28	50	100
대 만 자회사	30	100	100

표 8-3 각국별 법인세율 및 원천세율

	법인세율(%)	원천세율(%)
미 국	48	
독 일	36	15
벨 기 에	48	15
프 랑 스	50	5
싱가포르	30	10
대 만	35	8

분 석

이제 Dallas사의 해외영업이익에 대한 조세부담상황을 살펴보면 다음의 〈표 8-4〉와 같다.

〈표 8-4〉를 작성함에 있어서 유의해야 할 점은 다음과 같다. 첫째, 미국 본사가 프랑스 자회사에 대하여는 7%의 지분만 보유하고 있으므로 직접해외세액공제방법을 사용하지만 나머지 자회사들에 대하여는 간접해외세액공제방법을 사용한다. 둘째, 현지법인으로부터 본사로 지급된 배당금을 산출할 때 배당률(dividend payout ratio)이 얼마인가를 반드시 살펴야 한다. 셋째, 본사 순이익 산정시 포함되는 현지법인의 이익을 산출할 때 본사가 받은 배당금 총액에 추가하는 현지국 법인세액에 대하여도 배당률을 고려해야 한다. 즉, 이 때 추가되는 현지국 법인세액은 현지법인이 납부한 법인세액에

표 8-4 Dallas사의 해외영업이익에 대한 조세부담상황 (단위 : 백만$)

구 분	독 일 자회사	벨기에 자회사	프랑스[5] 자회사	싱가폴 자회사	대 만 자회사	합 계
현지법인의 법인세 차감전 이익(본사지분에 해당하는)	80	260	21	7.14	30	398.14
현지국 법인세	28.8	124.8	10.5	2.14	10.5	176.74
현지법인의 법인세 차감후 순이익	51.2	135.2	10.5	5	19.5	221.4
현지법인으로부터 본사로 지급된 배당금[1]	51.2	67.6	7.35	5	19.5	
배당금에 대한 원천세	7.68	10.14	0.3675	0.5	1.564	20.2515
본사가 받은 원천세 차감후 순배당금	43.52	57.46	6.9825	4.5	17.936	
현지국에서의 총세액[2]	36.48	134.94	10.8675	2.64	12.064	196.9915
본사 순이익 산정시 포함되는 현지법인이익의 산출 :						
본사가 받은 배당금 총액	51.2	67.6		5	19.5	
추가 : 현지국 법인세	28.8	62.4[3]		2.14	10.5	
본사 순이익 산정시 포함되는 현지법인이익	80	130	7.35	7.14	30	254.49
본사국 법인세(미국 법인세율을 적용)	38.4	62.4	3.528	3.4272	14.4	122.1552
차감 : 해외세액공제액	36.48	72.54[4]	0.3675	2.64	12.064	124.0915
본사국에서 지급해야 되는 순세액	1.92	(10.14)	3.1605	0.7872	2.336	(1.9363)

주 : 1) 벨기에 자회사의 배당률은 50%, 프랑스 자회사의 배당률은 70% 그리고 나머지 자회사들의 배당률은 100%임.
2) 현지국에서의 총세액은 현지국 법인세와 배당금에 대한 원천세를 합한 값임.
3) 현지법인이 납부한 법인세 × 배당률(50%)에 해당하는 만큼을 추가함.
4) 현지법인이 납부한 법인세 × 배당률(50%)에 해당하는 만큼(62.4)의 해외세액공제가 허용됨. 여기에 배당금에 대한 원천세(10.14)를 합하면 총해외세액공제액은 72.54가 됨.
5) 미국 본사가 프랑스 자회사에 대하여 7%의 지분만 보유하고 있으므로 직접해외세액공제방법을 사용하여야 함.

배당률을 곱하여 얻은 값이 된다. 마지막으로 간접해외세액공제방법을 사용하는 경우 본사국 정부에 납부할 세액에서 공제가 허용되는 해외세액공제액을 산출함에 있어서도 배당률을 고려해야 한다. 다시 말하자면, 간접해외세액공제방법하에서는 현지국정부에 대하여 본사가 직접 납부한 원천세(배당금에 대한)뿐만 아니라 현지법인이 현지국정부에 납부한 법인세납부액 중에서 본사지분만큼의 세액까지도 공제가 허용되는데 이 경우 법인세에 대한 해외세액공제액을 산출할 때 배당률을 곱하여 얻은 금액만큼만 해외세액공제가 허용된다. 이것은 본사 순이익 산정시 포함되는 현지법인의 이익을 산출할 때 배당률을 고려하였으므로 해외세액공제액을 산출할 때도 배당률을 고려해야 한다는 것을 말한다고 할 수 있다.

〈표 8-4〉의 마지막 줄은 각 자회사별 해외영업이익에 대하여 본사국에서 지급해야 되는 순세액을 보여주고 있다. 만약 세액공제한도액의 계산방식을 국별 한도방식(per country limitation method)으로 하는 경우에는 마지막 줄에 나와 있는 금액들이 바로 본사국에서 지급해야 되는 순세액이 된다. 즉, 독일 자회사의 해외영업이익에 대하여는 1.92백만 달러, 프랑스 자회사 3.1605백만 달러, 싱가포르 자회사 0.7872백만 달러, 대만 자회사 2.336백만 달러, 그리고 벨기에 자회사의 경우에는 해외세액공제액이 72.54백만 달러이지만 세액공제한도액은 본사국 법인세율을 적용하여 산출한 62.4백만 달러이므로 해외세액공제액의 한도액 초과분은 사용할 수가 없게 되며 벨기에 자회사의 해외영업이익에 대하여 본사국에서 지급해야 되는 순세액은 영이 된다. 그러므로 국별한도방식을 택하는 경우 Dallas사의 전체 해외영업이익에 대한 본사국에서의 세부담액은 1.92 + 3.1605 + 0.7872 + 2.336 = 8.2037백만 달러가 된다.

그러나 세액공제한도액의 계산방식을 일괄한도방식(overall limitation method)으로 하는 경우에는 세액공제한도액을 해외소득이 발생한 국가별로 구분하여 계산하지 않고 본사국 이외의 전 세계소득을 일괄하여 계산하게 되므로 세율이 높은 원천지국에서 납부한 세액 중에서 국별 공제한도액을 초과한 금액을 세율이 낮은 원천지국에서 납부한 세액이 국별 공제한도액에 미치지 못하는 경우 본사국에서 공제받을 수 있게 된다. 즉, 벨기에 자회사의 경우 해외세액공제액 72.54백만 달러 중에서 세액공제한도액 62.4백만 달러를 초과한 금액 10.14백만 달러를 다른 현지국 자회사들의 해외영업이익에 대하여 본사국에서 지급해야 하는 순세액에서 공제받을 수가 있다. 그러므로 이 경우 Dallas사 전체 해외영업이익에 대한 본사국에서의 세부담액은 1.92 + 3.1605 + 0.7872 + 2.336 − 10.14 = −1.9363백만 달러가 되는데, 이것은 Dallas사 전체 해외영업이익에 대하여 본사국에서 지급해야 되는 순세액이 영이 된다는 것을 의미한다.

〈표 8-5〉는 Dallas사의 이전가격 조작에 따른 조세부담상황의 변화를 보여주고 있

표 8-5	Dallas사의 이전가격 조작에 따른 조세부담상황의 변화 (단위 : 백만$)			
구 분	벨기에 자회사		대만 자회사	
	전	후	전	후
현지법인의 법인세 차감전 이익	260	250	30	40
현지국 법인세	124.8	120	10.5	14
현지법인의 법인세 차감후 순이익	135.2	130	19.5	26
현지법인으로부터 본사로 지급된 배당금[1)]	67.6	65	19.5	26
배당금에 대한 원천세	10.14	9.75	1.564	2.08
본사가 받은 원천세 차감후 순배당금	57.46	55.25	17.936	23.92
현지국에서의 총세액	134.94	129.75	12.064	16.08
본사 순이익 산정시 포함되는 현지법인이익의 산출 :				
본사가 받은 배당금 총액	67.6	65	19.5	26
추가 : 현지국 법인세	62.4[2)]	60	10.5	14
본사 순이익 산정시 포함되는 현지법인이익	130	125	30	40
본사국 법인세(미국 법인세율을 적용)	62.4	60	14.4	19.2
차감 : 해외세액공제액	72.54[3)]	69.75	12.064	16.08
본사국에서 지급해야 되는 순세액	(10.14)	(9.75)	2.336	3.12

주 : 1) 벨기에 자회사의 배당률은 50%, 대만 자회사의 배당률은 100%임.
주 : 2) 현지법인이 납부한 법인세 × 배당률(50%)에 해당하는 만큼을 추가함.
주 : 3) 현지법인이 납부한 법인세 × 배당률(50%)에 해당하는 만큼(62.4)의 해외세액공제가 허용됨. 여기에 배당금에 대한 원천세(10.14)를 합하면 총 해외세액공제액은 72.54가 됨.

다. 앞에서 이미 언급한 바와 같이 벨기에 자회사가 대만 자회사에게 공급하는 부품가격을 인위적으로 낮춤으로써 벨기에 자회사의 세전이익을 10백만 달러만큼 낮추고 대만 자회사의 세전이익을 10백만 달러만큼 높이는 경우에 Dallas사의 전 세계적 조세부담은 얼마만큼 경감될 수 있는지를 〈표 8-5〉가 보여주고 있다. 〈표 8-5〉에 의하면 벨기에 자회사가 현지국에서 납부하는 총세액은 134.94 − 129.75 = 5.19백만 달러만큼 감소하는 반면 대만 자회사가 현지국에서 납부하는 총세액은 16.08 − 12.064 = 4.016백만 달러만큼 증가하는 것을 알 수 있다. 그러므로 전체적으로 볼 때는 현지국정부들에게 납부하는 세액이 5.19 − 4.016 = 1.174백만 달러만큼 감소하는 것을 알 수 있다.

한편 벨기에 자회사 및 대만 자회사의 해외영업이익에 대하여 본사국에서 지급해야 되는 순세액은 세액공제한도액의 계산방식을 국별 한도방식으로 하는 경우에는 대만 자회사의 해외영업이익에 대하여는 3.12 − 2.336 = 0.784백만 달러만큼 증가하지만 벨기에 자회사의 해외영업이익에 대하여는 실질적으로 아무런 변화가 없게 된다. 그 이유는 이전가격 조작을 행하기 전과 후에 본사국에서 지급해야 되는 순세액이 각각 −10.14백만 달러와 −9.75백만 달러로서 실질적으로 본사국에서 지급해야 되는 순세액은 모두 영이기 때문이다. 만약 세액공제 한도액의 계산방식을 일괄한도방식으로 하는 경우에는 전체 해외영업이익에 대하여 본사국에서 지급해야 되는 순세액이 이전가격 조작을 행하기 전에는 1.92 + 3.1605 + 0.7872 + 2.336(대만) − 10.14(벨기에) = −1.9363백만 달러이고 이전가격 조작을 행한 후에는 1.92 + 3.1605 + 0.7872 + 3.12(대만) − 9.75(벨기에) = −0.7623백만 달러가 되는데 이것은 전체 해외영업이익에 대하여 실질적으로 본사국에서 지급해야 되는 순세액은 이전가격조작을 행하기 전과 후에 모두 영이라는 것을 의미한다.

따라서 국별 한도방식을 택하는 경우에는 대만 자회사의 해외영업 이익에 대하여 본사국에서 지급해야 되는 순세액이 실질적으로 0.784백만 달러만큼 증가하지만 일괄한도방식을 택하는 경우에는 본사국에서 지급해야 되는 순세액이 실질적으로 아무런 변화가 없게 된다는 것을 알 수 있다. 우리는 앞에서 현지국정부들에게 납부하는 세액이 이전가격 조작에 의하여 1.174백만 달러만큼 감소하는 것을 알았으므로 현지국 및 본사국에서의 총세부담액은 국별한도방식을 택하는 경우에는 1.174 − 0.784 = 0.39백만 달러만큼 감소하고 일괄한도방식을 택하는 경우에는 1.174백만 달러만큼 감소하는 것을 알 수 있다.

〈표 8-6〉은 Dallas사의 프랑스 자회사에 대한 지분을 7%로부터 10%로 증가시키는 경우의 조세부담상황의 변화를 보여주고 있다. 〈표 8-6〉에서 볼 수 있는 바와 같이 Dallas사가 프랑스 자회사에 대하여 7%의 지분을 가지고 있을 경우에는 직접해외세액

표 8-6 Dallas사의 프랑스 자회사에 대한 지분을 7%로부터 10%로 증가시키는 경우 조세부담상황의 변화

(단위 : 백만$)

구 분	프랑스 자회사	
	7% 지분의 경우	10% 지분의 경우
현지법인의 법인세 차감전 이익(본사지분에 해당하는)	21	30
현지국 법인세	10.5	15
현지법인의 법인세 차감후 순이익	10.5	15
현지법인으로부터 본사로 지급된 배당금[1)]	7.35	10.5
배당금에 대한 원천세	0.3675	0.525
본사가 받은 원천세 차감후 순배당금	6.9825	9.975
현지국에서의 총세액	10.8675	15.525

구 분	프랑스 자회사	
	7% 지분의 경우	10% 지분의 경우
본사 순이익 산정시 포함되는 현지법인이익의 산출 :		
본사가 받은 배당금 총액		10.5
추가 : 현지국 법인세		10.5[2]
본사 순이익 산정시 포함되는 현지법인이익	7.35	21
본사국 법인세(미국 법인세율을 적용)	3.528	10.08
차감 : 해외세액공제액	0.3675	11.025[3]
본사국에서 지급해야 되는 순세액	3.1605	(0.945)

주 : 1) 프랑스 자회사의 배당률은 70%임.
2) 현지법인이 납부한 법인세 × 배당률(70%)에 해당하는 만큼을 추가함.
3) 현지법인이 납부한 법인세 × 배당률(70%)에 해당하는 만큼(10.5)의 해외세액공제가 허용됨. 여기에 배당금에 대한 원천세(0.525)를 합하면 총해외세액공제액은 11.025가 됨.

공제방법을 채택하므로 본사 순이익 산정시 포함되는 현지법인이익은 현지법인으로부터 본사로 지급된 배당금이 되며 해외세액공제액은 배당금에 대한 원천세가 된다. 그러나 10%의 지분을 가지게 되면 간접해외세액공제방법을 채택할 수 있으므로 본사 순이익 산정시 포함되는 현지법인의 이익을 산출하기 위하여 본사가 받은 배당금 총액에 현지법인이 납부한 법인세 납부액 중에서 본사지분에 해당하는 만큼에 배당률을 곱하여 얻은 값을 추가하게 된다. 그리고 해외세액공제액은 배당금에 대한 원천세와 현지법인이 현지국정부에 납부한 법인세 납부액 중에서 본사지분에 해당하는 만큼에 배당률을 곱하여 얻은 값을 더하여 구한 값이 된다.

〈표 8-6〉은 프랑스 자회사의 해외영업이익에 대하여 본사국에서 지급해야 되는 순세액이 7% 지분의 경우에는 3.1605백만 달러인 반면 지분을 10%로 늘리게 되면 −0.945백만 달러가 됨을 보여주고 있다. 따라서 국별 한도방식으로 세액공제한도액을 정하는 경우에 7% 지분의 경우에는 본사국에서 지급해야 되는 순세액이 3.1605백만 달러이지만 10%로 지분을 늘리게 되면 본사국에서 지급해야 되는 순세액은 실질적으로 영이 된다. 그런데 현지국에서의 총세액은 지분을 증가시킴에 따라 10.8675백만 달러로부터 15.525백만 달러로 4.6575백만 달러만큼 늘어나므로 현지국 및 본사국에서의 총세부담액은 $4.6575 - 3.1605 = 1.497$백만 달러만큼 늘어나게 된다. 한편 현지법인의 법인세 차감전 이익 중 본사지분에 해당하는 금액은 지분을 7%로부터 10%로 증가시킴에 따라 21백만 달러로부터 30백만 달러로 9백만 달러만큼 늘어나게 되므로 현지국 및 본사국에서의 총세부담증가액 1.497백만 달러를 감안하면 지분의 증가에 따른 추가적인 이익은 $9 - 1.497 = 7.503$백만 달러가 된다고 할 수 있다.

만약 일괄한도방식을 택하는 경우에는 프랑스 자회사에 대하여 7%의 지분을 본사가 가지고 있을 때 전체 해외영업이익에 대하여 본사국에서 지급해야 되는 순세액이 1.92 − 10.14 + 3.1605 + 0.7872 + 2.336 = −1.9363백만 달러가 되며 이것은 실질적으로 본사국에서 지급해야 되는 순세액이 영이 된다는 것을 앞에서 이미 살펴본 바 있다. 같은 방법으로, 프랑스 자회사에 대하여 10%의 지분을 가지게 될 때 전체 해외영업이익에 대하여 본사국에서 지급해야 되는 순세액은 1.92 − 10.14 − 0.945 + 0.7872 + 2.336 = −6.0418백만 달러가 됨을 쉽게 알 수 있는데 이것도 실질적으로 본사국에서 지급해야 되는 순세액은 영이 된다는 것을 의미한다. 따라서 일괄한도방식을 택하는 경우에는 본사국에서 지급해야 되는 순세액이 지분의 증가에 따라 실질적으로 전혀 변화가 없게 된다. 그러므로 지분의 증가에 따른 현지국에서의 총세액 증가 4.6575백만 달러만 고려하면 된다. 앞에서 이미 살펴본 바와 같이 현지법인의 법인세 차감전 이익 중 본사지분에 해당하는 금액은 지분의 증가와 함께 9백만 달러만큼 늘어나게 되므로 총세부담증가액 4.6575백만 달러를 감안하면 지분의 증가에 따른 추가적인 이익은 9 − 4.6575 = 4.3425백만 달러가 된다고 할 수 있다.

우리는 앞에서 프랑스 자회사에 대한 지분의 증가를 위하여 16백만 달러의 비용이 든다는 점을 언급하였다. 따라서 국별 한도방식을 택하는 경우에는 16백만 달러의 비용을 회수하는 데 16 ÷ 7.503 = 2.13년의 기간이 소요되고 일괄한도방식을 택하는 경우에는 16 ÷ 4.3425 = 3.68년의 기간이 소요된다고 할 수 있다. 즉, Dallas사의 입장에서 볼 때 16백만 달러의 비용을 들여 프랑스 자회사에 대한 지분을 7%로부터 10%로 증가시키게 되면 2년 내지 4년 동안의 기간이 경과하게 되면 그 비용이 회수될 수 있다는 것을 의미한다.

연·습·문·제

EXERCISES

1. 다국적기업의 본사가 해외현지법인이 위치한 현지국 정부에 직접 납부한 세액뿐만 아니라 현지법인이 현지국 정부에 납부한 법인세납부액 중에서 본사지분만큼의 세액까지도 공제해주는 해외세액공제방식은 무엇이라고 하는가?
   1) 직접해외세액공제방식(direct foreign tax credit system)
   2) 간접해외세액공제방식(indirect foreign tax credit system)
   3) 의제외국납부세액공제제도(tax sparing credit)
   4) 일괄한도방식(overall limitation method)

2. 개발도상국과 같은 소득의 원천지국이 외국인투자자의 투자소득에 대하여 조세감면을 인정하는 경우, 투자자의 거주지국이 원천지국에서의 감면세액 상당액을 실제로 납부한 것으로 간주하여 자국세액에서 공제하여 주는 제도는 무엇이라고 하는가?
   1) 직접해외세액공제방식(direct foreign tax credit system)
   2) 간접해외세액공제방식(indirect foreign tax credit system)
   3) 의제외국납부세액공제제도(tax sparing credit)
   4) 일괄한도방식(overall limitation method)

〈문제 3번부터 4번까지는 다음의 상황을 읽고 답하시오〉

상 황

다음은 Poco사의 독일 및 벨기에 자회사의 영업이익에 대한 조세부담상황을 보여주고 있다. Poco사는 독일 및 벨기에 자회사에 대하여 각각 100% 지분을 확보하고 있으며 독일 자회사의 배당률은 100%인 반면에 벨기에 자회사의 배당률은 50%이다. 미국 법인세율은 48%, 독일 법인세율은 36%, 벨기에 법인세율은 48%이며 독일과 벨기에의 원천세율은 모두 15%라고 가정하라.

(단위 : 백만$)

구 분	독일 자회사	벨기에 자회사
현지법인의 법인세 차감전 이익	80	130
현지국 법인세	28.8	62.4
현지법인의 법인세 차감후 순이익	51.2	67.6

구 분	독일 자회사	벨기에 자회사
현지법인으로부터 본사로 지급된 배당금	〈가〉	〈A〉
배당금에 대한 원천세	〈나〉	〈B〉
본사가 받은 원천세 차감후 순배당금	43.52	28.73
현지국에서의 총세액	〈다〉	〈C〉
본사순이익 산정시 포함되는 현지법인이익의 산출:		
본사가 받은 배당금 총액	〈가〉	〈A〉
추가: 현지국 법인세	〈라〉	〈D〉
본사순이익 산정시 포함되는 현지법인이익	80	65
본사국 법인세	〈마〉	〈E〉
차감: 해외세액공제액	〈바〉	〈F〉
본사국에서 지급해야 되는 순세액	〈사〉	〈G〉

3. 위의 〈가〉부터 〈사〉에 들어갈 금액은 각각 얼마인가?

4. 위의 〈A〉부터 〈G〉에 들어갈 금액은 각각 얼마인가?

CHAPTER 09

국제운전자본관리 *

제 1 절 운전자본관리의 중요성

운전자본은 기업이 일상적인 영업활동을 원활하게 수행하는 데 필요로 하는 자본으로서 총운전자본(gross working capital)과 순운전자본(net working capital)으로 나눌 수 있다. 총운전자본은 현금, 예금, 외상매출금, 유가증권, 재고자산 등의 유동자산 전체를 말하고, 순운전자본은 유동자산에서 유동부채를 차감한 금액을 의미한다.

기업의 경영활동에 있어서 운전자본의 관리는 매우 중요하다고 할 수 있는데 그 이유는 다음과 같다. 첫째, 기업의 총자산에서 유동자산이 상당한 비중을 차지하기 때문에 운전자본관리의 실패는 경영 자체를 위태롭게 하는 요인이 된다. 둘째, 자본예산의 편성이나 장기자본의 조달에 관한 의사결정은 그 예측기간의 장기성과 불확실성 때문에 훨씬 복잡하지만 그 의사결정의 빈도는 상대적으로 낮은 데 반하여, 운전자본과 관련된 의사결정은 단기적이고 또한 그 빈도가 높기 때문에 계속적으로 운전자본의 관리문제를 다루어야 한다. 셋째, 운전자본관리의 목표는 유동성과 수익성을 최적수준으로 유지하는 데 있다. 기업이 유동성을 지나치게 의식하여 유동자산을 과도하게 보유하면 상대적으로 수익성이 저하되며, 반대로 수익성을 지나치게 추구하여 유동성이 낮

---

* 이 부분은 David K. Eiteman and Arthur 1. Stonehill, *Multinational Business Finance*, Fifth Edition(Reading, Mass. : Addison-Wesley Publishing Co., 1989)를 참고하였음.

아지면 단기 지급능력이 약화되어 위험에 빠지게 된다 따라서 유동성과 수익성을 잘 조화시키는 것이 운전자본관리의 목표라 할 수 있다.

제 2 절 다국적기업 운전자본관리의 특징

기업이 국내에서만 영업활동을 할 경우, 동일기업 내 각 부문간의 자금이전은 일반적으로 아무런 제약을 받지 않는다고 할 수 있다. 그리고 운전자본을 어디에 위치시킬 것인가에 관한 결정은 흔히 한계수익률과 최소한의 현금운용으로 얻을 수 있는 혜택에 근거한다. 반면 기업이 여러 국가에 걸쳐 사업을 수행하는 경우에는 정치, 조세, 외환 및 유동성에 관한 고려는 자금의 국제적 이전에 상당한 제약을 가하게 되므로 이러한 문제들을 잘 살펴보아야 한다.

자금의 이전에 있어서 고려해야 할 정치적인 문제로는 우선 외환통제를 들 수 있다. 외환통제란 일국의 통화가 타국의 통화로 아예 태환이 되지 못하도록 하거나 또는 적절한 환율로 통화가 교환되는 것을 금지하는 각종 조치를 말하는데 이러한 외환통제는 자금의 이전을 명백히 봉쇄하는 조치라고 할 수 있다. 한편 배당지급 및 기타 여러 가지 자금송금이 각종 수단들에 의해 심각하게 제한되거나 또는 과도한 세금이 부과되기도 하는데 이 때에는 암묵적인 자금이전의 봉쇄가 일어나게 된다. 그러므로 정치적인 제약은 자금의 이전을 알게 모르게 막을 수 있다.

조세문제는 자금이 이동할 때 통과하게 되는 각국 정부의 복잡하고 때로는 상호모순되는 조세구조 때문에 일어난다.

외환문제는 환율변동위험뿐만 아니라 특정통화 표시의 자금을 다른 통화로 교환할 때 발생하는 외환거래비용을 포함한다. 외환의 매입과 매도가격의 차이로 인한 이 비용은 외환시장에서 활동하는 은행이나 dealer에게는 수익을 가져다 주지만 외환거래가 거액으로 그리고 빈번하게 이루어지면 기업에게는 상당한 외환거래비용이 발생하게 된다.

유동성문제란 다국적기업이 전 세계적으로 은행들과 좋은 거래관계를 유지해야 하는 한편 각 현지 자회사들도 유동성 요건을 충족시킬 수 있도록 배려해야 한다는 것을 말한다. 즉, 다국적기업이 범세계적으로 유동성을 최적화시키고자 함에 따라 현지 자회사의 유동성 요건 충족에 대한 고려가 간과되기 쉬우므로 이에 대한 적절한 조치가 요구되는 것이다.

제 3 절 다국적기업의 자금이전수단

다국적기업은 자금을 이전시키고자 할 때 전체자금을 배당금뿐만 아니라 로얄티, 수수료 등 여러 개의 개별흐름으로 분리시키는 방법을 택하기도 한다. 이러한 자금의 분리이전이 가지는 이점을 구체적으로 살펴보면 첫째, 가령 본사국에 대한 현지국으로부터의 이익의 송금이 배당금 지급이라는 한 가지 형태로 대규모로 이루어질 경우에는 현지국정부의 감정을 상하게 할 수 있으나, 자금을 배당금, 로얄티 및 각종 수수료 등의 여러 가지 형태로 분리하여 본사국으로 개별송금할 경우에는 그러한 문제를 발생시키지 않고 보다 용이하게 모회사가 현지 자회사로부터 자금을 회수할 수 있게 된다. 둘째, 자금의 분리는 자회사가 모회사에게 각종 수수료를 지급하게 함으로써 모회사로부터 각 자회사로 간접비의 할당을 용이하게 만든다. 셋째, 자금의 분리는 합작투자의 경우 참여자들에 대한 보상을 단지 주식의 소유지분에 비례시키기보다는 그들의 합작투자에 대한 다양한 형태의 기여도에 비례시킬 수 있으므로 합작투자 프로젝트에 현지자본의 참여를 쉽게 한다.

1. 배당송금

배당금 지급은 기업이 자회사로부터 모회사로 자금을 이전하는 가장 일반적인 방법으로 기업이 배당정책을 결정하고자 할 때에는 조세문제, 정치적 위험, 환위험 및 기타 요인들을 신중히 검토한 후 결정하여야 한다.

1) 조세문제

현지국의 세법은 배당결정에 영향을 미친다. 예를 들면, 독일과 같은 나라는 유보이익에 대해서보다 배당이익에 대하여 보다 높은 세율을 적용한다. 또한 대부분의 국가는 모회사로 지급되는 배당금에 대해 원천세(withholding tax)를 부과한다. 한편, 본사국의 과세 역시 자회사의 배당결정에 영향을 미친다.

2) 정치적 위험

만약 현지국에 정치적 위험이 크다면 모회사는 현지 자회사에 대하여 현지에서 발생한 자금을 현지에서 필요한 운전자본만 남겨놓고 나머지는 모두 송금하도록 요구할 수가 있을 것이며 반면에 현지 자회사의 재정자립도를 강화시키기 위해 송금을 전혀 요구하지 않을 수도 있다. 하지만 이러한 것들은 극단적인 경우이고 그보다는 현지국 정부의 간섭을 피하기 위하여 일정한 배당률(dividend payout ratio)을 계속 유지해 나가는 것이 기업들의 일반적인 반응이다. 한편 현지국 정부 역시 일정한 배당지급이 이루어지기를 보다 선호하는데 이것은 만약 어떠한 배당지급이 이루어질 경우 그것이 정상적인 것인지 혹은 현지국으로부터 자금을 유출시키고자 하는 것인지를 판단할 수 있는 기준을 제공할 수 있기 때문이다.

3) 환위험

다국적기업이 현지 자회사를 통해 해외에서 영업활동을 수행해 나가는 도중에 만약 현지국 통화의 평가절하로 인한 환손실이 예상된다면 자회사는 배당금의 지급을 통해 모회사로의 자금이전을 가속화 시킬 수가 있을 것이다. 그러나 기업이 배당지급을 정상적인 경우보다 가속화시키고자 할 때는 본사국과 현지국 간의 이자율의 차이 또는 현지국 정부와의 관계에 미칠 수 있는 부정적인 영향 등을 고려하여야만 한다.

4) 기타 요인

배당정책에 영향을 미칠 수 있는 기타 요인으로는 현지 자회사의 연수를 들 수 있다. 흔히 오래된 자회사일수록 모회사에 보다 큰 몫의 수익을 제공하는 경향이 있는데 이는 시간이 경과하면서 자회사가 점차 성숙해짐에 따라 재투자의 기회는 점점 적어지기 때문이다.

합작투자 파트너 또는 현지 주주들의 존재 역시 배당정책에 영향을 미칠 수 있는 요인이 된다. 기업이 자신의 입장에서 자금을 국제적으로 최적배분시킨다는 이유로 합작파트너나 현지 주주들의 타당성 있는 배당요구를 무마시킬 수는 없다. 왜냐하면, 다국적기업 모회사의 범세계적 관점과 합작파트너 또는 현지 주주의 관점이 반드시 일치하는 것은 아니기 때문이다. 현지 주주들의 존재는 기업으로 하여금 수익에 관계없이 안정적인 배당지급을 하게 하는 경향이 있다.

즉, 현지 주주들이 존재하는 경우 기업은 수익이 감소했다고 해서 즉시 배당금을 감소시키지 않으며, 또한 수익이 증가했다고 해서 즉시 배당을 증가시키지도 않게 된다.

2. 로얄티, 수수료 및 본사의 간접비 배부액

로얄티(royalty)는 기술이나 특허권 혹은 상표 등 무형자산의 소유자에게 사용자가 이들을 사용한 대가로 지급하는 보상을 의미한다. 로얄티 비율은 단위당 고정금액이나 총수익에 대한 일정비율로써 표시될 수 있다.

수수료(fee)는 전문 서비스나 기술의 제공에 대한 대가로 지급되는 비용을 말한다. 수수료는 경영에 관한 전반적인 전문지식이나 조언을 제공해준 데 대한 대가인 management fee와 기술적인 문제에 도움을 준 데 대한 대가인 technical assistance fee로 구분할 수 있다. 수수료는 정해진 기간 동안 제공된 총서비스를 기준으로 하거나 혹은 자회사에 제공된 인력의 노동시간수를 기준으로 하여 고정비로 지급하는 것이 일반적이다.

본사의 간접비 배부액(home office overhead allocation)은 모회사가 수행하는 다국적기업 전체의 경영관리활동 중에서 현지 자회사들의 활동과 관련되어 발생한 간접비를 각 현지 자회사들에게 배부시킨 것이다. 즉, 연구개발비용, 기업의 이미지 홍보비용, 기업 전체적인 법률 및 회계관련비용 또는 최고경영자의 봉급의 일부 등의 간접비를 각 현지 자회사들에게 배부하여 그들로 하여금 모회사에게 지급하도록 하는 비용이다.

1) 재무관리상의 시사점

로얄티나 수수료의 지급은 특히 현지 자회사로부터 모회사로의 자금이전을 분리시킬 필요가 있을 때 적절한 방법이라고 할 수 있다.

예를 들어, 합작투자의 경우 한쪽에서는 기술이나 노하우를 주로 제공하고 반면 다른 쪽에서는 자본을 주로 제공할 수 있을 것이다. 이 경우 기술제공자의 경우에는 자신이 제공한 기술이나 노하우에 대한 대가로 로얄티나 수수료를 받고 만약 투자한 자본이 있다면 그 대가로 배당금 지급을 받을 수 있을 것이다.

현지국이 배당금 지급을 제한할 때에도 로얄티나 수수료의 지급은 때때로 허용된다. 그러므로 만약 배당금 지급을 통한 자금의 자유로운 이전이 제한되어도 로얄티나 수수료를 통한 자금의 이전이 가능하도록 하는 조치를 투자계약 당시 미리 취하는 것도 고려해보아야 할 것이다.

2) 소득세 효과

로얄티와 수수료는 특히 현지국의 법인세율이 본사국의 법인세율보다 높은 경우 배당금에 비해 조세상의 이점이 있다. 즉, 로얄티와 수수료는 일반적으로 현지국에서 세금공제혜택을 받을 수 있기 때문이다. 만약 자회사가 배당을 통해 모회사에 대한 보상을 하려 한다면 현지국에서의 소득에 대한 법인세뿐만 아니라 배당금 자체에 대한 원천세를 지급해야 한다. 한편, 모회사는 현지에서 이미 지급된 법인세와 원천세에 대해 본사국에서 세액공제를 받을 수 있게 되는데, 그렇다고 하여도 만약 현지국에서의 법인세율과 원천세율을 모두 고려한 자회사의 종합세율이 본사국의 세율보다 높은 경우에는 세액공제혜택의 일부가 상실된다. 그러나 로얄티나 수수료의 경우에는 현지국에서 법인세가 부과되기 전에 이미 비용으로 공제되어 버리므로 모든 조세혜택을 받을 수 있게 된다.

3. 이전가격

다국적기업에 있어서 특히 민감한 문제 중의 하나가 여러 나라에 위치하고 있는 모회사 및 관련 자회사 간의 재화, 서비스 및 기술 등의 이전에 대한 합리적인 가격책정방법을 설정하는 것이다. 다국적기업이 기업 전체적인 차원에서 이익을 극대화시키기 위해 자회사간의 거래가격을 조작하는 경우, 개별 자회사의 입장에서 볼 때는 비록 다국적기업 전체적인 이익의 증가에 공헌한다고 할지라도 자신은 이익의 감소 또는 손실을 감수해야 하는 수가 있으므로 자회사들 간에 갈등을 발생시킬 수 있게 된다. 따라서 다국적기업의 경영자들은 자회사들 간의 상충되는 이해관계를 조정해주어야 하며 자금이전 효과, 소득세 효과, 경영상의 인센티브 및 평가, 관세 문제 그리고 합작투자의 파트너 문제 등을 고려해야 한다.

1) 자금이전 효과

특정 현지국으로부터 자금을 유출시키려고 하는 모회사는 그 현지국에 위치하고 있는 자회사에 판매되는 상품에 대해서 높은 가격을 책정함으로써 그러한 목적을 달성할 수가 있다. 반면에 현지 자회사에 대해서 상품가격을 낮추어 판매하게 되면 결과적으로 그 자회사에 자금을 공급하는 효과를 가져올 수 있다. 모회사로부터의 수입에 대해 자회사가 대금을 지급하는 것은 자회사 밖으로 자금을 이전시키는 것이 되므로 상품가격이 높게 책정되면 자금이 상품의 판매국가인 모회사국으로 이전된다.

2) 소득세 효과

이전가격을 책정하는 데 있어 고려해야 할 주요사항 중의 하나가 소득세 효과이다. 다국적기업이 범세계적 이익을 증대시키고자 한다면 높은 소득세율을 적용하는 국가에서는 과세대상소득을 감소시키고 낮은 소득세율을 적용하는 국가에서는 과세대상소득을 증가시킬 수 있도록 이전가격을 책정해야 할 것이다.

이전가격 책정의 소득세 효과는 다음의 〈표 9-1〉에 나타나 있다. 여기서는 어떤 다국적기업의 제조 자회사가 $2,000의 비용을 들여 제품을 만든 후 이를 유통 자회사에 판매하는 경우를 보여주고 있다. 한편 유통 자회사는 $4,000의 가격으로 아무런 관련이 없는 최종 고객에게 그 제품을 판매하고 있다. 그 결과 기업 전체적인 매출총이익은 $2,000가 된다.

여기서 제조 자회사는 25%의 법인세를 지급하고 유통 자회사는 50%의 법인세를 지급하고 있다. 이 다국적기업이 낮은 판매가격정책을 채택하는 경우에는 총세금액이 $650가 되며 기업 전체적인 순이익은 $950이다. 이 경우 제조

표 9-1 이전가격 책정의 소득세 효과

	제조 자회사	유통 자회사	연결손익계산서
낮은 판매가격정책			
매출액	$2,800 → (매출)	$4,000	$4,000
매출원가	2,000	→ 2,800	2,000
매출총이익	$ 800	$1,200	$2,000
일반관리판매비	200	200	400
법인세 차감전 이익	$600	$1,000	$1,600
법인세(25%/50%)[1]	150	500	650
법인세 차감후 순이익	$450	$500	$950
높은 판매가격정책			
매출액	$3,400 → (매출)	$4,000	$4,000
매출원가	2,000	→ 3,400	2,000
매출총이익	$1,400	$600	$2,000
일반관리판매비	200	200	400
법인세 차감전 이익	$1,200	$400	$1,600
법인세(25%/50%)	300	200	500
법인세 차감후 순이익	$900	$200	$1,100

주 : 1) 제조 자회사와 유통 자회사에 적용되는 법인세율이 각각 25%와 50%임.

자회사는 $150의 법인세를 지급하고 유통 자회사는 $500의 법인세를 지급하고 있다.

만약 이 다국적기업이 높은 판매가격정책을 채택하여 자회사간 제품이 $3,400의 판매가격으로 판매되면 비록 전체적으로 기업의 과세대상이익은 낮은 판매가격정책의 경우와 같이 $1,600로 동일하다 할지라도 과세대상이익이 제조 자회사에 보다 많이 할당되고 있으며 유통 자회사에게는 상대적으로 적게 할당되고 있다. 즉, 낮은 판매가격정책의 경우 과세대상이익이 제조 자회사에 $600가 할당되었으나 높은 판매가격정책하에서는 $1,200가 할당됨으로써 낮은 판매가격정책하에서 세율이 높은 유통 자회사에 할당되던 과세대상이익 중의 $600가 높은 판매가격정책하에서는 제조 자회사로 할당되고 있다.

결국 이 다국적기업은 높은 판매가격정책을 채택하게 되면 전체적으로 지급하게 되는 총법인세를 $150만큼 감소시킬 수 있으며 기업 전체적인 순이익도 $150만큼 증가시킬 수 있게 된다. 따라서 이러한 가격책정방법에 대해 만약 정부가 아무런 간섭을 하지 않는다면 이 다국적기업은 당연하게 높은 가격정책을 선호하게 될 것이다. 하지만 각국의 조세당국은 이전가격의 조작을 통한 이익의 왜곡 가능성을 잘 알고 있기 때문에 이전가격의 적절성에 관한 다양한 규제조항들을 마련하고 있다.

3) 경영상의 인센터브 및 평가

다국적기업이 분권화되어 있을 경우 자회사간의 이전가격은 개별자회사의 경영성과를 결정하는 주요 요인이 될 수 있다. 이 문제는 비단 다국적기업에만 해당되는 것이 아니라 국내기업의 경우에도 집권화(centralization)와 분권화(decentralization)에 관한 논의에 있어서 주요 이슈가 된다. 하지만 다국적기업의 경우에는 국내기업의 경우와는 달리 길고 비효율적인 의사소통경로 그리고 이전가격의 책정에 영향을 미치는 독특한 변수들을 고려해야 하므로 모회사의 조정이 그리 쉽지 않게 된다. 또한 특정 현지국에 위치한 자회사의 경영자는 다른 국가에 있는 자회사로부터 상품을 협의된 가격으로 수입할 때 기업 전체적으로 어떠한 가격이 최선의 가격인지를 알기가 어렵다. 뿐만 아니라 모회사가 이전가격을 책정할 경우 만약 가격이 지나치게 자의적이거나 부적절해 보이면 현지 자회사의 경영자는 의욕을 잃게 될 수 있다.

4) 관세 문제

이전가격의 책정은 수입관세 지급액에 영향을 미칠 수 있다. 만약 수입을 하는 자회사가 종가세(ad valorem duty)로 수입관세를 지급해야 하며 또한 관세가 송장가격(invoice price)에 대해 부과된다면 높은 이전가격이 책정되는 경우 관세 지급액은 증가할 것이다 그러나 수입을 하는 자회사의 입장에서 볼 때 높은 이전가격은 매출원가의 증대를 의미하므로 순이익의 감소와 그에 따른 소득세의 감소를 가져오게 된다.

이와 같이 이전가격의 조작으로 인한 수입관세 효과와 소득세 효과는 서로 반대방향으로 작용하게 되지만 일반적으로 소득세는 수입 관세보다 부담이 더 크다고 할 수 있다. 그러므로 이전가격은 흔히 소득세의 시각에서 판단된다.

5) 합작투자의 파트너 문제

합작투자는 이전가격에 있어서 특별한 문제를 초래하게 된다. 왜냐하면 현지 자회사의 수익을 극대화함으로써 현지 주주들에게 최대한의 이익을 제공하는 것이 다국적기업 전체적인 관점에서 볼 때는 최선의 선택이 아닐 수 있기 때문이다. 이러한 이해관계의 대립은 때로는 해결할 수 없는 상황으로 발전하기도 한다.

4. 자금봉쇄

정부가 외환이 부족하고 차관이나 또는 새로운 해외투자의 유치를 통하여 추가적인 자금을 확보하기가 어렵게 되면 국외로 외환이 이전되는 것을 제한하게 된다. 이러한 외환의 이전에 대한 제한은 국내기업과 외국인기업 모두에 공통적으로 적용되지만 외국인기업의 경우에는 일반적으로 국내기업보다 더 큰 타격을 입게 된다. 현지국 정부는 외환부족의 정도가 그리 심하지 않을 경우에는 단순히 모든 자금의 해외이전에 대해 승인을 받을 것을 요구할 수 있으며, 아주 심한 경우에는 자국통화가 타국통화로 태환이 불가능하게 함으로써 자금의 해외 이전을 완전히 봉쇄할 수도 있다. 또한 배당, 부채상환, 로얄티, 서비스 수수료 등의 지급규모 및 시기를 제한하는 것도 외환의 국외이전을 제한하는 또 다른 방법이 될 수 있다.

흔히 다국적기업들은 다음과 같은 3단계로 자금봉쇄의 위험에 대처할 수 있다.

첫째, 투자를 하기 전에 자금의 봉쇄가 투자의 기대수익에 미치는 영향을 분석한다.

둘째, 현지 자회사가 영업활동을 하는 동안 다양한 자금이전기법을 동원하여 자금의 이전을 시도한다.

셋째, 봉쇄된 자금을 인플레이션이나 현지국 통화가치의 하락으로부터 실질가치가 보존될 수 있는 방법으로 재투자한다.

1) 투자전 전략

기업은 해외투자의 타당성 검토단계에서부터 자금봉쇄에 관한 고려를 해야 한다. 일시적인 자금봉쇄는 대체로 투자에 대한 기대 순현재가치와 내부수익률을 감소시킨다. 그럼에도 불구하고 투자를 행할 것인지의 여부는 자금봉쇄가 있게 될 경우 투자 기대수익률이 투자에 대한 요구수익률을 초과하는지에 의하여 결정되어야 할 것이다.

2) 봉쇄된 자금(Blocked Funds)의 이전

(1) 리드와 래그

리드(lead)란 지급을 빨리 하는 것이다. 약세통화국의 기업이 강세 통화로 표시된 부채를 가지고 있는 경우에는 약세통화의 가치가 하락하기 전에 외화부채를 가급적 빨리 지급해야 할 것이다. 반면, 래그(lag)란 지급을 늦추는 것이다. 강세통화국의 기업이 약세통화로 표시된 부채를 가지고 있다면 부채의 지급을 가급적 늦춤으로써 강세통화로 표시된 지급금액이 적어지기를 바랄 것이다. 또한 기업은 가능하다면 약세통화표시의 외상매출금은 회수를 빨리 하려 할 것이며 강세통화표시의 외상매출금은 회수를 늦추려 할 것이다.

리드와 래그는 기업이 외환거래를 하면서 발생할 수 있는 환위험(특히 거래적 환노출)을 감소시키기 위해 이용하는 기법이다. 이 기법은 독립된 기업뿐만 아니라 다국적기업의 자회사간에도 이용될 수 있다. 리드와 래그가 독립된 기업간에 이용될 경우에는 이해관계가 상충된다. 그러나 다국적기업의 자회사간에는 리드와 래그의 이용이 보다 용이해지는데 이는 기업 전체적인 차원에서 이익의 극대화라는 공통된 목표를 추구할 수 있기 때문이다.

다국적기업은 단일기업보다 리드와 래그를 이용할 수 있는 기회도 보다 많이 존재하게 된다. 다국적기업의 자회사간에 영업적인 차원에서 발생하는 자금흐름의 형태는 한 자회사에서 다른 자회사로 원료, 상품 혹은 부분품 등의 판매에 따른 대금지급, 선박, 항공기 및 통신서비스 등의 이용에 따른 지급(예컨대, 리스에 대한 지급), 기술제공 및 경영자문에 대한 수수료의 지급 등이 있고, 재무적인 차원에서 발생하는 자금의 흐름에는 자금의 차입이나 대여 및 이에 대한 원리금의 상환, 지분 참여 및 배당금의 지급 등이 있을 수 있다. 다국적기업은 모회사와 자회사 또는 자회사간에 이와 같은 다양한 자금흐름의 형태가 존재하므로 리드와 래그를 이용할 수 있는 기회도 많아지게 된다.

(2) Fronting Loan

fronting loan이란 대형 국제은행을 중개기관으로 하여 이루어지는 모회사와 자회사 간의 대여를 의미한다. 다국적기업의 사내대여(intracompany loan)의 경우에는 모회사 또는 대여 자회사가 차입 자회사에게 자금을 직접 대여해주고 일정 기간 후 차입 자회사는 원금과 이자를 상환하게 된다.

그러나 fronting loan에서는 모회사가 자금을 국제은행에 예치하고 그 은행이 다시 동일한 금액을 차입 자회사에게 대여하게 되는데 은행의 입장에서 보면 이 대여는 위험이 없다고 볼 수 있다. 왜냐하면 은행은 모기업으로부터 예금의 형태로 100% 담보를 확보하였기 때문이다. 사실 fronting loan이라는 명칭도 은행이 모회사를 대신해 앞에 나서서 대여를 해주고 있으므로 그러한 이름이 붙여진 것이다. 한편 차입 자회사가 은행에게 지급하는 이자는 은행이 모회사에게 지급하는 이자보다 약간 높게 마련인데 이는 은행이 약간의 이익을 얻어야 하기 때문이다.

fronting loan을 이용하게 되면 비록 차입 자회사가 위치하는 국가에서 정치적인 위험이 증대된다고 하더라도 원리금 상환이 제대로 이루어질 가능성이 높다. 즉, 현지국 정부는 일반적으로 현지 자회사가 차입금을 모회사에게 상환하는 것보다는 대규모 국제은행에게 상환하는 것을 보다 쉽게 허용하는 경향이 있다. 왜냐하면, 국제은행에 대한 차입금 상환의 중단은 현지국의 국제적 신용도에 관한 이미지를 크게 해치게 될 것이지만 모기업에 대한 차입금 상환의 중단은 경우에 따라서는 국내에서 정치적으로 이득을 가져올 수 있기 때문이다.

(3) 새로운 수출

현지 자회사와 현지국 정부 모두에게 이익을 가져다 줄 수 있는 한 가지 방법은 새로운 수출을 발생시키는 것이다. 보통 어떤 국가가 엄격한 외환통제를 실시하는 주요 이유는 외화를 벌어들일 수 없기 때문인 경우가 많으므로 다국적기업이 현지국으로부터 새로운 수출을 창출시키게 되면 이는 현지국 정부도 돕게 되며 동시에 현지 자회사로부터 자금을 외국으로 이전시키기도 쉽게 된다.

만약에 수출물품이 현재 생산중인 품목과 관련된 제품이라면 기존의 생산시설에서 추가적인 대규모 투자가 없이도 새로운 수출이 발생될 수 있을 것이다. 어떤 경우에는 새로운 수출을 위해서 재투자 또는 새로운 자금을 필요로 할 수 있겠지만 이 때 만약 재투자하는 자금이 이미 봉쇄될 자금으로 이루어진다면 기회비용의 개념으로 생각할 때 잃는 것은 거의 없다고 할 수 있다.

3) 봉쇄자금의 재투자

만약 자금을 외국으로 이전시키는 것이 사실상 봉쇄된다면 그것은 재투자될 수밖에 없을 것이다. 그러한 상황에서 기업은 주어진 위험수준에 대해 수익률을 극대화시킬 수 있는 현지에서의 투자기회를 찾아야만 할 것이다.

제 4 절 국제현금관리

현금잔고는 매일매일의 현금지출에 대비하여 보유될 뿐만 아니라 예상치 못한 현금흐름의 변동에 대한 보호조치로서도 보유되는데 이것을 흔히 거래적 동기와 예비적 동기라고 부른다. 또한 현금은 투기적 목적을 위해서도 보유될 수 있다. 여기서는 다국적기업의 중앙집중적 현금관리의 한 가지 방법으로서 다자간 네팅(multilateral netting)을 살펴보고자 한다.

서로 다른 자회사 간에 자금의 차입과 대여 등으로 인해 대차관계가 형성되었을 때 중앙집중적인 현금관리를 하게 되면 불필요한 자금의 이동 및 이에 따른 비용을 막을 수 있다. 특히 지급에 있어서 다자간 네팅은 정상적인 영업활동과정에서 자회사들 사이에 많은 외환 거래가 발생할 때 유용하다.

다자간 네팅은 양자간 네팅(bilateral netting)이 확대된 것이다. 만약 벨기에의 자회사가 이탈리아의 자회사에 $500,000의 부채를 지고 있고, 반면 이탈리아의 자회사는 벨기에의 자회사에 $300,000의 부채를 지고 있다면 벨기에 자회사가 이탈리아 자회사에 $200,000를 지급함으로써 양자간에 결제가 이루어지고 나머지 부채는 서로 상쇄된다.

다자간 네팅은 이러한 단순한 양자간 네팅이 확장된 형태이다. [그림 9-1]은 어떤 달의 월말에 한 다국적기업의 유럽 자회사간에 대차관계가 형성되어

그림 9-1 다자간의 네팅 전의 대차관계(단위 : 천 달러)

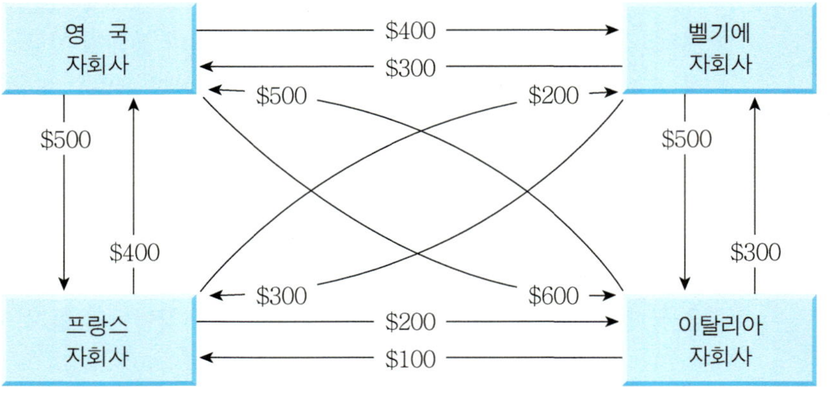

표 9-2 순대차관계의 계산 (단위 : 천 달러)

수 취 자회사	지급 자회사				총수취액	순수취액 (순지급액)
	영 국	벨기에	프랑스	이탈리아		
영 국	–	$300	$400	$500	$1,200	($300)
벨기에	$400	–	200	300	900	($200)
프랑스	500	300	–	100	900	$100
이탈리아	600	500	200	–	1,300	$400
총지급액	$1,500	$1,100	$800	$900	$4,300	–

그림 9-2 다자간의 네팅 후의 현금흐름(단위 : 천 달러)

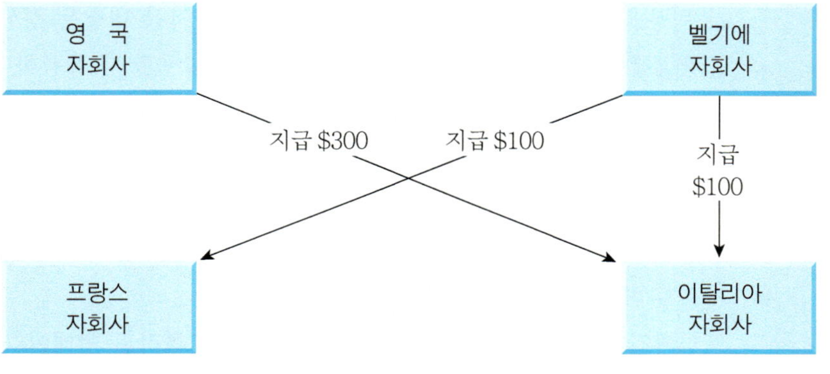

있는 것을 보여주고 있다.

만약 다자간 네팅이 이루어지지 않는다면, 예를 들어 벨기에 자회사는 세 가지의 분리된 지급과 또한 세 가지의 분리된 수취를 해야 할 것이다. 만약 벨기에 자회사가 월말에 누적잔고가 아니라 개별송장에 대해 일일이 지급한다면 다수의 소규모 은행거래가 발생할 것이다.

외환의 매도율과 매입률 간의 스프레드 등과 같은 은행거래비용을 감소시키기 위하여 많은 다국적기업들은 자신들만의 다자간 네팅센터를 설립하거나 또는 은행과 네팅업무를 관리하기 위한 계약을 체결한다. 네팅을 이용함으로써 자회사들은 그들의 지급의무에 관한 정보를 네팅센터로 보내고 네팅센터에서는 그 정보들을 〈표 9-2〉와 같이 정리한다.

위의 표에서 보면 총지급액은 $4,300,000가 된다. 만약에 외환거래비용이 0.5%라고 한다면 결제에 따르는 총비용은 $21,500(= $4,300,000 × 0.5%)가 될 것이다. 〈표 9-2〉에 주어진 정보를 사용하여 네팅센터는 3가지의 지급을 지시할 것이다. 즉, 영국 자회사는 이탈리아 자회사에게 $300,000를 지급하고 벨기에 자회사는 프랑스 자회사와 이탈리아 자회사에게 각각 $100,000를 지급하게 된다. 따라서 전체 거래액은 $500,000가 되며 이에 따른 비용은 $2,500로 감소하게 될 것이다.

프랑스와 이탈리아 등과 같은 일부 국가들은 네팅을 제한하거나 또는 금지하고 있으며, 네팅에 대한 허가가 개별적으로 주어지기도 한다. 예를 들면, 자국 내에서 제조활동을 하고 있는 기업에게는 네팅에 대한 허가가 주어지는 반면, 판매활동만을 하는 기업에게는 네팅이 금지된다.

연 · 습 · 문 · 제

EXERCISES

1. 어느 다국적기업의 벨기에의 자회사가 이탈리아의 자회사에게 $700,000의 부채를 지고 있고, 반면 이탈리아의 자회사는 벨기에의 자회사에게 $500,000의 부채를 지고 있다면 벨기에 자회사는 이탈리아 자회사에게 $200,000를 지급함으로써 서로 결제가 이루어지고 나머지 부채는 상쇄될 수 있다. 이와 같은 방법을 무엇이라고 하는가?

   1) 네팅(netting) 2) 리드(lead) 3) 래그(lag) 4) 프론팅론(fronting loan)

2. 약세통화국의 기업이 강세통화로 표시된 부채를 가지고 있는 경우에 약세통화의 가치가 더 하락하기 전에 외화부채를 가급적 빨리 지급하는 것을 무엇이라고 하는가?

   1) 네팅(netting) 2) 리드(lead) 3) 래그(lag) 4) 프론팅론(fronting loan)

〈문제 3번부터 4번까지는 다음을 읽고 답하시오〉

상 황

다국적기업의 저세율국에 소재하는 계열기업이 고세율국에 소재하는 계열기업에게 원자재, 제품 또는 서비스를 판매하는 경우 다국적기업은 인위적으로 그 판매가격을 (1)조정하여 저세율국 계열기업의 세전이익을 (2)시키고 고세율국 계열기업의 세전이익을 (3)시켜 다국적기업 전체의 조세부담을 경감시킬 수 있다.

3. 위의 괄호 (1), (2), (3)에 들어갈 내용을 순서대로 나열하면?

   1) 상향, 감소, 증가 2) 상향, 감소, 감소
   3) 상향, 증가, 감소 4) 하향, 감소, 감소

4. 다국적기업이 전체적인 조세부담을 줄이기 위하여 취하는 위와 같은 조치를 무엇이라고 하는가?

   1) 조세피난처(tax haven)의 활용
   2) 독립기업간 거래가격(arm's length price)의 적용
   3) 명목상 기업체(paper company)의 운영
   4) 이전가격(transfer price)의 조작

Part 5

국제자금조달

CHAPTER 10

국제금융시장: 구조

제 1 절 국제금융시장의 구조

국내거주자들 사이에 소요자금의 조달과 보유자금의 운용이 이루어지는 것을 국내금융(domestic finance)이라고 한다면 이와 같은 자금의 조달 및 운용이 비거주자를 상대로 국제적으로 이루어지는 경우를 국제금융(international finance)이라 한다. 국제금융시장이란 이러한 국제금융이 이루어지는 장소, 즉 거주지 또는 국적이 다른 경제주체 상호간에 직접 또는 간접적으로 장·단기 금융거래가 이루어지는 시장을 말한다. 따라서 국제금융시장이란 일반적으로 국경을 넘어선 자금의 대차, 즉 국제간의 자본이동이 이루어지는 시장을 말한다.

한편, 국제금융시장은 다시 외국시장(foreign market)과 역외시장(offshore market)으로 구분할 수 있다. 외국시장이란 주요 국가의 국내금융시장에 비거주자가 참여하여 이루어지는 금융시장을 말한다. 외국시장의 경우에는 금융시장이 위치하고 있는 나라의 금융기관이 활약하며, 거래되는 자금도 모두 그 나라의 통화로 표시된다. 예를 들면, 런던금융시장에서는 영국의 금융기관들을 중심으로 파운드화표시자금이 거래되고 뉴욕금융시장에서는 미국의 금융기관들을 중심으로 달러화표시자금이 거래된다.

반면 역외시장(offshore market 또는 Euromarket)이란 특정국 통화표시의 금융자산이 그 통화발행국의 영토 밖에서 거래되는 국제금융시장을 말한다.

예를 들면, 달러화표시의 자금이 미국 이외의 지역에서 거래되거나, 스위스프랑화표시의 자금이 스위스 이외의 지역에서 거래되는 시장이다.

이와 같은 유로시장의 거래자는 시장이 소재한 나라의 입장에서 볼 때 비거주자가 대부분이며, 금융기관도 시장이 위치한 나라의 금융기관뿐만 아니라 금융자산의 표시통화국을 비롯한 주요 국가의 금융기관들로 구성되어 있다.

국제금융시장도 국내금융시장과 마찬가지로 금융기관을 중개기관으로 하여 자금의 이동이 이루어 지는 간접금융시장과 주식이나 채권 등의 매매를 통하여 자금이 직접 연결되는 직접금융시장으로 구분할 수 있다. 특히, 비거주자의 자금이 다른 비거주자에게 공급되는 역외시장의 경우 간접금융시장은 유로커런시시장이라 부르고 직접금융시장은 유로채시장이라고 한다.

제 2 절 유로커런시시장

1. 유로커런시시장의 개요

국제금융시장의 핵심은 유로커런시시장이라고 할 수 있는데 유로커런시시장의 약 75%는 유로달러가 차지하고 있다. 유로달러란 미국 이외의 지역에 있는 은행에 예치되어 있는 달러를 말한다. 이 은행들은 이 예금을 다른 은행에 다시 예치하거나 최종적인 차입자에게 대출하게 된다. 이 은행들은 미국은행의 해외지점이거나 또는 외국은행이 된다. 마찬가지로 유로파운드 또는 유로sterling은 영국 이외의 지역에 있는 은행에 예치되어 있는 파운드화(sterling화) 예금을 말한다. 그러므로 접두사 'Euro'는 특정통화가 그 통화의 발행국 이외의 지역에서 거래되는 경우 이를 지칭하기 위하여 사용된다고 할 수 있다. 예를 들면, 유로달러시장은 미국 이외의 지역에서 달러화 예금을 받아들이고 달러화 대출을 하기 위하여 서로 경쟁하는 금융기관들로 구성되어 있다고 할 수 있다.

유로커런시시장은 1950년대 후반에 런던에서 생성되기 시작하였으며 1965년 이후 급격하게 성장하였다. 유로커런시시장의 초기의 성장에 대한 이유로서 몇 가지의 이론들이 대두되었는데 미국의 국제수지 악화, 자본거래의 규제, 석유수출국기구(OPEC)국가들의 막대한 달러 보유 등으로 인하여 유로커런시 시장이 성장하게 되었다는 설명이 그것이다. 그러나 유로달러시장은 전체 달러화 자금시장이 성장하는 것과 함께 성장하는 것이며 단지 유로달러시장이 미국 국내금융시장보다 더 빨리 성장하는 것은 금융규제 등의 차이로 인하여 유로달러시장이 자금을 예치하거나 차입하기에 보다 유리한 곳이 되는 데에 기인한다고 볼 수 있다. 유로커런시시장의 성장을 이해하기 위하여는 달러화 및 다른 통화표시 자금에 있어서의 국내금융시장과 유로시장간의 재정거래(arbitrage)에 대하여 그 동기 및 과정을 이해하는 것이 필수적이라고 할 수 있다.

다음에서는 유로시장과 관련되는 용어들을 우선 살펴보기로 한다.

1) 유로커런시시장

유로커런시시장(Eurocurrency market)은 은행의 예금 및 대출거래가 이루어지는 시장으로서 이종통화간의 지급수단이 거래되는 외환시장과는 구별된다. 유로시장은 자금이 특정통화로 표시되어 있을 경우 그 통화의 발행국 이외의 지역에 위치하게 되므로 유로시장이라는 표현보다는 역외시장(external market 또는 offshore market)이라는 표현이 더 적절할지도 모른다.

2) 유로커런시시장의 총규모 및 순규모

유로커런시시장의 총규모(gross size)는 유로커런시로 표시된 모든 부채의 합계가 되는데 그 중에는 유로은행(Eurobank)들간의 은행간예금이 포함되어 있다. 그러므로 자금의 최종수요자에게 공여된 신용의 총액을 구하기 위하여는 유로커런시시장의 총규모에서 은행간예금을 제외시켜야 하는데 이것이 유로커런시시장의 순규모가 된다.

3) 유로채

유로채(Eurobond)란 채권이 발행 · 매각되는 국가 이외의 국가의 통화로 표시된 채권을 말하는데 런던에서 매각되는 달러화표시 채권 또는 룩셈부르크에서 매각되는 파운드화표시 채권 등이 이에 해당한다. 유로채시장(Eurobond market)은 장기자금시장으로서 단기자금시장인 유로커런시시장과는 구별된다. 유로커런시시장에서는 은행이 신용위험을 부담하는 중개역할을 하지만 유로채시장에서는 자금의 공여자가 직접 위험을 부담한다.

4) 유로은행

유로은행(Eurobank)이란 자기가 위치한 국가 이외의 국가의 통화로 표시된 자금의 예금 및 대출업무를 수행하는 은행을 말한다.

5) 콘소시움은행

콘소시움은행(consortium bank)이란 상이한 국적을 가진 두 개 이상의 은행들에 의하여 설립된 합작투자은행을 말한다. 이러한 콘소시움은행들이 설립되는 이유는 은행들이 중장기자금의 대출업무를 보다 적극적으로 수행하고자 하기 때문이라고 할 수 있다. 콘소시움은행은 다국적 은행이므로 각국 중앙은행들로부터의 규제를 피할 수 있다.

6) LIBOR

LIBOR란 London Interbank Offered Rate의 약자로서 London 유로달러시장에 있는 일류은행들이 고시하는 유로달러의 offered rate(은행자신이 예금을 예치하는 이자율 또는 대출금리)를 말한다. LIBOR는 국제금융시장에서의 대표적인 기준금리로서 자금차입자가 실제로 지급하는 금리는 LIBOR에 일정한 스프레드(spread)를 가산하여 결정된다. 일반적인 경우 자금차입자에게 적용되는 스프레드는 0.25% 내지 2%에 달한다.

7) 신디케이트 유로대출

유로대출(Eurocredit)이란 유로커런시시장에서의 중장기자금의 대출을 말한다. 유로대출은 주로 신디케이트대출(syndicated loan)의 형태를 취하는데 신디케이트대출은 여러 금융기관들이 차관단을 형성하여 특정차입자에게 대규모의 중장기자금을 대출하는 것을 말한다. 신디케이트대출에 참여하는 은행들은 많은 수의 대출에 작은 지분을 가지고 참여함으로써 채무불이행위험을 분산시킬 수 있게 된다. 신디케이트대출에 있어서 융자금액의 표시통화는 차입자 또는 대출자의 거주국 통화 이외의 통화로 지정하는 것이 가능하며, 거의 대부분의 유로대출은 변동금리부로 행해지는데 이것은 주로 고정금리부로 발행되는 유로채(Eurobond) 경우와는 대조를 이룬다.

2. 유로달러의 생성

유로커런시시장과 각국의 국내금융시장과의 중요한 차이점은 유로커런시시장에서의 은행들의 활동에 대하여는 각국의 금융규제가 적용되지 않는다는 것이다. 따라서 유로은행들은 각국의 국내은행들에 비하여 보다 효율적으로 업무를 수행할 수 있고 많은 금융중개업무를 국내금융시장으로부터 유로시장으로 끌어 올 수 있다. 즉, 각국의 금융규제가 적용되지 않는다는 점과 국내은행들에 비하여 유로은행들의 경쟁력이 더 높다는 점이 유로시장의 성공이유가 된다고 할 수 있다.

유로달러의 경우를 예로 들면 유로달러시장이 미국 국내금융시장에 비하여 가지고 있는 가장 중요한 이점은 미국 이외의 지역에 있는 은행들은 그들이 확보한 예금에 대하여 지불준비금예치의 의무가 없다는 점이다. 지불준비금예치의무를 포함한 각종 금융규제가 없다는 점이 유로은행들로 하여금 자금의 차입자와 대출자에게 미국 국내은행들보다 약간 유리한 조건을 제시할 수 있도록 해 준다. 따라서 미국 국내은행들과 비교할 때 유로은행들은 보다 높은 예수금리를 제시할 수 있고 보다 낮은 대출금리를 제시할 수 있게 된다.

이제 다음의 예를 통하여 유로달러예금이 창출되고 유로달러대출이 이루어지는 과정을 살펴보자. 먼저 미국의 식료품업체인 Pillsbury사는 미국 국내금리보다 0.5% 높은 유로달러예금의 금리에 유인되어 미국 국내은행에 예치되어 있는 정기예금(time deposit) $1,000,000를 런던소재 Barclays은행으로 이전시키고자 한다면, Pillsbury사는 정기예금의 만기시 이를 같은 은행에의 요구불예금(demand deposit)으로 전환시킨 후 런던소재 Barclays은행을 수취인 그리고 현재 요구불예금이 예치되어 있는 국내은행을 지급인으로 하는 $1,000,000의 수표를 발행하여 이를 런던소재 Barclays은행에 정기예금으로 예입하면 된다. 그러면 Barclays은행은 Pillsbury사가 발행한 수표를 국내은행에 제시하여 $1,000,000를 그 국내은행에 설정되어 있는 Barclays은행의 계정으로 이체해 줄 것을 요청한다. 따라서 런던소재 Barclays은행에 유로달러정기예금 $1,000,000가 생성됨에도 불구하고 미국달러화 자체는 미국 이외의 지역으로 실제 이동되지 않음을 알 수 있다.

이제 Barclays은행은 $1,000,000를 미국 국내은행에 유휴자금으로 그대로 두지는 않을 것이다. 만약 Barclays은행이 자금을 차입하려는 적당한 기업 또는 정부를 발견할 수 없는 경우에는 $1,000,000를 유로달러 은행간시장(interbank market)에서 다른 유로은행(Eurobank)에 예치하려고 할 것이다. 런던소재 스미토모은행의 예수금리가 괜찮은 수준이라고 판단될 경우 Barclays은행은 미국 국내은행을 지급인으로 하는 수표를 발행하여 $1,000,000를 스미토모은행에 예입하고, 스미토모은행은 미국 국내은행에 이 수표를 제시하여 $1,000,000가 그 국내은행에 설정되어 있는 스미토모은행의 계정으로 이체되게 할 것이다.

만약 스미토모은행이 적당한 차입자를 발견하지 못할 경우에는 $1,000,000를 유로달러 은행간시장에서 또 다른 유로은행에 예치하게 될 것이다. 이와 같은 재예치의 과정은 최종적인 차입자가 발견될 때까지 계속된다. 그리고 재예치의 각 단계에서 재예치를 받는 은행은 전 단계의 은행보다 약간 높은(약 1/8% 정도 높은) 금리를 지급하게 된다. 일반적으로 잘 알려진 유로은행들이 최초로 유로달러예금을 받게 되고 잘 알려지지 않은 소규모 은행들은 유로달러 은행간시장에서 잘 알려진 은행들로부터 예금을 받게 된다. 유로달러 은행간시장에서의 재예치는 유로달러시장의 총규모를 늘려 주지만 최종적인 차입자에게 대출하는 것이 아니므로 유로달러시장의 순규모를 늘려 주지는 않는다.

유로은행이 자금을 필요로 하는 최종차입자를 발견하여 대출을 하는 것이 마지막 단계가 된다. 이제 스미토모은행이 독일제약회사인 훽스트사에게 $1,000,000를 대출한다고 가정하자. 스미토모은행은 Barclays은행으로부터 예치받은 $1,000,000를 미국 국내은행에 설정되어 있는 자기의 계정에 보유하고 있으므로, 이 $1,000,000가 미국 국내은행의 훽스트사 계정으로 이체되도록 함으로써 대출을 완료하게 된다. 그리고 대출을 받게 된 훽스트사는 이 자금을 인출하여 어떤 용도에 사용할 것이다.

유로은행이 행하는 유로달러대출은 미국 국내은행이 행하는 대출과 성격상으로는 매우 유사하다고 할 수 있다. 단지 유로달러대출의 경우는 잘 알려진 차입자에게 대출하는 경우가 많으므로 미국 국내대출의 경우보다 신용조사 및 서류절차에 있어서 덜 번잡하게 된다. 차입자가 대출받고자 하는 금액이 어느 한 유로은행이 대출하기에 너무 큰 금액일 경우에는 차입자는 서로 다른 국적을 가진 일단의 은행들에 의하여 형성된 차관단으로부터 대출을 받을 수 있다. 이 경우에 흔히 차입자는 대출금액의 표시통화를 선택할 수가 있게 된다. 유로달러대출의 만기가 6개월 이상인 경우에 금리는 매기간(3개월 또는 6개월)마다 그 당시의 LIBOR에 일정 스프레드를 가산하여 재조정된다.

한편, 유로달러시장에서의 예수금리는 미국 국내예수금리에 비하여 약 1/2 내지 1%가 높으므로 왜 모든 자금이 미국 국내금융시장으로부터 유로달러시장으로 빠져나가지 않는가 하고 의아하게 생각될지 모른다. 한 가지 이유로는 자금이동규제를 들 수 있다. 많은 국가들은 내국인이 해외에 투자하는 것을 규제하고 있고 어떤 국가들은 국내기업이 해외에서 차입하는 것을 규제하고 있다. 다른 한 가지 이유로서 해외에서의 예금잔고의 유지 또는 자금차입에 따르는 불편과 비용을 들 수 있다. 유로달러시장은 주로 $1,000,000 이상의 금액이 거래되는 도매금융시장이고 유로은행들은 잘 알려진 대기업, 은행 및 각국 정부들에게 대출하기를 선호한다. 그리고 많은 차입자들과 대출자들이 아직 유로커런시시장의 성격 및 기법들을 잘 모르고 있기 때문이기도 하다. 그러나 유로커런시시장과 각국의 국내금융시장과의 가장 큰 차이점은 유로커런시시장은 다른 국가에 위치하고 있으므로 유로은행에 예치되어 있는 예금은 국내은행에 예치되어 있는 예금보다 위험하다고 할 수 있다. 이것을 유로커런시시장의 정치적 위험(sovereign risk)이라고 말한다.

3. 유로달러금리의 결정

유로달러시장과 미국 국내금융시장이 서로 어떠한 관련을 가지고 있는가에 대하여 두 가지 가설을 생각해 볼 수 있다. 미국정부가 1974년에 자본이동에 대한 통제를 해제한 이후 유로달러금리와 미국 국내금리간의 상관관계가 일반적으로 높았었다는 사실은 유로달러시장과 미국 국내금융시장이 모두 통합된 전 세계적 달러화 금융시장의 일부분이라고 하는 가설을 뒷받침해 준다고 볼 수 있다. 그러나 때로는 유로달러금리와 미국 국내금리의 차가 상당히 크고 변동을 보였었다는 사실은 유로달러시장이 미국 국내금융시장과는 독립된 별개의 금융시장이라고 하는 가설을 뒷받침해 준다고 볼 수 있다.

여기에서는 미국은행들이 행하는 재정거래(arbitrage)가 유로달러시장과 미국 국내금융시장을 연결시키는 주요 경로가 된다는 것을 보여주고자 한다. 대규모 국제은행들은 이 두 금융시장에서 매일 엄청난 금액에 달하는 영업활동을 하며 이익을 올릴 수 있는 금리차가 존재할 경우에는 일반적으로 민첩한 반응을 보인다. 여기서 은행의 재정거래란 상대적으로 자금조달비용이 저렴하게 드는 시장에서 자금을 차입함과 동시에 다른 시장에서 그 자금을 대출하여 이익을 확보하는 거래뿐만 아니라 상대적 수익률 또는 비용의 변화에 따라 은행 대차대조표상의 자산간 또는 부채간의 변화를 가져오게 하는 거래를 말한다. 이러한 재정거래는 유로달러금리와 미국 국내금리의 차가 어느 정도 이상 벌어지지 않도록 제한하게 되는데 그 이유는 재정거래를 통한 이익기회가 존재할 때 은행이 재정거래를 하게 되면 그 결과 금리차가 다시 좁혀지게 되기 때문이다.

한편, 같은 국가 내에서의 서로 상이한 통화표시의 유로커런시예금들간의 커버된 금리재정거래(covered interest arbitrage)는 자본이동에 대한 규제를 받지 않으며 같은 국가 내의 유로커런시예금들은 그 정치적 위험도 서로 같다고 할 수 있다. 따라서 이들 유로커런시예금간의 금리차는 단지 표시통화가 서로 다른 데에 기인한다고 볼 수 있다. 유로커런시예금간의 금리차가 어느 정도 이상 벌어지게 되면 커버된 금리재정거래를 통한 이익기회가 존재하게 되고 은행들이 커버된 금리재정거래를 행하게 되면 그 결과 이들 유로커런시예금간의 금리차는 다시 좁혀지게 된다.

그러므로 유로달러시장에서의 금리결정을 살펴보기 위하여는 유로달러금리와 다른 유로커런시금리가 커버된 금리재정거래에 의하여 어떻게 관련되어 있는가를 살펴보아야 하고 또한 유로달러금리와 미국 국내금융시장금리가 미국은행들이 행하는 유로달러시장과 미국 국내금융시장간의 재정거래에 의하여 어떻게 관련되어 있는가를 살펴보아야 한다.

미국은행들이 행하는 유로달러시장과 미국 국내금융시장간의 재정거래가 주어진 미국 국내금리수준에 상응하는 일정한 수준의 유로달러금리를 결정하지는 못한다. 대신에 이 재정거래는 유로달러금리와 미국 국내금리의 차이가 가질 수 있는 크기를 제한한다. 다음에서는 은행의 재정거래를 유로달러시장으로의 자금유출형 재정거래와 미국 국내금융시장으로의 자금유입형 재정거래로 나누어 살펴보고 은행의 재정거래가 어떻게 유로달러금리와 미국 국내금리의 차이가 가질 수 있는 크기를 제한하게 되는가를 구체적으로 설명하기로 한다.

1) 은행재정거래

일반적으로 은행의 재정거래는 두 가지로 분류할 수 있다. 그 중 한 가지는 은행이 새로운 부채를 발행하고 새로운 자산을 획득하는 경우로서 이 경우에는 은행의 대차대조표 규모가 확대된다. 다른 한 가지 종류의 재정거래는 은행의 대차대조표 규모는 변화시키지 않고 단지 자금조달에 있어서 대차대조표상의 부채간의 변화를 가져오게 하는 경우이다. 은행의 재정거래를 이와 같이 은행의 대차대조표 규모를 확대시키는 거래와 그 규모를 변화시키지 않는 거래로 구분하는 것이 필요한 이유는 은행이 대차대조표 규모를 확대시킬 용의가 있는가 또는 없는가에 따라서 은행의 재정거래가 유로달러시장과 미국 국내금융시장을 연결시키는 데 있어서 얼마나 효과적인 경로가 될 수 있는지가 결정되기 때문이다.

(1) 자금유출형 재정거래

유로달러시장으로의 자금유출형 재정거래(outward arbitrage)는 일반적으로 은행이 미국 국내금융시장에서 CD를 발행하여 자금조달을 한 후 이 자금을 유로달러시장에서 다른 은행에 예치하거나 비은행차입자에게 대출하는 형태로 행해진다. 이 경우 은행의 대차대조표 규모는 확대된다.

은행이 미국 국내에서 자금조달을 한 후 유로달러시장에서 대출을 하려고 하는 경우에는 당연히 미국 국내금융시장에서의 실효자금조달비용(effective cost of borrowing)을 유로달러시장에서의 수익률과 비교하게 된다. 미국 국내금융시장에서의 실효자금조달비용은 국내에서 발행되는 CD의 명목이자율을 연방예금보험공사(Federal Deposit Insurance Corporation: FDIC)에 지급해야 하는 보험료비용 및 연방준비은행(Federal Reserve Bank)에 지불준비금

(reserves)을 보유해야 하는 데 따르는 비용을 감안하여 조정해 주면 된다. 은행은 유로달러시장에서의 수익률이 미국 국내금융시장에서의 실효자금조달비용보다 높게 되면 유로달러시장으로의 자금유출형 재정거래를 행하게 될 것이다. 즉,

$$\frac{i_{CD} + f_{FDIC}}{1 - r_D} < E\$_L \cdots\cdots (1)$$

$E\$_L$: 유로달러시장에서 자금을 다른 은행에 예치할 때의 이자율, 즉 유로달러시장에서의 수익률
i_{CD} : 미국 국내에서 발행되는 CD의 명목이자율
f_{FDIC} : 연방예금보험공사에 지급해야 하는 보험료비용
r_D : 연방준비제도에 의하여 부과된 지불준비율

위의 부등식은 좌변은 미국 국내금융시장에서의 실효자금조달비용이 된다. 따라서 다음과 같은 조건이 성립하면 은행은 재정거래를 행하고자 하는 의욕을 상실하게 될 것이다. 즉, 미국 국내금융시장에서의 실효자금조달비용이 유로달러시장에서의 이자율보다 높거나 같게 되면 은행은 재정거래를 행하지 않게 된다.

$$\frac{i_{CD} + f_{FDIC}}{1 - r_D} \geq E\$_L \cdots\cdots (2)$$

우리는 식 (2)로부터 미국 국내금융시장에서의 실효자금조달비용이 유로달러시장에서의 이자율 값이 취할 수 있는 범위의 상한이 됨을 알 수 있다. 만약 유로달러시장에서의 이자율이 이 상한을 넘게 되면 은행들은 재정거래를 통한 이익을 얻기 위하여 미국 국내금융시장에서 자금을 조달하여 유로달러시장에서 대출하려고 할 것이므로 미국 국내금융시장에서의 이자율은 상승하게 되고 유로달러시장에서의 이자율은 하락하게 되어 결국에는 재정거래를 통한 이익기회는 사라지게 될 것이다.

(2) 자금유입형 재정거래

일반적으로 유로달러시장으로의 자금유출형 재정거래는 은행의 대차대조표 규모를 확대시키게 되지만 미국 국내금융시장으로의 자금유입형 재정거래

(inward arbitrage)는 주로 은행이 기존의 국내자금조달원을 해외자금조달원으로 대체시킬 때 발생한다. 미국 국내금융시장에서 자금수요의 급격한 증가로 인하여 자금조달비용이 높아지게 되면 은행들은 자금조달비용이 보다 저렴한 유로달러시장에서 자금조달을 하게 된다. 이와 같은 자금유입형 재정거래에서는 조달된 자금이 새로운 대출을 위하여 사용될 경우에만 은행의 대차대조표 규모를 확대시킨다.

은행이 유로달러시장에서 자금조달을 하려고 하는 경우에는 유로달러시장에서의 실효자금조달비용을 미국 국내금융시장에서의 실효자금조달비용과 비교하게 된다. 유로달러시장에서의 실효자금조달비용은 유로달러시장에서 자금을 다른 은행으로부터 차입할 때의 이자율을 유로달러자금에 대하여 부과되는 지불준비율을 감안하여 조정해 주면 얻을 수 있다. 은행은 유로달러시장에서의 실효자금조달비용이 미국 국내금융시장에서의 실효자금조달비용보다 낮게 되면 미국 국내금융시장으로의 자금유입형 재정거래를 행하게 될 것이다.

즉,

$$\frac{E\$_H}{1 - r_{E\$}} < \frac{i_{CD} + f_{FDIC}}{1 - r_D} \cdots\cdots(3)$$

$E\$_H$: 유로달러시장에서 자금을 다른 은행으로부터 차입할 때의 이자율

$r_{E\$}$: 미국은행이 유로달러시장에서 자금을 차입하는 경우 연방준비제도에 의하여 부과되는 유로달러자금에 대한 지준율

위의 부등식의 좌변은 유로달러시장에서의 실효자금조달비용이 되고 우변은 미국 국내금융시장에서의 실효자금조달비용이 된다. 따라서 다음과 같은 조건이 성립하면 은행은 재정거래를 행하고자 하는 의욕을 상실하게 될 것이다.

$$\frac{E\$_H}{1 - r_{E\$}} \geq \frac{i_{CD} + f_{FDIC}}{1 - r_D} \cdots\cdots(4)$$

또는

$$E\$_H \geq \frac{i_{CD} + f_{FDIC}}{1 - r_D}(1 - r_{E\$}) \cdots\cdots(5)$$

우리는 식 (5)의 우변이 유로달러시장에서 자금을 차입할 때의 이자율 값이

취할 수 있는 범위의 하한이 됨을 알 수 있다. 만약 유로달러시장에서의 이자율이 이 하한보다 낮게 되면 은행들은 재정거래를 통한 이익을 얻기 위하여 유로달러시장에서 자금조달을 하려고 할 것이므로 유로달러시장에서의 이자율은 상승하게 되어 결국에는 재정거래를 통한 이익기회는 사라지게 될 것이다.

한편 유로달러시장에서 자금을 다른 은행으로부터 차입할 때의 이자율 $E\$_H$와 유로달러시장에서 자금을 다른 은행에 예치할 때의 이자율 $E\$_L$과의 차이를 spread로 표시할 때 우리는 다음과 같은 관계를 얻을 수 있다.

$$E\$_H = E\$_L + \text{spread} \cdots\cdots (6)$$

따라서 식 (6)을 식 (5)에 대입하여 다음을 얻는다.

$$E\$_L \geq \frac{i_{CD} + f_{FDIC}}{1 - r_D}(1 - r_{E\$}) - \text{spread} \cdots\cdots (7)$$

(3) 재정터널

자금유출형 재정거래에 있어서 얻은 식 (2)는 유로달러시장에서 자금을 다른 은행에 예치할 때의 이자율 $E\$_L$의 상한을 말해주고 자금유입형 재정거래에 있어서 얻은 식 (7)은 $E\$_L$의 하한을 말해준다. 그러므로 우리는 식 (2)와 식 (7)로부터 $E\$_L$의 값이 취할 수 있는 범위를 구할 수 있고 이것을 재정터널(arbitrage tunnel)이라고 부르기로 한다. 즉,

$$\frac{i_{CD} + f_{FDIC}}{1 - r_D} \geq E\$_L \geq \frac{i_{CD} + f_{FDIC}}{1 - r_D}(1 - r_{E\$}) - \text{spread} \cdots\cdots (8)$$

유로달러시장에서의 이자율이 식 (8)이 말해주는 범위 내에 들어있을 때, 즉 재정터널 속에 들어 있을 때는 은행은 재정거래를 행하고자 하는 의욕을 상실하게 될 것이다. 다시 말하자면 유로달러시장에서의 이자율이 재정터널 밖의 값을 취할 경우에는 은행들은 재정거래를 통한 이익을 얻기 위하여 자금유출형 또는 자금유입형 재정거래를 행하게 되고 결국에는 유로달러시장에서의 이자율이 재정터널 내의 값을 취하게 되며 재정거래를 통한 이익기회는 사라지게 될 것이다.

식 (8)을 살펴보면 재정터널을 구하기 위하여 미국 국내시장에서 자금을 조달하는 데 있어서의 명목이자율 이외에 추가적으로 세 가지를 더 고려하고 있음을 알 수 있다. 즉, 미국 국내에서 CD를 발행하여 조달된 자금 및 유로달러시장에서 조달된 자금에 대하여 연방준비은행이 부과하는 지준율, 연방예금보험공사에 지급해야 하는 보험료비용 그리고 유로달러시장에서 자금을 다른 은행으로부터 차입할 때의 이자율과 자금을 다른 은행에 예치할 때의 이자율과의 차이, 즉 spread 등이 곧 그것이다.

한편 유로달러시장에서의 이자율이 식 (8)이 말해주는 범위 밖의 값을 취하는 경우에는 그 이유로서 리스크 프리미엄, 대차대조표의 구조변화 및 총자본이익률(rate of return on total assets) 등에 대한 고려를 들 수 있다. 다음에서는 1970년 이후의 실제자료를 바탕으로 유로달러시장에서의 이자율이 과연 식 (8)이 말해주는 범위 내에 있었는가를 살펴보고 범위 밖의 값을 취했던 경우에는 어떠한 설명이 가능한가를 살펴보기로 한다.

2) 실증적 검증 및 해석

1970년 초부터 1973년 중반까지의 기간중에는 유로달러시장에서 자금을 다른 은행에 예치할 때의 이자율 $E\$_L$이 식 (8)이 말해주는 범위의 상한을 넘고 있었음을 발견하게 되는데 그 이유로서 1960년대 중반부터 시행되고 있었던 '자발적 해외신용공여규제계획(Voluntary Foreign Credit Restraint Program: VFCR)을 들 수 있다. 이러한 자본이동규제(capital control) 조치하에서는 유로달러시장에서의 이자율이 식 (8)이 말해주는 범위 밖의 값을 취하는 경우에라도 은행들은 재정거래를 행할 수 없었으므로 유로달러시장에서의 이자율은 재정터널 밖의 값을 유지할 수 있게 되었다. 1973년 후반부터 이러한 자본이동규제가 완화되자 은행들은 다시 재정거래를 하기 시작하였고, 그 결과 유로달러시장에서의 이자율은 다시 재정터널 내의 값을 취하게 되었다.

1973년 후반부터 약 1년 동안 유로달러시장에서의 이자율은 재정터널 내의 값을 취하고 있었으나 1974년 중반에 이르러 서독의 Herstatt Bank와 미국의 Franklin National Bank가 도산지경에 이르는 등 국제금융위기가 초래되자 유로달러시장에서의 이자율은 다시금 재정터널 밖의 값을 취하게 되었다. 1970년대 초반의 자본이동규제조치에 의한 금융시장의 분리현상과는 달리 이 경우에 있어서 유로달러시장에서의 이자율이 재정터널 밖으로 이탈하는 현상은 리스크 프리미엄을 나타내고 있었다고 볼 수 있다. 즉, 국제금융 위기가 초래되자 은행들은 유로달러시장에서의 이자율이 미국 국내금융시장에서의 실효자금조달비용보다 충분한 폭으로 높기 전에는 재정거래를 하지 않게 되었다. 여기서 은행들이 재정거래를 개시하기 위하여 요구되는 유로달러시장에서의 이자율과 미국 국내금융시장에서의 실효자금조달비용의 차이를 리스크 프리미엄이라 할 때 이 두 가지의 실제차이가 리스크 프리미엄보다 작을 경우에는 은행들은 재정거래를 하지 않을 것임을 쉽게 알 수 있다.

국제금융위기가 진정되고 나서 1975년 중반 이후 1978년 말까지 유로달러시장에서의 이자율은 재정터널 내의 값을 취하고 있었으나 1979년에 이르러 제2차 석유파동으로 인하여 막대한 금액의 오일달러가 유로달러시장으로 환류되었고 유로달러시장에서의 이자율은 크게 하락하게 되었다. 그리하여 유로달러시장에서의 실효자금조달비용이 미국 국내금융시장에서의 실효자금조달비용보다 낮게 되어 은행들은 자금유입형 재정거래를 하기 시작하였다. 그러나 일반적으로 은행들이 기존의 국내자금조달원을 새로운 해외자금조달원으로 대체시키는 데는 시간이 걸리므로 재정거래를 통한 이익기회가 존재한다고 할지라도 즉시 모든 이익기회를 다 활용할 수는 없었다. 따라서 얼마동안 유로달러시장에서의 이자율은 재정터널이 말해주는 범위의 하한 밖의 값을 취했음을 알 수 있다.

1980년 말부터 유로달러시장에서의 이자율은 다시금 재정터널이 말해주는 범위의 상한 밖의 값을 취하게 되었는데 그 이유를 살펴보면 다음과 같다. 즉, 은행들이 건전한 영업행위를 하고 있는가에 대하여 많은 사람들이 의구심을 갖게 되고 은행주식의 가격이 하락하게 되자 은행들은 그들의 재무제표에 있어서 자기자본의 비율이 적정한가 또는 수익성이 적정한가 등을 측정하는 재무비율에 대하여 관심을 갖게 되었다.

첫째, 몇몇 은행들이 자기자본의 규모가 극히 작음에도 불구하고 지나치게 큰 액수의 대출을 하고 있다고 비판을 받게 되자 은행감독기관 및 투자자들은 은행의 부채비율에 대하여 점차 더 많은 관심을 갖게 되었다. 따라서 미국 은행들은 그들의 대차대조표 규모를 확대시키는 것을 주저하게 되었고 대출수익률이 매우 높지 않을 경우에는 그러한 대출로 인한 부채비율의 악화를 염려하여 대출을 하지 않는 경향을 띠게 되었다.

둘째, 은행들은 총자본이익률(rate of return on total assets)에도 관심을 갖게 되었다. 이 총자본이익률은 은행주식가격을 분석하고자 하는 사람들에게는 특히 중요한 재무비율이라고 할 수 있는데 그 이유는 총자본이익률이 은행의 필수적인 영업활동이라고 할 수 있는 대출의 수익률을 나타낸다고 볼 수 있기 때문이다. 그리고 은행이 자기자본의 변화없이 새로운 자산을 획득하는 경우에 부채비율은 반드시 높아지지만 총자본이익률은 그 새로운 자산의 수익률이 어떠한가에 따라서 증가 또는 감소하게 되므로 은행주식가격의 분석자들에게 매우 유용한 지표가 된다고 할 수 있다. 특히 은행이 미국 국내에서 자금조달을 한 후 유로달러시장에서 대출을 하는 자금유출형 재정거래를 하는 경우에는 이익률(profit margin)이 극히 작으므로 이러한 재정거래는 총이익은 증가시키지만 평균 총자본이익률은 감소시키게 된다. 따라서 총자본이익률에 대한 고려로 인하여 비록 재정거래를 통한 이익기회가 존재한다고 할지라도 은행들은 재정거래를 하지 않는 경향을 띠게 되었다.

위에서 살펴본 부채비율 및 총자본이익률에 대한 고려 이외에도 1980년 말부터 유로달러시장에서의 이자율이 재정터널의 상한 밖의 값을 취하게 된 이유로서 유로달러시장에서의 대출을 위험하다고 여기게 된 점을 들 수 있다. 1980년대 초반에는 전 세계적으로 외채위기를 맞이하게 되었고 특히 개발도상국 및 동구권국가들에 대하여 대규모의 대출을 해준 은행들은 위기에 처하게 되었다. 따라서 은행들은 일반적으로 해외금융시장에서의 대출을 매우 위험하다고 여기게 되었고 유로달러시장에서의 이자율이 미국 국내금융시장에서의 실효자금조달비용보다 충분한 폭으로 높기 전에는 재정거래를 하지 않게 되었다.

결론적으로 우리는 유로달러시장과 미국 국내금융시장은 은행의 재정거래를 통하여 상당히 밀접한 관련을 가지고 있음을 알 수 있다. 그러나 때로는 이 두 시장이 서로 완전히 통합되지 못하였음을 알 수 있는데 그 이유로서 자본이동에 대한 규제, 위험에 대한 고려 및 대차대조표상의 재무비율에 대한 고려 등을 들 수 있다.

제3절 유로대출시장

1. 유로대출시장의 개요

유로대출(Eurocredit)시장은 중장기 유로커런시시장을 말하며 여러 은행으로 구성된 차관단이 차입자에게 대규모의 공동융자를 제공하는 신디케이트유로대출과 개별은행이 차입자에게 개별융자를 제공하는 개별유로대출로 나눌 수 있다.

1970년대에 들어와서 대출규모가 한 은행 또는 대출자가 감당하기 어려울 만큼 커지고 대출에 따른 위험을 분산시키고자 여러 은행이 공동으로 차관단을 구성하여 대규모 대출을 행하는 신디케이트론(syndicated loan)이 성행하여 1980년대 초반까지 국제금융시장에서 대표적인 대출수단으로 이용되어 왔다.

그러나 국제금융시장에서의 증권화(securitization)현상이 급속히 진전되면서 1982년 이후 신디케이트대출이 국제금융시장에서 차지하는 비중이 크게 낮아지고, 신디케이트대출을 대체하는 수단으로서 유로노트, 유로CP, 유로MTN과 같은 증권형태의 자금조달수단이 개발되었다.

유로노트(Euronote)란 중기 인수약정퍼실리티에 의해서 발행되는 단기어음을 말하는데 인수약정기간은 대개 3년에서 10년 사이이며 이 기간 동안 차입자가 발행하는 유로노트가 제대로 판매되지 않을 경우에는 인수약정을 체결한 금융기관이 이를 인수함으로써 차입자의 원활한 자금조달을 보장해준다. 유로노트 발행퍼실리티는 RUF(revolving underwriting facility) 및 NIF(note-issuance facility) 등 여러 가지 종류가 있으나 기본적인 내용은 큰 차이가 없기 때문에 이들을 총칭하여 NIF라고 부른다.

한편 유로CP는 유로노트와는 달리 인수약정퍼실리티가 없이 발행되는 단기어음을 말한다. 유로CP는 인수약정이 필요없으므로 이와 관련된 수수료를 지불할 필요가 없어 보다 저렴한 비용으로 자금을 조달할 수가 있다. 또한 유로CP는 발행까지 소요되는 시간이 약 2주일 정도 밖에 되지 않아 보통 2개월이 걸리는 유로노트에 비하여 신속하게 발행될 수 있다.

1985년 말에 처음으로 소개된 유로MTN(Euro medium term note)은 대규모 차입자들로부터 좋은 반응을 얻으면서 꾸준한 성장을 보여 왔다. 유로MTN은 발행자가 차입기간, 발행한도 및 유가증권 형태에 대한 프로그램을 설정하고 그 범위 내에서 이자율과 만기가 상이한 note를 수시로 발행할 수 있는 차입수단이다.

2. 신디케이트론(Syndicated Loan)

신디케이트론은 차입자가 특정 주간사은행(lead manager)에게 기채알선을 의뢰하는 교섭의뢰서(mandate)를 발급하고 주간사은행이 참여은행을 모집, 차관단(syndication)을 구성하여 대출하는 방법으로 전통적인 상업은행의 대출기능과 투자은행의 인수기능이 복합된 것이다.

신디케이트론의 특징은 다음과 같다.

첫째, 주로 공모에 의한 참여은행의 모집과 이의 계층화를 통한 능력별 대출을 통하여 거액의 자금차입이 가능하다.

둘째, 국제상업은행들이 주로 단기로 자금을 조달함에도 불구하고 Euro시장의 풍부한 자금 유동성에 의해 신디케이트론의 만기는 5~10년의 중장기로 이루어진다.

셋째, 차입자의 높은 신용도, 국제간 담보관리의 어려움에 따라 물적 담보 없이 신용대출로 이루어지는 것이 관례이며 채권보전을 위하여 계약서에 강력한 법적 의무조항이 규정되어 있다. 신용도가 다소 낮은 차입자에 대해서는 일반적으로 금융기관의 지급보증이 요구되고 있다.

넷째, 신디케이트론의 만기가 대부분 중장기이므로 금리를 만기까지 고정시키지 않고 매 이자지급기일(3개월 혹은 6개월)마다 당시의 은행간 금리(LIBOR)에 일정 spread를 가산하여 연동시키는 것이 일반적이다.

신디케이트론에 관련된 주요 당사자는 주간사은행(lead manager), 대리은행(agent bank), 공동간사 또는 부간사은행(manager, co-manager), 참여은행(participant) 등으로 구성된다.

1) 주간사은행(Lead Manager)

주간사은행은 차입자가 차입하고자 하는 차관금액을 가장 유리한 조건으로 firm offer를 제시하여 차입자로부터 교섭의뢰서를 받은 은행으로서, 여타 국제상업은행 및 투자은행들과 교섭하여 차관단을 구성하고 차관조건을 결정한다.

차관단의 구성성패 및 차관조건은 주간사은행의 국제적 신인도와 명성에 크게 좌우되고 있으므로 주간사은행의 선정에 매우 신중을 요한다.

주간사은행은 기채를 주관하는 은행으로서, 시장에서 차관의 평판을 유리하게 유지해 나가도록 노력해야 하며, 동시에 공동간사은행, 참여은행 등 대출자와 차입자의 중간 위치에서 쌍방의 이익을 옹호하여 제반문제의 중재자 또는 조정자의 임무를 수행해야 한다.

원칙적으로 차관계약이 체결되면 주간사은행의 임무는 종료되고 그 후의 차관관리임무는 대리은행(agent bank)으로 이양된다. 따라서 계약체결 후의 법적 의무는 수반되지 아니하나, 해당 차관이 원만히 인출되어 상환될 때까지 syndication을 주관하여 온 자로서 주간사은행의 도의적 책임은 계속된다.

2) 대리은행(Agent Bank)

대리은행을 별도로 선정할 수 있으나, 대부분의 경우 주간사은행이 이를 겸하게 되며, 주요 임무는 차관계약 조인식(signing ceremony) 이후 차관에 관한 제반 사후관리업무이다.

3) 간사은행(Manager)

간사은행은 주간사은행과 함께 간사단(management group)을 구성하고 주간사은행의 업무를 지원하며 협조하는 정도의 소극적인 업무를 수행하나 차관의 관리를 위한 고유임무는 부여되지 않는 것이 보통이다.

그러나 간사은행은 단순 참여은행(participants)과 비교할 때 참여액의 규모가 크며 간사단이 구성될 때 차관금액의 일부를 인수할 것을 확약한다는 점에서 차이가 난다고 할 수 있다.

4) 참여은행(Participation Bank)

참여은행은 간사단의 초청을 받아 syndication에 참가하며, 기채알선이나 차관단 구성에 관련된 책임은 전혀 없으며, 차관계약서에 규정된 권리, 의무만을 준수하면 된다.

제 4 절 국제채시장[1)]

1. 국제채시장의 개요

유로커런시시장이 단기자금을 조달하기 위한 간접금융시장인 데 비하여 국제채시장은 장기자금을 조달하기 위한 직접금융시장이다. 여기서 국제채(international bond)란 차입자의 소재국 이외에서 판매되는 채권을 말하는 것으로서 외국채(foreign bond)와 유로채(Euro Bond)로 나뉜다. 외국채란 차입자가 다른 나라의 국내자본시장에서 그 나라의 통화 표시로 발행한 채권을 말한다. 외국채는 채권이 발행되는 국가의 신디케이트에 의해 인수되고 그 나라의 거주자들에게 주로 판매된다.

이에 비하여 유로채란 채권에 표시된 통화의 발행국 이외의 지역에서 거래되는 채권을 말한다. 예를 들면, 우리나라 기업이 달러표시채권을 발행하여 런던시장에서 매각한다면 이 채권은 유로채가 된다.

유로채는 외국채에 비하여 다음과 같은 특징을 지니고 있다.

첫째, 유로채는 주로 표시통화국 이외의 지역에서 모집되고 판매되기 때문에 원칙적으로 표시통화국의 규제를 받지 않고 자유롭게 발행할 수 있다. 예를 들어, 외국채를 미국에서 발행하는 경우 증권관리위원회(Securities and Exchange Commission: SEC)에 등록하여야 하며, 또한 발행채권의 평가등급(credit rating)을 받아야 하나 유로채를 발행하는 경우에는 이와 같은 절차가 필요하지 않다.

둘째, 유로채를 인수하고 판매하는 신디케이트의 구성이 국제적이다. 즉, 유로채는 외국채와 같이 단일국의 금융기관에 의해 인수되고 판매되는 것이

---

1) 이 부분은 Ian H. Giddy, *Glolbal Financial Markets* (Lexington, MA: D.C. Heath and Co., 1994)를 참고하였음.

아니라 수개국의 금융기관의 참여에 의해 인수되고 판매된다.

셋째, 유로채는 그 투자자들이 국제적으로 다양하다. 유로채는 국제적인 신디케이트에 의해 인수되기 때문에 투자자들도 여러 나라에 분산되어 있다.

한편, 유로채는 대개 5년 내지 7년 이상의 중 · 장기채권으로 액면금액에 대한 고정이자율(coupon rate)로 발행되고 있으나 1970년 이후 변동금리채(floating rate note: FRN)가 발행되기 시작하여 최근에는 큰 비중을 차지하고 있다. 또한 최근에는 주식과 연계되는 유로채(equity-linked Eurobond)가 많이 발행되고 있는데 전환사채(convertible bond: CB) 및 신주인수권부사채(bond with warrants: BW) 등이 그것이다.

국제채의 발행방법에는 공모(public offering)와 사모(private placement)가 있다. 공모는 일단의 국제적 인수업자를 통하여 일반대중에게 증권을 매각하는 방법이고 사모는 소수의 기관투자가나 중앙은행과 같은 단일투자자에게 증권을 매각하는 방식이다. 공모는 증권거래소에 상장되는 데 반하여 사모는 일반적으로 상장을 요구하지 않는다. 또한 공모는 일반적으로 규제당국에 등록하여야 하지만 사모는 등록을 요구하지 않는다.

그림 10-1 국제채시장의 구조

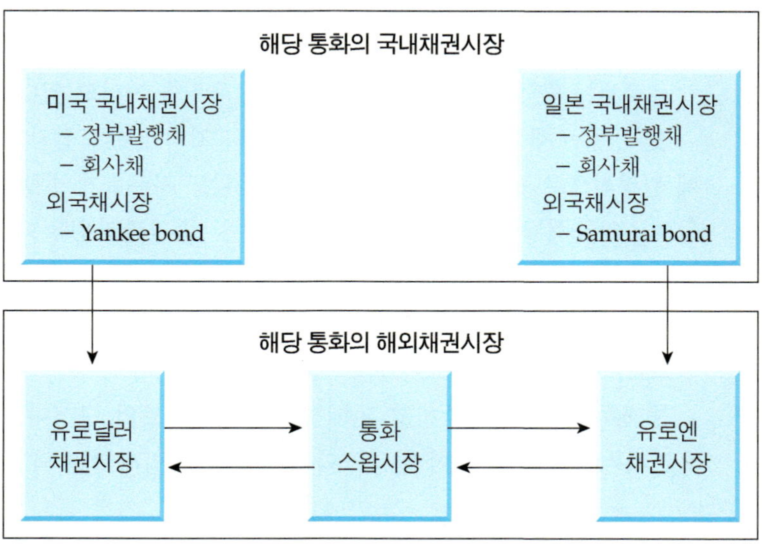

[그림 10-1]은 국제채시장을 구성하고 있는 주요 시장 간의 연계를 보여주고 있다. 각 통화별로 해당 통화의 국내채권시장과 해외채권시장을 생각할 수 있다. 국내채권시장은 다시 정부발행채나 회사채 등을 거래하는 순수 국내채시장과 외국 차입자가 채권을 발행하는 외국채시장으로 나눌 수 있다. 해당 통화의 해외채권시장을 유로채시장이라고 부르는데 유로달러채권시장, 유로엔채권시장 등이 여기에 해당한다. 이들 유로채시장들은 통화스왑시장을 통하여 서로 연계되어 있다고 할 수 있다.

유로채시장이 해당 통화의 해외채권시장이라는 사실은 해당 통화국 정부의 규제를 받지 않는다는 것을 의미한다. 이것은 또한 해당 통화국 정부가 국내채권시장을 해외채권시장으로부터 분리시킬 수 있다는 것을 의미하며, 자본이동에 대한 규제, 세제(taxes), 채권발행 및 거래에 대한 제한 등을 통하여 그러한 목적을 달성할 수 있다. 이와 같이 해당 통화의 국내채권시장과 해외채권시장이 서로 분리될 경우에는 채권의 발행비용 및 투자자의 수익률이 두 시장 간에 서로 다르게 된다.

예를 들어, 미국정부는 자본의 해외유출을 막기 위하여 1963년 이후 이자평형세(interest equalization tax)를 부과함으로써 외국 차입자의 미국 내 채권 발행을 억제하고자 하였다. 또한 1974년에 이자평형세가 폐지된 이후 1984년까지는 미국채권을 보유하는 외국투자자에게는 원천세(withholding tax)를 부과함으로써 외국투자자의 미국채권에 대한 투자를 억제하고자 하였다. 이러한 원천세가 1984년에 폐지된 이후에야 비로서 미국 국내채권시장과 유로달러채권시장 간의 수익률이 서로 근접하게 되었다.

미국을 포함한 대부분의 국가에서 채권은 채권 소유자의 이름이 명부에 올라가는 등록식(registered form)으로 발행된다. 그러나 유로채시장에서는 채권을 소지하고 있는 사람이 합법적인 소유자로서 인정을 받는 소지인식(bearer form)으로 발행되므로 유로채는 자신의 신분을 드러내기를 원치 않는 투자자들에게 특히 인기가 있다. 미국 정부는 오랫동안 유로채가 미국 국민들에게 판매되는 것을 엄격하게 제한해 왔는데 그 이유는 유로채의 경우에는 소지인식으로 발행되므로 투자자로부터 세금을 징수하기 어려울 뿐만 아니라, 규제당국에 등록이나 평가등급의 획득 등 발행자의 신용상태가 제대로 파악될 수 있는 절차를 거치지 않았다는 점에서 투자위험이 매우 크다고 판단하였기 때문이다.

미국 국내채권시장은 유로채시장과는 달리 정부의 규제가 많다. 예컨대, 미국 증권법(Securities Act of 1933)은 미국 내에서 공모로 발행되는 신규 증권은 미국 증권관리위원회(Securities and Exchange Commission: SEC)에 등록을 하도록 요구하고 있으며 SEC에 등록되지 않은 유로채의 경우에는 해당 채권이 유통시장에서 90일 이상 거래된 이후에만 미국 국민에게 판매될 수 있도록 엄격하게 규정하고 있다.

다만, 채권이 공모가 아닌 사모로 발행되는 경우에는 SEC에 등록할 의무가 면제되는데, 유로채의 경우에도 소수의 대형 우량기관투자자가 매매가 아닌 보유목적으로 해당 채권을 매입하는 사모의 형태로 발행되는 경우에는 SEC에 등록하지 않아도 되도록 해왔다. 그 후 1990년에 SEC는 미국 증권시장의 경쟁력을 제고시키기 위하여 Rule 144A를 공표함으로써 우량기관투자자 간에 유로채에 대한 유통시장에서의 매매를 허용하게 되었다.

2. 유로채 발행 절차

유로채의 발행자인 차입자는 차입하고자 하는 자금의 표시통화, 차입금액 및 원하는 금리수준(target rate)을 결정한 후 유로채 발행 경험이 풍부한 대형 투자은행(증권사)을 선정하여 유로채 발행에 관한 협의를 하게 된다. 만약 그 투자은행이 차입자로부터 유로채 발행을 주관해달라는 교섭의뢰서(mandate)를 받게 되면 그 투자은행은 주간사은행(lead manager)이 된다.

주간사은행은 채권 발행에 대한 전반적인 책임을 지며 실제로 채권 발행에 관한 모든 절차를 수행한다. 차입금액이 대규모인 경우에는 주간사은행은 소수의 다른 투자은행을 공동간사은행(comanager)으로 참여시켜 간사단(management group)을 구성한다. 간사단은 유로채의 발행계획 및 관리, 법적 절차 그리고 투자자들이 수용할 만한 금리나 거래조건 등을 협의하며 기채설명서(prospectus) 등의 서류를 준비한다.

간사단의 가장 중요한 임무 중의 하나는 보통 수십 개의 금융기관으로 이루어지는 인수단(underwriting group)을 구성하는 일이라고 할 수 있다. 인수단은 발행되는 채권을 인수하는 금융기관을 말하여 이들은 채권 발행의 일정지

그림 10-2 유로채 발행을 위한 신디케이트

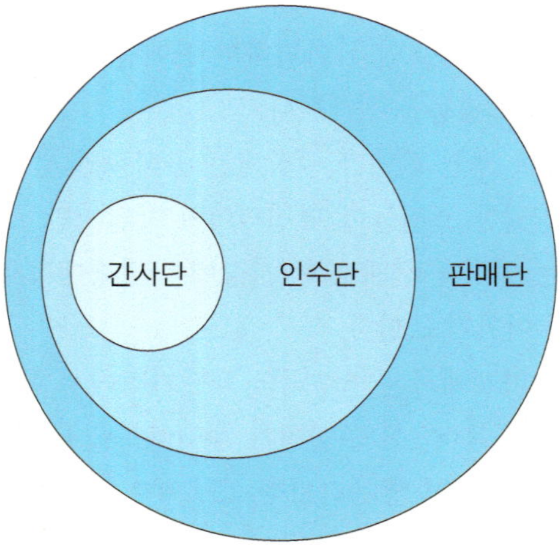

분을 정해진 가격에 발행자로부터 매입하기로 약정하는데 이것은 사실상 유로채의 발행자에게 풋옵션(put option) 즉, 채권을 매각할 수 있는 권리를 부여하는 것에 해당한다. 따라서 인수단에 속한 금융기관이 유로채를 발행자로부터 인수한 이후에 채권가격이 하락하거나 다른 투자자에게 매각할 수 없게 되는 경우에는 손해를 감수해야 한다.

판매단(selling group)은 유로채를 최종 투자자에게 판매하는 투자은행이나 중개인 등을 말한다. 판매단에는 간사단이나 인수단뿐만 아니라 채권을 판매하기는 하지만 판매가 여의치 않을 경우에 이를 매입할 책임을 지지 않는 소규모 투자은행이나 중개인까지도 포함된다. 따라서 간사단과 인수단을 제외한 판매단 구성원이 발행종료일까지 할당된 채권을 모두 판매하지 못할 경우에는 간사은행들이 이를 책임지고 인수해야 한다.

[그림 10-2]는 유로채 발행을 위한 신디케이트의 경우 간사단(managers), 인수단(underwriting group) 및 판매단(selling group)이 서로 중복되어 구성됨을 보여주고 있다. 그러나 경험이 풍부하고 우수한 소수의 투자은행이 간사단, 인수단 및 판매단의 역할을 모두 수행하는 경우도 있다.

차입자가 주간사은행과 유로채 발행에 관한 협의를 시작하는 시점부터 모든 준비가 완료되어 발행이 공고(announcement)되기까지에는 보통 수 개월이 소요된다. 유로채 발행이 공고된 후 주간사은행은 인수단과 판매단을 선정하고 기채설명서의 초안을 마련하며 판매단은 설명회 등 채권의 판매 촉진을 위한 여러 가지 활동을 전개한다.

정식으로 채권 판매가 시작되는 공식적인 발행일(offering day) 이전까지는 채권의 상세한 조건들이 확정되어있지 않지만 '그레이 마켓' (grey market)이라고 하는 발행을 전제로 한 시장에서 발행예정채권에 대한 선도(forward) 거래가 이루어지기도 한다.

그레이 마켓에서는 발행시의 채권가격에서 할인된 가격으로 거래가 이루어지는데 예를 들어, 어느 딜러가 채권가격을 less(3/8)라고 호가한다면 그 딜러는 채권의 최종발행가격보다 (3/8)% 포인트만큼 낮은 가격으로 선매도(forward sell)하겠다는 뜻이다. 만약 최종발행가격이 101인 경우에는 딜러는 100과 (5/8)의 가격으로 해당 채권을 인도하겠다는 약속인 것이다.

그레이 마켓은 발행자의 지명도가 높고 가격 이외의 다른 조건들이 확정된 채권에 대해서만 형성된다. 또한 그레이 마켓에서 형성되는 가격은 차입자와 주간사은행이 최종발행조건을 결정하는 데 매우 중요한 영향을 미치게 된다.

최종 발행조건이 결정되면 발행일에 정식으로 인수계약이 체결되고 최종적으로 확정된 기채설명서가 인쇄, 배포되며 채권이 공식적으로 발행된다. 신디케이트 구성원들은 기채설명서에 기재된 채권의 발행가격에서 수수료를 차감한 가격으로 채권을 인수할 것을 약정하는 것이다.

주간사은행의 중요한 역할로서 가격의 안정화(stabilization)를 들 수 있다. 이것은 새로 발행되는 유로채의 시장가격을 판매기간중에 안정적으로 유지하기 위하여 주간사은행이 시장에 개입하는 것을 말한다. 즉, 주간사은행은 유로채의 거래에 직접 참여하거나 또는 유로채의 판매단 구성원에게 할당되는 채권의 수량을 조절하는 방식으로 가격의 안정화를 위해 노력하는데 이를 얼마나 잘 수행하는가는 유로채 시장에서 주간사은행의 명성을 좌우하게 된다.

유로채의 발행일로부터 약 2주일 후가 되는 발행종료일(closing day)에는 채권이 매입자에게 인도되고 그 대가로 받은 자금이 채권발행자(차입자)에게 전달된다. 채권발행의 공식적인 절차가 모두 완료되고 나면 주간사은행은 *Financial Times* 또는 *Euromoney* 등의 세계적인 금융신문이나 잡지 등에 채권

그림 10-3 유로채 발행 주요 일정

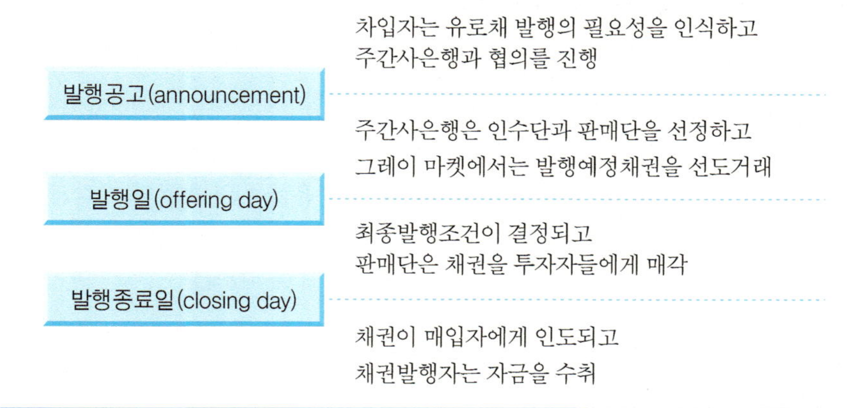

의 발행사실을 광고함으로써 자신의 명성을 높이고자 한다.

[그림 10-3]은 발행공고, 발행일, 발행종료일 등 유로채 발행과 관련된 주요 일정을 보여주고 있다.

유로채 신디케이트 구성원들은 기채설명서에 기재된 채권의 발행가격에서 수수료를 차감한 가격으로 채권을 인수하게 되므로 유로채 발행과 관련된 수수료는 간사단, 인수단 및 판매단이 해당 채권의 발행가격으로부터 할인을 받는 정도를 나타낸다. 유로채 발행과 관련된 수수료(fee 또는 spread)는 간사수수료(management fee), 인수수수료(underwriting fee) 및 판매수수료(selling concession)의 세 부분으로 나눌 수 있는데 각각 전체 스프레드의 20%, 20%, 60%를 차지하는 것이 일반적이다. 간사단의 경우는 인수단 및 판매단을 겸하게 되므로 세 가지 수수료를 모두 얻게 되며 인수단은 판매단을 겸하므로 인수 및 판매수수료를 얻게 된다.

그러므로 간사단이나 인수단의 경우 해당 채권을 보다 낮은 가격에 인수하게 된다. 그러나 해당 채권이 최종 투자자에게 발행가격으로 판매된다는 보장이 없기 때문에 수수료는 확정된 것이 아니라 채권의 실제 판매가격에 따라 정해진다고 할 수 있다.

1980년대에 들어와 유로채 시장에서 채권인수 경쟁이 심화되면서 인수은행들의 수수료는 점차 감소하게 되었고 나중에는 최종 투자자들에게 발행가격보다 낮은 가격으로 채권을 매각하는 경우도 많이 있었다. 이로 인해 은행들의 수익성이 악화되었으나 채권인수 분야에서 자신들의 지명도를 높이고자 은행들은 손실을 감수하면서 과당경쟁을 지속하였다. 이러한 문제를 극복하기 위하여 등장한 방식이 고정가격부 재모집(fixed-price reoffer)이다. 고정가격부 재모집 방식은 전통적으로 미국 국내 시장에서 채권공모에 사용되어 왔던 방법으로서 유로채 발행에 참여하는 인수은행들은 채권의 매각과정에서 발행가격 이하로 판매하지 않기로 약정을 하게 된다. 그렇게 함으로써 유로채의 인수은행들에게 일정한 수익을 보장하고자 하는 것이다.

연·습·문·제

EXERCISES

1. 주요국가의 국내금융시장에 비거주자가 참여하여 이루어지는 금융시장으로서 금융시장이 위치하고 있는 나라의 금융기관이 활약하며 거래되는 자금도 그 나라의 통화로 표시되는 금융시장을 무엇이라고 하는가?

2. 다음 중 LIBOR에 대한 설명으로서 틀린 것은?
   1) London 유로달러시장에서 고시되는 금리이다.
   2) 국제금융시장의 대표적인 기준금리이다.
   3) 일반차입자의 경우에 실제로 지급하는 금리는 LIBOR에 일정한 스프레드를 가산하여 결정된다.
   4) 일류은행들이 고시하는 유로달러의 bid rate이다.

3. 다음 중 유로커런시 시장의 특징에 해당하지 않는 것은?
   1) 특정국 통화 표시의 자금이 그 통화발행국 영토 밖에서 거래되는 시장이다.
   2) 각국의 국내금융시장에 비하여 금융활동에 대한 여러 가지 규제가 많다.
   3) 각국의 국내은행들에 비하여 유로은행들은 자금의 차입자와 대출자에게 보다 유리한 금리를 제시할 수 있다.
   4) 유로은행에 예치되어 있는 예금은 국내은행에 예치되어 있는 예금에 비하여 정치적 위험(sovereign risk)이 있다고 할 수 있다.

〈문제 4번부터 6번까지는 다음을 읽고 답하시오〉

(1)은 차입자가 (2)에게 기채알선을 의뢰하는 (3)를 발급하고 차입자로부터 (3)를 받은 (2)가 참여은행을 모집, 차관단을 구성하여 대출하는 방식으로 차관단 구성의 성패 및 차관조건은 (2)의 국제적 신인도와 명성에 크게 좌우된다. (1)은 전통적인 상업은행의 대출기능과 투자은행의 인수기능이 복합된 것이라고 할 수 있다.

4. 위의 괄호 (1)에 들어갈 내용은?
   1) Floating Rate Note
   2) Medium Term Note
   3) Depositary Receipts
   4) Syndicated Loan

5. 위의 괄호 (2)에 들어갈 내용은?
   1) Agent Bank 2) Participation Bank 3) Manager 4) Lead Manager

6. 위의 괄호 (3)에 들어갈 내용은?
   1) Mandate 2) Spread 3) Syndication 4) Coupon

7. 다음 중 유로채(Euro bond)의 특징에 해당하지 않는 것은?
   1) 국제적인 syndication이 구성되므로 투자자들도 국제적으로 다양하다.
   2) 발행금액, 만기, 발행형태 등 발행조건의 선택범위가 넓다.
   3) 주로 표시통화국 이외의 지역에서 모집되고 판매된다.
   4) 발행시장국의 증권규제감독기구에 등록해야 한다.

8. 다음 중 주식연계채권(equity-linked bond)에 해당하는 것은?
   1) 신디케이트론 2) 고정채(Straight Bond)
   3) 변동금리채(FRN) 4) 해외전환사채(Convertible Bond)

9. 국제채의 발행방법으로서 사모(private placement)의 특징에 해당하는 것은?
   1) 일단의 국제적 인수업자를 통하여 일반대중에게 증권을 매각하는 방법이다.
   2) 증권거래소에 상장된다.
   3) 일반적으로 규제당국에 등록을 해야 한다.
   4) 일반적으로 증권거래소에 상장을 요하지 않는다.

10. "Rule 144A란 미국 증권관리위원회(SEC)가 개정한 법안으로서 외국 기업의 증권발행시 공시의무를 강화하고 우량기관투자가 간에 사모(private placement)증권매매를 금지하기로 한 조치이다." 이 설명은 타당한가?

11. "grey market이란 새로운 채권이 정식으로 판매되기 전에 모집기간중에 형성되는 비공식적 시장으로 grey market의 가격은 주간사 및 발행자의 발행조건 결정에 영향을 준다." 이 설명은 타당한가?

〈문제 12번부터 14번까지는 유로채 발행 관련 주요 당사자들에 관한 다음의 설명을 읽고 답하시오〉

주간사은행은 채권 발행에 대한 전반적인 책임을 지고 실제로 채권 발행에 관한 모든 절차를 수행하며 차입금액이 대규모인 경우에는 소수의 다른 투자은행들을 공동간사은행으로 참여시켜 (1)을 구성한다. (1)은 유로채의 발행계획 및 관리, 법적 절차 그리고 투자자들이 수용할 만한 금리나 거래조건 등을 협의하며 기채설명서(prospectus) 등의 서류를 준비한다.

(1)의 가장 중요한 임무 중의 하나는 보통 수십 개의 금융기관으로 이루어지는 (2)을 구성하는 일이라고 할 수 있다. (2)은 발행되는 채권을 인수하는 금융기관을 말하여 이들은 채권 발행의 일정지분을 정해진 가격에 발행자로부터 매입하기로 약정하게 된다.

(3)은 유로채를 최종 투자자에게 판매하는 투자은행이나 중개인 등을 말하며 (3)에는 (1)이나 (2)뿐만 아니라 채권을 판매하기는 하지만 판매가 여의치 않을 경우에 이를 매입할 책임을 지지 않는 소규모 투자은행이나 중개인까지도 포함된다.

12. 위의 괄호 (1)에 들어갈 내용은?
   1) underwriting group　　2) management group
   3) selling group　　4) offering group

13. 위의 괄호 (2)에 들어갈 내용은?
   1) underwriting group　　2) management group
   3) selling group　　4) offering group

14. 위의 괄호 (3)에 들어갈 내용은?
   1) underwriting group　　2) management group
   3) selling group　　4) offering group

CHAPTER 11

국제금융시장: 주요 금융수단

제 1 절 주요 국제금융수단

국제금융시장에서의 주요 금융수단은 주식관련증권, 부채형증권, 혁신적 형태의 채권 및 신디케이트론 등으로 나눌 수 있다. 여기에서는 이들 주요 국제금융수단의 개념 및 장·단점을 살펴보기로 한다.

그림 11-1 주요 국제금융수단

- 주식관련증권
  - 해외전환사채(CB)
  - 신주인수권부사채(BW)
  - 주식예탁증서(DR)
- 부채형 증권
  - 고정채(Straight Bond)
  - 변동금리부채권(FRN)
  - 변동금리부 양도성예금증서(FRCD)
  - Medium Term Note(MTN)
  - Note Issuance Facility(NIF)
  - Commercial Paper(CP)
- 혁신적 형태의 채권
  - 환율 연계형
  - 주가지수 연계형
  - 기타 연계형
- 신디케이트론

1. 해외전환사채(Convertible Bond: CB)

1) 개 요

해외전환사채는 투자자에게 미리 정해진 일정한 조건 즉,전환가격으로 주식으로 전환할 수 있는 권리가 부여된 채권으로 투자자들은 전환권행사 이전까지는 보통사채와 마찬가지로 확정부이자를 수취하지만, 전환권을 행사하여 주식으로 전환한 이후에는 배당과 자본이득을 취득할 수 있어 주식과 채권의 양면적인 성격을 지니고 있다. 따라서 전환사채는 채권의 안정성과 주식의 높은 수익성이라는 양면성을 가지게 된다.

일반사채가 발행시 표면금리(coupon)와 만기만을 결정하는 데 비해 전환사채는 coupon과 만기뿐만 아니라 전환가격도 결정하여야 한다. 전환가격결정은 성공적인 CB의 발행 및 판매에 있어서 매우 중요한 사항이며 향후의 전환사채발행에도 큰 영향을 미친다.

해외전환사채는 다음과 같은 장점을 지니고 있다. 즉, 첫째, 전환권이라는 특권이 부여되어 있기 때문에 일반사채보다 낮은 이자율로 자금조달이 가능하며, 둘째, 전환권행사시 타인자본이 자기자본으로 전환되므로 기업의 재무구조가 건실해지는 효과가 있고, 셋째, 전환가격은 시가에 일정한 premium을 붙여서 정해지므로 국내에서 시가로 증자하는 것보다 유리하고, 넷째, 국제적인 syndication을 구성하여 해외시장에서 road show를 통해 기업을 홍보하게 되므로 국제금융시장에서 발행기업의 지명도를 제고시켜주며, 마지막으로, 무담보, 무보증 원칙이 적용되므로 담보의 설정비용이 들지 않는다.

한편, 해외전환사채는 다음과 같은 단점을 가지게 된다. 즉, 첫째, 발행 후 주식가격이 전환가격 이하일 경우에는 채권소지자가 전환권을 행사하지 않고 조기상환청구권(put 옵션)을 행사할 수 있으므로 재무관리상의 불확실성이 존재하게 되며, 둘째, 전환시 주당수익 및 배당금의 감소로 주가하락을 유발할 수도 있고, 셋째, 전환이 일어나면 사채는 소멸되므로 미래 현금흐름의 정확한 예측이 불가능하게 됨에 따라 스왑이 불가능하고 환위험관리가 어렵게 된다.

2) 발행구조

해외전환사채의 발행구조를 살펴보면 다음과 같다.

(1) Coupon(이자율)

전환권 행사이전 사채본래의 이자지급을 위한 표면금리를 말한다.

(2) Conversion Price(전환가격)

채권을 주식으로 전환할 경우 CB를 통해 1주를 취득할 수 있는 가격을 말한다. 전환가격은 고정환율과 함께 발행시 결정된다.

즉,

$$\text{전환가격} = \text{기준주가} \times (1 + \text{전환 Premium})$$

(3) Conversion Premium(전환 프리미엄)

발행당시 전환가격 산정의 기본이 되므로 시장상황에 따라 결정된다.

(4) Conversion Ratio(전환비율)

전환비율이란 채권액면에 대한 신주발행수를 말하는데 CB 1매당 전환가능 주식수를 의미한다.

즉,

$$\text{전환비율} = (\text{CB액면} \times \text{고정환율}) / \text{전환가격}$$

(5) Call Option(발행자 임의상환권)

주식가격이 전환가격을 훨씬 상회함에도 불구하고 채권보유자가 주식으로 전환하지 않을 경우, 발행자는 채권보유자에게 일정 이자를 지급해야 하는 부담이 생기는데 이러한 불이익을 방지하기 위한 option이다.

(6) Put Option(투자자 조기상환청구권)

전환개시일이 경과한 후에도 주가가 전환가격을 하회하여 전환권행사 후 주식을 매도하여도 손실이 발생할 경우 투자자를 보호하기 위해서 설정한 조항이다.

3) 발행조건

(1) 발행규모

발행자의 자금수요, 기채비용, 시장상황 등을 고려하여 발행규모를 결정한다. 발행규모가 과다하면 국제시장에서의 소화가 어려워 발행자의 신뢰도가 저하될 수 있으며 발행규모가 과소할 경우에는 발행비용이 상대적으로 많이 소요된다. Euro시장에서는 통상 5,000만～1억 달러 규모이며 2,000만 달러가 최소발행 규모이다.

(2) Coupon수준

발행당시의 국제금리 수준, 환율변동 추이, 국내증시 동향 및 주가수준, 발행기업의 신용도 등을 고려하여 주간사회사(lead manager)와 협의하여 결정되는데 보통사채의 coupon수준에서 전환권의 가치만큼 할인된 수준에서 정해진다.

(3) 만　기

만기는 통상 10～15년 정도이며 Euro시장에서 발행된 한국기업 CB의 경우 만기 15년이 일반적이다.

(4) 전환가격

전환가격은 CB발행시 국내증시 상황, 발행기업의 장래성 등을 고려하여 결정하게 된다. 전환가격은 CB발행 후 무상증자, 시가 이하의 유상증자 등을 할 경우에는 주가가 하락하므로 투자자보호를 위해 전환가격을 조정하게 된다.

(5) 고정환율

전환사채는 채권의 표시통화와 주식의 표시통화가 다르기 때문에 주식으로의 전환시에 적용할 환율을 발행당시에 미리 결정하게 된다.

(6) 전환비율

전환가격과 고정환율이 정해지면 전환비율은 자동적으로 정해진다.

(7) 전환기간

전환청구기간이 길수록 투자가치는 높아지나, 발행회사의 입장에서는 자금수급의 불확실성이 증가된다. Euro시장에서는 대개 발행 후 2～3주 후부터 만기일 1개월 전까지로 정하고 있다.

(8) 발행가격

발행가격은 액면가격으로 발행하는 것이 원칙이나 시장상황을 고려하여 할인 또는 할증가격으로 발행하는 경우도 많다.

(9) 기준주가

최종조건 결정일 전 일정기간 동안의 보통주의 평균주가로 결정된다.

2. 신주인수권부사채(Bond with Warrants: BW)

1) 개 요

신주인수권부사채란 사채발행 이후 일정기간 내에 미리 정하여진 약정가격으로 사채의 소지자가 발행사 주식의 신주발행을 요청할 수 있는 권리가 첨부된 사채로서 보통사채와 주식옵션의 결합이라 할 수 있다.

신주인수권부사채는 신주인수권(warrant)이 따로 분리되어 독립된 상품으로 거래될 수 있느냐 또는 없느냐에 따라 분리형 · 비분리형으로 나누어지며 신주인수권 행사에 따른 주금납입을 신주인수권부사채의 상환으로 갈음할 수 있느냐의 여부에 따라 대용불입형과 현금불입형으로 나누어 볼 수 있다.

국내의 상법은 분리형 · 비분리형 외에 현금불입형 · 대용불입형을 모두 허용하고 있으나 선진국 금융시장에서는 분리형이 이미 보편화 되어 있으며 또한 현금불입형이 일반적 관행이다.

신주인수권부사채는 다음과 같은 장점을 가진다. 즉, 첫째, 보통사채에 신주인수권을 첨가함으로써 저리의 자금조달이 가능하며, 둘째, 신주인수권의 행사로 추가적인 자금조달이 가능하고 이로 인해 재무구조가 개선되는 효과가 있으며, 셋째, 신주인수권 행사여부에 관계없이 사채는 만기까지 존속하므로 현금흐름의 정확한 예측이 가능하며 스왑이 가능하게 되어 자금조달비용을 더욱 낮추거나 환위험의 헤지가 가능하고, 마지막으로 채권 1매당 행사주식수를 결정하는 부여율의 조절을 통하여 발행주식총액의 조정이 가능하다.

한편, 신주인수권부사채의 단점은 다음과 같다. 즉, 첫째, 전환사채에 비하여 발행이자율이 높고, 둘째, 주식시장이 하락세일 때는 발행이 힘들며, 셋째,

만기가 통상 3~5년 사이로 비교적 짧아 자금운용상 제한을 받으며, 그리고, 행사가 만기시에 집중되는 경향이 있어 주가 압박요인이 된다.

2) 발행구조

신주인수권부사채(BW)는 사채발행회사의 원주식을 매입할 수 있는 권리가 첨부된 사채라는 점에서 신주인수권(warrant)은 call option의 일종이다. 이러한 option의 가치는 intrinsic value와 time value로 구성되며 option의 소지자는 권리를 행사하거나 포기 또는 매도할 수 있다.

우선 intrinsic value(내재가치)는 option 행사로 인한 기대이익으로서 관련자산의 가격이 행사가격을 초과하는 부분을 말한다. 관련자산가격이 행사가격보다 낮은 경우에는 권리행사의 경우 손해를 보게 되므로 투자자는 권리행사를 포기하거나 유보하므로 내재가치는 영이 된다.

한편 time value(시간가치)는 option 가치 중 intrinsic value를 초과하는 부분을 말하며 시간가치는 시간의 경과에 따라 실현되는 주식가격의 상승가능성에 대한 기대감에 의해 형성된다. 현재시점에서 주식가격이 행사가격보다 낮은 경우에도 warrant는 0 이상의 가격으로 유통되는데 이는 만약 행사기간 내에 주식가격이 행사가격을 상회하게 되면 행사를 통해 이익을 실현할 수 있는 가능성이 있기 때문이다.

3) 발행조건

신주인수권부사채의 현재가치는 신주인수권(warrant)의 현재가치와 신주인수권이 분리된 사채의 합으로 이루어져 있는 바, 신주인수권의 가치를 산정함으로써 적절한 발행이자율(coupon)을 산정할 수 있다.

신주인수권의 가치를 구하고 이에 따라 발행이자율을 구하는 과정을 해외 BW를 발행하는 기업을 예로 들어 설명하기로 한다.

상 황

발행가 : 100%(at par)
현주가 : ₩25,000
연간 예상 주가상승률 : 10%(과거의 주가추이 및 기업실적 등에서 추정)
신주인수권 행사가격 : ₩30,000

유로시장 보통사채(5년 만기채)의 수익률 : 연 8.5%
신주인수권부사채 권면액 : $5,000
부여율 : 1:1(100%)
환　율 : ₩680/US$
만　기 : 5년

(1) 1주당 신주인수권의 가치

① 5년 후의 예상주가

$25,000 \times (1 + 0.1)^5 = 40,263$(원)

② 5년 후의 신주인수권 행사수익

$40,263 - 30,000 = 10,263$(원)

③ 신주인수권 행사수익의 현재가치

5년 후에 신주인수권 행사에 따르는 1주당 수익 10,263원을 유로달러채의 수익률로 할인하여 현재가치를 구한다.

$$\frac{10,263}{(1 + 0.085)^5} = 6,825(\text{원})$$

이것을 공식화하면

1주당 신주인수권의 가치(원)

$$= \frac{\text{현재주가} \times (1 + \text{연간주가상승률})^n - \text{신주인수권행사가격}}{(1 + \text{시장수익률})^n}$$

n : 만기

(2) 채권 1권면당 신주인수권의 가치

① 액면 $5,000에 대하여 신주인수권 부여율이 100%인 경우 투자자가 1신주인수권을 행사하기 위해 발행사측에 불입해야 할 금액

$$\$5,000 \times 1 \times ₩680 = 340\text{만원}$$

② 1사채권당 신규로 발행되는 주식수

$$340\text{만원}/3\text{만원} = 113(\text{주})$$

③ 1사채권당 신주인수권 가치

$$\frac{6{,}825\text{원} \times 113\text{주}}{680} = \$1{,}134$$

액면 $5,000에 대하여는 $1,134 / $5,000 = 22.7%

(3) 발행이자율의 결정

BW 발행가격 100%	
Warrant (22.7%)	사 채 (77.3%)

신주인수권을 분리한 사채의 가치는 BW의 액면에서 신주인수권의 가치를 뺀 것이다. 그러므로 신주인수권을 분리한 사채의 가치(즉, BW의 액면 - 신주인수권 가치)를 매년 받게 되는 이자수입과 만기시점에서 상환받게 되는 BW의 액면의 현재가치의 합계와 같도록 하는 coupon 수준을 구하면 이것이 발행이자율이 된다. 즉,

$$\begin{aligned} &\text{BW의 액면(100\%)} - \text{신주인수권가치} \\ &= \text{이자의 현재가치} + \text{상환원금의 현재가치} \\ &= \sum_{t=1}^{n} \frac{\text{(발행)이자율}}{(1+r)^t} + \frac{\text{액면(100\%)}}{(1+r)^n} \end{aligned}$$

이 식에서 발행이자율을 좌변으로 풀어내면

$$\text{발행이자율} = \frac{r \times [(100 - W)(1+r)^n - 100]}{(1+r)^n - 1}$$

W : 신주인수권 가치
r : 보통사채의 수익률
n: 만기

이 공식에 의해 발행이자율을 계산하면

$$\frac{0.085\,[(100 - 22.7)\,(1 + 0.085)^5 - 100]}{(1 + 0.085)^5 - 1} = 2.74\%\text{가 된다.}$$

4) Bull Spread Warrant

신종 형태의 신주인수권부사채인 bull spread warrant란 행사시 주가가 하한주가 이하일 경우에는 하한주가로 현금상환받고 상한주가 이상일 때에는 주식으로 받거나 상한주가로 현금상환받을 수 있는 신주인수권부사채를 말하는데 주식으로 상환할 것인가 현금으로 상환할 것인가를 결정하는 권리는 발행자가 보유하게 된다. 따라서 투자가의 입장에서는 행사가격이 하한주가인 call 옵션을 매입하고 행사가격이 상한주가인 call 옵션을 매도하는, 즉 bull spread 포지션을 택한 것이 되고 이러한 이유로 bull spread warrant라 불리운다.

일반 신주인수권부사채에 비하여 발행자가 갖는 장점은 해당 주식의 주가가 상한주가 이상으로 상승할 경우에는 상한주가로 상환하면 되므로 투자가가 얻을 수 있는 이익의 상한선을 제한할 수 있다는 점이다.

단점으로는 일반 신주인수권부사채의 경우 만기시 해당주식의 주가가 행사가격을 하회하는 경우에 신주인수권의 가치는 영이 되나 bull spread warrant의 경우에는 하한주가로 상환해 주어야 된다는 점이다.

그림 11-2 Bull Spread Warrant

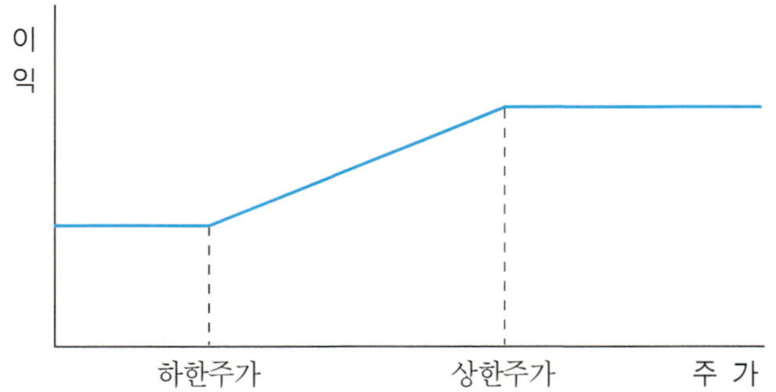

3. 주식예탁증서(Depositary Receipts: DR)

주식예탁증서란 기업이 해외에서 주식을 발행하여 자금조달을 하고자 하는 목적으로 국제간거래를 용이하게 하기 위하여 고안된 주식대체증권으로서 원주를 바탕으로 하여 발행된다. 따라서 DR을 발행하고자 하는 기업은 국내보관기관에 원주를 보관시키고 그것을 담보로 하여 외국의 예탁기관에서는 예탁증서를 현지의 투자자에게 발행하게 된다.

주식예탁증서는 다음과 같은 장점을 지니고 있다. 즉, 첫째, 한국기업의 입장에서 보면 국내 유상증자시는 시가에서 할인된 가격으로 발행가가 결정되나 DR을 발행할 경우 오히려 프리미엄이 붙으므로 국내 유상증자보다 훨씬 유리하고, 둘째, 채권과는 달리 처음부터 자기자본조달이 되므로 재무구조개선 효과가 있으며, 셋째, 발행기업 및 기업제품의 홍보효과가 있고 주주의 해외분산으로 기업의 지명도가 제고되며, 마지막으로 배당이 원화로 지급되므로 환율변동에 의한 환위험이 없다.

한편, 주식예탁증서의 단점은 다음과 같다. 즉, 첫째, 배당압박이 생기며, 둘째, 이자와는 달리 배당은 세제혜택을 받지 못하고, 셋째, DR소지자에게 국내 공시때마다 예탁기관을 통하여 공시내용을 통보해야 하며, 마지막으로, 전환사채나 신주인수권부사채에 비하여 수수료가 비싸다.

DR은 발행지에 따라 미국 및 아시아지역을 중심으로 한 기명식과 유럽지역을 중심으로 한 무기명식으로 분류되며 거래되는 장소에 따라 명칭을 달리한다. 이 중 한국 기업들이 발행하는 DR의 종류는 유로시장과 미국시장에서 동시에 발행하는 GDR(global depositary receipts)인데 미국에서 발행하는 ADR의 형태는 Rule 144A ADR이다.[1)]

한편, DR의 종류는 발행형태에 따라 원주발행회사가 DR발행에 직접 간여하는가 또는 아닌가에 따라 sponsored DR과 unsponsored DR로 나누어질 수 있다. sponsored DR은 원주발행회사가 주체적인 주관을 하고 모든 발행 및

---

1) Rule 144A란 미국 SEC가 미국증권시장의 경쟁력을 제고시키기 위하여 1990년 4월 19일에 개정한 법안으로 외국 발행기업의 공시의무를 외국기업의 자국 내 공시의무 수준으로 낮추고 우량기관투자가(Qualified Institutional Buyer: 운용투자자산 규모가 1억 달러 이상인 기관투자가)간에 사모증권 매매 허용 등을 골자로 하고 있다.

표 11-1 DR의 종류

구 분	명 칭	발행지	형 식
ADR	American Depositary Receipts	New York	기명식
HKDR	Hong Kong Depositary Receipts	Hong Kong	〃
DRS	Depositary Receipts of Singapore	Singapore	〃
EDR	European Depositary Receipts	London, Luxembourg	무기명식
BDR	Bearer Depositary Receipts	London, Brussels	〃
IDR	International Depositary Receipts	Brussels	〃
CDR	Continental Depositary Receipts	Amsterdam	〃
CDR	Curacao Depositary Receipts	Curacao	〃
GBC	Golbal Bearer Certificates	Frankfurt	〃
GBC	German Bearer Certificates	Frankfurt	〃
BC	Bearer Certificates	Vienna	〃
GDR	Global Depositary Receipts	New York, Europe	기/무기명식

표 11-2 Sponsored DR과 Unsponsored DR

구 분	Sponsored ADR	Unsponsored ADR
개 요	미국에서 주식발행을 하고자 하는 발행회사의 요청에 의해 예탁기관이 발행	발행회사 주식을 보유하려는 미국 내 투자자측 요청에 의해 예탁기관이 발행
원주대상	기발행 주식, 신주	기발행 주식
발행비용	발행회사 부담	미국 내 투자자 부담

부수비용을 부담한다. 반면에 unsponsored DR은 어느 외국기업주식에 대한 투자자들의 관심이 고조되고 있다고 판단되는 경우 특정 broker가 은행과 접촉하여 해당기업의 동의 아래 발행하여 발행 및 부수비용을 투자자가 부담한다.

ADR의 경우 unsponsored 형태가 대부분을 차지하고 있었으나 sponsored 형태로 이행하는 추세를 보이고 있으며 유럽이나 아시아에서 발행되고 있는 DR은 대부분 sponsored 형태이며 unsponsored 형태는 특수한 형태라고 할 수 있다.

4. 외국채(Foreign Bond)

1) Yankee Bond

외국채(foreign bond)로서의 Yankee bond는 미국시장에서 비거주자가 발행하여 유통되어지는 달러표시채권을 말한다. 1963년 이후 미국정부의 interest equalization tax(이자평형세) 부과로 Yankee bond의 발행이 크게 위축되었었으나 1974년 이 제도가 폐지되면서 공모발행의 경우 해외차입자들에게 중 · 장기자금조달원으로서 지속적인 성장을 거듭하여 왔다. 1990년 미국 증권관리위원회(Securities and Exchange Commission: SEC)가 사모증권에 대한 유통시장에서의 거래제한을 완화함에 따라 Yankee bond의 사모발행도 크게 증가할 것으로 예상되고 있다.

시장상황을 살펴보면, 우선 발행시장의 경우에는 우량발행자 시장으로 OECD국가의 정부기관 및 금융기관 그리고 국제기구 등이 발행자의 주류를 이루고 있다. 그리고 rating(신용등급)별로 보면 AA 이상이 발행자의 70% 정도, A 이상이 90% 이상을 차지하고 있다. 한편, 유통시장에서의 투자자는 상업은행, 투자은행, 연 · 기금, 보험회사 및 상호기금 등으로 대부분이 기관투자가이다.

Yankee bond 시장의 특징을 살펴보면 다음과 같다.

첫째, SEC의 까다로운 시장규제와 신용등급 획득의 어려움으로 여타시장보다 진출이 어렵다.

둘째, Yankee bond시장은 Euro채시장과는 달리 grey market이 없기 때문에 인수자가 발행가 이하로 투매할 수 없다.[2)]

셋째, 거래소에 상장하기보다는 주로 dealer간의 점두거래형태로 매매가 일어나며 상장의무도 없다.

넷째, 일반적으로 발행금액이 크고 만기가 유로채시장보다 훨씬 길기 때문에 대규모 장기자금의 조달에 효과적이다.

다섯째, 우량차입자 중심의 시장이므로 발행에 성공하는 경우 국제금융시장에서의 지명도가 제고되어 향후의 기채가 용이해진다.

---

2) grey market : 새로운 채권이 정식으로 판매되기 전에 모집기간중에 형성되는 비공식적 시장으로 grey market 가격은 주간사 및 발행자의 발행조건 결정에 영향을 준다.

2) Swiss Fr. Bond

스위스 프랑 채권시장은 뉴욕, 도쿄, 런던에 이어 4번째로 규모가 큰 시장으로 국제채 시장에서 커다란 비중을 차지하고 있다. 발행자의 구성을 보면 일본과 유럽이 대부분을 차지하고 있다. 스위스 프랑 채권 발행의 주선은 몇 개의 큰 기관에 의해 거의 주도되고 있는데 이를 Big Bank's Syndicate라고 부른다. 이들은 발행자에게 특별한 신용등급을 요구하지는 않지만 심사기준이 상당히 엄격하여 발행자는 국제금융시장에서 신용도 제고의 기회를 가질 수 있다.

스위스 프랑 채권시장의 특징은 다음과 같다.

첫째, 스위스 프랑 채권시장의 투자자들은 투자성향이 상당히 보수적이기 때문에 수익성보다는 안정성을 중요시하고 있다. 따라서 발행자는 정부, 공기업, 일류기업이거나 아니면 정부 또는 일류은행의 보증을 필요로 한다.

둘째, 법적 · 행정적 절차가 단순하다. 스위스 프랑 채권 발행은 스위스 중앙은행인 Swiss National Bank(SNB)의 승인을 얻어야 되나 이것은 거의 형식적인 절차에 지나지 않는다.

셋째, 자금조달비용이 저렴하다. 그동안 스위스 프랑 채권의 금리는 유로달러시장 등 여타시장에 비해 상대적으로 낮아서 이는 스위스 프랑 채권 발행을 크게 증가시키는 원인이 되었다. 그러나 1990년대 들어 스위스의 인플레이션 억제정책과 스위스 프랑화 가치의 유지를 위한 고금리정책, 독일의 금리상승 등의 영향으로 스위스 프랑 채권시장의 금리가 상당히 상승하게 되었다.

넷째, 스위스 프랑화의 통화가치는 상당히 안정적이다. 스위스 프랑은 여타 통화에 비해 매우 안정적인 가치를 유지하여 왔으며 일정한 추세를 가지고 변화하여 환위험이 크지 않다고 인식되어 왔다.

3) Samurai Bond

Samurai bond란 비거주자가 일본에서 발행하는 ¥화표시 외국채로 외국정부, 국제금융기구 등의 비거주자가 일본 내의 개인을 포함한 불특정 다수의 투자자를 대상으로 발행하는 공모채권과 불특정다수의 투자자가 아닌 은행, 보험회사 등 특정소수(통상 50개 이하)의 기관투자가에 한정하여 모집하는 사모채권으로 나눌 수 있다.

1970년 아시아개발은행(ADB)이 최초로 공모채를 발행하였고 1972년

Fareway Tankers가 사모채를 처음 발행한 이후 1980년대 중반 Euro Yen시장이 급성장하기 전까지 Samurai bond는 꾸준한 성장세를 유지하였다. 1984년 일본자본시장의 자유화, 엔화의 국제화, 금리자유화 조치에 이어 1986년 rating제도 도입과 1988년 발행등록제도 도입, 만기 및 발행액에 대한 규제완화 등이 추가적으로 실시되는 등 Samurai bond시장에 대한 규제는 지속적으로 완화되어 왔다. 일본이 막대한 국제수지흑자를 바탕으로 세계 3대 금융시장으로 성장함에 따라 Samurai bond시장도 더욱 확대되어왔다.

5. 유로채(Euro Bond)

유로채는 발행되는 채권의 표시통화국 이외의 지역에서 국제적인 syndicate의 인수를 통하여 판매되는 채권으로 $, ￥, ECU 등이 주요 발행통화이다.

유로채시장이 형성되기 전까지는 London, New York 등 전통적인 금융시장에서의 외국채발행이 유일한 채권시장이었다. 그러나 1963년 미국이 국제수지적자를 해소하기 위해 미거주자가 취득하는 Yankee bond에 대하여 이자소득세를 부과하여 미국 내에서의 자본유출을 방지하는 한편, 1965년에는 상업은행의 해외대출 및 해외투자에 대한 간접적인 규제조치를 실시하게 되었다. 이러한 조치에도 불구하고 국제수지적자가 개선되지 않자 1960년대 후반부터 금융긴축정책을 시행하게 되었고 이로 인해 미국 내에서의 자금조달이 어려워진 미국기업들이 유로시장에서 채권을 발행하기 시작하였다. 이에 따라 미국계은행들도 유로채시장에 참여하면서 유로채시장은 크게 성장하게 되었다.

유로채시장에서의 기채통화는 1980년대 초반까지만 해도 미달러화가 주축을 이루었으나 1985년 9월 G-5회담 이후 미달러화의 강세현상이 둔화되고 약세국면이 진행되면서 투자자가 미달러화 이외의 통화를 선호하게 되어 미달러화의 발행비중이 점차 줄어들게 되었다.

유로채의 발행형태를 보면, 1980년대 초반까지는 고정금리채나 변동금리채가 주종을 이루었으나, 1980년대 중반 이후에는 전환사채 및 신주인수권부사채 등 주식관련채권 발행이 증가하였다.

유로채의 특징을 살펴보면 다음과 같다

첫째, 각국의 증권규제감독기구에의 등록이나 rating 획득 등 복잡한 절차가 필요없고, 제도적인 규제가 전혀 없다.

둘째, 국제적인 syndication이 구성되므로 선전효과가 크다.

셋째, 발행금액, 만기, 상환방법, 기채형식 등 발행조건의 선택범위가 넓다.

6. 변동금리부채권(Floating Rate Note: FRN)

변동금리채는 고정금리채와는 달리 표면이자율이 확정되어 있지 않고 시장금리에 연동시켜 이자를 일정기간마다 조정하여 지급하는 중장기 국제채를 말한다. 금리는 기준금리에 일정률의 spread를 가산하여 결정되는데 유로시장에서는 기준금리로 통상 LIBOR가 이용되고 있으며 spread는 발행자의 신용도 및 지명도에 따라 달라진다.

FRN은 1970년대 초 브레튼우즈체제가 붕괴되고 변동환율제로 이행하면서 국제금융시장에 불안이 야기되었고 그 후 제1차 석유파동으로 국제금리의 불안정이 증폭되자 고정금리채 발행 및 투자로 인한 금리위험을 회피하기 위하여 고안된 것이다.

FRN의 장점은 다음과 같다.

첫째, 국제금리가 고금리인 상태에서 발행을 하여도 발행시에 금리를 고정시키지 않으므로 향후 시장금리가 낮아질 경우 유리해질 수 있다.

둘째, 유통시장이 잘 발달되어 있어 환금성이 높다.

셋째, 발행금액, 만기, 이자율, 상환방법 등 발행요건의 선택범위가 넓고 상장에 대한 규제가 없다.

한편, FRN은 다음과 같은 단점을 가지고 있다.

첫째, 발행시보다 국제금리가 계속 상승추세를 보이는 경우 고정금리채(straight bond)보다 자금조달비용이 상승하게 된다.

둘째, 투자자에게 조기 상환청구권(put option)을 부여할 경우 자금조달의 안정성이 떨어진다.

FRN은 차입자가 중장기 자금을 필요로 하는 경우에 발행하게 되는데 유로채시장에서는 발행자의 신용등급 획득이 필수적인 것은 아니지만 일반적으로 미국의 신용평가기관인 Moody's 또는 Standard & Poor's로부터 BBB 이상의 등급을 받으면 발행이 유리하다.

1980년대 중반까지도 미국 달러화 발행이 약 95%로 주류를 이루었으나 점차 스털링, 마르크, 엔화 등 주요선진국 통화표시의 기채비중이 증가하는 추세이다. 발행금액은 보통 U$5천만에서 U$2억 정도이며 유통시장에서의 유동성 및 시장성을 제고하기 위하여 양도가 가능한 소지인지급식으로 발행된다.

FRN의 만기는 대부분 5년에서 15년이지만 20년 이상의 장기채 및 만기가 없는 영구채(perpetual bond)도 있다. 그러나 장기채의 경우는 유통시장에서의 가격변동이 커서 발행물량의 소화가 어려운 단점이 있다.

FRN의 변형상품으로 다음과 같은 것들이 있다.

① Drop-Lock Bond(DL Bond) : 기준금리가 일정수준 이하로 하락하는 경우 잔존기간 동안의 이자는 고정금리가 적용된다.

② Mis-Match FRN(또는 Rolling-rate FRN) : 보통의 FRN은 이자기간개시 2영업일 전의 6개월 LIBOR를 기준금리로 하지만 rolling-rate FRN은 매월의 6개월 LIBOR의 평균치를 기준금리로 한다.

③ Mini-Max FRN : 이자율 최저, 최고 한도가 정해져 있는 FRN이다.

④ Capped FRN : 이자율 최고한도가 정해져 있는 FRN이다.

⑤ Puttable & Callable Perpetual FRN : 만기는 없으나 채권소지자가 매 이자지급일에 액면으로 상환을 청구할 수 있으며, 발행자도 프리미엄부로 상환이 가능한 FRN이다.

⑥ Convertible FRN : 장기고정금리채로의 전환이 가능한 FRN이다.

7. 변동금리부 양도성예금증서(Floating Rate Certificate of Deposit: FRCD)

FRCD는 대개 18개월~5년의 만기로 발행되는 CD로 투자자에게 금리 위험에 대한 보호장치로 일반적으로 3개월 혹은 6개월마다 예금이자율을 재조정해주는 변동금리부 양도성예금증서이다. 1970년대 2차례의 석유파동과 함께 국제금리의 변동성이 커지면서 투자자들이 변동금리부 금융상품을 요구하게 되자 기존의 FRN이 지니고 있는 특성에 높은 안정성과 수익성을 가미한 FRCD가 출현하게 되었다. 1977년 일본계은행이 LIBOR에 연동되는 5년만기의 FRCD를 최초로 발행한 이후 미국계은행들도 단기성 FRCD를 발행하기 시작하였다.

FRCD의 기준금리로 LIBOR, Treasury Bill rate, prime rate 등이 이용되고 있으나 LIBOR가 가장 많이 이용되고 있다. 기준금리가 LIBOR일 경우 1개월, 3개월 및 6개월 LIBOR가 주로 이용되고 있다.

LIBOR 다음으로 기준금리로 많이 쓰이는 금리는 여타 금융상품보다 위험이 낮고 유동성이 높은 미국의 Treasury Bill rate로 여타금리를 기준으로 하는 경우보다 spread가 높게 결정된다. 따라서 동일한 발행자라 하더라도 어떤 금리를 기준으로 할 것인가에 따라 spread가 달라진다.

8. MTN(Medium Term Note)

MTN(Medium Term Note)이란 미국 및 Euro시장에서의 중장기 자금조달 수단의 하나로 발행자가 차입기간(15~20년)과 발행한도 및 유가증권 형태에 관한 프로그램을 설정하고 그 범위 내에서 이자율과 만기가 상이한 어음(note)을 수시로 발행할 수 있는 자금차입수단이다.

MTN은 GMAC(General Motors Acceptance Corp.)에 의하여 1972년에 처음 소개되었다. GMAC는 General Motors Group의 계열사로 자사의 자동차 금융과 연계시킨 어음을 발행함으로써 투자가에게 직접 매도하였고 1980년대에 자동차회사인 Ford와 Chrysler가 이를 발행함으로써 MTN시장은 확장되기 시작하였다. 시장규모가 커짐에 따라 어음의 만기도 길어졌으며 발행자도 정부, 정부기관, 금융기관과 다국적기업 등으로 다양화 되었다. MTN은 특히 미국 증권관리위원회(SEC)가 일괄등록(shelf registration)제도를 도입함으로써 발행절차가 보다 간편해졌으며 이에 따라 시장도 급속히 팽창하게 되었다.

MTN은 금융기관의 인수약정이 없는 어음을 발행한다는 점에서는 CP와 유사하다고 할 수 있지만 만기 면에서는 오히려 고정금리 회사채와 견줄 수 있다고 할 수 있다. MTN의 만기는 짧게는 9개월부터 길게는 30년에 달하므로 만기가 유로채보다도 더 긴 경우도 있게 된다. 그러나 MTN의 경우는 기존의 회사채와는 달리 일시에 거액이 발행되지 않고 한 번에 2백만 달러 내지 5백만 달러 정도의 적은 금액으로 여러 차례에 걸쳐 연속적으로 발행된다. 특히, MTN은 특정 투자자가 원하는 시기에, 원하는 금액으로 그리고 원하는 만기로 발행된다는 점에서 발행자보다는 투자자의 요구를 충족시키는 금융수단이라고 할 수 있다.

MTN의 특징은 다음과 같다.

첫째, 발행자는 자금소요시기에 맞추어 적절하게 자금을 조달할 수 있을 뿐더러 시장상황에 따라 유리한 시기에 여러 차례의 분할발행을 할 수 있으므로 탄력적으로 자금조달을 할 수 있다.

둘째, 발행자는 MTN 발행을 통해 대출자산과 부채 간의 기간갭을 효과적으로 관리함과 동시에 만기 및 이자율의 변동위험으로부터 어느 정도 보호를 받을 수 있다.

셋째, 이자율이 하락하는 추세에서는 계속적으로 어음을 발행함으로써 평균차입비용을 절감할 수 있으며, 발행비용도 비교적 저렴하다.

넷째, MTN은 풍부한 유동성과 선택의 다양성을 제공한다.

MTN은 발행시장에 따라 U.S. MTN, Euro MTN과 global MTN으로 구분된다. U.S. MTN은 미국시장에서 발행되는 MTN이며, Euro시장에서 발행되는 MTN은 Euro MTN, 그리고 미국과 유럽에서 모두 발행가능한 MTN은 global MTN이라고 한다. U.S. MTN의 경우 SEC등록을 요하는 공모 MTN(public MTN)과 등록이 필요치 않는 사모 MTN(private MTN)으로 나누어져 있는데 미국 SEC의 사모발행 완화조치인 Rule 144A의 채택으로 사모비중이 보다 증가할 것으로는 예상되나 시장에서의 유동성 및 발행규모에 기인하여 아직은 공모가 사모보다 높은 비중을 차지하고 있다.

9. Note-Issuance Facility

1980년대에 들어와 은행의 감독기구와 은행의 주식을 소유한 주주들이 은행의 자기자본비율의 적정성에 대한 우려를 제기하면서 신디케이트론 등을 통한 대출의 무분별한 확대에 제동을 걸기 시작하였다. 특히 은행들이 단기금융시장에서 비교적 높은 금리로 자금을 조달하여 수익성이 악화된 대출을 지속하는 것은 은행의 안정성을 저해한다는 인식이 확산되면서 신디케이트론을 대체할 수 있는 금융상품으로서 NIF(note-issuance facility)가 각광을 받게 되었다.

NIF는 변동금리시장에서 중장기 자금조달수단의 하나로 금융기관으로 구성된 인수단이 전액을 인수하는 조건으로 차입자가 1～6개월의 유로노트(Euronote) 즉, 무담보 단기약속어음을 발행하여 자금을 조달하고 만기도래시 자금을 상환하거나 새로운 유로노트를 발행함으로써 계속하여 자금을 사용할 수 있도록 하는 facility를 말한다.

NIF의 facility는 2개 집단의 금융기관으로 구성되는데 underwritten facility와 tender panel이 그것이다. 첫번째 집단에 해당하는 underwritten facility는 committed facility라고도 부르는데 여기에 속한 금융기관들은 차입자와 인수약정을 체결하고 차입자가 발행한 어음이 시장에서 매각이 여의치 않을 경우에는 이 어음을 인수함으로써 차입자의 자금조달을 보장해 준다. 반면 두번째 집단은 tender panel 또는 uncommitted facility라고 부르며 인수약정은 체결하지 않고 단지 차입자가 유로노트를 발행하고자 할 때 조건이 맞으면 매입할 의사가 있다는 사실만을 밝힌 금융기관들로 구성된다.

따라서 차입자가 tender panel에 속한 금융기관들에게 만족할 만한 금리조건, 예를 들어 [LIBOR + 약정스프레드] 이하로 어음을 매각하지 못할 경우에는 인수약정을 체결한 underwritten facility에 속한 금융기관들이 [LIBOR + 약정스프레드]의 금리조건으로 어음을 인수하게 되는 것이다. 즉, 차입자의 입장에서 볼 때는 인수약정을 체결한 금융기관들에게 [LIBOR + 약정스프레드]의 금리조건으로 어음을 매각할 수 있는 권리를 확보한다고 볼 수 있으므로 일종의 풋옵션과 같다고 볼 수 있다.

한편 인수약정을 체결한 금융기관의 입장에서도 tender panel에 속한 금융기관들에게 매각되지 않은 어음에 대해서만 인수를 하게 되므로 실제로 신용공여를 하게 되는 금액의 규모는 신디케이트론의 경우에 비하여 훨씬 작기 때문에 금융기관의 안정성을 해하지 않으면서도 수수료 수입은 올릴 수 있다는 장점이 있다고 할 수 있다.

NIF의 특징은 다음과 같다.

첫째, NIF는 차입자가 자금소요계획에 따라 단기어음을 발행하여 자금조달의 신축성을 기할 수 있다. 또, NIF는 계속 단기어음을 발행하여 회전시키므로 결과적으로 신디케이트론보다 만기가 길게 되고 인수은행들은 인수약정을 타금융기관에 양도가능한 형태로 할 수 있으므로 장기약정이 가능하다.

둘째, NIF는 차입자가 단기어음을 발행하여 매각되지 않은 부분만 대출자가 책임을 부담하게 되므로 수수료가 낮다. 투자자는 차입자의 신용이 양호하고 어음기간이 단기이므로 수익률이 낮아도 만족할 수 있다. 또한 발행자는 금리가 높고 변동이 심할 때는 어음발행을 피하고 분할발행을 통하여 조달비용을 안정시키고 감소시킬 수 있다.

한편, NIF로 대표되는 각종 유로노트 facility를 통한 자금조달은 1986년부터 급격한 쇠퇴를 보였는데 그 주요 원인은 다음과 같다.

첫째, 유로노트 발행의 대부분은 선진국의 정부, 국영기관, 세계 유수의 다국적기업 등 신용등급이 우수한 차입자들에 의하여 이루어져 왔다. 그런데 이들 우량 차입자들은 그들의 유로노트를 스스로 판매할 능력이 있기 때문에 유로노트 facility를 이용하는 대신 facility에 따르는 수수료를 지불할 필요가 없는 유로CP시장에서 자금을 조달함으로써 전체적인 자본조달비용을 절감할 수 있기 때문에 유로CP로 발길을 돌리게 되었다.

둘째, 은행의 유로노트 인수약정의 증가는 각국 금융당국의 우려를 고조시켰고 이는 각국에서의 유로노트 인수약정에 관한 규제를 불러 일으키는 계기가 되었다. 1985년 영국, 1986년 프랑스에서 유로노트 인수약정액의 0.5%를 위험자산으로 처리하도록 규제조치를 취하였고 더 나아가 1987년에는 미국과 영국이 유로노트 인수약정을 위시한 모든 장부외거래에 대한 새로운 규제조치를 취하는 등 규제가 높아지자 시장이 위축되기 시작하였다.

10. CP(Commercial Paper)

1) U.S. CP

CP는 기업 또는 금융기관이 단기자금의 조달을 위해 직접 또는 dealer를 통하여 은행 등 기관투자가나 일반기업에 할인식 또는 이자부형식으로 매각하는 무담보 단기 약속어음을 말한다. 무담보로 발행되므로 신용도가 높은 일류기업이나 금융회사 등이 주로 발행하며 발행형태는 소지인식(bearer form)이 대부분이다. 또한 CP는 발행자의 재무상황, 발행시장의 동향 등에 따라 발행자가 7일 내지 365일 사이에서 만기를 자유롭게 선택하는 것이 가능하다.

투자자들의 입장에서 위험부담이 높은 사업이나 본격적인 투자를 하기보다는 단기 여유자금을 가지고 일시적으로 안정적인 투자를 원할 때 CP시장을 찾는 경향이 있으므로 CP시장의 투자자들은 CP를 발행하는 기업이나 금융기관의 신용도에 높은 관심을 갖게 되며 따라서 미국시장에서 CP를 발행하고자 원할 때는 S & P's 또는 Moody's와 같은 신용평가기관으로부터 신용등급(rating)의 획득이 필수적이다. 또한 CP발행자는 은행들로부터 지급보증(committed back-up lines)을 받는 것이 일반적이다.

U.S. CP는 발행자에 따라 미국기업이 발행하는 domestic CP와 미국기업 이외의 자가 발행하는 non-U.S. entity CP로 구분할 수 있다.

non-U.S. entity CP는 미국기업 이외의 자가 미국 내 현지법인을 통해 발행하거나, 미국 내 금융회사를 설립하여 이를 통해 발행하는 어음을 말한다. 외국기업이 미국시장에서 CP를 처음 발행할 경우, 신용도 및 그에 따른 CP의 원활한 매각에 문제가 생길 수 있으므로 미국은행들이 지급보증을 하고 있다. 한편, 외국기업이 미국시장에서 CP를 발행할 경우 미국 내 기업에 비해 0.15~0.25% 정도의 foreign premium을 추가로 지급하여야 한다.

미국시장에서는 신용평가기관으로부터 A등급 이상의 신용등급을 받은 회사에 한하여 CP를 발행할 수 있으나 CP는 발행비용이 저렴하다는 이점 때문에 외국업체의 발행이 증가하고 있다. 또한 미국시장에서의 CP발행은 향후 미국금융시장에서 Yankee bond를 발행하는 등 장기자금을 조달할 수 있는 기반을 구축하는 데도 큰 도움이 된다고 할 수 있다. CP의 만기는 보통 270일 이내이나 20~45일이 보편적이며 발행자는 만기도래시 신규어음을 발행함으로써 장기자금조달과 동일한 효과를 얻을 수 있다. 한편, U.S. CP의 평균 액면금액은 약 U$200만이다.

발행방법은 직접매출방식(directly-placed)과 중개인 매출방식(dealer-placed)이 있는데 직접매출방식은 발행자가 dealer를 통하지 않고 직접 투자자에게 매각하는 방식으로 판매조직망이 넓은 대형금융회사나 은행지주회사가 주로 이용하고 있다. 만기 전이라도 투자자의 요청이 있을 경우 발행자가 언제든지 재매입에 응하는 환매조건으로 발행한다. 한편, 중개인 매출방식은 발행자가 dealer에게 전액 매출한 후, dealer들이 기관투자가에게 판매하여 소화하는 방식으로 일반회사들이 주로 이용하고 있다.

2) Euro CP

1985년 중반까지 단기어음 시장은 NIF가 주종을 이루었으나 유로노트의 발행이 급증함에 따라 1985년 이후 각국의 금융당국이 규제를 강화하자 금융기관들은 인수약정이 필요 없는 CP발행을 늘리기 시작하였다. 특히 Euro CP의 경우 1982년 이후 외채위기에 따른 금융기관들의 안정적인 자산선호현상과 신용등급(rating)이 불필요하고 documentation이 단순하다는 특성으로 인해 발행이 크게 증가하게 되었다.

유로 CP의 특징은 다음과 같다.

첫째, 유로 CP의 저렴한 비용을 들 수 있는데 인수약정이 필요 없으므로 여기에 수반된 수수료의 부담이 없어지고 발행절차의 간편 신속성은 또 다른 비용 및 시간의 절감을 가져오기 때문에 유로노트나 신디케이트론 등 여타 자금조달수단에 비하여 자금조달비용이 저렴하다. U.S. CP와 비교할 경우에도 U.S. CP에서 요구되는 신용등급(rating)이나 지급보증이 유로 CP에는 요구되지 않기 때문에 여기에 수반되는 비용만큼 U.S. CP에 비하여 비용을 낮출 수 있다.

둘째, 유로 CP는 미국 국내를 제외한 국제금융시장에서 판매되고 있어 차입자의 지명도를 높여줄 뿐만 아니라 국제투자자들과의 유대관계를 강화함으로써 동일 차입자가 여타 금융수단을 통한 자금조달을 하는 데 도움을 준다.

11. 혁신적 형태의 채권(Innovative Bonds)

국제채권시장은 혁신 창출의 보고라고 칭하여질 만큼 각종 혁신적 형태의 채권이 속출되고 있는데 이 중 최근 주류를 이루는 것은 고정채에 각종 옵션 및 선물을 첨가한 소위 연계형 채권(linked bond)이다.

다음에서 볼 수 있는 것처럼 연계형 채권은 크게 환율 연계형, 주가지수 연계형, 기타 연계형의 3종류로 나눌 수 있는데 여기에서는 이 중 많이 활용되고 있고 또한 한국기업의 해외증권 발행시 활용가능성이 높은 환율 연계형과 주가지수 연계형 채권을 살펴보고자 한다.

연계형 채권의 발행자 측면에서의 장점은 고정채(보통사채)보다 낮은 비용으로 자금을 조달할 수 있다는 점이다. 발행자는 연계형 채권발행으로 생기는 옵션 또는 선물 포지션을 주간사와 스왑을 하여 헤지하는데 이 때의 스왑레이트

그림 11-3 **연계형 채권의 종류**

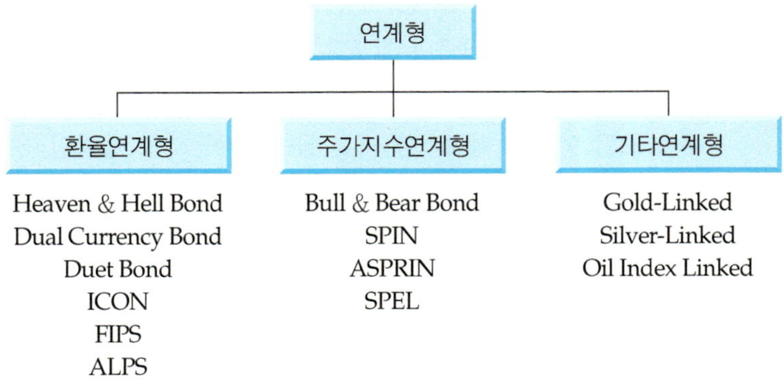

는 고정채 수익률보다 낮은 것이 일반적이다. 그러나 단점은 연계형 채권의 특수성 때문에 대규모 발행이 힘들다는 점을 들 수 있다.

1) 환율 연계형 채권

환율 연계형 채권이란 원금상환액 또는 이자지급액이 환율에 의해서 영향을 받는 채권을 의미하는데 다음과 같은 여러 종류가 있다.

(1) Heaven & Hell Bond

heaven & hell bond란 특정 통화간의 환율의 변동에 따라서 만기시 원금상환액이 액면가보다 많아질 수도 작아질 수도 있는 채권을 말한다. heaven & hell bond의 만기시 상환액의 일반화된 공식은 다음과 같다.

$$R = 100 \times (1 + \frac{S - P}{S})$$

R : 만기시 상환금액(액면가의 %로 표시)
S : 만기시 실제환율
P : 약정환율

(2) Dual Currency Bond / Reverse Dual Currency Bond

dual currency bond란 원금조달 및 이자지급통화와 상환통화가 다른 채권으로 원금조달 및 이자지급통화는 엔, 스위스 프랑과 같은 비달러화이고 상환통화는 달러화이다. 만기시 달러화 상환액수는 발행시 결정된다. 따라서 dual currency bond는 고정채와 선도환계약의 복합 형태로 볼 수 있으며 발행자가 고정채를 발행하고 따로 선도환계약을 하지 않고 dual currency bond를 발행하는 이유는 채권만기(보통 10년)만큼의 장기선도환계약을 하기가 힘들기 때문이다.

reverse dual currency bond란 dual currency bond와는 반대로 원금조달 및 이자지급통화는 달러화이고 원금상환통화가 비달러화인 채권을 말한다.

(3) Duet Bond

duet bond란 이자지급액과 만기상환액이 실제환율과 약정환율과의 차이에 따라서 달라지는 채권을 말한다.

(4) ICON(Indexed Currency Option Note)

ICON이란 만기시 원금상환액이 약정환율과 실제환율과의 차이에 따라서 액면가와 같거나 작아지는 채권을 말한다. 만기시 실제환율이 약정환율보다 약세를 보이면 다음의 공식에 의해서 액면가 이하로 상환하게 된다.

$$R = 100 \times (1 - \frac{P-S}{S})$$

R : 만기시 상환금액(%)
S : 만기시 실제환율
P : 약정환율

따라서 ICON은 발행자가 투자자로부터 통화옵션을 매입하는 것이 되고 발행자는 보통채보다 높은 이자를 지급함으로써 프리미엄을 대신한다.

(5) FIPS(Foreign Interest Payment Security)

FIPS란 원금조달통화와 원금상환통화는 비달러화이고 이자는 달러화로 지급되고 만기가 없는 영구채를 의미한다. 금리는 매 10년마다 재조정되고 투자자는 매 10년마다 상환청구권(put option)을 갖는데, 이 때 상환액은 달러가 비달러화에 대하여 약정환율과 같거나 강세를 보이면 액면가가 되고 약세를 보이면 액면가 이하가 된다.

따라서 ICON과 마찬가지로 투자자가 발행자에게 통화옵션을 매도하고 프리미엄을 대신하여 높은 이자를 받는 것이 된다.

(6) ALPS(Adjustable Long-Term Puttable Security)

전술한 FIPS처럼 이자지급통화는 달러화이고 원금조달과 상환통화는 비달러화가 되며 투자자는 주기적으로 조기 상환청구권을 가지며 상환액은 달러가 비달러화에 대하여 약정환율과 같거나 강세를 보일 경우에는 액면가가 되고 약세를 보이면 액면가 이하가 되는 투자자가 통화옵션을 발행자에게 매도한 채권을 말한다.

FIPS와의 유일한 차이점은 만기가 정해져 있다는 점이다.

2) 지수 연계형 채권

(1) Bull & Bear Bond

bull & bear bond란 원래 특정 주가지수의 등락에 따라서 만기상환액이 결정되는 즉, 주가지수 연계형 채권을 의미하였으나 지금은 주가지수뿐만 아니라 모든 지수를 연계대상으로 하고 있다.

실제지수가 약정지수보다 높으면 상환액이 늘어나고 낮으면 줄어드는 채권을 bull bond라 하고 반대로 낮으면 늘어나고 높으면 줄어드는 채권을 bear bond라 한다.

bull bond와 bear bond의 일반적인 상환공식은 다음과 같다.

$$P = 100 \times \frac{M \times V}{I}$$

$$P^* = 100 \times (\frac{2A}{100} - \frac{M \times V}{I})$$

P : Bull Bond의 만기시 상환가격(%)
M : 승수(multiplier)
V : 만기시 지수
I : 기준지수(약정지수)
P^* : Bear Bond의 만기시 상환가격(%)
A : 평균상환액(%)

$$\left[A = \frac{C + F}{2} \qquad C: \text{최대상환액(\%) (ceiling)} \quad F: \text{최소상환액(\%) (floor)}\right]$$

bull bond의 최소상환액이 되는 지수(최소상환지수)는 bear bond의 최대상환액이 되는 지수(최대상환지수)가 되고 반대로 bull bond의 최대상환지수는 bear bond의 최소상환지수가 된다.

따라서 bull bond의 투자자는 bull bond의 최소상환지수를 행사가격으로 하는 call 옵션을 매입하고 최대상환지수를 행사가격으로 하는 call 옵션을 매도하는, 즉 bull spread 포지션을 취하는 것이 되고, bear bond의 투자자는 bull bond의 최대상환지수를 행사가격으로 하는 put 옵션을 매입하고 bull bond의 최소상환지수를 행사가격으로 하는 put 옵션을 매도하는, 즉 bear spread 포지션을 취하는 것이 된다.

그림 11-4 Bull Bond와 Bear Bond 투자자의 포지션

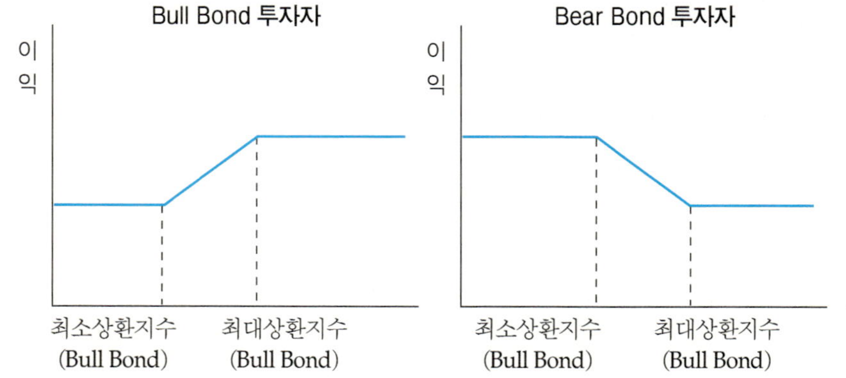

bull and bear bond는 발행자가 동일액수의 bull bond와 bear bond를 발행하는 것인데 만기시 연계지수에 상관없이 발행자의 입장에서 지불하게 되는 전체 상환액은 일정하게 된다. bull and bear bond의 평균 상환액(A)은

$$\frac{\text{최대상환액(ceiling)} + \text{최소상환액(floor)}}{2}$$

이 된다.

(2) SPEL(Stock Performance Exchange Linked Bond)

SPEL이란 주가지수에 연계하여 주가지수가 기준지수(약정지수)를 하회하는 경우에는 액면가로 상환하고 상회하는 경우에는

$$100 \times \frac{\text{실제주가지수}(V)}{\text{약정주가지수}(I)} \times \text{승수}(M)\text{로 상환하게 되는 채권을 말한다.}$$

투자자는 발행자로부터 주가지수옵션을 매입하는 것이 되고 프리미엄은 고정채보다 훨씬 낮은 이자를 받음으로써 대신한다.

연계 주가지수를 Standard & Poor's Index로 한 채권이 SPIN(S & P Indexed Note)이고 호주의 All Ordinaries Share Index를 연계주가지수로 한 채권이 ASPRIN(All Ordinaries Share Price Riskless Index Note)이다.

제 2 절 자금조달 의사결정: 주요 이슈[1]

1. 기업의 자금조달에 관한 의사결정 과정

기업의 재무관리자가 국제금융시장을 활용하여 자금조달을 하고자 할 때는 다음과 같은 주요 이슈들에 대하여 의사결정을 해야 한다.

첫째, 부채의 형태로 자금조달을 할 것이지 아니면 자기자본의 형태로 자금조달을 할 것이지 또는 부채와 자기자본을 동시에 활용한다면 이 두 가지를 어떠한 비율로 활용할 것인지를 결정해야 한다. 둘째, 만약 부채의 형태로 자금조달을 하기로 결정한다면 그 부채의 구성을 어떻게 할 것인가에 대하여 결정해야 한다. 즉, 고정금리 부채를 활용 할 것이지 아니면 변동금리 부채를 활용할 것이지를 결정해야 하며, 단기부채와 장기부채 중 어떤 쪽을 택할 것인지를 결정해야 하고, 어떠한 통화로 표시된 부채를 활용할 것인지를 결정해야 한다.

---

1) 이 부분은 Ian H. Giddy, *Global Financial Markets*(Lexington, M.A.: D. C. Heath and Co., 1994)를 참고하였음.

이제 이러한 기업의 자금조달 관련 주요 이슈들에 대하여 상세하게 살펴보기로 한다.

2. 최적 자본구조 결정

Modigliani와 Miller(1958)는 세금이 없는 완전자본시장이 존재하는 경우 기업의 가치는 자본구조와 무관하다고 주장하였다. 즉, 완전자본시장 하에서 기업의 시장가치는 단지 투자 의사결정에 의한 기대 미래현금흐름에 의해 결정되며 자금조달 의사결정과는 무관하다는 것이다. 그러나 그 후에 제시된 Modigliani와 Miller 수정이론에 의하면 법인세를 고려하여 법인세가 존재하게 되면, 부채에 대한 이자비용은 비용으로 처리됨으로써 법인세가 절감되는 효과를 가져오게 된다. 그러므로 부채를 많이 사용할수록 기업가치는 증가하게 될 것이다. 이제 Modigliani와 Miller 이론의 비현실적인 가정들을 완화시켜 현실적인 측면을 고려한다면 높은 부채비율을 가지는 기업은 재무적 고통을 겪거나 파산을 하게 될 위험이 매우 커진다고 할 수 있다. 따라서 이러한 위험과 관련된 비용 등을 고려한다면 기업의 자금조달 의사결정은 기업의 가치와 무관하지 않게 된다.

그러므로 현실적으로 기업은 세금절감이 가능한 부채에 의해 자금조달을 함으로써 세금부담을 줄일 수 있지만 동시에 높은 부채비율은 기업을 재무적 고통과 파산위험에 빠뜨릴 가능성이 있다는 점을 동시에 고려해야 한다. 특히 미래현금흐름 및 이익의 추이가 불안정한 기업인 경우 높은 부채비율은 재무적 고통과 파산위험을 더욱 증가시킬 수가 있다. [그림 11-5]는 기업의 가치를 극대화시키는 최적부채비율은 한 편으로는 부채증가에 따른 세금절감효과 그리고 다른 한 편으로는 높은 부채비율에 따르는 재무적 고통 및 파산위험 이 두지 간의 상쇄효과에 의하여 결정된다는 것을 보여주고 있다.

예를 들어 대규모 시설투자를 많이 한 전력회사나 수도회사 등은 장기적으로 안정적인 이익발생이 기대되므로 비교적 높은 부채비율을 감당할 수 있을 것이다. 따라서 이들 기업은 자금조달을 할 때 일반적으로 회사채를 발행하는 등 장기부채를 많이 활용한다. 반면에 대규모 시설투자를 많이 했다고 하더라도 철강회사나 정유회사 등은 이익의 추이가 불안정하고 예측이 어려우므로

그림 11-5 부채비율과 기업가치

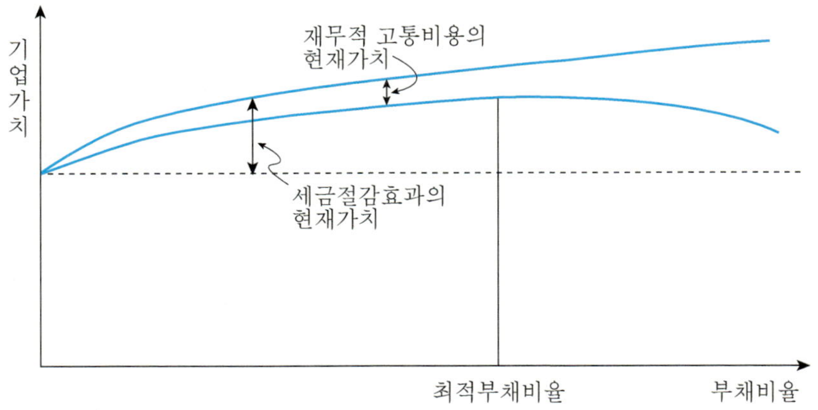

높은 부채비율을 감당하기가 어려울 것이다. 이들 기업의 경우에는 유보이익을 활용하거나 주식을 발행하여 자본을 조달하는 것이 바람직하다고 할 수 있다.

기업이 파산하는 경우에 파산의 직접비용이 크지 않다고 하더라도 기업의 경영진이 기업경영 이외의 일에 시간을 빼앗기고 핵심인재들이 기업을 떠나거나 또는 고객의 신뢰를 상실함으로써 발생하는 손실은 나중에 회복하기가 어려울 수도 있다. 특히 특허나 명성 또는 인적자원 등의 무형자산을 가지고 있는 기업은 파산의 간접적인 손실에 의해 엄청난 피해를 볼 수가 있다. 이러한 기업의 경우에는 부채의 증가에 따른 세금절감효과가 상대적으로 덜 중요할 수가 있다.

3. 고정금리부채와 변동금리부채

부채에 의한 자금조달을 할 경우에 기본적으로 적용되는 원칙은 다음과 같다. 즉, 기업은 영업이익의 특성과 발생시기가 이자지급 의무를 제대로 감당할 수 있도록 자신의 사업의 성격에 적합한 자금조달 방식을 채택해야 한다. 왜냐하면 이렇게 함으로써 기업은 재무적 고통의 가능성을 감소시킬 수 있고 그 결과 더 많은 부채를 가질 수 있게 되어 세금절감효과를 추가적으로 누릴 수 있기 때문이다.

이 기본 원칙을 좀더 구체적으로 살펴보면 첫째, 다른 조건이 동일한 경우 기업은 재무적 고통의 가능성을 최소화하는 부채의 구성을 선택하는 것이 유리하다. 예를 들어 전기, 가스공급업체와 같이 고정적인 수입을 가지고 있는 기업은 고정금리부채를 통한 자금조달이 유리한 반면 변동금리로 주택담보융자를 하는 금융기관과 같이 수입이 이자율 수준과 밀접한 연관이 있는 기업은 변동금리부채를 통한 자금조달이 유리하다고 할 수 있다.

둘째, 시장(참여자들)의 예상보다 회사가 더 정확한 예상을 할 수 있는 경우에만 재무적 고통의 가능성을 최소화하는 부채구성을 하지 않는 것이 더 유리할 수도 있다. 예를 들어, 금융시장에서 형성되는 이자율기간구조(term structure of interest rates)를 살펴보면 우리는 장기금리와 단기금리로부터 시장참여자들의 미래금리에 대한 기대를 반영하는 (내재)선도금리를 얻을 수 있다. 만약 어느 기업이 자신에게 유리한 이자율의 움직임을 기대하고 장기부채와 단기부채 간의 조정을 꾀한다면 시장에서 장기 및 단기 금리수준 결정에 결정적인 역할을 하는 금융시장 전문가들을 상대로 투기적 거래를 하는 것이라고 할 수 있다. 그러나 일반적으로 기업은 미래금리를 정확하게 예측할 수 있는 독점적인 정보나 능력을 가지고 있지 않기 때문에 자금조달을 일종의 투기수단으로 사용하는 것은 바람직하지 않다고 볼 수 있다.

고정금리부채로 자금조달을 할 것인가 아니면 변동금리부채로 자금조달을 할 것인가를 결정하고 나면 기업은 이 결정사항을 실천에 옮기는 비용면에서 가장 저렴한 방식을 채택해야 한다. 예를 들어, 변동금리 US달러 부채의 경우 변동금리채권(Floating Rate Note: FRN)을 발행하거나 아니면 US달러 표시 고정금리 회사채를 발행한 후 금리스왑을 함으로써 변동금리부채로 바꿀 수가 있고 또는 유로화 표시 유로채를 발행한 후 통화스왑을 함으로써 US달러 표시 부채로 전환시킬 수가 있을 것이다. 그리고 기업은 이들 세 가지 방식 중에서 가장 저렴한 것을 택하면 될 것이다.

4. 만기(자금의 가용기간)

부채의 만기에 관한 의사결정은 특정조건의 자금을 사용할 수 있는 기간을 선택하는 것으로서 고정금리 또는 변동금리에 관한 의사결정과는 다르다고 할 수 있다. 왜냐하면 장기부채의 경우 고정금리뿐만 아니라 변동금리로 자금조달도 가능하며 단기부채의 경우에도 변동금리부채를 금리스왑을 통하여 고정금리부채로 전환시킬 수가 있기 때문이다.

앞에서 살펴 본 고정금리부채와 변동금리부채간의 선택에서 사용한 기본 원칙을 부채의 만기에 관한 의사결정에서도 적용할 수 있다. 즉, 부채의 상환일정은 기업의 자산에서 기대되는 미래 현금흐름과 적합해야 한다. 예를 들어, 핵발전소를 건설하는 전기회사의 경우에는 부채의 상환을 수십년 뒤로 미루기 위하여 장기로 자금조달을 하는 것이 바람직한 반면 외상매출채권을 구입한 금융회사는 단기로 자금조달을 하는 것이 적절할 것이다.

장기로 자금조달을 할 것인가 아니면 단기로 자금조달을 할 것인가를 결정하고 나면 기업은 이 결정사항을 실천에 옮기는 비용면에서 가장 저렴한 방식을 채택해야 한다. 예를 들어, 단순히 장기채권을 발행하여 장기로 자금조달을 할 수도 있지만 단기차입을 하면서 동시에 회전약정퍼실리티(committed revolving bank facility)를 통하여 금융기관으로부터 계속 융자를 해준다는 보장을 받는다면 장기로 자금을 조달하는 효과를 얻게 된다.

앞에서 언급한 바와 같이 시장(참여자들)의 예상보다 회사가 더 정확한 예상을 할 수 있는 경우에만 재무적 고통의 가능성을 최소화하는 부채구성을 하지 않는 것이 더 유리할 수 있다. 다시 말하자면 기업은 금리 등 경제변수에 대한 자신의 예상이 시장의 예상보다 더 옳다고 확신하는 경우에만 부채의 상환일정은 기업의 자산에서 기대되는 미래 현금흐름과 적합해야 한다는 원칙에서 벗어날 수가 있다.

5. 환리스크와 부채표시통화 결정

기업의 국제자금조달과 관련하여 가장 중요한 이슈들 중 하나는 부채표시통화의 결정이다. 우선 부채표시통화의 결정은 사실상 환위험에 대한 헤징의 문제라는 점을 인식해야 한다. 따라서 기업의 환노출(currency exposure)에 대한 개념을 다시 한번 정리하는 것이 필요하다.

일반적으로 제조업체들은 다음과 같은 세 가지 종류의 환노출을 가지게 된다. 첫째, 거래노출(transaction exposure)이란 특정 통화로 표시된 거래의 결제에서 환율변동으로 인한 이익이나 손실이 발생할 가능성을 말한다. 특정 통화표시의 외상매입 또는 외상매출, 외화대출 또는 차입 등으로 인하여 거래노출이 발생하게 된다. 둘째, 환산노출(translation exposure)이란 연결재무제표를 작성하는 과정에서 외화로 표시된 자산, 부채, 수익, 비용 등을 모기업의 통화로 환산할 때 환율이 변동함으로써 회계장부상의 가치변화가 나타날 가능성을 말한다. 셋째, 경제적 노출(economic exposure)은 기업의 수익과 비용이 환율변화에 어떻게 반응할 것인지의 문제에 초점을 맞춘다. 경제적 노출을 측정함에 있어서 가장 중요한 문제는 가격의 결정통화(currency of determination)가 무엇인가를 정확하게 파악하는 것이다. 결정통화란 유사한 제품들을 판매하는 경쟁기업들이 가격을 결정하는 통화로서 경쟁기업들 간에 사실상 경쟁이 이루어지는 통화를 말하므로 경쟁통화(currency of competition)라고도 부른다. 만약 특정 기업의 수익이 US달러 가치의 변화에 따라 영향을 받는다면 이 경우 결정통화는 US달러가 되며 따라서 자금조달도 US달러로 해야 할 것이다.

많은 기업들이 환위험에 대한 헤징을 하게 되는데 그 이유는 환율의 변동은 기업에게 재무적 고통이 발생할 수 있는 확률을 증가시키기 때문이다. 기업이 환위험에 대한 헤징을 함으로써 수익의 변동성을 감소시킨다면 이는 다시 재무적 고통(파산을 포함한) 비용의 기대치를 감소시키게 된다. 이 경우 기업에게 자금을 제공하는 채권자들은 보다 낮은 수익률을 요구하게 되므로 기업의 자본조달 비용은 감소하게 된다. 기업이 환위험에 대한 헤징을 하게 되면 재무적 고통이 발생할 확률이 감소하므로 더 많은 부채를 활용할 수 있고 따라서 추가적인 세금절감효과를 얻을 수 있게 된다.

부채통화표시 결정의 두 가지 원칙은 다음과 같다. 첫째, 기업은 환리스크를 헤징하기 위하여 부채를 최대한 이용해야 하며 재무적 고통의 가능성을 최소화하기 위해서 기업의 환노출 통화와 부채표시통화가 같아지도록 해야 한다. 즉, 거래노출, 환산노출 및 경제적 노출을 정확히 파악하고 그에 따라 적절한 부채통화표시를 선택해야 한다. 둘째, 국제피셔효과가 성립하지 않는다고 자신있게 판단할 경우에만 즉, 환율의 상대적 변화율에 대한 예상이 두 통화의 이자율 차이와 다르다고 확신하는 경우에만 환노출 통화와 부채통화표시가 같아야 한다는 원칙에서 벗어나는 의사결정을 할 수 있다.

6. 파생금융상품과 하이브리드채권의 사용

최근에는 기업이 자금조달을 할 때 스왑과 같은 파생금융상품을 사용하거나 하이브리드채권을 사용하는 경우가 많아지고 있다. 하이브리드채권이란 채권의 원금이나 이자지급액이 환율, 주가지수 또는 상품가격에 연동되어 변동하는 소위 연계형 채권(linked bond)을 말한다.

파생금융상품과 하이브리드 채권은 다음과 같은 목적으로 사용될 수 있다. 첫째, 기업은 자신의 영업과 관련하여 발생한 포지션 즉, 노출을 헤징(hedging)하기 위하여 이들 상품을 사용할 수 있다. 예를 들어, 석유가격의 변화에 따라 기업의 이익이 변동하는 멕시코의 석유회사가 석유가격에 연계된 채권을 발행하여 자금을 조달하는 경우가 여기에 해당된다. 둘째, 기업은 자본시장의 불완전성을 이용한 재정거래(arbitrage)를 할 목적으로 이들 상품을 이용할 수 있다. 예를 들어, 기업이 원하는 자금시장에서 직접 자금조달을 하는 것보다 일단 다른 시장에서 자금조달을 한 후 금리스왑 또는 통화스왑을 활용하여 결과적으로 원하는 자금을 더 저렴하게 조달하는 경우가 여기에 해당한다. 셋째, 기업은 이자율과 같은 시장변수들의 변화로부터 이익을 얻기 위한 투기거래(speculation)의 목적으로 이들 상품을 이용할 수 있다. 예를 들어, 기업이 장차 이자율이 하락할 것이라고 확신하는 경우에는 자신이 가지고 있는 고정금리부채를 일단 변동금리부채로 스왑을 한 후 나중에 예상했던 대로 이자율이 하락하면 그때 가서 다시 반대 방향으로 스왑을 한다면 이익을 얻을 수 있을 것이다.

특히 하이브리드채권의 경우에는 자본시장의 불완전성을 이용하여 보다 저렴한 자금조달을 하기 위한 도구로서 많이 활용된다. 하이브리드채권은 일반적으로 채권의 발행자보다는 채권을 사고자 하는 투자자에게 매력적인 특별한 조건이 추가되어 발행되므로 발행자 입장에서는 보다 저렴하게 자금을 조달할 수 있는 수단이다. 그리고 하이브리드채권의 발행자는 이러한 특별한 조건 때문에 발생할 수 있는 리스크를 파생금융상품을 이용하여 헤징을 함으로써 결과적으로 발행자는 리스크를 부담하지 않게 된다. 예를 들어, US달러 표시의 채권이면서 채권의 원금이 달러화에 대한 일본 엔화의 가치가 변동하면 따라서 변동하는 환율연계형 채권을 발행한 기업의 경우 추가적으로 은행과 달러화와 엔화 간의 선도환계약(forward exchange contract)을 체결함으로써 환율 변동 리스크를 헤징할 수 있게 된다.

그러나 하이브리드채권을 발행하는 기업이 특별한 조건 때문에 발생할 수 있는 리스크를 헤징을 하지 않고 리스크를 그대로 부담하기도 하는데 이 경우는 기업이 투기적 입장을 취하는 것으로 이해할 수 있다. 이와 같이 리스크를 그대로 안고 하이브리드채권을 발행하는 대표적인 예가 바로 회사의 주식에 대한 옵션을 제공하는 경우이다. 최근 들어 국제금융시장에서는 이러한 주식연계형 채권이 많이 활용되고 있는데 신주인수권부사채(Bond with Warrants)와 전환사채(Convertible Bond)가 여기에 해당된다. 신주인수권부사채는 발행 이후 사채의 소지자가 발행회사의 주식을 매입할 수 있는 장기 옵션계약이 첨부된 채권을 말하며 전환사채는 사채의 소지자가 사채를 발행회사의 주식으로 전환할 수 있는 권리가 부여된 채권을 말한다. 이들 주식연계형 채권은 투자자에게 회사의 주식에 대한 옵션을 제공하기 때문에 채권의 발행자에게는 일반 사채보다 저렴한 이자로 자금을 조달할 수 있는 수단이 되지만 채권의 발행자는 회사 주식가격 변동에 따르는 리스크를 부담하게 된다.

7. 자산의 증권화와 프로젝트 파이낸싱

자산의 증권화(Asset Securitization)란 기업 또는 금융기관이 특정 자산으로부터 창출되는 현금흐름을 특정 부채에 대한 담보로 사용하기 위해서 유가증권을 만드는 기법이다. 자산의 증권화는 자금조달을 저렴하게 하고 또한 채권자의 회사의 기타 자산에 대한 상환 청구권을 제한하기 위하여 사용된다.

과연 실제로 기업이 특정 자산의 증권화를 통해 자금조달 비용을 절약할 수 있을 것인가? 첫 번째 주장은 기업의 가치란 실제 영업활동으로부터 창출되므로 부채의 구성을 재조정한다고 해서 일반적으로는 기업 가치를 증가시킬 수 없다는 것이다. 즉, 기업은 현명한 투자자를 속일 수가 없다는 것이다. 만약 기업이 자신이 보유하고 있는 최상급의 자산을 특정 부채를 위한 담보로 묶어 버린다면 그 특정 부채는 가치가 상승하지만 담보가 없는 기타 부채는 그 가치가 하락할 것이므로 기업의 전체 자본비용은 같게 된다는 것이다.

그러나 두 번째 주장은 자산의 증권화를 통하여 투자자들을 속일 수가 있다는 것이다. 즉, 기업은 최상급의 자산을 특정 부채를 위한 담보로 묶어 버린다고 할지라도 담보가 없는 기타 부채의 가치가 하락하지 않고 따라서 기타 부채의 자본비용(요구수익률)은 영향을 받지 않는다는 것이다. 이러한 주장에 대한 근거로는 투자자의 무지, 투자 제한요소, 부채에 대한 보험 등을 들 수 있다.

우선 투자자의 무지를 살펴보면 자산의 증권화를 통하여 최상급의 자산을 담보로 확보한 투자자들은 상당히 낮은 요구수익률에 만족할 것이다. 그러나 기타 자산에 대하여만 원리금상환청구권을 가지게 되는 기존의 그리고 미래의 채권자가 기업의 신용상태가 자산의 증권화 이전보다 더 나빠졌다는 사실을 인지하지 못하여 요구수익률을 더 인상하지 않는 경우에는 기업의 전체 자본비용이 감소하게 된다는 것이다.

그러나 보다 설득력이 있는 설명은 투자제한 요소라고 보여진다. 일반적으로 기관투자자들은 투자적격 등급의 유가증권에만 투자할 수 있으며 일부 기관투자자들의 경우에는 AAA와 같은 최상급의 증권에만 투자하도록 제한을 받고 있다. 그러므로 기업이 자신이 보유하고 있는 전체 자산 중 최상급의 자산만을 분리하여 AAA 등급을 획득하는 경우에는 전에는 접근할 수 없었던 새로운 자금시장에 접근할 수 있게 된다는 것이다.

아마도 다음의 설명이 가장 설득력이 있다고 할 수 있다. 즉, 은행이나 저축은행의 예금에 대하여 정부가 보증을 하는 예금보험제도 때문에 은행의 전체 자산 중 최상급의 자산이 자산의 증권화를 통하여 분리된다고 하더라도 기존의 채권자들이 전혀 영향을 받지 않는다면 그들은 더 높은 수익률을 요구하지 않게 되므로 은행은 자산의 증권화를 시도할 강한 인센티브를 가지게 된다는 것이다.

자산의 증권화 기법을 시도하기 위해서는 이 기법의 활용으로 전체적인 자본조달비용을 낮출 수 있는 시장의 불완전성이 존재해야 하고 제반 조세 및 법률적인 여건이 충족되어야 한다.

자산의 증권화와 밀접한 관련이 있는 기법으로서 프로젝트 파이낸싱(Project Financing)이 있다. 프로젝트 파이낸싱이란 탄광개발과 같은 특정한 프로젝트로부터 미래에 발생하는 현금흐름을 담보로 하여 프로젝트에 필요한 자금을 조달하는 방법이다. 프로젝트 파이낸싱은 특정 프로젝트가 기업의 기존의 사업 또는 경영활동과 관계가 있는 경우에는 적합하지 않으며 그 프로젝트가 완전히 독립적인 사업단위가 되어야 한다.

프로젝트 파이낸싱의 경우 특정 프로젝트는 기업과는 완전히 독립적인 사업 단위이므로 프로젝트에 투자를 한 투자자들이 기업에게는 상환청구권을 행사할 수 없다는 점이 기업에게 유리한 점이라고 할 수 있다. 반면에 투자자의 입장에서는 프로젝트로부터 발생하는 현금흐름은 오직 투자자들에게 귀속되며 기업의 경영진이 현금흐름의 처분에 대하여 간섭하는 것을 막을 수 있다는 장점이 있다.

8. 자금조달방법의 선택

기업의 자금조달방법의 선택과 관련하여 당면하게 되는 첫 번째 이슈는 '얼마나 많은 부채와 자산을 갖느냐?' 에 관한 것이다. 우리는 앞에서 기업의 가치를 극대화시키는 최적부채비율은 한 편으로는 부채증가에 따른 세금절감효과 그리고 다른 한 편으로는 높은 부채비율에 따르는 재무적 고통 및 파산위험 이 두 가지 간의 상쇄효과에 의하여 결정된다는 것을 확인한 바 있다. 그러므로 이 두 가지 요인을 충분히 고려하여 적절한 부채비율을 선택할 수 있다. 이와 같이 부채와 자산비율이 일단 정해지면 그 다음 이슈는 어떠한 종류의 부채를 선택할 것인가이다. 즉, 고정금리부채와 변동금리부채, 단기부채와 장기부채, 그리고 부채통화표시의 선택에 관한 문제이다.

우선 고정금리부채와 변동금리부채 중 어떠한 것을 선택할 것인가의 문제를 살펴보기로 하자. 만약 기업의 영업활동으로부터 창출되는 대부분의 현금흐름이 이자율 변동에 영향을 받지 않는 경우에는 대부분의 자금조달은 고정금리부채의 형태로 하는 것이 유리할 것이다. 만약 기업이 저렴한 변동금리자금에 접근할 수 있다면 일단 변동금리부채로 자금조달을 한 후에 금리스왑을 사용함으로써 고정금리부채로 전환시킬 수도 있을 것이다.

그 다음으로는 단기부채와 장기부채의 선택에 관한 문제를 살펴보기로 한다. 만약 기업이 일단 변동금리부채로 자금조달을 하기로 한다면 신디케이트론 또는 변동금리부 채권(Floating Rate Note: FRN)과 같은 장기자금을 사용할 수도 있고 단기의 변동금리부채를 사용하면서 은행과 NIF(Note Issuance Facility) 또는 RUF(Revolving Underwriting Facility)와 같은 인수약정퍼실리티를 활용하여 단기부채이지만 장기부채의 효과를 거둘 수가 있을 것이다.

마지막으로 기업은 부채의 표시통화를 선택해야 하는데 일단 유리한 조건으로 자금조달을 할 수 있는 통화로 자금조달을 한 후 통화스왑을 활용하여 원하는 통화의 부채로 전환시키면 된다.

장기부채의 경우 정부기관 또는 국제기구로부터의 정책보조자금, 프로젝트 파이낸스와 인수약정 등을 포함하는 은행대출 그리고 다양한 형태의 사모(private placement) 및 공모(public offering) 방식의 채권발행 등이 있다. 특히 공모방식의 채권발행은 각국 국내시장뿐만 아니라 유로시장에서도 행해지는데 FRN(Floating Rate Note)과 MTN(Medium Term Note) 등이 그 대표적인 예라고 할 수 있다.

기업들은 고정금리채(straight bond)를 발행하기도 하지만 채권의 원금이나 이자지급액이 환율, 주가지수 또는 상품가격에 연동되어 변동하는 소위 연계형 채권(linked bond)을 비롯하여 전환사채(convertible bond) 또는 신주인수권부사채(bond with warrants) 등 준주식형(quasi-equity) 채권 등 하이브리드 채권을 발행하기도 한다.

제 3 절 사례분석: Nokia사[2)]

사 례

1990년대 중반 노키아그룹 생산품의 범위는 산림산업(forest industries), 케이블, 금속제품, 전자제품 등이었으며, 그 중에서도 전자제품의 국제적 생산과 판매에 중점을 두고 있었다. 노키아그룹의 중요한 회사 목표 중의 하나는 산림제품에 대한 의존도를 줄이는 것이었다. 회사의 자산 23억 7천만 달러의 85%가 자국에 있음에도 불구하고, 1997년의 추정매출액인 36억 달러의 60%가 핀란드 밖에서 발생했다.

2) 이 부분은 Ian H. Giddy가 개발한 사례, *Nokia Comes Out of the Forest*를 참고하여 수정 보완하였음.

표 11-3 Nokia사의 세계시장 판매 (단위: 백만 Finnmark)

판매지역	1997(추정치)	1996
핀란드	5,574	4,856
핀란드로부터 수출	4,710	4,187
해외자회사	3,714	2,951
합계	13,998	11,994

노키아사는 현재 약 4억 1천만 달러를 미국에 투자하려 하고 있으며, 노키아의 국제 재무 담당자인 Paula Creamer는 투자자금을 조달하는 방법에 대해서 고민하고 있었다. 그녀가 당장 해결해야 하는 일은 매월 말에 열리는 정기 재무위원회에서 발표할 자금조달 패키지를 마련하는 것이었다.

은행가들은 미국의 보험 회사를 대상으로 하는 사모채 발행, 유로채 발행 또는 금리 스왑과 결합된 CP발행으로 고정금리로 자금조달 하는 방안 등을 제안했다. 그 밖에도 Paula는 몇 가지 방법들도 생각하고 있었다. 무엇보다도 그녀는 얼마나 많은 금액, 그리고 어떤 종류의 자금조달이 필요한지를 확실히 결정해야 했다.

표 11-4 Nokia사 추정 대차대조표(December 31, 1997) (단위: 백만 Finnmark)

자 산		
현금 및 매출채권	6,491	
재고자산	2,854	
고정자산	5,764	
영업권	718	
		15,827
부 채		
유동부채	4,028	
장기부채	5,396	
소액주주지분	629	
자본금*	5,774	
		15,827

* 전년도 순이익 FIM 187백만을 포함.

노키아는 국제자본시장에서 신규 진입자는 아니다. 이미 노키아는 국제은행으로부터 다양한 통화로 2억 달러 넘게 차입하였으며, 1988년에는 4천만 달러의 7년 만기 스위스프랑 채권을 발행하기도 하였다.

노키아는 Mobira라는 자회사를 통해 신제품인 이동 무선전화기(mobile hand-held raido-telephone)를 성공적으로 시장에 출시하였고, 이에 고무 받아 Mobiterm이라는 새로운 자회사를 설립하였다. 노키아의 휴대폰 기술은 아직 일본기업들조차 가지고 있지 못한 것이었고 미국 소비자 시장에 진출하려는 경영진의 의지가 높았다.

1997년 초에 노키아 전자부문 최고 책임자이자 재무이사인 Nevski는 미국 가전제품 회사인 Mattel이 어려움에 처한 Intellivision 사업부문을 매각하기 위하여 구매자를 찾고 있다는 사실을 알았고, 노키아가 그것을 인수하는 경우에 노키아는 미국 가전제품 산업에서의 기반을 구축할 수 있고 동시에 Mobiterm이 생산하는 제품을 출시하기 위한 발판을 마련할 수 있다고 판단하였다.

노키아는 핀란드의 중앙은행과 재무부에게 Mattel사의 Intellivision 사업부문 인수계획에 대해서 통지를 하였는데 그 당시 핀란드 정부 당국은 해외투자에 대하여 통제를 하고 있었다. 그리고 노키아는 새로운 미국자회사에게 공급할 것으로 예상되는 2천5백만 달러 상당의 부품에 대한 수출신용보증을 원하고 있었다.

노키아는 Mattel사와 예비협상을 진행한 결과 Mattel사는 Intellivision 사업부문 매각의 대가로 노키아의 무상 우선주(free preferred shares)를 받는 것은 거절했으나, 매각가격의 일부분인 7천5백만 달러를 5년 만기 어음으로 받는 것에는 동의하였다. 그리고 나머지는 현금으로 지급해줄 것을 요구했다.

Nevski의 계획은 달라스에 위치한 Mattel사의 공장에서 휴대용 단말기(hand-held terminals)들을 조립하고 초기에는 미국시장에 파는 것이었다. 그리고 2년이 지난 후에 만약 미국시장에서 성공한다면 단말기들을 유럽에서 팔아도 될 것이라고 생각하였다. 목표는 북미에서 80%, 유럽에서 10%판매를 달성하고 나머지는 세계 여타국으로 판매를 하는 것이었다.

Nevski는 노키아 또는 자회사인 Mobiterm이 구매자금 중 3000만 달러를 제외하고는 외부로부터 자금을 조달해야 한다고 Paula에게 말했다. 3000만 달러는 스웨덴에 위치한 노키아의 전자제품 자회사인 Luxor의 유럽 매출액에서 조성되었으며 반면에 역시 스웨덴에 위치한 노키아의 휴지제조부문인 Nordic tissues가 매각될 것이라는 소문이 퍼지고 있었다. 이 매각으로 7억 핀란드화 또는 FIM 4.3/$ 1의 환율을 적용하면 1억 6천3백만 달러가 마련될 것으로 추정되었다. 그러나 이사회에서는 매각결정 찬성과 반대가 반반으로 나눠져 있었기 때문에 결정되지 않은 문제로 남아 있었다.

Nevski는 최소한 7년 후에나 가서 자금이 상환되어야 한다고 생각하였다. 노키아가 최근 단기 이자율이 상승하는 동안 손해를 봤기 때문에, 경영진의 목표는 고정금리 부채의 비율을 60퍼센트 정도로 증가시키는 것이었다. 그 당시 기업의 총부채 94억 핀란드화의 53%는 단기 또는 변동금리 부채이었으며, 1997년 말 노키아가 가지고 있는 부채의 통화별 비율은 다음과 같았다.

구분	FIM	US$	DM	SK	GBP	FRF	CHF	기타
비율(%)	56	16	6	3	4	4	7	4

■ 자금 조달 규모

인수가격	410 백만달러
5년 만기 어음(Mattel사가 받기로 함)	(75 백만달러)
보유현금	(30 백만달러)
조달해야하는 자금	305 백만달러

■ 가능한 자금조달원

1) Bank Loan

프랑스계 은행인 Banque Francaise는 신디케이트 회전대출 퍼실리티(revolving credit facility)를 통해 자금을 조달하는 것을 제안했다. 2억 5천만내지 3억 달러의 자금조달이 가능하며 금리는 LIBOR+0.875% 이고 통상적인 수수료가 있으며 만기는 12년까지이며 필요시에 대출을 받을 수 있다.

이 방법은 가장 쉬운 방법이기는 하지만 문제점이 있었다. 먼저 핀란드의 두 거대은행이 노키아 주식의 21.4%를 보유하고 있는데, 그들은 Banque Francaise에 의해 최근에 발행된 스칸디나비아 채권의 간사단에서 제외되었기 때문에 Banque Francaise가 주간사 은행인 어떠한 대출에 대해서도 반대하고 있었다. 게다가 Paula는 최근 전화통화에서 새로이 강화된 자기자본비율 기준 때문에 Banque Francaise 측이 대출제안을 철회하려한다는 사실을 감지했다.

2) CP(Commercial Paper)발행

Metrobank는 노키아가 CP를 발행하는 것을 돕겠다고 제안하면서 이것이 노키아가 미국에서 더 잘 알려지기 위한 좋은 방법이 될 것이라고 주장했다. 그리고 CP 발행이 여의치 못할 경우에 대비하여 Metrobank는 1억 달러까지 대출을 해주겠다고 약속하였다. 또한 미국 기관 투자자들에게 노키아의 CP가 잘 받아들여지도록 보증하기 위해서, Metrobank는 1/4 퍼센트의 수수료로 L/C도 제공할 것이며 그렇게 하면 CP는 A1/P1

신용등급을 획득할 수 있을 것이라고 주장하였다. 그 당시 A1/P1 CP 수익률은 LIBOR-0.90%이었다.

3) 매출채권할인

노키아의 자회사인 Mobiterm은 Intellivision이 보유하고 있는 매출채권을 은행에게 할인하여 매입하도록 함으로써 자금을 조달할 수 있을 것으로 판단하였다. 이미 노키아는 과거에 이런 방식으로 자금을 조달한 경험이 있고, Metrobank는 고가의 장기성 매출채권 할인에 대해서 관심을 표명했다. 매출채권 할인은 신용등급에 문제가 있는 기업의 자산을 분리함으로써 자금을 조달한다는 측면에서 훌륭한 방법이라고 할 수 있었다.

표 11-5 Mattel사의 Intellivision부문 미감사 대차대조표 (단위: 백만 달러)

1997년 12월 31일 현재 추정치		
자산		
현금 및 유가증권	11	
매출채권	45	
재고자산	57	
고정자산	208	
영업권	13	334
부채		
단기부채(은행)	0	
외상매입금	33	
장기부채	110	
자본금	191	334

Paula는 가능한 자금조달 방법들에 대한 리스트를 만들었지만 다음과 같은 고민에 다시 빠지게 되었다. 즉, 최고경영진들이 자금조달 방법들의 변동금리에 대해서 동의할 것인가? 만약 그렇지 않다면 Metrobank가 제안한 금리스왑에 의하여 변동금리 채무를 고정금리 채무로 전환시키는 방법에 대해 고려해 보아야 할 것이다. 금리스왑을 한다면 어떤 방식으로 해야 하며 비용은 얼마나 들 것인가? Paula는 이 문제를 해결하기 위해 Metrobank의 헬싱키 지사장을 만나서 다음과 같은 내용의 이야기를 들었다.

- Paula: 만약 노키아가 6개월 LIBOR+스프레드로 유로달러대출을 받는다면, 어떻게 노키아의 자금 비용을 고정시켜 줄 수 있습니까?
- Metrobank: 금리스왑(floating-fixed interest swap)에서, 우리는 매 6개월마다 노

표 11-6 Swap 호가표

US $ Interest rate swaps			Currency swaps	
Years	Treasury Curve Price/Yield	Spread	DM/US $	¥/US $
2	99.18/8.74	79-86	5.50-5.60	5.68-5.78
3	97.07/8.99	80-85	5.95-6.02	5.85-5.93
4	99.21/9.23	78-84	6.20-6.30	5.93-6.00
5	96.07/9.30	80-93	6.42-6.50	6.10-6.18
7	92.06/9.59	86-93	6.75-6.83	6.23-6.30
10	93.06/9.71	88-94	7.18-7.28	6.40-6.50
Currency swaps				
Years	Sfr/US $	£/US $	ECU/US $	A$/US $
2	4.90-5.00	10.60-10.70	8.65-8.75	12.68-12.76
3	5.30-5.40	10.58-10.68	8.75-8.85	12.74-12.84
4	5.42-5.50	10.58-10.68	8.85-8.95	12.90-13.07
5	5.62-5.70	10.68-10.78	8.95-9.05	12.90-13.07
7	5.65-5.75	10.60-10.70	9.15-9.25	N/A
10	5.80-5.90	10.68-10.78	9.30-9.40	N/A

LIBOR six-month US $: 8.75%

출처: *Business International Money Report, October 12, 1997.*

키아에게 LIBOR를 지불하고 그것으로 노키아는 변동금리부 채무에 대한 이자를 지불할 수 있습니다. 반대로 노키아는 우리에게 고정금리를 지불하면 됩니다. 아마도 이 때 고정금리는 7년물 미국 T-Bond 수익률+93bp가 될 것입니다. 어제 7년물 T-Bond 수익률은 9.59%였습니다. 호가표를 보기 바랍니다([표 11-6] 참조). 그리고 대개 선행수수료가 있습니다만, 우리는 오랫동안 노키아와 같은 고객에 대해서는 그것을 면제해 주었습니다. 우리는 노키아와 7년짜리 2억5천만 달러 만큼의 큰 거래를 할 수 있습니다.

- Paula: 다른 통화들로도 이러한 금리스왑을 할 수 있습니까?
- Metrobank: 대부분의 유럽 통화와 엔화 등으로 금리 스왑이 시행되고 있습니다. 또한 우리는 LIBOR가 아닌 A1/P1 CP금리를 기준으로 하는 스왑을 제공할 수 있습니다. 그렇게 한다면 당신이 지불해야 하는 고정금리에서 40bp나 할인되는 셈입니다.

그리고 만약 당신이 도이치마르크나 스위스프랑 자금시장에서 보다 유리하게 자금조달을 할 수 있다고 느끼지만 정작 필요한 것은 달러 자금일 경우 통화스왑을 제공할 수도 있습니다. 이는 두 통화간의 고정금리 격차를 이용하여 호가가 됩니다. 달러-도이치마르크 통화스왑의 경우를 봅시다. 7년만기 달러 고정금리와 도이치마르크 고정금리간 스왑의 호가는 9.59+86/93퍼센트 대 6.75/6.83퍼센트 도이치마르크입니다. 스위스프랑과 스왑을 한다면 9.59+86/93퍼센트 대 5.65/5.75퍼센트입니다. 예를 들어, 노키아가 6.75% 고정금리의 도이치마르크화 부채를 가지고 있다면, 우리가 6.75%마르크를 매년 노키아에게 지급하고 노키아는 10.52% 달러를 우리에게 지급하는 것입니다([표 11-6] 참조). 만기에 우리는 도이치마르크 원금을 노키아에게 지급하고 노키아는 같은 금액의 달러를 우리에게 지급하는 데 이 때 적용환율은 오늘의 환율입니다. 그러므로 결국 노키아는 달러 부채를 가지게 되는 셈입니다. 다시 말하지만 우리는 이러한 통화스왑에 대해서도 수수료를 면제해 드릴 수 있습니다.

4) 유로DM채(EuroDM Bond)

Paula는 며칠 전에 Dresdner Bank로부터 유로DM채 발행에 대한 제안을 들었다. 노키아는 최대 1억5천만 도이치마르크(그 당시 환율로 환산하면 7천5백만 달러)에 해당하는 유로채를 발행할 수 있는데 많은 경제 전문가들이 도이치마르크화가 곧 평가절상 될 것으로 예상하는 것을 감안하면 자금조달금액은 더 늘어날 것으로 판단되었다. 현재와 같은 상황하에서 노키아는 7년 만기 도이치마르크화 자금에 대해서 7% 비용을 지불해야 할 것으로 예상되었다.

5) 유로달러채(Eurodollar Bond)

그러나 Metrobank가 지적했듯이 미국시장에서 Mobiterm의 자금조달을 위한 명백한 선택은 유로달러채(달러표시 유로채)로 여겨졌는데 유로달러채 시장에서 12년 만기의 고정금리 자금을 조달할 수 있을 것으로 예상되었다. 또한 노키아는 유럽에서 충분히 잘 알려진 기업이기 때문에 최대 2억 달러를 10.5%의 이자율로 조달할 수 있을 것으로 판단되었다. 그러나 만약 달러화가 큰 폭으로 평가절하 되는 경우에는 조달가능 금액은 최대 1억 달러가 될 것으로 예상되었고 그러한 경우에는 스위스프랑 외국채(스위스에서 비거주자가 발행하는 채권) 시장에서 8천만 달러 상당의 금액을 6.25%의 이자율로 조달하는 것이 가능할 것으로 판단되었다.

모든 이러한 국제 채권 발행에 있어서 관리, 인수, 판매 수수료는 발행원금의 2% 정도이었다. 그러나 유로채 및 기타 채권들의 발행에 있어서 가격이나 발행시기가 잘못 책정된다면 채권 가격을 낮추거나 발행을 취소해야 할 가능성이 있었다. 채권발행 이전에 사전 검토를 하는 투자은행은 일반적으로 이런 위험들을 피할 수 있지만 시장상황이 변하거나 발행자가 신규발행자인 경우에는 항상 그런 것은 아니었다.

어떤 발행자들은 채권이 잘 팔리게 하려고 워런트를 첨부하거나 표시통화를 다양한 통화의 통화바스켓으로 제공하기도 하였다. Paula 역시 상사에게 유로전환사채(convertible bond) 발행의 이점에 대해 얘기했다. 유로전환사채를 발행한다면 보통채보다 2~3% 낮은 비용으로 발행할 수 있으며 노키아의 자본구조를 강화할 수도 있을 것으로 여겨졌다. 유로전환사채를 발행하는 경우의 문제점은 핀란드에서는 외국인이 핀란드 기업 지분의 20% 이상을 가지지 못하게 하는 규제가 있었고 노키아의 외국인 지분은 이미 20%에 근접해 있다는 것이었다.

6) 사모 중기채(Private Medium Term Paper)

모든 것을 고려했을 때, 다양한 은행가들과의 만남에서 얻은 결론은 노키아가 미국의 기관투자자를 대상으로 사모채 발행을 착수해야 한다는 것이었다. 두 세 개의 미국 생명보험 회사들이(내부적으로 외국 자산보유에 대한 제한이 있긴 하지만) 우량한 스칸디나비아 발행자들의 고정 금리, 중기채(medium-term paper)에 관심을 보였다. 특히 Metrobank의 뉴욕 전문가들은 이러한 방법으로 최대 2억 5천만 달러의 노키아 채권을 발행할 수 있을 것으로 보았다. 이 때 비용은 약 10.75%로 미국시장에서의 공모방식 채권발행인 양키본드의 경우보다 약간 높지만 수수료는 발행액의 1% 정도로 근소하게 낮았다. 이 방식으로 필요한 규모의 자금조달이 충분히 이루어질 것으로 판단되었지만 노키아의 최고경영진이 기업홍보 및 명성을 위해 국제채 시장에서의 공모를 선호한다는 것이 유일한 걸림돌이었다.

■ **Paula는 자금조달을 위해 고려해야 할 점들을 다음과 같이 정리해 보았다.**

첫째, 자금조달방안들을 변동금리 방식과 고정금리 방식으로 구분할 필요가 있다고 보았다. 그리고 모든 자금이 고정금리로 조달되어야 하는가? 만약 그렇다면 스왑에 의하여 가능한가? 스왑이 사용된다면 추가적인 리스크는 없는가? 노키아는 나중에 스왑으로부터 벗어날 수 있는가?

둘째, 노키아의 휴지제조부문인 Nordic tissues가 매각되어 1억6천3백만 달러가 마련되는 경우에는 어떻게 달라질 것인가?

셋째, 만약 고정금리채 발행이 이뤄진다면 공모(public offering)로 해야 하는가 또는 사모(private placement)로 해야 하는가? 보통채(straight bond)인가 또는 전환사채(convertible bond)인가?

넷째, 미국달러화로 발행하는 경우, 최근 몇 년 동안 달러는 핀란드 마르크에 대하여 크게 평가절상되어 왔는데 이러한 추세가 계속된다면 자금을 상환할 때 상환금액은 스위스프랑화로 채권을 발행하는 경우와 마찬가지로 증가할 것이다. 한편, 핀란드마르크화의 가치는 통화바스켓에 고정되어 있는 형태인데 그 통화바스켓의 60%가 도이치마르크이고 또한 도이치마르크화의 이자율은 낮으므로 도이치마르크화로 자금을 조달하는 것은 어떠한가?

다섯째, 회사의 요구도 충족하며, 핀란드 정부의 요구에도 부합하며, 비용과 리스크는 최소화시키며, 미래의 노키아의 자금조달 가능성도 열어둘 수 있는 최적의 자금조달 패키지는 무엇인가?

분 석

노키아의 국제재무 담당자인 Paula Creamer가 곧 열리게 되는 정기 재무위원회에서 발표할 자금조달 패키지를 마련하기 위해서는 우선 조달하고자 하는 자금의 특성을 결정하고 그에 따르는 비용과 리스크를 고려해야 한다.

먼저 조달자금의 특성과 관련해서는 첫째, 고정금리 부채를 활용 할 것이지 아니면 변동금리 부채를 활용할 것이지, 둘째, 단기부채와 장기부채 중 어떤 쪽을 택할 것인지, 셋째, 어떤 통화로 표시된 부채를 활용할 것인지 등을 결정해야 한다.

첫째, 금리의 경우 노키아는 최근 단기금리의 상승으로 손해를 본 경험이 있기 때문에, 경영진의 목표는 회사의 고정금리 부채의 비율을 현재의 약 47%로부터 60% 정도로 증가시키는 것이라고 하였다.

부채의 추가 조달액 305백만달러와 Mattel사가 받기로 한 5년 만기 어음 75백만달러를 합하면 380백만달러가 되는데 이 금액은 FIM 4.3/$ 1의 환율을 적용하면 FIM 1,634백만이 된다. 현재 노키아사의 총부채 FIM 9,424백만에 이 금액을 더하면 추가로 자금을 조달한 후의 총부채는 FIM 11,058백만이 되고 여기에 경영층이 원하는 고정금리 부채비율(60%)을 곱하면 FIM 6,635백만이 된다. 현재 총부채 FIM 9,424백만의 47% 즉, FIM 4,429백만이 고정금리 부채이므로 추가로 조달하는 FIM 1,634백만을 전부 고정금리로 해도 FIM 6,063백만이 되어 경영층이 원하는 고정금리 부채비율에 해당하는 FIM 6,635백만에는 미달하게 된다. 따라서 추가로 조달하고자 하는 자금은 모두 고정금리로 하거나 또는 낮은 비용의 변동금리로 자금 조달이 가능한 경우에는 금리스왑을 이용하여 고정금리로 전환시키는 것이 요구된다.

둘째, 필요한 자금은 Mattel사의 Intellivision 사업부문의 인수를 위한 용도이므로 장기간의 안정적인 자금조달이 요구되며 또한 노키아의 전자부문 최고책임자이자 재무이사인 Nevski가 최소한 7년 후에나 가서 자금이 상환되어야 한다고 생각하므로 장기부채의 형태로 자금을 조달하거나 아니면 단기차입을 하면서 동시에 회전약정퍼실리티(committed revolving bank facility) 등을 통하여 금융기관으로 부터 계속 융자를 해준다는 보장을 받는다면 장기로 자금을 조달하는 효과를 얻게 된다.

셋째, 부채통화표시의 결정은 결국 기업의 환리스크를 헤징하기 위한 것이므로 기업의 환노출 통화와 부채표시통화가 같아지도록 해야 한다. 즉, 거래노출, 환산노출 및 경제적 노출을 정확히 파악하고 그에 따라 적절한 부채통화표시를 선택해야 한다. 노키아의 경우 미국 가전제품회사인 Mattel사의 Intellivision의 사업부문을 인수하여 미국에서 휴대용 단말기들을 조립하고 미국시장에서 판매할 것을 계획하고 있으므로 달러표시 거래노출과 환산노출을 가지게 될 것으로 예상되며 휴대용 단말기 시장에서 사실상 달러화로 경쟁할 것으로 판단되므로 경쟁통화(currency of competition) 또는 가격의 결정통화(currency of determination)는 US달러가 될 것으로 판단되므로 자금조달도 US달러로 해야 할 것이다.

이제 가능한 여러 가지 자금조달 방안들에 대하여 조달가능금액, 금리, 만기, 표시통화, 장점 및 단점 등을 분석하기로 한다.

1) Bank Loan

Banque Francaise는 신디케이트 회전대출 퍼실리티(revolving credit facility)를 통해 2억 5천만내지 3억 달러의 자금조달을 제안했다. 금리는 LIBOR+0.875%이고 통상적인 수수료가 있으며 만기는 12년까지이다. 그러나 노키아의 주식을 보유하고 있는 핀란드의 두 거대은행이 Banque Francaise가 주간사 은행인 어떠한 대출에 대해서도 반대하고 있었고 또한 새로이 강화된 자기자본비율 기준 때문에 Banque Francaise 측이 대출제안을 철회하려고 하고 있었다. 따라서 자금조달을 위한 좋은 대안이 되기는 어렵다고 판단된다.

2) CP(Commercial Paper)발행

Metrobank는 1억 달러까지 CP를 발행하는 것을 돕겠다고 제안해 왔다. 미국 기관투자자들에게 노키아의 CP가 잘 받아들여질 수 있도록 Metrobank는 1/4 퍼센트의 수수료로 L/C도 제공할 것이며 그렇게 하면 CP는 A1/P1 신용등급을 획득할 수 있을 것이며 A1/P1 CP 수익률은 LIBOR-0.90%이었다. 이 경우 노키아는 고정금리 자금을 원하므로 변동금리를 금리스왑을 통하여 고정금리로 전환시켜야 한다.

CP는 만기가 1년 이하인 단기 자금조달방식이므로 만기가 도래할 때 계속해서 연장을 함으로써 장기 자금과 같은 효과를 거둘 수 있을 것이다. 그러나 CP의 경우에는 금융기관으로 구성된 인수단이 존재하지 않기 때문에 영업성과가 좋지 않거나 신용상태가 악화되면 계속해서 CP를 연장하여 자금을 조달하기가 어려워 질 수도 있다.

3) 매출채권할인

Intellivision이 보유하고 있는 매출채권을 은행에게 할인하여 매입하도록 함으로써 자금을 조달할 수 있을 것으로 판단되었다. Metrobank는 고가의 장기성 매출채권 할인에 대해서 관심을 표명했다. 매출채권 할인은 신용등급에 문제가 있는 기업의 자산을 분리함으로써 자금을 조달한다는 측면에서 훌륭한 방법이라고 할 수 있었다. 그러나 매출채권의 할인을 위해 고가의 장기성 매출채권이 자산에서 분리되면 기업의 신용등급이 더욱 악화될 가능성이 있을 뿐만 아니라 매출채권의 할인 방식은 만기가 단기이므로 장기 자금조달이 필요한 노키아에게는 좋은 대안이 되기가 어렵다고 판단된다.

4) 유로DM채(EuroDM Bond)

Dresdner Bank는 유로DM채 발행을 제안했다. 노키아는 최대 1억5천만 도이치마르크(7천5백만 달러)에 해당하는 유로채를 발행할 수 있고 도이치마르크화가 평가절상된다면 자금조달금액은 더 늘어날 것으로 판단되었다. 노키아는 7년 만기 도이치마르크화 자금에 대해서 7% 비용을 지불해야 할 것으로 예상되었다. 관리, 인수, 판매 수수료는 발행원금의 2% 정도이었다. 노키아는 달러화표시 자금을 원하므로 DM화표시 자금을 통화스왑을 통하여 달러화 자금으로 전환시켜야 한다.

5) 유로달러채(Eurodollar Bond)

유로달러채 시장에서 최대 2억 달러를 12년 만기, 10.5%의 고정금리 자금을 조달할 수 있을 것으로 예상되었다. 만약 달러화가 큰 폭으로 평가절하 되는 경우 조달가능 금액은 최대 1억 달러가 될 것으로 예상되었고 그러한 경우에는 스위스프랑 외국채 시장에서 8천만 달러 상당의 금액을 6.25%의 이자율로 조달하는 것이 가능할 것으로 판단되었다. 관리, 인수, 판매 수수료는 발행원금의 2% 정도이었다.

그러나 유로채 및 기타 채권들의 발행에 있어서 발행자가 노키아와 같은 신규발행자인 경우에는 가격이나 발행시기가 잘못 책정된다면 채권 가격을 낮추거나 발행을 취소해야 할 가능성이 있었다.

6) 유로전환사채(Convertible Bond)

유로전환사채(convertible bond)를 발행한다면 보통채보다 2~3% 낮은 비용으로 발행할 수 있으며 노키아의 자본구조를 강화할 수도 있을 것으로 여겨졌다. 유로전환사채를 발행하는 경우의 문제점은 핀란드에서는 외국인이 핀란드 기업 지분의 20% 이상을 가지지 못하게 하는 정부의 규제가 있었고 노키아의 외국인 지분은 이미 20%에 근접해 있다는 것이었다. 따라서 자금조달을 위한 좋은 대안이 되기는 어렵다고 판단된다.

7) 사모 중기채(Private Medium Term Paper)

미국의 기관투자자를 대상으로 고정금리 사모방식의 중기채(medium-term paper) 발행으로 최대 2억 5천만 달러자금을 조달할 수 있을 것으로 판단되었다. 비용은 약 10.75%이며 수수료는 발행액의 1% 정도이었다. 노키아의 최고경영진이 기업홍보 및 명성을 위해 국제채 시장에서의 공모를 더 선호한다는 것이 유일한 걸림돌이었다.

위에서 살펴 본 7가지 자금조달 방안 중에서 노키아에게 좋은 대안이 되기 어렵다고 판단되는 1) Bank Loan, 3) 매출채권할인, 6) 유로전환사채(Convertible Bond)를 제외하고 나머지 대안들의 주요 특징들을 정리하면 다음의 표와 같다.

표 11-7 자금 조달 방안들의 주요 특징

자금조달방안	조달가능금액	만 기	비 용	고려사항
Commercial Paper	1억 달러	1년 이하 (연장가능)	LIBOR-0.90% 0.25%(수수료)	금리스왑 연장 관련 리스크
EuroDM Bond	7천5백만 달러	7년	7% 2%(수수료)	통화스왑 발행 관련 리스크
Eurodollar Bond	2억 달러 (1억 달러)	12년	10.5% 2%(수수료)	발행 관련 리스크
Swiss Fr. Bond	8천만 달러	(12년)	6.25% 2%(수수료)	통화스왑 발행 관련 리스크
Private Medium Term Paper	2억5천만 달러	장기	10.75% 1%(수수료)	공모를 더 선호

노키아가 CP를 발행하여 자금을 조달하는 경우에는 변동금리를 금리스왑을 통하여 고정금리로 전환시켜야 한다. Metrobank의 헬싱키 지사장과의 대화에 따르면 Metrobank는 매 6개월마다 노키아에게 LIBOR를 지불하고 노키아는 Metrobank에게 고정금리 즉, 7년물 T-Bond 수익률(9.59%) + 93bp = 10.52%를 지불해야 한다([표 11-6] 참조). 이 경우 금리스왑의 구조를 그림으로 나타내면 다음과 같다.

이 경우 노키아의 실효차입비용은 LIBOR − (LIBOR − 0.90%) − 10.52% = −9.62%가 된다. 즉, 9.62%의 고정금리로 자금을 조달 수 있게 된다. 또한 Metrobank는 LIBOR가 아닌 A1/P1 CP금리를 기준으로 하는 스왑을 제공하는 경우에는 40bp 정도 할인을 할 수 있다고 하였으므로 그런 경우에는 9.22%의 고정금리로 자금을 조달하는 효과를 거둘 수 있게 된다.

그림 11-6 노키아와 Metrobank 간의 금리스왑의 구조

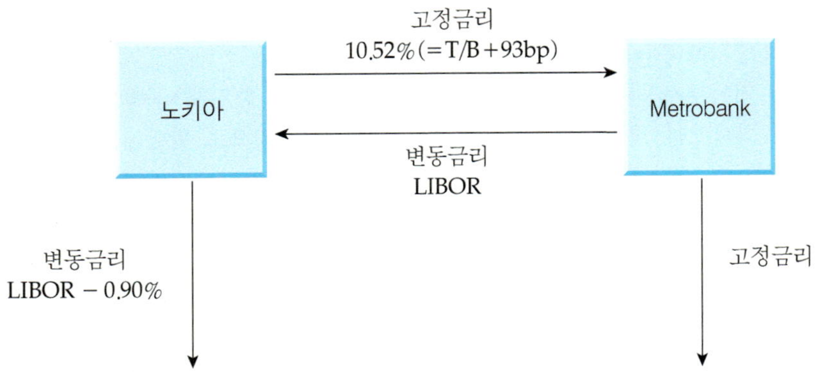

한편 노키아는 Dresdner Bank로부터 7년 만기, 7% 비용으로 7천5백만 달러에 해당하는 DM화 표시 유로채 발행을 제안 받았다. 이 경우에는 DM화표시 자금을 통화스왑을 통하여 달러화 자금으로 전환시켜야 한다. Metrobank의 헬싱키 지사장과의 대화에 따르면 Metrobank는 6.75%마르크를 매년 노키아에게 지급하고 노키아는 10.52% 달러를 Metrobank에게 지급해야 한다([표 11-6] 참조). 이 경우 통화스왑의 구조를 그림으로 나타내면 다음과 같다.

그림 11-7 노키아와 Metrobank 간의 통화스왑의 구조(마르크화 대 달러화)

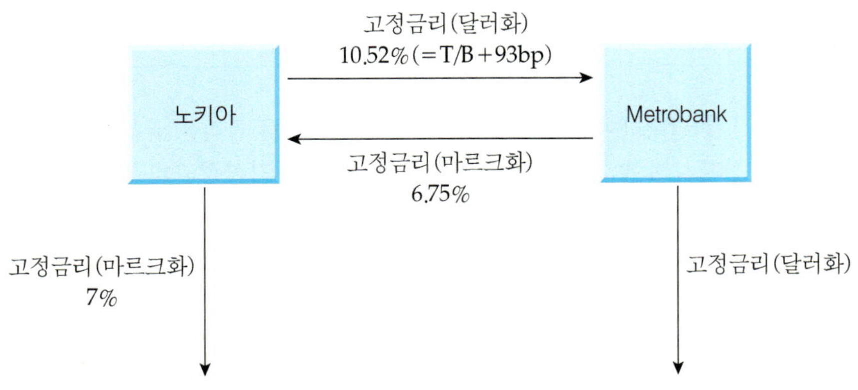

이 경우 노키아의 실효차입비용은 6.75% − 7% − 10.52% = −10.77%가 된다. 즉, 10.77%의 달러화 고정금리로 자금을 조달 수 있게 된다.

그림 11-8 노키아와 Metrobank 간의 통화스왑의 구조(스위스프랑화 대 달러화)

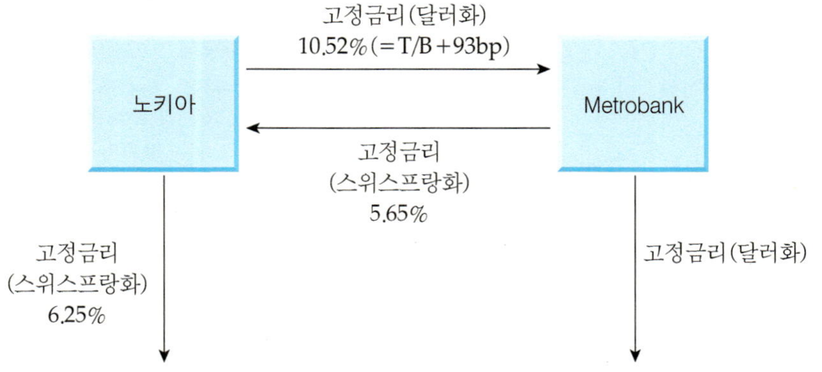

또한 스위스프랑 외국채 시장에서 8천만 달러 상당의 금액을 6.25%의 이자율로 조달하는 경우에는 스위스프랑화표시 자금을 통화스왑을 통하여 달러화 자금으로 전환시켜야 한다. Metrobank의 헬싱키 지사장과의 대화에 따르면 Metrobank가 5.65% 스위스프랑을 매년 노키아에게 지급하고 노키아는 10.52% 달러를 Metrobank에게 지급해야 한다([표 11-6] 참조).

이 경우 노키아의 실효차입비용은 5.65% − 6.25% − 10.52% = −11.12%가 된다. 즉, 11.12%의 달러화 고정금리로 자금을 조달 수 있게 된다.

이제 달러화 변동금리는 금리스왑을 이용하여 달러화 고정금리로 전환하고 도이치마르크화 자금과 스위스프랑화 자금은 통화스왑을 이용하여 달러화 고정금리 자금으로 전환하여 그 비용을 비교하면 다음과 같다.

[표 11-8]에서 볼 수 있는 바와 같이 각 자금조달 대안들의 달러화 고정금리 비용들을 비교한 결과 Commercial Paper가 가장 비용이 저렴한 자금조달 수단이며 스위스프랑 외국채와 유로DM채는 유로달러채보다 비용 면에서 불리한 자금조달 수단임이 입증되었다. 그리고 사모중기채의 경우에는 비용 면에서 유로달러채보다 더 불리한 자금조달 수단이지만 수수료가 더 저렴하다는 것을 알 수 있다. 그러므로 노키아는 Commercial Paper 발행, 유로달러채 발행 및 사모중기채 발행 등 세 가지 대안을 가지고 최종적인 자금조달 패키지를 마련해야 할 것이다.

특히 이들 세 가지 대안들은 각각 문제점을 가지고 있다. 첫째, Commercial Paper 발행의 경우에는 만기가 1년 이하이므로 만기 연장과 관련된 리스크를 안고 있으며, 유

표 11-8 자금 조달 방안들의 비교(원래 비용과 전환비용)

자금조달방안	조달가능금액	만 기	원래비용	전환비용
Commercial Paper	1억 달러	1년 이하 (연장가능)	LIBOR-0.90% 0.25%(수수료)	9.62%(LIBOR기준) 9.22%(CP금리기준) 0.25%(수수료)
EuroDM Bond	7천5백만 달러	7년	7% 2%(수수료)	10.77% 2%(수수료)
Eurodollar Bond	2억 달러 (1억 달러)	12년	10.5% 2%(수수료)	10.5% 2%(수수료)
Swiss Fr. Bond	8천만 달러	(12년)	6.25% 2%(수수료)	11.12% 2%(수수료)
Private Medium Term Paper	2억5천만 달러	장기	10.75% 1%(수수료)	10.75% 1%(수수료)

로달러채 발행의 경우에는 노키아가 신규발행자이므로 발행 관련 리스크가 있다. 또한 사모중기채 발행의 경우에는 자금조달 가능금액이 2억5천만 달러이고 사모방식이므로 발행관련 리스크는 적지만 최고경영진이 국제채 시장에서의 공모를 더 선호한다는 것이 걸림돌이다.

최종적인 자금조달 패캐지의 구성과 관련하여 우선 노키아의 휴지제조부문인 Nordic tissues가 매각되어 1억6천3백만 달러가 마련되는 경우에는 조달자금 규모가 1억4천2백만 달러(= 3억5백만 달러 − 1억6천3백만 달러)로 감소하게 된다. 이 경우 우선 가장 비용이 저렴한 자금조달 수단인 Commercial Paper 발행을 통하여 1억 달러의 자금을 조달하고 나머지 4천2백만 달러는 유로달러채 또는 사모중기채를 발행하여 자

그림 1-9 Nordic tissues가 매각되는 경우의 자금조달 패캐지

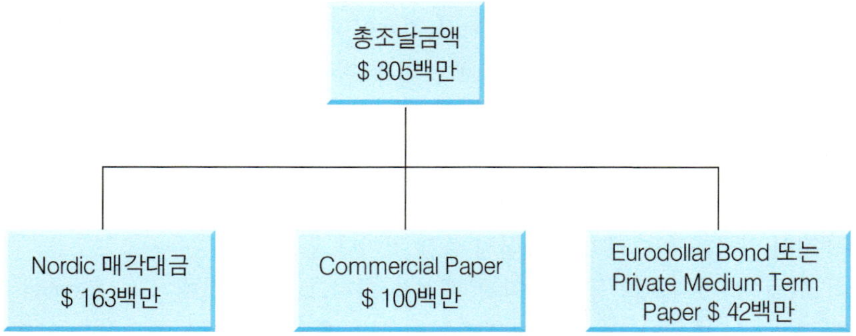

금을 조달하면 된다. 최고경영진이 국제채 시장에서의 공모를 더 선호한다는 점과 비용 측면을 고려하면 유로달러채가 더 바람직한 대안이지만 유로달러채의 발행관련 리스크와 Commercial Paper의 연장관련 리스크를 고려하면 안전한 자금조달 수단으로서의 사모중기채가 더 돋보일 수 있다.

반면에 노키아의 휴지제조부문인 Nordic tissues가 매각되지 않는 경우에는 자금조달 규모가 3억5백만 달러가 되는데 이 경우 가장 비용이 저렴한 자금조달 수단인 Commercial Paper 발행을 통하여 1억 달러의 자금을 조달한다고 하더라도 추가로 2억 5백만 달러의 자금이 필요하므로 유로달러채 발행과 사모중기채 발행을 병행해야 할 것이다. 특히 달러화가 큰 폭으로 평가절하 되는 경우 유로달러채 발행으로 조달이 가능한 금액은 최대 1억 달러가 되므로 사모중기채 발행이 반드시 병행되어야 한다. 더구나 노키아는 Mattel사가 매각가격의 일부분으로 받은 7천5백만 달러, 5년 만기어음을 5년 후에 가서 상환해야 하므로 그때 가서는 7천5백만 달러의 추가자금이 필요하게 된다. 따라서 사모중기채 발행은 미래의 자금조달 가능성을 열어 놓기 위한 좋은 대안이 될 수 있을 것이다.

그림 11-10 Nordic tissues가 매각되지 않는 경우의 자금조달 패캐지

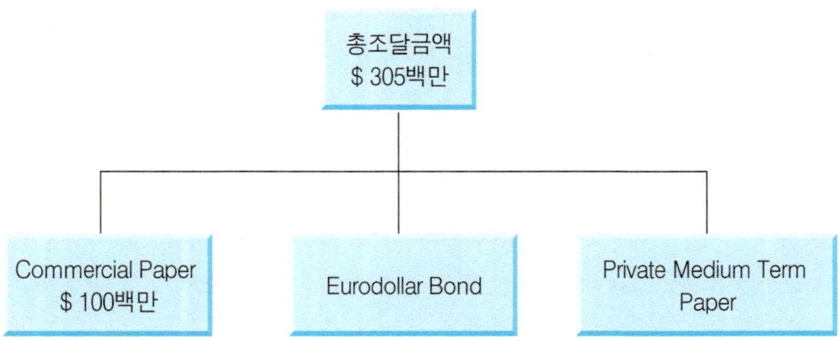

연·습·문·제

EXERCISES

1. 다음 중 해외전환사채(Convertible Bond)의 특징에 해당하지 않는 것은?
   1) 전환이 일어나더라도 사채 자체는 만기까지 존속된다.
   2) 투자자에게 미리 정해진 전환가격으로 주식으로 전환할 수 있는 권리가 부여된 채권이다.
   3) 보통사채보다 낮은 이자율로 자금조달이 가능하다.
   4) 전환권 행사시 기업의 재무구조가 건실해지는 효과가 있다.

2. "해외전환사채(Convertible Bond)는 발행 후 주식가격이 전환가격 이하일 경우에는 채권소지자가 전환권을 행사하지 않고 조기상환청구권을 행사할 수 있으므로 발행사의 입장에서 불확실성이 존재한다." 이 설명은 타당한가?

3. 해외전환사채(Convertible Bond)의 경우 전환사채의 액면금액에 대한 신주의 발행수 즉, 전환사채 1매당 전환이 가능한 주식 수를 무엇이라고 하는가?

4. "신주인수권부사채(Bond with Warrants)란 사채발행 이후 일정기간 내에 미리 정하여진 약정가격으로 사채의 소지자가 발행사 주식의 신주발행을 요청할 수 있는 권리가 첨부된 사채로서 보통사채와 주식옵션의 결합이라고 할 수 있다." 이 설명은 타당한가?

5. 다음 중 신주인수권부사채(Bond with Warrants)의 특징에 해당하지 않는 것은?
   1) 일정기간 내에 미리 정하여진 약정가격으로 사채의 소지자가 발행사 주식의 신주발행을 요청할 수 있는 권리가 첨부된 사채이다.
   2) 만기가 대부분 10년 이상으로 장기적인 자금조달 수단이다.
   3) 신주인수권의 행사로 인하여 추가적인 자금조달이 가능하다.
   4) 주식시장이 하락세일 때는 발행이 힘들다.

6. 다음 중 DR(Depositary Receipts)의 특징에 해당하지 않는 것은?
   1) DR 소지자에게는 각종 공시내용을 통보하지 않아도 된다.
   2) 국내보관기관에 원주를 보관시키고 그것을 담보로 하여 외국의 예탁기관에서

예탁증서를 현지의 투자자에게 발행하는 것이다.
3) 채권과는 달리 처음부터 자기자본 조달이 되므로 재무구조 개선 효과가 있다.
4) 주주의 해외분산으로 기업의 지명도를 높인다.

7. "Sponsored DR(Depositary Receipts)은 특정 외국기업주식에 대한 투자자들의 관심이 고조되어 있다고 판단되는 경우 broker가 은행과 접촉하여 해당기업의 동의 아래 발행하여 발행 및 부수비용을 투자자가 부담한다." 이 설명은 타당한가?

8. 다음 중 Yankee bond 시장의 특징에 해당하지 않는 것은?
1) 우량차입자 중심의 시장이므로 발행에 성공하는 경우 국제적인 지명도가 높아진다.
2) 신용등급평가의 획득이 필요 없다.
3) 일반적으로 발행액이 크므로 대규모 자금의 조달에 효과적이다.
4) 증권규제감독기구의 까다로운 규제를 받는다.

9. 다음 중 변동금리부채권(Floating Rate Note)의 특징에 해당하지 않는 것은?
1) 발행시보다 금리가 계속 상승할 경우 고정금리채보다 자금조달비용이 상승하게 된다.
2) 고금리상황하에서 발행을 하여도 향후 시장금리가 낮아질 경우에는 자금조달비용이 하락하게 된다.
3) 금리는 보통 기준금리에 일정률의 스프레드를 가산하여 결정한다.
4) 단기자금의 조달수단으로 각광을 받고 있다.

10. "Capped FRN이란 이자율의 최고 한도가 정해져있는 변동금리부채권이다." 이 설명은 타당한가?

11. 다음 중 NIF(Note Issuance Facility)의 특징에 해당하지 않는 것은?
1) 금융기관으로 구성된 인수단이 인수하는 조건으로 고정금리시장에서의 자금조달수단의 하나이다.
2) 차입자가 자금소요계획에 따라 단기어음을 계속 발행하여 회전시킬 수 있다.

3) 차입자가 단기어음을 발행하여 시장에서 매각하고 매각되지 않은 부분만 인수자가 책임을 부담한다.
4) 발행자는 금리가 높고 변동이 심할 때는 어음발행을 피하면서 분할발행을 통하여 자금조달비용을 감소시킬 수 있다.

12 "MTN(medium term note)이란 미국 및 유로시장에서의 중장기 자금조달수단의 하나로 발행자가 차입기간과 발행한도 및 유가증권 형태에 관한 프로그램을 설정하고 그 범위 내에서 이자율과 만기가 상이한 어음(note)을 수시로 발행할 수 있는 자금차입수단이다." 타당한가?

13. "CP(Commercial Paper)의 발행방법으로서 직접매출방식(directly-placed)은 발행자가 dealer에게 전액 매출한 후, dealer가 기관투자가에게 판매하여 소화하는 방식으로 일반 회사들이 주로 이용하는 방식이다." 이 설명은 타당한가?

14. 다음 중 유로CP(Euro Commercial Paper)의 특징에 해당하지 않는 것은?
1) 인수약정이 필요 없으므로 여기에 수반된 수수료 부담이 없다.
2) 발행절차가 간편하다.
3) 무담보로 발행되는 단기 약속어음을 말한다.
4) 신용등급평가의 획득이 필수적이다.

15. 다음 중 혁신적 형태의 채권으로서 주가지수 연계형 채권이 아닌 것은?
1) SPIN 2) ASPRIN 3) SPEL 4) Heaven & Hell Bond

16. 다음의 설명 중 (1)과 (2)에 들어갈 내용은 무엇인가?

NIF(note-issuance facility)의 facility는 2개 집단의 금융기관으로 구성되는데 (1)과(와) (2)가(이) 그것이다. 첫 번째 집단에 해당하는 (1)에 속한 금융기관들은 차입자와 인수약정을 체결하고 차입자가 발행한 어음이 시장에서 매각이 여의치 않을 경우에는 이 어음을 인수함으로써 차입자의 자금조달을 보장해 준다. 반면 두 번째 집단은 (2)이라고 부르며 인수약정은 체결하지 않고 단지 차입자가 유로노트를 발행하고자 할 때 조건이 맞으면 매입할 의사가 있다는 사실만을 밝힌 금융기관들로 구성된다.

17. 다음 중 MTN(medium term note)의 특징에 해당하지 않는 것은?
   1) 반드시 금융기관의 인수약정이 있어야 한다.
   2) 만기는 짧게는 9개월부터 길게는 30년에 달하므로 만기가 유로채보다도 더 긴 경우도 있게 된다.
   3) 일시에 거액이 발행되지 않고 적은 금액으로 여러 차례에 걸쳐 발행된다.
   4) 특정 투자자가 원하는 시기에, 원하는 금액으로 그리고 원하는 만기로 발행된다는 점에서 투자자의 요구를 충족시키는 금융수단이라고 할 수 있다.

CHAPTER 12

다국적기업의 자금조달비용

제 1 절 자금조달원의 다각화

다국적기업은 국내에서 내국기업 활동만을 하는 기업에 비하여 필요한 자금을 조달하는 데 있어서 상대적으로 유리한 위치에 있다고 할 수 있다. 즉, 다국적기업은 국내외에 있는 다양한 자금조달원천(sources of financing)을 활용할 수 있으므로 여러 가지 원천으로부터의 자금조달비용을 서로 비교하여 가장 유리한 조건으로 자금조달을 하는 것이 다국적기업 재무관리에 있어서 가장 중요한 과제 중의 하나라고 할 수 있다. 전 세계를 대상으로 기업활동을 하는 다국적기업은 내국기업 활동만을 하는 기업에 비하여 선택가능한 자금조달원천은 다양해지겠지만 환율변동 및 국가간의 상이한 세율 등으로 인하여 복잡한 문제점들에 직면하게 된다.

다국적기업의 해외자회사가 활용할 수 있는 자금조달원천은 크게 나누어 현지자회사의 내부금융에 의한 자금조달, 모회사 또는 다른 해외자회사로부터의 자금조달 즉, 다국적기업 시스템 내부로부터의 자금조달, 그리고 다국적기업 시스템 외부로부터의 외부금융에 의한 자금조달로 나눌 수 있다. 좀더 구체적으로 살펴보면 현지자회사의 내부자금원은 내부유보 및 감가상각 등이 있고 다국적기업 시스템 내부로부터의 자금원은 모회사로부터의 지분투자(equity investment) 또는 사내대여(intracompany loan) 등을 들 수 있으며 다국적기업 시스템 외부로부터의 자금원은 현지국 내에서 현지국 통화로 자금조달을 하거나 현지국의 입장에서 볼 때 국제적 자금조달원천으로부터 제3국 통화로 자금조달을 하는 경우 등을 생각할 수 있다.

제 2 절 자금조달비용산출의 기본적 틀

우선 다국적기업의 해외자회사가 현지국 내에서 현지국 통화로 자금조달을 하는 경우에는 현지자회사의 입장에서 볼 때 환율변동에 따른 원리금상환액의 변동위험이 없으므로 자금조달비용은 간단하게 산출할 수 있다. 단지, 이자비용은 조세감면혜택이 있으므로 세후비용을 산출하기 위하여는 현지자회사의 이익에 적용되는 세율을 고려해 주면 된다.

개발도상국에 위치한 대부분의 현지자회사들은 현지국 자본시장이 별로 발달되어 있지 않기 때문에 현지국 자본시장을 통하여 자금조달을 하는 데는 한계가 있다. 그러므로 다국적기업의 현지자회사는 유로커런시(Eurocurrency) 시장 등의 국제적 자금조달원천을 활용하기도 한다. 이 경우에는 자금조달비용을 산출하는 데 있어서 환율변동에 따른 원리금상환액 변동위험을 반드시 고려해야 한다. 즉, 자금조달시점부터 상환시점까지의 기간 동안 현지국 통화와 조달자금표시통화 간의 환율의 변화를 고려해야 하는데 특히 이러한 환율변화가 원금과 이자에 모두 영향을 미친다는 점을 인식하여 실효자금조달비용을 산출해야 한다.

여기서 한 가지 주의해야 할 점은 위에서 살펴본 두 가지 경우에 있어서 모두 그 자금조달비용이 현지자회사의 입장에서 본 비용이라는 점이다. 그러나 다국적기업이 자금조달원천을 선택함에 있어서 궁극적인 판단기준은 본사입장에서 본 자금조달비용이 되어야 하므로 현지자회사의 입장에서 본 자금조달비용을 본사입장에서 본 자금조달비용으로 전환시켜주어야 한다. 따라서 그러한 전환을 위하여는 자금조달시점부터 상환시점까지의 기간 동안 현지국 통화와 본사국 통화 간의 환율의 변화를 고려해주어야 한다.

한편, 다국적기업의 현지자회사는 본사로부터 사내대여(intracompany loan)의 형태로 자금을 조달하기도 한다. 이 경우에 있어서 현지자회사 입장에서의 자금조달비용 산출방법은 국제적 자금조달원천을 이용하는 경우와 차이가 없지만 본사입장에서의 자금조달비용을 산출하기 위하여는 다음의 두 가지 사항을 더 고려해야 한다 즉, 현지자회사가 본사에 지급하는 이자는 현지자회사 입장에서는 비용이지만 본사입장에서는 수익이므로 자금조달비용을 산출할 때 차감해 주어야 한다. 그리고 이러한 사내대여에 필요한 자금을 본사가 외부로부터 조달했을 경우 그 이자비용도 포함하여 전체 자금조달비용을 산출해야 한다. 특히, 이러한 본사의 현지자회사로부터의 이자수익과 외부로부터의 자금조달비용을 산출할 때 세후수익 및 비용의 형태로 나타내기 위하여는 본사의 소득에 적용되는 세율을 고려해야 한다.

제3절에서는 우선 다양한 자금조달원천간의 자금조달비용을 비교하는 한 가지 방법으로서 손익계산서의 분석을 통하여 본사의 법인세 차감 후 순이익을 살펴보기로 하고, 제4절에서는 환율변동 및 국가간의 상이한 세율 등을 고려한 자금조달비용 산출공식을 소개하여 이 두 가지 방법이 서로 모순이 없음을 확인하고자 한다.

제 3 절 사례분석: Standard사

사 례

미국에 본사를 두고 있는 Standard사의 독일 자회사는 3개월 동안 €2,500,000(또는 자금차입시점에서 이에 상당하는 외화금액)을 차입하려고 계획하고 있었다. 자금차입에 있어서 고려대상이 되는 통화는 현지국 내에서 자금조달을 하는 경우의 Euro화, 국제적인 자금조달원천을 활용하는 경우의 Dollar화, Sterling화 및 Swiss franc화 그리고 마지막으로 미국에 있는 Standard본사(모회사)로부터 사내대여(intracompany loan)의 형태로 자금을 조달하는 경우의 Dollar화 등이었다. 다음의 〈표 12-1〉은 고려대상이 되는 차입통화별 명목이자율을 보여주고 있다. 그리고 〈표 12-2〉는 자금차입시점과 자금상환시점(3개월 후)에 있어서의 각 통화간의 환율을 나타내고 있다.

〈표 12-1〉에서 볼 수 있는 바와 같이 모회사로부터 사내대여의 경우에 적용되는 이자율은 12.00%이나 Standard 본사는 이러한 사내대여에 필요한 자금을 미국 내 단기금

표 12-1 차입통화별 명목이자율(연율표시)

Euro화	6.20%
Dollar화	11.75%
Sterling화	14.125%
Swiss franc화	0.8125%
Dallar화(intracompany loan)	12.00%

표 12-2 자금차입시점과 자금상환시점에 있어서의 각 통화간 환율

	€ /$	SFR/$	$/£	$/€	SFR/€	£/€
자금차입시점	1.90500	1.69175	1.97160	0.52493	0.88806	0.26625
자금상환시점	1.85000	1.62500	1.93500	0.54054	0.87838	0.27935

융시장에서 11.25%에 해당하는 이자를 지급하고 조달하기로 하였다.

한편 독일 자회사는 이익을 100% 전부 모회사로 배당하기로 방침을 세웠으며 배당률이 100%인 경우에 독일의 법인세율은 43.7%이었다. 또한 배당금에 대하여는 15%의 원천세(withholding tax)가 부과되었다. 따라서 독일의 법인세와 원천세를 모두 고려한다면 총세율은 52.145%에 해당한다고 볼 수 있었다.[1] 그리고 미국의 경우 국내원천소득에 대하여 48%의 법인세율이 적용되며 배당금, 이자소득, 로얄티 등의 해외원천소득에 대하여는 최대한 48%의 세금을 부과할 수 있으나 해외세액공제가 있을 경우에는 세율이 더 낮아질 수가 있었다.

환율변동이익 또는 손실은 그것이 원금에 대한 것이든 이자에 대한 것이든 간에 과세대상소득에 추가되거나 또는 과세대상소득으로부터 차감될 수가 있었다. 한편 독일 자회사의 경우 위에서 언급한 차입금에 대한 이자비용의 공제전 세전이익은 다음 3개월 동안의 기간에 있어서 €4,000,000에 달할 것으로 예상되었다. 또한 Standard 본사의 경우에는 독일 자회사로부터의 수익 또는 사내대여와 관련된 자금조달비용을 제외한 세전이익이 다음 3개월간 $6,000,000에 달할 것으로 기대되었다.

---

1) 세전이익 × (1 − 법인세율) × (1 − 원천세율)
= 세전이익 × (1 − 0.437) × (1 − 0.15)
= 세전이익 × (0.47855)
= 세전이익 × (1 − 0.52145)

분 석

표 12-3 손익계산서의 분석을 통한 자금조달비용의 비교

(단위 : 1,000)

1. Euro화

	독일 자회사		미국 본사
	€	$[1]	$
이자비용 및 법인세 차감전 이익	4000.00	2162.16	6000.00
해외원천소득 :			
배당금			+1024.68
이 자			
이자비용	−38.75[2]	−20.95	
환율변동이익 또는 손실(차입원금)			
법인세 차감전 이익	3961.25	2141.22	7024.68
법인세	−1731.07[3]	−935.71	−2880.00[8]
법인세 차감후 순이익	2230.18	1205.50	4144.68
본사로 지급된 배당금	2230.18	1205.50	
배당금에 대한 원천세	−334.53[4]	−180.83	
본사가 받은 순배당금	1895.65	1024.68	
과세대상 해외원천소득		2141.22[5]	
본사국 법인세(미국 법인세율 적용)		1027.79[6]	
해외세액 공제액		1116.54[7]	
초과해외세액 공제액		88.75	

1) 자금상환시점에 있어서의 현지국 통화와 본사국 통화 간의 환율인 € 1.85000/$로 환산한 금액
2) € 2,500(차입원금) × 0.062(이자율) = € 155.00
   € 155.00 ÷ 4 = € 38.75(3개월간의 이자)
3) 독일 법인세율(43.7%)을 적용
4) 독일 원천세율(15%)을 적용
5) 간접해외세액공제방식을 적용할 경우 과세대상 해외원천소득은 본사로 지급된 배당금이 아니라 법인세 차감전 이익이 된다.
6) 과세대상 해외원천소득에 미국 법인세율(48%)을 곱하여 얻는다.
7) 현지국 정부에 지급한 법인세 및 배당금에 대한 원천세의 합계액에 해당하는 세액공제를 허용
8) 독일 자회사로부터의 배당소득을 포함하지 않은 본사의 세전이익 $6000.00에 미국 법인세율 48%를 곱하여 얻은 금액임. 즉, 6,000.00 × 0.48 = $2,880.00 독일 자회사로부터의 해외원천소득에 대한 세금계산은 별도로 해주고 있으며 주 6) 및 주 7)에서 볼 수 있는 바와 같이 본사국 법인세액보다 해외세액공제액이 더 크므로 초과해외세액 공제액이 발생함.

2. Dollar화

	독일 자회사		미국 본사
	€	$[1]	$
이자비용 및 법인세 차감전 이익			
	4000.00	2162.16	6000.00
해외원천소득 :			
배당금			+1034.93
이 자			
이자비용	−71.32[9]	−38.55	
환율변동이익 또는 손실(차입원금)			
	+72.18[10]	+39.02	
법인세 차감전 이익	4000.86	2162.63	7034.93
법인세	−1748.38[3]	−945.07	−2880.00[8]
법인세 차감후 순이익	2252.48	1217.56	4154.93
본사로 지급된 배당금	2252.48	1217.56	
배당금에 대한 원천세	−337.87[4]	−182.63	
본사가 받은 순배당금	1914.61	1034.93	
과세대상 해외원천소득		2162.63[5]	
본사국 법인세(미국 법인세율 적용)			
		1038.06[6]	
해외세액 공제액		1127.70[7]	
초과해외세액 공제액		89.63	

9) 자금차입시점의 현지국 통화와 조달자금표시 통화 간의 환율을 적용하여 Dollar화 차입의 경우 차입원금을 산출하면
€ 2,500 ÷ (€ 1.90500 / $) = $1,312.335
$1,312.335(차입원금) × 0.1175(이자율) = $154.2
$154.2 ÷ 4 = $38.55(3개월간의 이자)
자금상환시점의 현지국 통화와 조달자금표시 통화 간의 환율을 적용하여 3개월간의 이자를 € 로 표시하면
$38.55 × (€ 1.85000 / $) = € 71.32

10) 차입원금 $1,312.335는 자금상환시점의 현지국 통화와 조달자금표시 통화 간의 환율을 적용하면 $1,312.335 × (€ 1.85000 / $) = € 2,427.82
자금차입시점에 있어서 € 으로 표시한 차입원금은 € 2,500인 반면 상환해야 할 금액은 € 2,427.82이므로
환율변동이익은 € 2,500 − € 2,427.82 = € 72.18

3. Sterling화

	독일 자회사		미국 본사
	€	$[1]	$
이자비용 및 법인세 차감전 이익	4000.00	2162.16	6000.00
해외원천소득 :			
배당금			+1043.26
이 자			
이자비용	−84.14[11]	−45.48	
환율변동이익 또는 손실(차입원금)	+117.25[12]	+63.38	
법인세 차감전 이익	4033.11	2180.06	7043.26
법인세	−1762.47[3]	−952.69	−2880.00[8]
법인세 차감후 순이익	2270.64	1227.37	4163.26
본사로 지급된 배당금	2270.64	1227.37	
배당금에 대한 원천세	−340.60[4]	−184.11	
본사가 받은 순배당금	1930.04	1043.26	
과세대상 해외원천소득		2180.06[5]	
본사국 법인세(미국 법인세율 적용)		1046.43[6]	
해외세액 공제액		1136.80[7]	
초과해외세액 공제액		90.37	

11) 자금차입시점의 현지국 통화와 조달자금표시 통화 간의 환율을 적용하여 Sterling화 차입의 경우 차입원금을 산출하면
€ 2,500 × (£0.26625 / €) = £665.625
£665.625(차입원금) × 0.14125(이자율) = 94.0195
£94.0195 ÷ 4 = £23.5049(3개월간의 이자)
자금상환시점의 현지국 통화와 조달자금표시통화 간의 환율을 적용하여 3개월간의 이자를 € 로 표시하면
£23.5049 ÷ (£0.27935 / €) = € 84.14

12) 차입원금 £665.625는 자금상환시점의 현지국통화와 조달자금표시통화 간의 환율을 적용하면
£665.625 ÷ (£0.27935 / €) = € 2382.75
자금차입시점에 있어서 € 로 표시한 차입원금은 € 2,500인 반면 상환해야 할 금액은 € 2382.75이므로 환율변동이익은
€ 2,500 − € 2,382.75 = € 117.25

4. Swiss franc화

	독일 자회사		미국 본사
	€	$[1)]	$
이자비용 및 법인세 차감전 이익	4000.00	2162.16	6000.00
해외원천소득 :			
배당금			+1026.25
이 자			
이자비용	−5.13[13)]	−2.77	
환율변동이익 또는 손실(차입원금)	−27.55[14)]	−14.88	
법인세 차감전 이익	3967.32	2144.50	7026.25
법인세	−1733.72[3)]	−937.15	−2880.00[8)]
법인세 차감후 순이익	2233.60	1207.35	4146.25
본사로 지급된 배당금	2233.60	1207.35	
배당금에 대한 원천세	−335.04[4)]	−181.10	
본사가 받은 순배당금	1898.56	1026.25	
과세대상 해외원천소득		2144.50[5)]	
본사국 법인세(미국 법인세율 적용)		1029.36[6)]	
해외세액 공제액		1118.25[7)]	
초과해외세액 공제액		88.89	

13) 자금차입시점의 현지국 통화와 조달자금표시 통화 간의 환율을 적용하여 Swiss franc화 차입의 경우 차입원금을 산출하면
€ 2,500 × (SFR 0.88806 / €) = SFR 2,220.15
SFR 2,220.15(차입원금)×0.008125(이자율) = SFR 18.0387
SFR 18.0387 ÷ 4 = SFR 4.5097(3개월간의 이자)
자금상환시점의 현지국 통화와 조달자금표시 통화 간의 환율을 적용하여 3개월간의 이자를 €로 표시하면
SFR 4.5097 ÷ (SFR 0.87838 / €) = € 5.13

14) 차입원금 SFR 2,220.15는 자금상환시점의 현지국 통화와 조달자금표시 통화 간의 환율을 적용하면 SFR 2,220.15 ÷ (SFR 0.87838 / €) = € 2,527.55
따라서 자금차입시점에 있어서 € 으로 표시한 차입원금은 € 2,500인 반면 상환해야 할 금액은 € 2,527.55이므로
환율변동손실은 € 2,527.55 − € 2,500 = € 27.55

15) 자금차입시점의 현지국 통화와 조달자금표시 통화 간의 환율을 적용하여 intracompany dollar화 차입의 경우 차입원금을 산출하면 € 2,500 ÷ (€ 1.90500 / $) = $1,312.335.
$1,312.335(차입원금) × 0.12(이자율) = $157.48
$157.48 ÷ 4 = $39.37(3개월간의 이자)
자금상환시점의 현지국 통화와 조달자금표시 통화 간의 환율을 적용하여 3개월 간의 이자를 €으로 표시하면 $39.37 × (€ 1.85000 / $) = € 72.83

5. Intracompany(Dollar화)

	독일 자회사		미국 본사
	€	$[1)]	$
이자비용 및 법인세 차감전 이익	4000.00	2162.16	6000.00
해외원천소득 :			
배당금			+1034.54
이 자			+39.37
이자비용	−72.83[15)]	−39.37	−36.91[18)]
환율변동이익 또는 손실(차입원금)	+72.18[16)]	+39.02	
법인세 차감전 이익	3999.35	2161.81	7037.00
법인세	−1747.72[3)]	−944.71	−2862.28[19)]
법인세 차감후 순이익	2551.63	1217.10	4174.72
본사로 지급된 배당금	2551.63	1217.10	
배당금에 대한 원천세	−337.74[4)]	−182.56	
본사가 받은 순배당금	1913.89	1034.54	
과세대상 해외원천소득		2201.18[17)]	
본사국 법인세(미국 법인세율 적용)		1056.57[6)]	
해외세액 공제액		1127.27[7)]	
초과해외세액 공제액		70.70	

16) 차입원금 $1,312.335는 자금상환시점의 현지국통화와 조달자금표시통화 간의 환율을 적용하면 $1,3112.335 × (€ 1.85000 / $) = € 2,427.82. 자금차입시점에 있어서 € 으로 표시한 차입원금은 € 2,500인 반면 상환해야 할 금액은 € 2,427.82이므로 환율변동이익은 € 2,500 − € 2,427.82 = € 72.18

17) 사내대여의 경우 세금계산을 위한 과세대상 해외원천소득은 두 가지로 구성되어 있다. 한 가지는 배당소득으로 간접해외세액공제방식을 적용할 경우 배당금이 아니라 법인세 차감전 이익($2161.81)이 되며 다른 한 가지는 이자소득으로서 본사가 자회사로부터 받은 이자수익($39.37)이 된다. 그러므로 과세대상 해외원천소득은 $2,161.81 + $39.37 = $2,201.18가 된다.

18) 사내대여에 필요한 자금을 미국 내 단기금융시장에서 조달하는 데 따르는 이자비용 즉, $1,312.335(차입원금) × 0.1125 ÷ 4 = $36.91

19) 독일자회사로부터의 배당소득 및 이자소득을 포함하지 않은 본사의 세전이익 $6,000.00로부터 사내대여에 필요한 자금을 미국 내 시장에서 조달하는 데 따르는 이자비용 $36.91을 차감한 금액 즉, $6,000.00 − $36.91 = $5,963.09에 미국법인세율 48%를 곱하여 얻은 금액임. 독일 자회사로부터의 해외원천소득에 대한 세금계산은 별도로 해주고 있음.

제 4 절 자금조달비용의 산출공식

이제 위에서 살펴본 5가지 자금조달원천의 자금조달비용을 실제로 산출해 보기로 한다.

1. 자회사가 현지국 내에서 현지국 통화로 자금을 차입할 경우

$$K_1 = R_1 \cdot (1 - t_s) \cdot \frac{e_1'}{e_0'}$$

여기서

K_1 = 자회사가 현지국 통화로 차입할 경우의 실효차입비용

R_1 = 자회사가 현지국 통화로 차입할 경우의 이자율

t_s = 현지자회사의 이익에 적용해야 하는 세율(이 세율은 본사국 세율과 현지국 세율 중에서 더 큰 쪽이 된다)

e_0', e_1' = 자금조달시점(0)과 자금상환시점(1)의 현지국 통화와 본사국 통화 간의 환율(현지국 통화 1단위에 대한 본사국 통화의 단위수로 표시)

$$K_1 = \left(\frac{0.062}{4}\right) \cdot (1 - 0.52145) \cdot \frac{0.54054}{0.52493}$$

$$= 0.007638(0.7638\%)$$

즉, 3.055%(연율)

다국적기업의 해외자회사가 현지국 내에서 현지국 통화로 자금을 차입하는 경우에는 현지자회사의 입장에서 볼 때 환율변동에 따른 원리금 상환액의 변동이 없으므로 자금조달비용은 간단하게 산출할 수 있다. 단지, 이자비용은 조세감면혜택이 있으므로 현지자회사의 이익에 적용되는 세율을 고려하여 세후비용을 산출하면 된다. 즉, 위의 공식에서 $R_1 \cdot (1 - t_s)$부분이 현지자회사의 입장에서 본 세후 자금조달비용이 된다. 그러나 궁극적인 판단기준은 본사 입장에서 본 자금조달비용이 되어야 하므로 현지자회사의 입장에서 본 자금 조

달비용을 본사입장에서 본 자금조달비용으로 전환시켜 주어야 한다. 따라서 그러한 전환을 위하여는 자금조달시점부터 상환시점까지의 기간 동안 현지국 통화와 본사국 통화 간의 환율의 변화를 고려해 주어야 하는데 위의 공식에서 마지막 부분에 해당하는 $\frac{e_1'}{e_0'}$이 그러한 환율의 변화를 고려하고 있다.

이 경우에는 현지국(독일)의 세율이 더 크므로 현지자회사의 이익에 적용해야 하는 세율 t_s의 값은 독일의 총세율이 된다. 그러나 만약 현지국의 세율이 본사국의 세율보다 더 작은 경우에는 t_s의 값은 본사국의 세율이 된다. 왜냐하면 해외원천소득에 대하여 현지국에서 낮은 세율로 인하여 세금을 적게 낸다고 하더라도 본사국에서는 본사국 세율을 적용하여 그 차액을 내야하기 때문이다.

2. 자회사가 국제적인 자금조달원천으로부터 차입할 경우

$$K_f = [(1 + R_f) \cdot \frac{e_0}{e_1} - 1] \cdot (1 - t_s) \cdot \frac{e_1'}{e_0'}$$

여기서

K_f = 자회사가 제3국 통화로 차입할 경우의 실효차입비용

R_f = 자회사가 제3국 통화로 차입할 경우의 이자율

t_s = 현지자회사의 이익에 적용해야 하는 세율(이 세율은 본사국 세율과 현지국 세율 중에서 더 큰 쪽이 된다)

e_0, e_1 = 자금조달시점(0)과 자금상환시점(1)의 현지국 통화와 조달자금표시 통화 간의 환율(현지국 통화 1단위에 대한 조달자금표시 통화의 단위수로 표시)

e_0', e_1' = 자금조달시점(0)과 자금상환시점(1)의 현지국 통화와 본사국 통화간의 환율(현지국 통화 1단위에 대한 본사국 통화의 단위수로 표시)

다국적기업의 해외자회사가 국제적인 자금조달원천으로부터 자급차입을 할 경우에는 자금조달비용을 산출하는 데 있어서 환율변동에 따른 원리금 상환액 변동위험을 반드시 고려해야 한다. 즉, 자금조달 시점부터 상환시점까지의 기간동안 현지국 통화와 조달자금표시 통화간의 환율의 변화를 고려해야 하는데 이러한 환율 변화가 원금과 이자에 모두 영향을 미친다는 점을 인식하여 자금

조달비용을 산출해야 한다. 위의 공식에서 $[(1 + R_f) \cdot \frac{e_0}{e_1} - 1]$부분이 그러한 환율변화를 고려한 자금조달비용을 나타내며 이것을 세후비용으로 표현하기 위해서 $(1 - t_s)$를 곱해준 것이다. 여기까지는 현지자회회사의 입장에서 본 세후자금조달비용이다. 이제 현지자회사의 입장에서 본 자금조달비용을 본사 입장에서 본 자금조달비용으로 전환시키기 위하여 자금조달시점부터 상환시점까지의 기간 동안 현지국 통화와 본사국 통화 간의 환율의 변화를 고려해야 하는데 위의 공식의 마지막 부분에 해당하는 $\frac{e_1'}{e_0'}$이 그러한 환율의 변화를 고려하고 있다.

1) Dallar화로 차입하는 경우

$$K_f = \left[\left(1 + \frac{0.1175}{4}\right) \cdot \frac{0.52493}{0.54054} - 1\right] \cdot (1 - 0.52145) \cdot \frac{0.54054}{0.52493}$$

$$= -0.00018188(-0.018188\%)$$

즉, -0.0728%(연율)

2) Sterling화로 차입하는 경우

$$K_f = \left[\left(1 + \frac{0.14125}{4}\right) \cdot \frac{0.26625}{0.27935} - 1\right] \cdot (1 - 0.52145) \cdot \frac{0.54054}{0.52493}$$

$$= -0.006527(-0.6527\%)$$

즉, -2.61%(연율)

3) Swiss fanc화로 차입하는 경우

$$K_f = \left[\left(1 + \frac{0.008125}{4}\right) \cdot \frac{0.88806}{0.87838} - 1\right] \cdot (1 - 0.52145) \cdot \frac{0.54054}{0.52493}$$

$$= 0.006442(0.6442\%)$$

즉, 2.58%(연율)

3. 본사로부터 사내대여의 형태로 자금을 차입할 경우

$$K_i = \left[(1+R_i)\cdot\frac{e_0}{e_1} - 1\right]\cdot(1-t_s)\cdot\frac{e_1'}{e_0'} - R_i(1-t_f) + R_p(1-t_p)$$

여기서

K_i = 사내대여의 경우 실효자금조달비용

R_i = 본사로부터 사내대여의 형태로 자금조달시 이자율

R_p = 본사가 기업외부로부터 자금을 조달할 경우의 이자율

t_s = 현지자회사의 이익에 적용해야 하는 세율(이 세율은 본사국 세율과 현지국 세율 중에서 더 큰 쪽이 된다)

t_p = 본사의 국내원천소득에 적용되는 세율

t_f = 본사의 해외원천이자소득에 적용되는 실효세율(이 세율은 초과해외세액공제액의 존재여부에 따라 0에서부터 t_p까지의 값을 가지게 된다)

e_0, e_1 = 자금조달시점(0)과 자금상환시점(1)의 현지국 통화와 조달자금표시통화 간의 환율(현지국 통화 1단위에 대한 조달자금표시 통화의 단위수로 표시)

e_0', e_1' = 자금조달시점(0)과 자금상환시점(1)의 현지국 통화와 본사국 통화 간의 환율(현지국 통화 1단위에 대한 본사국 통화의 단위수로 표시)

$$K_f = \left[\left(1+\frac{0.12}{4}\right)\cdot\frac{0.52493}{0.54054} - 1\right]\cdot(1-0.52145)\cdot\frac{0.54054}{0.52493}$$

$$-\frac{0.12}{4}(1-0) + \frac{0.1125}{4}(1-0.48)$$

$$= -0.01525(-1.525\%)$$

즉, −6.10%(연율)

다국적기업의 해외자회사가 본사로부터 사내대여의 형태로 자금을 차입할 경우에는 일단 현지자회사가 현지국 내에서 현지국 통화로 자금을 차입하는 것이 아니고 국제적인 자금조달원천으로 자금 차입을 한다는 점에서 바로 앞에서 사용한 국제적인 자금조달원천으로부터 차입할 경우와 동일한 공식을 사용할 수 있다. 그러나 본사 입장에서의 최종적인 자금조달비용을 산출하기 위해서는 다음의 두 가지 사항을 더 고려해야 한다. 첫째, 현지자회사가 본사에 지급하는 이자는 현지자회사의 입장에서는 비용이지만 본사입장에서는 수익이므로 자금조달비용을 산출할 때 차감해 주어야 한다. 이것을 세후수익의 형

태로 나타낸 것이 위의 공식에서 $R_i(1-t_f)$ 부분에 해당하며 여기서 t_f는 본사의 해외원천 이자소득에 적용되는 실효세율이 된다. 둘째, 본사가 이러한 사내대여에 필요한 자금을 외부로부터 조달했을 경우 그 이자비용도 포함하여 전체 자금조달비용을 산출해야 하는데 이러한 외부로부터의 자금조달비용을 세후비용의 형태로 나타낸 것이 위의 공식에서 $R_p(1-t_p)$ 부분에 해당하고 여기서 t_p는 본사의 국내원천소득에 적용되는 세율이 된다.

이 경우에는 현지국(독일)의 세율이 본사국(미국)의 세율보다 높으므로 현지국에서 납부한 세액 중 본사국 세율을 적용하여 산출된 세액을 초과하여 납부한 세액은 본사국에서 공제를 받지 못하고 따라서 초과해외세액공제액이 발생하게 된다. 이와 같이 충분한 초과해외세액 공제액이 존재하는 경우에는 본사는 자회사로부터 받은 이자수익에 대하여 세금을 내지 않게 되고 본사의 해외원천이자소득에 적용되는 실효세율 t_f의 값은 0이 된다.

제 5 절 평가 및 시사점

이제 5가지 자금조달원천을 자금조달비용이 저렴한 순서로 나열하여 보면 다음과 같음을 알 수 있다.

	실효자금조달비용	본사의 법인세 차감후 순이익
Intracompany Dollar화 차입	−6.10%	$4,174,720
Sterling화 차입	−2.61%	$4,163,260
Dollar화 차입	−0.0728%	$4,154,930
Swiss franc화 차입	2.58%	$4,146,250
Euro화 차입	3.055%	$4,144,680

그리고 이 순서는 앞에서 산출한 바 있는 미국본사의 최종적인 법인세 차감후 순이익의 크기에 따라 자금조달원천을 나열할 경우의 순서와 일치함을 우리는 쉽게 확인할 수 있다.

그러나 이 순서는 〈표 12-1〉에서 볼 수 있는 차입통화별 명목이자율의 크기에 따른 순서와는 판이하게 다름을 알 수 있다. 예를 들어, Swiss franc화 차입과 Euro화 차입의 명목이자율이 5가지 자금조달원 중에서 가장 낮음에도 불구하고 실효자금조달비용이 가장 높게 나타난 것은 특기할 만하다고 볼 수 있다. 즉, Swiss franc과 Euro가 자금차입시점으로부터 자금상환시점까지의 기간 동안에 강세를 보임으로써 이들 통화의 경우 명목이자율이 낮음에도 불구하고 환율변동을 고려한 실효자금조달비용은 매우 높게 나타난 것이다. 반면에 Sterling화 차입은 명목이자율이 가장 높음에도 불구하고 £화가 이 기간중에 약세를 보여 실효자금조달비용은 두번째로 저렴하게 나타나게 되었다.

한편 사내대여의 경우에는 명목이자율이 두번째로 높음에도 불구하고 실효자금조달비용은 가장 저렴한 것으로 나타났는데 이것은 주로 현지국과 본사국 간의 세율의 차이에 기인한다고 할 수 있다. 즉, 현지자회사의 이자비용은 현지국의 세율이 높으므로 세후이자비용은 상당히 낮아지는 반면, 본사의 자회사로부터의 이자수익은 본사국의 세율이 낮으므로 세후이자수익은 비교적 높은 수준을 유지할 수 있기 때문이다. 그러므로 이러한 현지국과 본사국 간의 세율의 차이에 의한 자금조달비용의 감소효과를 크게 하기 위하여는 사내대여 형태로 자금조달시 명목이자율을 높게 책정하는 것이 유리할 것이다. 특히, 본사가 초과해외세액 공제액을 많이 확보하고 있을수록 본사의 해외원천소득에 적용되는 실효세율 t_f의 값을 낮출 수 있어 본사의 세후이자수익이 덜 낮아지고 따라서 실효자금조달비용의 감소효과는 더욱 크게 나타날 것이다.

마지막으로 사내대여의 형태로 자금을 차입할 경우에 사용한 자금조달비용의 산출공식으로부터 우리는 중요한 시사점을 얻을 수 있다. 즉,

$$K_i = \left[(1 + R_i) \cdot \frac{e_0}{e_1} - 1\right] \cdot (1 - t_s) \cdot \frac{e_1'}{e_0'} - R_i(1 - t_f) + R_p(1 - t_p)$$

위의 식에서 만약 자금조달시점부터 상환시점까지의 기간 동안 현지국 통화와 조달자금표시 통화 간의 환율 및 현지국 통화와 본사국 통화 간의 환율변화가 전혀 없다면, $e_0 = e_1$ 및 $e_0' = e_1'$ 이 되므로 위의 식은 다음과 같이 다시 쓸 수 있다.

$$K_i = R_i(1 - t_s) - R_i(1 - t_f) + R_p(1 - t_p)$$

한편 위의 식에서 만약 현지국 세율과 본사국 세율 간의 차이가 존재하지 않고 또한 본사의 경우 초과해외세액 공제액이 없는 경우에는 $t_s = t_p = t_f$가 되므로 위의 식은 다음과 같이 다시 쓸 수 있다.

$$K_i = R_p(1 - t_p)$$

즉, 사내대여의 형태로 자금차입할 경우에 사용한 복잡한 자금조달비용 산출공식은 환율의 변화가 없고 국가간의 세율의 차이가 없다면 위와 같은 간단한 식으로 바뀌게 된다. 위의 식은 사내대여의 경우 자금조달비용이 본사가 기업외부로부터 자금을 조달할 때의 이자율 R_p의 세후비용이 됨을 보여주고 있다. 다시 말하자면, 환율의 변화와 국가간의 세율의 차이로 인하여 사내대여의 경우 자금조달비용 산출공식이 복잡하게 표현되지만 이러한 환율변동과 세율차이를 고려하지 않는다면 다국적기업의 자금조달비용은 궁극적으로 다국적기업 시스템 외부로부터 자금조달을 할 때의 세후이자비용이 된다는 것을 의미한다.

제 6 절 다국적기업의 재무구조

이상으로 다국적기업의 자금조달원천의 다각화에 따른 자금조달비용의 비교방법에 대하여 살펴보았다. 그러나 무엇보다도 중요한 것은 이러한 국제재무활동을 함에 있어서 본사의 입장에서 판단하는 시각을 정립하는 것이다. 즉, 현지자회사들의 재무활동을 평가함에 있어서 그러한 재무활동이 현지자회사에 미치는 영향보다는 본사와 현지 자회사들을 합친 다국적기업 시스템 전체에 어떠한 영향을 미치는가 하는 것이 궁극적인 판단기준이 되어야 한다. 예를 들어, 해외자회사가 높은 부채비율을 가지는 경우 현지국에서는 그러한 부채비율이 비록 적정한 것으로 용인된다고 할지라도 다국적기업 시스템 전체의 부채비율을 본사국의 기준으로 볼 때는 적정수준 이상으로 높게 만들 수가 있다. 실제로 현지자회사들이 자금조달을 하려고 할 경우 금융기관들이 자금제공여부를 결정하는 데 있어서 현지자회사의 재무구조보다는 다국적기업 시스템 전체 재무구조가 건전한가를 더욱 중시한다는 사실은 이러한 본사중심의 시각정립이 타당하다는 것을 입증해주고 있다고 할 수 있다.

다국적기업이 최적의 범세계적 재무구조를 달성하는 데 있어서 가장 중요한 것 중의 하나는 부채와 자기자본 사이의 적절한 균형을 확보하여 평균자본비용을 최소화시킬 수 있게 하는 것이다. 기업의 재무구조에 있어서 자기자본과는 달리 부채는 조세감면혜택이 있으므로 부채비율이 일정한 수준에 도달하기 전까지는 부채의 증가는 가중평균자본비용의 감소를 가져오지만 부채가 어느 이상 증가하게 되면 확정적인 원리금 상환의무의 이행여부에 대한 위험이 인식되면서 자금제공자가 높은 수익률을 요구하게 되며 가중평균자본비용은 급격히 증가하게 된다. 그러므로 가중평균자본비용을 나타내는 곡선은 부채비율이 증가함에 따라 U자모양을 이루게 되며 이 곡선의 최저점은 일반적으로 부채비율(debt to total capital ratio)이 30%에서 60% 사이의 수준에서 나타나지만 구체적으로는 기업이 속한 산업과 국가에 따라서 다르다고 하는 것은 이미 잘 알려져 있는 바이다. 그러나 다국적기업의 경우에는 다음의 2가지 점을 추가적으로 고려해야 한다.

첫째, 다국적기업은 해외의 값싼 자금조달원천에 쉽게 접근할 수 있기 때문에 국내기업에 비하여 보다 저렴한 비용으로 자금조달이 가능하며 또한 상당한 액수의 자금을 새로이 조달하려고 할 때 국내자본시장에만 의존하는 경우와는 달리 부채와 자기자본과의 적절한 균형을 계속 유지할 수 있게 된다. 즉, 국내자본시장의 유동성이 충분하지 못한 경우 국내기업이 많은 금액의 자금조달을 하게 되면 부채와 자기자본과의 적절한 균형을 유지하지 못하고 부채쪽에 치우친 자본구조를 갖게 됨에 따라 자본조달에 있어서 한계비용이 증가하게 된다. 반면에, 다국적기업은 유동성이 풍부한 해외자본시장을 활용할 수 있으므로 부채와 자기자본과의 적절한 균형을 계속 유지할 수 있게 되어 상당한 금액의 자금을 새로이 조달하는 경우에도 한계비용이 쉽사리 증가하지 않는다.

둘째, 국내기업에 비해 다국적기업은 더 높은 부채비율을 감당할 수가 있게 된다는 주장이 있다. 그 이유는 다국적기업의 현금흐름이 국제적으로 분산되어 있으므로 개별현금흐름의 변동이 서로 상쇄되는 효과가 나타나 현금흐름 전체의 변동성이 감소되고 따라서 고정적인 원리금상환의무를 여러 가지 여건하에서 덜 위험하게 이행해 나갈 수 있기 때문이라는 것이다. 그러나 다국적기업의 경우 현금흐름의 국제적 분산에도 불구하고 파산위험은 국내기업과 비슷한 수준이며 오히려 다국적기업은 정치적 위험, 시장의 불완전성 및 국제영업의 복잡성 등으로 인하여 부채의 대리인비용(agency cost)이 더 높게 나타나 국내기업에 비해 더 낮은 부채비율을 가지게 된다는 주장도 강하게 제기되고 있다.

연·습·문·제

EXERCISES

〈문제 1번부터 2번까지는 다음의 상황을 읽고 답하시오〉

상 황

스위스의 베링거사는 현재 SF2,000,000 또는 이에 상당하는 외화금액을 차입하고 이 자금을 앞으로 6개월 동안 스위스에서 Swiss franc화로 활용한 후 6개월 후에 상환하고자 한다. 현재 스위스 국내금융시장에서 자금조달을 하는 경우 Swiss franc화의 차입이자율은 2.50%(연율)이고 유로달러시장을 통하여 자금조달을 하는 경우에는 차입이자율이 5.55%(연율), 유로엔화로 자금조달을 하는 경우에는 차입이자율이 1.35%(연율)이다. 다음과 같은 환율을 가정하고 세금은 무시하기로 한다.

	\$/SF	YEN/SF
자금차입시점(현재)	\$0.5476/SF	YEN62.9080/SF
자금상환시점(6개월 후)	\$0.5555/SF	YEN61.9730/SF

1. 베링거사가 유로달러로 자금차입을 하는 경우 환율변동까지 고려한 자금차입비용을 연율로 표시하면 얼마가 되는가?

   1) 2.63% 2) 1.32% 3) 5.26% 4) −5.26%

2. 베링거사가 유로엔화로 자금차입을 하는 경우 환율변동까지 고려한 자금차입비용을 연율로 표시하면 얼마가 되는가?

   1) −4.39% 2) 2.19% 3) 4.39% 4) 8.78%

〈문제 3번은 다음의 상황을 읽고 답하시오〉

상 황

미국에 본사를 두고 있는 Standard Electronics사의 독일 자회사는 필요한 운전자금을 확보하기 위하여 6개월 동안 €2,000,000에 해당하는 자금을 차입하려고 계획하고 있다. 자금을 차입함에 있어서 고려대상이 되는 통화는 현지국내에서 자금을 조달하는 경우의 유로화, 국제적인 자금조달원천을 활용하는 경우의 Euro yen화, 미국의 본사로부터 사내대여(intracompany loan)의 형태로 자금조달을 하는 경우의 달러화 등이다. 특히 사내대여의 경우에 적용되는 이자율은 16%이지만 이러한 사내대여에 필요한 자금을 본사가 미국내 단기금융시장에서 조달하는 경우의 이자율은 15%이다. 다음과 같은 이자율, 환율 및 세율에 관한 자료를 활용할 것.

이자율

(a) 유로화 이자율(독일 금융시장) : 13.75%(연율)
(b) Euro yen화 이자율(국제금융시장) : 8.50%(연율)
(c) 사내대여 달러화 이자율 : 16.00%(연율)
(본사의 자금조달 이자율 : 15%)

세율 : (i) 미국 법인세율: 48%, 독일 법인세율: 52%
(ii) 모든 비용들은 조세감면혜택이 있음.

환율(미국 달러화 1단위에 대한 외국 통화의 단위수로 표시)

	€/$	YEN/$
현물환율	2.2220	215.85
선도환율(6개월)	2.1937	209.30

3. 각각의 자금조달방법에 대하여 본사 입장에서의 실효 차입비용을 산출하시오.

Part 6

국제투자

CHAPTER 13 국제분산투자

제 1 절 국제분산투자의 효과

통합된 세계자본시장을 대상으로 하는 투자자는 포트폴리오의 선택을 국내주식에만 한정시킬 필요는 없다. 왜냐하면 투자자는 포트폴리오 내에서 외국주식과 국내주식을 결합시키는 것이 가능하기 때문이다. 사실 점차적인 국제자본시장의 통합추세는 포트폴리오 투자에 관한 의사결정뿐만 아니라 자본자산가격과 기업의 투자 및 자금조달에 관한 의사결정 등 중요한 문제들에 대하여 광범위한 시사점을 가지고 있다.

국제적으로 잘 분산된 포트폴리오는 순수한 국내포트폴리오보다 상당히 위험도가 낮다. 위험회피형 투자자들은 위험을 감소시키기 위해 단일 혹은 소수의 증권보다는 잘 분산된 포트폴리오를 보유하려 할 것이다. 그러나 분산투자로 인해 감소되는 위험의 정도는 포트폴리오에 포함된 증권들 간의 상관관계에 의해 결정적으로 좌우된다. 즉, 개별증권들 간의 상관관계가 낮으면 낮을수록 포트폴리오 전체의 위험도가 낮게 된다.

이해를 돕기 위하여 2개의 주식으로 구성된 포트폴리오를 고려해 보기로 한다. 만약 이들 주식에 대한 수익이 서로 높은 正의 상관관계를 가지고 있어 서로가 같이 상승하거나 또는 같이 하락하게 된다면 이들을 보유함으로 인한 위험감소의 가능성은 매우 낮을 것이다. 반면에 만약 이 두 주식의 수익이 서로가 상관관계를 가지고 있지 않다면 위험감소의 정도는 매우 클 것이므로 포트폴리오 전체의 위험은 어느 한 주식만을 보유하는 경우보다 낮게 될 것이다. 이것은 만약 증권수익이 한 국가 내에서보다 서로 다른 국가간에 더 낮은 正의 상관관계를 나타낸다면 우리는 국제분산투자를 함으로써 위험의 감소라는 혜택을 기대할 수 있다는 것을 의미한다.

투자자가 자신의 포트폴리오 내에서 증권의 수를 점차 증가시켜 나가면 포트폴리오 전체의 위험은 처음에는 급속히 감소하다가 점차 시장의 체계적 위험에 접근하게 된다. 체계적 위험(systematic risk)은 특정 경제에서 분산투자에 의하여도 제거시킬 수 없는 위험의 수준을 말한다. 즉, 포트폴리오의 위험은 분산투자로써 제거시킬 수 있는 위험과 제거시킬 수 없는 위험으로 나눌 수 있는데 포트폴리오를 구성함으로써 제거할 수 있는 위험을 비체계적 위험(unsystematic risk)이라 하고 아무리 많은 증권으로 포트폴리오를 구성하더라도 더 이상 제거되지 않고 남게 되는 위험을 체계적 위험(systematic risk) 또는 시장위험(market risk)이라고 한다.

비체계적 위험은 특정 기업이나 산업에 국한하여 발생되는 요인 즉, 경영성과, 신제품 개발, 광고활동, R&D 활동 등으로 인하여 발생하는 위험이다. 그런데 이러한 요인들은 모든 기업에게 동일하게 영향을 미치는 것이 아니므로 어느 특정 기업이나 산업에 불리한 영향을 미치는 요인으로 인해 발생되는 손실의 가능성은 다른 기업이나 산업에 유리한 영향을 미치는 요인으로 인한 이익의 가능성으로 상쇄시킬 수 있으므로 비체계적 위험은 분산투자로써 제거시킬 수 있게 된다. 한편 체계적 위험은 전쟁, 인플레이션, 이자율의 변화, 경기변동 등과 같은 한 나라의 경제 또는 시장전체에 영향을 미칠 수 있는 요인으로 인하여 발생하는 위험이다. 따라서 이러한 요인들은 거의 모든 증권에 공통적으로 영향을 미치기 때문에 체계적 위험은 분산투자를 하여도 제거되지 않는다.

[그림 13-1](a)는 미국 국내에서의 분산투자에 의한 비체계적 위험의 감소효과를 나타내고 있다. 이 그림은 충분히 분산된 미국의 포트폴리오는 그 위험수준이 미국에서 전형적인 개별주식이 가지는 위험수준의 약 27%에 불과하다는 것을 보여주고 있다. 이것은 다시 말해 충분히 분산된 미국의 포트폴리오에서는 단일주식에 투자할 경우 발생가능한 위험의 약 73%를 제거시킬 수 있다는 것을 의미한다.

그림 13-1 분산투자를 통한 위험감소

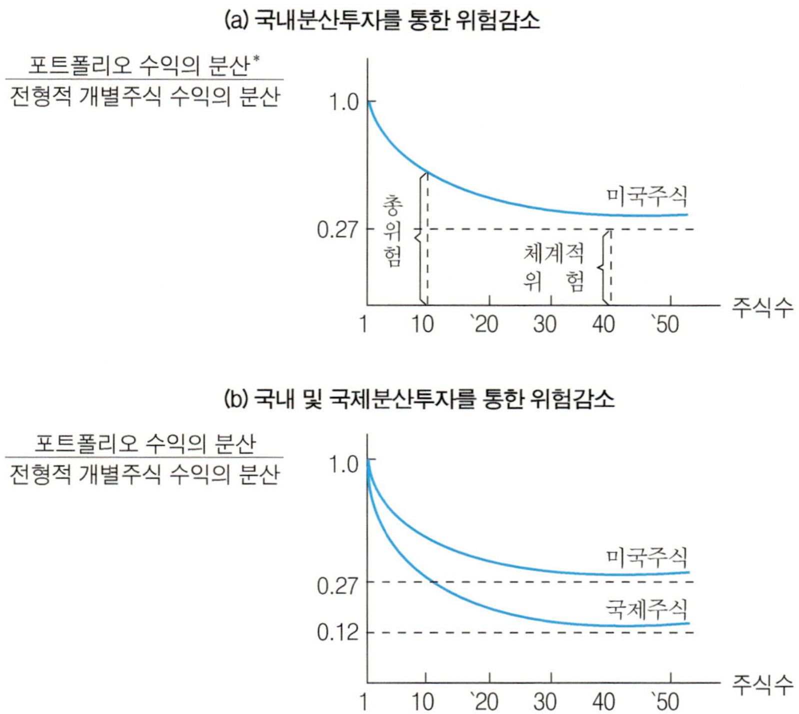

* : 여기서 분산이란 variance를 의미한다.

자료 : B. Solnik, "Why Not Diversify Internationally Rather Than Domestically?," *Financial Analysts Journal*, July 1974, p. 17.

[그림 13-1](b)는 투자자가 미국에서 국내분산투자를 할 경우와 국제분산투자를 실시할 경우의 분산투자효과를 동시에 보여주고 있다. 여기서 나타난 가장 놀라운 사실은 충분히 분산된 국제포트폴리오에서는 충분히 분산된 미국의 국내포트폴리오에서보다 위험이 절반 이하로 떨어진다는 것이다. 즉, 국제적으로 충분히 분산투자된 포트폴리오는 위험수준이 미국 내의 전형적인 개별주식이 가지는 위험수준의 약 12%에 불과하다는 것이다.

일반적으로 증권들간의 수익이 국내에서보다는 국제적으로 훨씬 낮은 상관관계를 가진다는 사실에 비추어볼 때 국제분산투자는 보다 확실한 위험분산의 수단이 될 수 있다고 할 수 있다.

국내투자만 하는 경우보다 국제분산투자를 하는 경우에 위험수준이 크게 떨어질 수 있다는 사실을 다음의 예를 통하여 살펴보기로 하자. 예를 들어, 국내자산의 표준편차(σ_d)가 10%이고 해외자산의 표준편차(σ_f)가 12%인 경우 두 가지 자산 수익 간의 상관계수($COR_{d,f}$)가 0.3이라면 국내자산비율(X_d) 50%와 해외자산비율(X_f) 50%로 구성된 전체포트폴리오의 표준편차(σ_p)는 다음과 같이 구할 수 있다.

$$\begin{aligned}\sigma_p^2 &= X_d^2 \cdot \sigma_d^2 + X_f^2 \cdot \sigma_f^2 + 2X_d X_f \cdot COR_{d,f} \cdot \sigma_d \cdot \sigma_f \\ &= (0.5)^2(0.10)^2 + (0.5)^2(0.12)^2 + (2)(0.5)(0.5)(0.3)(0.10)(0.12) \\ &= 0.0079 \\ \sigma_p &= \sqrt{\sigma_p^2} = \sqrt{0.0079} = 0.088 = 8.8\%\end{aligned}$$

즉, 전체포트폴리오의 표준편차는 8.8%로서 국내자산의 표준편차 10%보다 적을 뿐만 아니라 해외자산의 표준편차 12%보다도 적게 됨을 알 수 있다. 위의 예는 국내투자만 하는 경우에 비하여 해외투자도 같이 함으로써 국제분산투자를 하는 경우에는 전체포트폴리오의 위험수준이 크게 하락할 수 있음을 보여주고 있다. 그리고 이러한 위험의 감소효과는 국내투자 수익과 해외투자 수익 간의 상관계수가 +1보다 작은 경우에는 항상 나타나게 되며 상관계수의 크기가 작을수록 위험감소효과는 더욱 크게 나타난다.

제 2 절 세계주식시장에서의 위험과 수익[1)]

국제분산투자로부터 얻을 수 있는 혜택은 세계 각국 주식시장들의 수익이 서로 불완전한 상관관계를 가지기 때문에 발생한다고 할 수 있다. 세계 각국은 서로 다른 산업구조를 가지고 있기 때문에 경기 사이클이 서로 완벽하게 일치하기는 어렵게 된다. 따라서 동일 국가 내에서의 투자들 간에 보다 서로 다른

1) 이 부분은 David K. Eiteman, Arthur I. Stonehill, and Michael H. Moffett, *Multinational Business Finanace*, 12th Edition(Boston, Mass. : Pearson Education, Inc., 2010)를 참고하였음.

표 13-1 세계 주요 주식시장 수익 간의 상관계수, 1900-2000

	전세계	미 국	영 국	스위스	스웨덴	스페인	싱가포르	네덜란드	일 본	이태리	아일랜드	독 일	프랑스	덴마크	캐나다	벨기에	호 주
전세계		.93	.77	.59	.62	.67	.54	.73	.68	.52	.69	.69	.73	.57	.82	.54	.69
미 국	.85		.67	.44	.46	.53	.46	.57	.49	.40	.66	.56	.56	.46	.78	.45	.57
영 국	.70	.55		.58	.44	.63	.31	.71	.42	.39	.73	.58	.59	.57	.57	.59	.56
스위스	.68	.50	.62		.39	.60	.19	.72	.36	.45	.57	.53	.64	.58	.35	.63	.37
스웨덴	.62	.44	.42	.54		.63	.38	.63	.34	.49	.27	.76	.76	.44	.61	.29	.44
스페인	.41	.25	.25	.36	.37		.35	.63	.32	.64	.50	.64	.75	.56	.51	.55	.54
싱가포르	.55	.43	.49	.39	.34	.26		.30	.44	.24	.31	.42	.37	.25	.62	.10	.66
네덜란드	.57	.39	.42	.51	.43	.28	.29		.39	.59	.63	.74	.77	.64	.55	.70	.46
일 본	.45	.21	.33	.29	.39	.40	.31	.25		.18	.33	.25	.36	.24	.50	.17	.59
이태리	.54	.37	.43	.52	.39	.41	.41	.32	.34		.33	.55	.71	.50	.40	.51	.38
아일랜드	.58	.38	.73	.70	.42	.35	.42	.46	.29	.43		.42	.45	.49	.54	.57	.50
독 일	.30	.12	−.01	.22	.09	−.03	.05	.27	.06	.016	.03		.83	.61	.57	.59	.46
프랑스	.62	.36	.45	.54	.44	.47	.38	.48	.25	.52	.53	.19		.63	.60	.66	.48
덴마크	.57	.38	.40	.51	.56	.34	.31	.50	.46	.38	.55	.22	.45		.55	.54	.30
캐나다	.80	.80	.55	.48	.53	.27	.54	.34	.30	.37	.41	.13	.35	.46		.30	.65
벨기에	.58	.38	.40	.57	.43	.40	.29	.60	.25	.47	.49	.26	.68	.42	.35		.30
호 주	.66	.47	.66	.51	.50	.28	.56	.41	.28	.43	.62	.04	.47	.42	.62	.35	

우측 윗부분: 1996–2000년 즉, 최근 기간의 세계 주요 주식시장 수익간의 상관계수.

좌측 아래 부분: 1900년부터 2000년까지 101년간의 세계 주요 주식시장 수익간의 상관계수

(모든 수익은 미국 달러화로 환산되었으며 인플레이션에 대한 조정을 한 실질수익을 사용).

자료: Elroy Dimson, Paul Marsh, and Mike Staunton, *Triumph of the Optimists, 101 Years of Global Investment Returns*, Princeton University Press, 2002, p. 115.

국가에 대한 투자들 간에 수익의 상관관계가 더 낮을 것으로 예상할 수 있다.

[표 13-1]은 1900년부터 2000년까지 과거 101년간의 세계 주요 주식시장 수익간의 상관계수를 보여주고 있다. 표의 좌측 아래 부분은 1900~2000년 전체 기간의 상관계수 수치를 보여주고 있으며 우측 윗부분은 1996~2000년 즉, 최근 기간의 상관계수 수치를 보여주고 있다. 모든 수익은 미국 달러화로 환산되었으며 인플레이션에 대한 조정을 한 실질수익을 사용한 것이다. 이들 16개 국가 수익간의 상관계수는 전체 기간의 경우와 최근 기간의 경우에 모두 비교적 낮은 값들을 보여주고 있으므로 우리는 국제분산투자로부터 얻을 수 있는 혜택의 여지가 매우 크다는 것을 알 수 있다.

표의 좌측 아래 부분 즉, 1900~2000년 전체 기간의 상관계수를 살펴보면 미국과 캐나다(0.80) 그리고 영국과 아일랜드(0.73)의 경우가 수익의 상관계수가 가장 높은 것으로 나타나는데 이는 이들 국가들이 지리적으로 인접하고 있다는 점을 반영하고 있다고 볼 수 있을 것이다. 한편 표의 우측 윗부분 즉, 1996~2000년 기간의 상관계수 수치는 101년 전체 기간의 수치보다 전반적으로 더 높게 나타나는데 이것은 최근 들어 각국 주식시장 수익 간에 보다 높은 통합성을 보여주는 것이라고 할 수 있다.

[표 13-1]이 1900년부터 2000년까지 과거 101년간 세계 주요 주식시장 수익간의 상관계수를 보여주고 있지만 위험과 수익을 모두 고려한 완전한 그림을 보여주지는 못한다고 할 수 있다. 그러나 투자자들이 투자결정을 하는데 있어서는 위험과 수익 두 가지를 동시에 고려해야만 한다. 일반적으로 투자자들이 보다 많은 부(wealth)를 선호하며 위험회피형(risk-averse)이라고 가정할 때 그들은 주어진 수익의 수준에서 위험을 극소화하고 주어진 위험의 수준에서는 수익을 극대화하려고 할 것이다. 그러므로 이제 세계 주요 주식시장에서의 위험/수익의 특징을 [표 13-2]를 통하여 살펴보기로 한다.

[표 13-2]는 1977년부터 1996년까지의 기간 동안 세계 18대 주요 주식시장에 관하여 위험/수익의 특징들을 보여주고 있다. 즉, 각 주식시장의 평균수익(mean return), 위험의 측정치로서 수익의 표준편차(S.D.), 베타(β), 그리고 Sharp measure(SHP)를 보여주고 있다. 여기서 베타는 각 주식시장의 글로벌 포트폴리오에 대한 값을 나타내며 각 주식시장에 고유한 체계적인 또는 분산시킬 수 없는 위험을 나타낸다. 그리고 Sharp measure(SHP)는 표준편차당 평

표 13-2 세계 18개국 주식시장 월별 수익(1977-1996)

	평균 (%)	표준편차 (%)	Beta (β_i)	Sharpe 지수 (SHP_i)
호 주	1.00	7.44	1.02	0.078
오스트리아	0.77	6.52	0.54	0.055
벨기에	1.19	5.53	0.86	0.141
캐나다	0.82	5.34	0.93	0.076
덴마크	0.99	6.25	0.68	0.092
프랑스	1.18	6.76	1.08	0.113
독 일	0.97	6.17	0.84	0.089
홍 콩	1.50	9.61	1.09	0.113
이태리	0.96	7.57	0.89	0.071
일 본	1.08	6.66	1.21	0.099
네덜란드	1.39	4.93	0.89	0.197
노르웨이	1.00	7.94	1.02	0.073
싱가포르	1.09	7.50	1.01	0.090
스페인	0.83	6.81	0.94	0.060
스웨덴	1.37	6.67	0.97	0.143
스위스	1.10	5.39	0.86	0.127
영 국	1.35	5.79	1.06	0.162
미 국	1.01	4.16	0.82	0.143
평균	1.09	6.51	0.93	0.107

모든 수익은 미국 $화로 환산되었고 배당금이 포함됨.
Morgan Stanley의 *Capital International Perspectives*가 제공하는 주식시장 자료를 이용하여 산출한 결과치임.

균초과수익(무위험이자율을 초과하는)을 나타내는데 이는 연 5%의 무위험이자율을 사용하여 계산하였다.

예를 들어, [표 13-2]에서 홍콩의 경우는 가장 높은 평균 월별수익 1.5%를 보여주고 있으며 동시에 가장 높은 위험 즉, 9.61%의 표준편차를 보여주고 있다. 따라서 Sharp measure를 계산하면 0.113이 된다. 이것은 홍콩 주식시장에 투자하는 투자자는 단위 위험 즉, 1% 표준편차에 대하여 0.113%의 평균초과수익(월별)을 보상받는다는 것을 의미한다. 반면에 네덜란드의 경우는 평균 월별수익은 홍콩보다 낮은 1.39%를 나타내고 있지만 위험은 홍콩보다 훨씬 낮은 4.93%를 나타내므로 Sharp measure는 18개 국가 중 가장 높은 0.197이 됨을 알 수 있다. [표 13-2]에 의하며 미국의 Sharp measure는 0.143인 반면 네델란드의 Sharp measure는 0.197이므로 이 기간 중 미국의 투자자는 미국 주식시장에 투자하는 것 보다 네델란드 주식시장에 투자함으로써 훨씬 더 높은 성과를 올릴 수 있었을 것이다.

한편 투자자의 입장에서는 국제분산투자를 통한 위험의 감소효과가 국제분산투자에 수반되는 환율변동위험에 의하여 상쇄될 가능성에 대하여 염려하지 않을 수 없을 것이다. 사실 우리는 단기적으로는 환율변동이 특정 통화로 표시된 개별 해외투자로부터 얻는 수익에 상당한 영향을 미치는 경우를 종종 목격할 수 있다. 그러나 국제분산투자의 경우에는 장기적으로 환율의 변화가 포트폴리오 전체 수익에는 커다란 영향을 미치지 못하는 것으로 알려져 있다.

앞에서 우리는 세계 각국 주식시장들의 수익이 서로 불완전한 상관관계를 가지기 때문에 위험감소효과가 나타난다고 하였다. 그런데 각국 주식시장들의 수익과 환율의 움직임도 매우 낮은 정(+)의 상관관계를 가지거나 때로는 부(−)의 상관관계를 나타내기도 한다.

예를 들어, 특정국 시장 수익의 표준편차(σ_d)가 10%이고 환율변화의 표준편차(σ_f)가 12%인 경우 이 두 가지 위험 간의 상관계수($COR_{d,f}$)가 0.3이라면 총위험(표준편차)(σ)은 다음과 같이 구할 수 있다.

$$\begin{aligned}\sigma^2 &= \sigma_d^2 + \sigma_f^2 + 2COR_{d,f}\,\sigma_d\sigma_f \\ &= (0.10)^2 + (0.12)^2 + 2(0.3)(0.10)(0.12) \\ &= 0.0316 \\ \sigma &= \sqrt{\sigma^2} = \sqrt{0.0316} = 0.18(18\%)\end{aligned}$$

이것은 총위험(18%)이 특정국 시장위험(10%)과 환율변동위험(12%)의 합계(22%)보다 훨씬 작다는 것을 의미한다. 즉, $COR_{d,f}$ 의 크기가 1보다 작은 경우에는 $\sigma \leq \sigma_d + \sigma_f$ 가 됨을 알 수 있다.

Solnik과 Noetzlin(1982년)은 1971년부터 1988년까지의 기간 중에 미국 투자자가 외국 주식시장에 투자하는 경우 환율변동위험이 총위험에서 차지하는 비중은 약 15% 정도밖에 되지 않는다고 주장하였다. 예를 들어, 이 기간 중에 미국 투자자가 프랑스에 투자하는 경우 프랑화로 표시한 프랑스 주식시장 위험은 22.63%인 반면 달러화로 표시한 총위험은 25.90%로서 이 두 수치의 차이에 해당하는 3.27%가 환율변동에 의한 위험의 추가분임을 밝힘으로써 이 수치는 같은 기간 중 프랑화와 달러화간의 실제 환율변동위험 11.22%보다 훨씬 작으므로 환율변동위험 때문에 국제투자를 주저할 필요는 없다고 주장하였다. 더구나 미국 투자자가 홍콩에 투자하는 경우에는 홍콩 주식시장 위험보다 달러화로 표시한 총위험이 오히려 감소한다고 주장하였다.

또한 환율변동위험은 특정국 주식시장이나 개별주식의 입장에서 고려하기보다는 전체 포트폴리오에 미치는 영향으로서 판단되어야 할 것이다. 왜냐하면 전체 포트폴리오가 다양한 국가들의 주식들로 구성되어 있을 경우 관련된 통화들의 환율 변화가 항상 같은 방향으로 움직이지는 않기 때문에 다양한 통화들 간의 환율 변화 사이에도 위험이 상쇄되는 효과가 발생하게 된다.

제 3 절 국제채권분산투자

앞 절에서는 세계 주요국 주식시장에서의 위험/수익의 특징 및 각국 주식시장 간의 상관관계를 살펴보았다. 일반적으로 주식들 간의 수익이 국내에서보다는 국제적으로 훨씬 낮은 상관관계를 가지므로 국제분산투자는 확실한 위험분산 수단이 될 수 있다. 따라서 투자자들은 고수익의 기회가 존재하면서도 국내 주식시장과는 낮은 상관관계를 가지는 해외주식시장에 많은 관심을 가질 필요가 있을 것이다.

그렇다면 채권의 경우에도 주식과 마찬가지로 국제분산투자의 효과가 크게 나타날 것인가? Barnett와 Rosenberg(1983년)는 1973년부터 1983년까지의 기간 중에 미국 채권시장의 수익보다 외국 채권시장의 수익이 훨씬 높았으며, 또한 두 시장 간의 상관관계가 높지 않아서 국제분산투자의 효과가 높게 나타나므로 미국 채권뿐만 아니라 외국 채권까지도 포함하는 포트폴리오를 구성할 경우 위험/수익 측면에서 훨씬 유리한 결과를 얻을 수 있다고 주장하였다. 또한 Chollerton, Pieraerts와 Solnik(1986년)의 연구도 1971년부터 1984년까지의 기간에 대하여 유사한 결론을 도출하였다.

마지막으로 주식과 채권을 모두 포함하는 포트폴리오를 구성할 경우의 국제분산투자 효과는 어떻게 나타날 것인가? Solnik과 Noetzlin(1982년)의 연구는 1970년부터 1980년까지의 기간에 대하여 첫째, 미국 주식만으로 포트폴리오를 구성할 경우의 위험(변동성)은 16%인 반면 미국과 외국 주식을 모두 포함하는 세계주식포트폴리오의 위험은 14%로 더 낮아지고, 미국주식포트폴리오의 수익은 6.8%인 반면 세계주식포트폴리오의 수익은 9.4%로 훨씬 높아진다는 사실을 발견하였다. 둘째, 주식과 채권을 모두 포함하는 세계주식/채권포트폴리오의 수익(9.4%)은 주식만 포함하는 세계주식포트폴리오의 수익(9.4%)과 동일한 수준인 반면 세계주식/채권포트폴리오의 위험(9.6%)은 세계주식포트폴리오의 위험(14.2%)보다 훨씬 낮아진다는 점을 밝혔다. 즉, 이 연구는 세계포트폴리오를 구성할 때 주식뿐만 아니라 채권까지도 포함할 경우 국제분산투자의 효과를 더욱 크게 누릴 수 있다는 점을 강하게 주장하였다.

제 4 절 자본자산가격결정모형

자본자산가격결정모형(Capital Asset Pricing Model: CAPM)은 자본자산(예를 들면 주식)의 가격을 그 자본자산에 대한 기대수익과 위험간의 균형관계(equilibrium relationship)에서 도출하여 평가하는 모형을 말한다. 이 모형은 투자결정에 있어서 불확실성의 문제를 매우 포괄적으로 다루고 있다는 데 그 장점이 있으며, 이는 의사결정자로 하여금 수익과 위험이 기업의 주식가격결정에 미치는 영향에 대한 양면성을 검토할 수 있게 해준다.

투자자의 입장에서 볼 때 개별주식의 위험은 체계적 위험(systematic risk)과 비체계적 위험(unsystematic risk)으로 구성되어 있다. 비체계적 위험은 어느 특정기업만이 가지는 사건이나 상황의 변동에 의하여 발생하는 위험으로서 투자자는 여러 개의 주식으로 포트폴리오를 구성함으로써 이러한 비체계적 위험을 제거시킬 수 있다. 반면 체계적 위험은 모든 기업들에 영향을 미치는 위험으로서 증권시장에 상장되어 있는 모든 주식들의 수익에 영향을 미치므로 포트폴리오를 구성한다 할지라도 이러한 체계적 위험은 제거될 수 없다.

위험회피형 투자자들은 무위험자산(예를 들면, 정부의 공채와 같이 그 자산에 대한 미래수익이 확실하게 보장되어 있는 자산)의 경우보다는 위험자산에 투자할 경우에 더 큰 수익률을 요구하게 될 것이다. 이와 같은 위험자산과 무위험자산 간의 기대수익률의 차이는 투자자가 가지게 되는 위험에 대한 보상이라고 할 수 있으며 이를 위험프리미엄(risk premium)이라고 한다. 즉,

$$E(R_i) = R_f + \text{risk premium} \cdots\cdots\cdots\cdots\cdots\cdots (1)$$

여기서 $E(R_i)$는 특정주식의 기대수익률을 나타내고 R_f는 무위험자산의 기대수익률(risk-free rate of return)을 나타낸다.

한편, 증권시장에 존재하는 모든 주식을 포함하는 효율적 포트폴리오를 시장포트폴리오(market portfolio)라고 하는데 이 시장포트폴리오는 시장전체의 흐름을 나타낸다고 본다. 이 시장포트폴리오와 개별주식 간의 수익률 변동에 대한 상관관계를 우리는 베타계수(β coefficient)로써 표현한다. 즉, 개별주식의 체계적 위험은 그 주식의 β계수로써 표시될 수 있다. 일반적으로 β계수의 값은 특정주식과 시장포트폴리오 간의 과거 일정기간 동안의 수익률 변동자료를 회귀분석(regression analysis)하여 추정된다. 그리고 β계수는 다음과 같이 정의된다. 즉,

$$\beta_i = \frac{i\ \text{주식과 시장포트폴리오 수익률 간의 공분산(covariance)}}{\text{시장포트폴리오 수익률의 분산(variance)}}$$

$$= \frac{\text{Cov}(R_i,\ R_m)}{\text{Var}(R_m)}$$

위에서 언급한 바와 같이 개별주식의 비체계적 위험은 포트폴리오를 구성함으로써 제거시킬 수 있고 체계적 위험은 그 주식의 β계수로써 표현할 수 있으므로 우리는 이제 개별주식에 대한 기대수익률과 체계적 위험 간의 관계를 [그림 13-2]의 증권시장선(security market line: SML)에 의해 보여줄 수 있다. 즉, β계수를 횡축에 그리고 주식의 기대수익률 $E(R_i)$를 종축에 표시해주면 위에서 이미 도출한 위험 프리미엄모형을 이용하여 다음과 같이 증권시장선(SML)을 도출할 수 있다. 즉,

그림 13-2 증권시장선

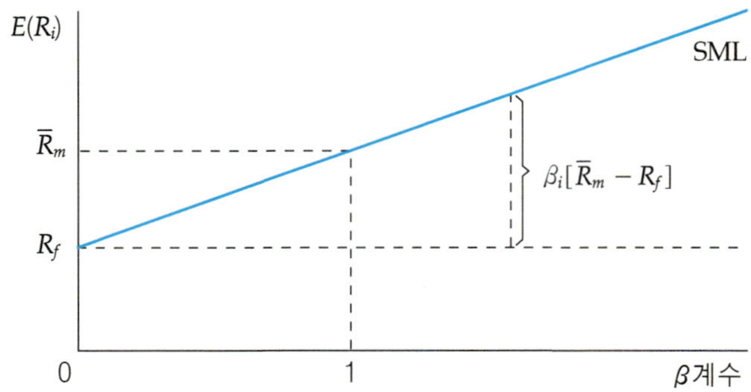

$$E(R_i) = R_f + \text{risk premium}$$
$$= R_f + [\bar{R}_m - R_f] \cdot \beta_i \cdots\cdots\cdots\cdots (2)$$

여기서 β_i가 1인 경우 $E(R_i) = \bar{R}_m$이 되므로 i주식의 기대수익률은 시장포트폴리오의 기대수익률($\bar{R}_m$)과 동일하게 된다. 또한, 시장포트폴리오의 β의 값은 1이 됨을 우리는 쉽게 알 수 있다.

증권시장선(SML)은 위험자산의 기대수익률과 위험의 균형관계를 선형으로 나타내주고 있으므로 효율적 자본시장에서 모든 주식의 기대수익률과 위험의 균형관계는 이 직선상에 놓이게 된다. 경우에 따라서는 어느 특정주식의 가격이 일시적으로 과대 또는 과소평가될 수가 있는데 이러한 경우에 그 주식의 기대수익률은 SML상에 있지 않게 된다. 그러한 경우 SML은 필수수익률(required rate of return)을 나타내준다. 그러나 효율적 자본시장에서는 위와 같은 불균형상태가 곧 해소되어 그 주식의 기대수익률은 다시 SML상에 놓이게 된다.

한편 국제자본시장을 환위험과 시장불완전성이 없는 단순히 확대된 국내자본시장으로만 간주할 경우에는 국내 자본자산가격결정모형(CAPM)과 매우 유사한 형태의 국제 CAPM을 얻을 수 있다. 즉,

$$E(R_i) = R_f + [\bar{R}_w - R_f] \cdot \beta_i^w \cdots\cdots\cdots\cdots (3)$$

여기서 $\beta_i^w = Cov(R_i, R_w) / Var(R_w)$이며 $\bar{R}_w$는 세계시장포트폴리오의 기대수익률이다. 이제 위험프리미엄은 세계적 · 체계적 위험 β_i^w에 비례적이다. 완전히 통합된 세계자본시장에서 투자자들은 세계경제에서 발행된 국내 및 해외의 모든 증권들로 이루어진 세계시장포트폴리오(W)에 투자함으로써 최대의 분산효과를 얻을 수 있다.

이제 단독으로 자신의 국내포트폴리오에 투자하는 i국의 투자자를 고려하기로 한다. 그러면 투자자가 가지게 되는 위험은 i국 주식 시장지수의 표준편차인 σ_i로 표시되며 수익률은 i국 주식시장지수의 세계적 · 체계적 위험 β_i^w를 반영하는 국제 CAPM으로 나타낼 수 있다. 즉,

위 험 : σ_i

수익률 : $E(R_i) = R_f + [\bar{R}_w - R_f] \cdot \beta_i^w$

로 표시된다.

이제 우리는 동일한 위험수준에서 보다 높은 수익을 올릴 수 있는 국제투자를 고려하기로 한다. 투자자는 세계시장포트폴리오(W)에 투자한 후 무위험이자율(R_f)로 차입 또는 대출을 함으로써 여러 가지 가능한 위험과 수익률의 조합을 얻어낼 수 있는데 이것이 [그림 13-3]에 나타나 있다.

[그림 13-3]은 투자자가 세계자본시장선(world capital market line: world

그림 13-3 세계자본시장선

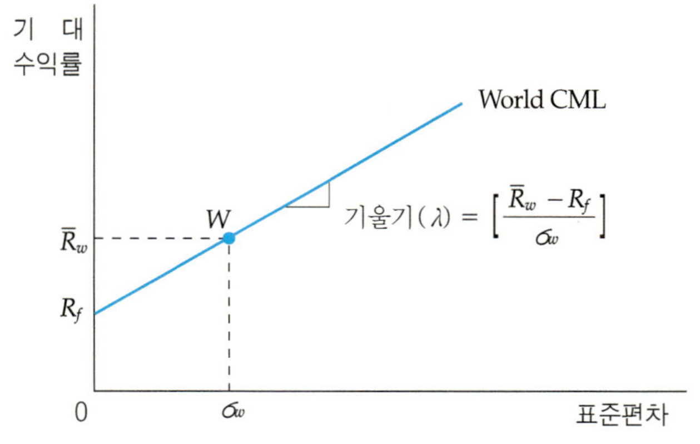

CML)이라고 불리는 직선을 따라 수익을 얻는 대가로 위험을 부담하거나 혹은 그 반대로 위험을 감소시키는 대신 수익을 포기해야 한다는 것을 보여주고 있다. 세계자본시장선은 다음과 같이 수학적으로 표현할 수 있다.

$$\bar{R} = R_f + \left[\frac{\bar{R}_w - R_f}{\sigma_w}\right]\sigma \cdots\cdots (4)$$

투자자가 선호하는 위험수준이 σ_i인 경우 이에 상응하는 세계자본시장선상의 기대수익률은 다음과 같이 주어진다.

$$\bar{R}_i = R_f + \left[\frac{\bar{R}_w - R_f}{\sigma_w}\right]\sigma_i \cdots\cdots (5)$$

따라서 투자자는 국제분산투자를 통해 $\bar{R}_i$가 $E(R_i)$를 초과하는 만큼 혜택을 얻을 수 있다. 즉, 혜택의 크기는 국내투자의 경우와 동등한 위험수준인 σ_i에서 수익의 차$[\bar{R}_i - E(R_i)]$로 측정되어질 수 있다.

식 (3)과 식 (5)로부터 국제분산투자로 인한 혜택의 크기 ΔR은 다음과 같이 얻을 수 있다.

$$\begin{aligned}\Delta R &= \bar{R}_i - E(R_i) \\ &= \left[R_f + \left(\frac{\bar{R}_w - R_f}{\sigma_w}\right)\sigma_i\right] - [R_f + (\bar{R}_w - R_f)\beta_i^w] \cdots\cdots (6)\end{aligned}$$

한편 세계자본시장선의 기울기를 λ로 정의하면

$$\lambda = \frac{\bar{R}_w - R_f}{\sigma_w} \cdots\cdots (7)$$

또한 β_i^w는 다음과 같이 표시되므로

$$\beta_i^w = \sigma_i \rho_{iw} / \sigma_w \cdots\cdots (8)$$

식 (6)은 다음과 같이 다시 쓸 수 있다.

$$\begin{aligned}\Delta R &= \bar{R}_i - E(R_i) \\ &= (R_f + \lambda\sigma_i) - (R_f + \lambda\rho_{iw}\sigma_i) \cdots\cdots (9)\end{aligned}$$

그림 13-4 국제분산투자로부터의 혜택 : 균형분석

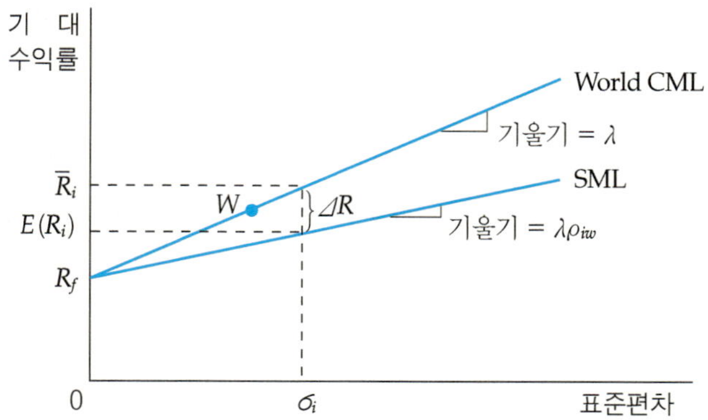

식 (9)를 다시 정리하면

$$\Delta R = \lambda\sigma_i(1 - \rho_{iw}) \cdots\cdots (10)$$

이 결과는 i국의 주식시장과 세계시장포트폴리오와의 상관계수가 1보다 작다면 즉, $\rho_{iw} < 1$이라면 투자자는 국제분산투자로부터 분명히 혜택을 얻을 수 있다는 것을 의미한다.

국제분산투자의 혜택은 [그림 13-4]에 나타나 있다. 여기서 SML은 일반적인 기대수익/베타 좌표가 아닌 기대수익/표준편차 좌표평면에 그려져 있다. 따라서 SML의 기울기는 $\lambda\rho_{iw}$로 나타내어질 수 있다. 왜냐하면 식 (3), 즉 $E(R_i) = R_f + (\bar{R}_w - R_f) \cdot \beta_i^w$는 $E(R_i) = R_f + \lambda\rho_{iw}\sigma_i$로 표현될 수 있기 때문이다. [그림 13-4]에서는 상관계수 ρ_{iw}가 1보다 작은 한 증권시장선은 세계자본시장선보다 아래에 있게 되므로 국제분산투자로부터 혜택을 얻을 수 있다는 것을 알 수 있다. 즉, 상관계수가 낮으면 낮을수록 이익은 크게 될 것이며, $\rho_{iw} = 1$인 경우에는 i국 주식시장지수는 세계시장포트폴리오에 대한 완전한 대체물이 되며 따라서 국제분산투자로부터 아무런 혜택도 얻을 수 없게 된다.

제5절 사례분석: Consolidated Packaging사

사 례

미국에 본사를 두고 있는 알루미늄캔 제조회사인 Consolidated Packaging사는 유럽으로 생산시설을 확장할 것을 고려중인데 그 이유는 첫째, 분산투자의 효과를 노리고, 둘째, 유럽시장이 확대됨에 따라 유럽에 생산시설을 확보함으로써 운송비용을 절감하고자 하는 것이다. Consolidated Packaging사는 유럽에 1억 달러를 투자할 것을 계획중인데 만약 이 금액을 외부로부터 조달하게 될 경우, 이것은 회사 전체자산의 거의 35%를 차지하게 될 것이다.

이 투자안을 평가함에 있어서 회사의 재무관리팀은 예상되는 현금흐름으로부터 수익률을 구하였고, 미래의 불확실성을 감안하여 현재의 국내사업과 제안된 해외사업 각각의 사업전망에 대한 3가지 시나리오를 고려하기로 하였다.

가장 가능성이 높은 시나리오는 유럽에서는 경기가 활성화되고 미국 내에서는 안정적인 성장이 지속되리라는 것으로 이 경우에는 해외사업의 수익률은 20%, 국내사업의 수익률은 15%가 되리라는 전망이었다. 이 시나리오에는 50%의 가능성을 부여하기로 하였다.

가장 낮은 15%의 가능성이 부여된 두번째 시나리오는 국제적으로 보호무역정책들이 채택되는 경우로서 해외사업은 15%의 손실을 보게 될 것으로 전망되지만, 국내사업은 해외로부터의 경쟁이 줄어들 것이므로 20%의 높은 수익률을 나타내게 되리라는 전망이었다.

마지막으로, 35%의 가능성이 부여된 세번째 시나리오는 원료가격이 크게 상승하는 경우로서 해외사업은 10%의 수익률을 나타내게 될 것으로 전망되고, 국내사업은 7%의 손실을 보게 될 것이라는 전망이었다.

이 회사의 재무관리팀은 위험/수익 분석을 하는 데 있어서 유가증권포트폴리오의 관리원칙이 적용될 수 있을 것으로 판단하였다. 즉, 유가증권포트폴리오에 있어서의 분산투자효과와 마찬가지로 해외투자는 회사의 전체적인 위험/수익의 관점에서 도움이 될 것으로 생각되었다. 이 경우에 있어서의 포트폴리오는 국내사업과 해외사업으로 구성되며, 이 포트폴리오의 예상되는 성과를 해외사업이 전혀 없는 경우의 예상되는 성과와 비교해보아야 한다고 생각되었다.

분 석

시나리오	확률(P)	추정수익률	
		해외사업(R_f)	국내사업(R_d)
유럽경기 활성화	0.50	0.20	0.15
보호무역정책채택	0.15	−0.15	0.20
원료가격 상승	0.35	0.10	−0.07

이 분석의 최종목적은 위에서 주어진 각각의 경우에 대한 확률과 추정수익률을 이용하여 국내사업과 해외사업으로 구성된 포트폴리오 전체의 기대수익률 $E(R_p)$와 표준편차 σ_p로 측정되는 위험도를 구하는 것이다.

우선 국내사업과 해외사업 각각에 대하여 기대수익률 및 표준편차(standard deviation)를 구해보면 다음과 같다.

국내사업

P	R_d	$P \cdot R_d$	$[R_d - E(R_d)]$	$[R_d - E(R_d)]^2$	$P \cdot [R_d - E(R_d)]^2$
0.50	0.15	0.08	0.06	0.004	0.002
0.15	0.20	0.03	0.11	0.012	0.002
0.35	−0.07	−0.02	−0.16	0.026	0.009
		$E(R_d)$ = 0.09			$Var(R_d)$ = 0.013
					σ_d = 0.114

해외사업

P	R_f	$P \cdot R_f$	$[R_f - E(R_f)]$	$[R_f - E(R_f)]^2$	$P \cdot [R_f - E(R_f)]^2$
0.50	0.20	0.10	0.09	0.0081	0.00405
0.15	−0.15	−0.02	−0.26	0.0676	0.01014
0.35	0.10	0.03	−0.01	0.0001	0.00004
		$E(R_f)$ = 0.11			$Var(R_f)$ = 0.01423
					σ_f = 0.11929

위의 계산결과에 의하면 해외사업의 기대수익률(11%)과 위험도(11.9%)는 각각 국내사업의 기대수익률(9%)과 위험도(11.4%)보다 높은 것으로 나타났다.

이제 해외사업의 수익률과 국내사업의 수익률 상호간에 어떠한 상관관계가 있는가를 알기 위하여 우선 공분산(covariance)을 산출하여야 한다. 공분산 $COV_{f,d}$는 다음과 같이 산출한다.

$[R_f - E(R_f)] \cdot [R_d - E(R_d)]$	$P \cdot [R_f - E(R_f)] \cdot [R_d - E(R_d)]$
$0.09 \times 0.06 = 0.0054$	0.0027
$-0.26 \times 0.11 = -0.0286$	-0.0043
$-0.01 \times -0.16 = 0.0016$	0.0006
	$COV_{f,\,d} = -0.0010$

그리고 공분산과 해외 및 국내사업 각각의 표준편차를 이용하여 상관계수(correlation coefficient)를 얻을 수 있다. 즉,

$$COR_{f,\,d} = COV_{f,\,d} / (\sigma_f \cdot \sigma_d)$$
$$= -0.0010 / (0.11929 \times 0.114) = -0.074$$

따라서 우리는 해외 및 국내사업의 수익률 상호간에 부(−)의 상관관계가 존재함을 알 수 있는데, 이러한 부의 상관관계는 포트폴리오 분산효과에 관하여 중요한 의미를 지닌다.

지금까지 우리는 다음과 같은 수치들을 얻었다. 즉,

$$E(R_f) = 0.11 \qquad \sigma_f = 0.119 \qquad COR_{f,\,d} = -0.074$$
$$E(R_d) = 0.09 \qquad \sigma_d = 0.114$$

이제 포트폴리오 전체의 기대수익률 $E(R_p)$와 위험도(표준편차) σ_p를 얻기 위하여는 다음의 공식을 사용하면 된다

$$E(R_p) = X_f \cdot E(R_f) + X_d \cdot E(R_d)$$
$$\sigma_p = \sqrt{X_f^2 \cdot \sigma_f^2 + X_d^2 \cdot \sigma_d^2 + 2X_f \cdot X_d \cdot COR_{f,\,d} \cdot \sigma_f \cdot \sigma_d}$$

그런데 사례에서 해외투자분이 회사 전체자산의 35%를 차지한다고 하였으므로 위의 공식에서 $X_f = 0.35$ 그리고 $X_d = 0.65$의 값을 갖게 된다. 따라서,

$$E(R_p) = (0.35)(0.11) + (0.65)(0.09)$$
$$= 0.097\ (9.7\%)$$
$$\sigma_p = [(0.35)^2(0.119)^2 + (0.65)^2(0.114)^2$$
$$+ (2)(0.35)(065)(-0.074)(0.119)(0.114)]^{1/2}$$
$$= [0.0017 + 0.0055 - 0.00045]^{1/2}$$
$$= [0.00675]^{1/2}$$
$$= 0.0821\ (8.21\%)$$

결론적으로 우리는 비록 해외사업이 그 자체로서는 상당히 위험도가 높다고(σ_f = 0.119) 할 수 있지만 해외사업이 추가됨으로 인하여 포트폴리오 전체의 위험도는 σ_p = 0.0821로 낮아짐을 알 수 있는데 이 위험도 수준은 국내사업의 위험도(σ_d = 0.114)나 해외사업의 위험도(σ_f = 0.119)보다 훨씬 낮은 수준이 된다. 이러한 위험의 감소효과는 국내사업과 해외사업의 수익률간의 부의 상관관계($COR_{f,d}$ = −0.074)로 인하여 나타나는 것이다. 이 예는 포트폴리오의 분산투자효과를 단적으로 보여준다고 할 수 있는데, 이러한 분산투자효과는 서로 완전한 정의 상관관계(COR = +1)를 보이지 않는 투자들을 결합할 때는 항상 나타나게 된다. 또한 해외사업의 높은 예상수익률($E(R_f)$ = 0.11)로 인하여 포트폴리오 전체의 기대수익률($E(R_p)$ = 0.097)은 국내사업의 기대수익률($E(R_d)$ = 0.09)보다 0.7% 가량 높아지게 됨을 알 수 있다.

위의 예에서는 전체 포트폴리오에서 차지하는 해외사업의 비율이 35%라고 주어져 있으나 전체 포트폴리오의 위험도를 가장 낮게 하려면 해외사업의 비율이 얼마가 되어야 하는가를 계산해낼 수도 있다.

최소분산포트폴리오비율을 산출하는 공식은 다음과 같다.

$$\text{Min. Var. } W_j = \frac{\sigma_k^2 - \sigma_{jk}}{\sigma_j^2 + \sigma_k^2 - 2\sigma_{jk}}$$

여기서 W_j는 j사업에 투자해야 하는 비율로서 j사업은 두 사업 중에서 위험도가 낮은 사업이 된다. 그리고 k사업에 투자해야 하는 비율은 $1 - W_j$가 된다.

위의 예에서는 국내사업의 위험도가 더 낮으므로 전체 포트폴리오의 위험도를 가장 낮게 하는 국내사업의 비율을 위의 공식을 이용하여 구하면 W_j = 0.5210이 된다. 그러므로 국내사업의 비율이 52.1%, 그리고 해외사업의 비율이 47.9%가 되면, 전체 포트폴리오의 위험도가 가장 낮게 된다. 그리고 앞에서 구한 공식들을 이용하여 최소분산포트폴리오의 기대수익률과 표준편차를 구하면 다음과 같다.

$$\text{Min. Var. } E(R_p) = 0.0996$$
$$\text{Min. Var. } \sigma_p^2 = 0.000629$$
$$\text{Min. Var. } \sigma_p = 0.07933$$

그러므로 해외사업의 비율을 35%로 하지 않고 47.9%로 함으로써 전체 포트폴리오의 표준편차는 8.21%로부터 7.93%로 낮아짐을 알 수 있다. 한편 예상수익률은 9.7%로부터 9.96%로 증가하게 된다.

연·습·문·제

EXERCISES

1. 어느 투자자는 다음과 같은 2가지 주식으로 포트폴리오를 구성하고자 한다.

종 목	비 율	수익률(%)	위험(표준편차)(%)
삼성전자	65%	8.6	12.8
SONY	35%	6.0	14.0

a) 만약 2가지 주식의 수익률 상호간에 상관계수가 +0.8이라면 포트폴리오의 기대수익률과 위험도는 어떻게 되는가?

b) 만약 2가지 주식의 수익률 상호간에 상관계수가 +0.2라면 포트폴리오의 기대수익률과 위험도는 어떻게 되는가?

CHAPTER 14 해외직접투자

제 1 절 해외직접투자의 의의와 동기

국제투자(international investment)는 해외직접투자(foreign direct investment)와 해외간접투자(foreign indirect investment)로 나눌 수 있는데, 해외직접투자는 투자대상기업에 대한 어느 정도의 경영참여와 통제권(control)이 수반되는 국제투자임에 반하여 해외간접투자는 경영참여와 통제권이 수반되지 않는 국제투자로서 자산운용을 목적으로 한 국제증권투자(international portfolio investment)가 여기에 해당한다.

해외직접투자는 복잡하면서도 포괄적인 동기에 의하여 이루어지게 되는데 다음에서는 해외직접투자의 동기를 편의상 전략적 · 경제적 · 방어적 동기 등으로 나누어 살펴보기로 한다.

1. 전략적 동기

다국적기업에 관한 실증적 연구들에 의하면 다국적기업의 해외직접투자는 대체로 다음과 같은 5가지의 전략적 동기에 의하여 행해진다고 결론을 짓고 있다.

1) 시장의 추구

해외에서 생산을 하여 그 현지국 시장의 수요를 만족시키고 나아가서는 다른 해외시장으로 수출하는 등 시장을 확보하기 위하여 해외직접투자를 한다.

2) 해외자원의 추구

원자재를 많이 사용하는 기업체들은 해외직접투자를 통하여 원자재를 확보하여 자기 기업체가 사용하거나 혹은 타기업체에게 판매하기 위하여 해외직접투자를 한다. 석유, 채굴, 임업분야의 해외직접투자가 이 유형에 속한다.

3) 생산의 효율성 추구

어느 특정국에서 생산요소(노동 등)의 가격이 그 생산요소의 생산성에 비하여 상대적으로 저렴한 경우에 기업체는 해외직접투자를 통하여 그러한 유리한 조건을 이용할 수 있다. 노동집약적인 전자부품 생산이 아시아 각국에서 성행하는 것이 그 예가 될 수 있다.

4) 기술 · 경영상의 노하우의 추구

기술이나 경영상의 노하우를 얻기 위하여 해외기업체를 인수하는 경우가 있다. 예를 들어, 과거 일본기업들은 특정한 기술상의 노하우를 얻기 위하여 그러한 기술을 가지고 있는 미국기업을 인수하는 방법을 많이 사용하였다.

5) 정치적인 안정성의 추구

자국정부의 정책 등이 자기 기업체에게 불리하게 전개될 위험이 있는 경우, 정치적으로 안정되고 기업에 대한 간섭이 적은 나라에 진출하기 위하여 해외직접투자를 한다. 예를 들어, 과거 홍콩의 기업들은 홍콩이 중국에 반환될 것을 염려하여 미국, 캐나다, 오스트레일리아 등의 지역으로 해외직접투자를 활발히 하였다.

2. 경제적 동기

다국적기업에 관한 실증적 연구들이 말하는 해외직접투자의 전략적 동기는, 합리적이며 이윤추구의 동기에 의하여 기업이 움직인다고 보고 기업의 해외직접투자를 경제적 동기로 설명하려고 하는 해외직접투자이론들과 그 맥을 같이한다. 다음에서는 해외직접투자이론들이 해외직접투자의 경제적 동기를 어떻게 설명하고 있는지를 살펴보기로 한다.

1) 독점적 우위이론

해외직접투자를 통하여 현지국에 진출하는 외국기업은 현지국 기업과 비교하여 여러 가지 면에서 불리한 점이 많다고 할 수 있다. 즉, 외국기업은 현지국의 관습, 법적 제도, 현지국 소비자의 기호 등에 대하여 익숙하지 못할 뿐 아니라, 본사와 현지자회사가 서로 다른 나라에 위치하므로 원거리 경영에 따르는 의사전달 및 통제(control)상의 추가적인 비용을 부담하게 된다. 그러므로 해외직접투자를 하는 외국기업은 이러한 불리한 점을 상쇄할 수 있기 위해서 현지국 기업이 가지고 있지 않은 경쟁우위(competitive advantage)를 확보해야 하는데, 이러한 경쟁우위의 원천이 될 수 있는 것들은 다음과 같다.

(1) 규모의 경제

해외직접투자 등을 통하여 기업활동을 확대하고 대기업이 된 다국적기업들은 생산, 마케팅, 재무관리, 연구개발 등 전반적인 기업활동 분야에서 규모의 경제(economies of scale)로부터 오는 이점을 누릴 수 있다.

(2) 탁월한 지적 자산

다국적기업들은 기술, 경영, 마케팅 등의 측면에서 기업특유(firm-specific)의 탁월한 지적 자산을 확보하고 있다.

(3) 재무적인 우위

대규모의 다국적기업들은 현지국 기업체에 비하여 자금조달원천이 전 세계적으로 다양할 뿐만 아니라, 여러 국가에서 기업활동을 하기 때문에 위험을 분산시킬 수 있으므로 보다 저렴한 비용으로 자금을 조달할 수 있다.

(4) 제품차별화

다국적기업들은 연구개발비와 마케팅비용에 막대한 투자를 하여 자기 기업체가 생산하는 제품의 차별화(product differentiation)를 달성하여 기업특유의 경쟁우위를 확보할 수 있다.

이러한 것들 중에서 특히, 기업특유의 경쟁우위를 확보하게 해주는 지적 자산은 이미 과거의 투자를 통해서 형성되었기 때문에 다국적기업이 추가적으로 그 지적 자산을 활용하는 데 드는 한계비용은 매우 적다. 그러나 이를 갖지 못한 현지국 기업은 그러한 지적 자산을 자체적으로 확보하려면 많은 비용이 들게 되므로 상대적으로 불리하다고 할 수 있다. 그러므로 다국적기업은 이러한 지적 자산을 잘 활용하고 제품의 차별화를 통하여 현지국 기업보다 더 높은 가격을 받거나 더 많은 매출을 올릴 수가 있게 된다.

2) 제품수명주기이론

1960년대에 Harvard 경영대학원의 Vernon과 Wells에 의해 정립된 제품수명주기이론(Product Life Cycle Theory)은 신제품이 출현하고 나서 시간이 경과함에 따라 이 제품의 수명이 여러 단계를 거치는 과정에서 생산과 소비 및 산업조직면에 나타나는 주요 변동내용을 무역유형의 동태적 변화 설명에 적용하려는 시도이다.

전통적 무역이론과는 근본적으로 상이한 가정에서 출발하는 제품수명주기이론은 첫째, 신제품 생산기술 등에 관한 정보(information)의 국제적 이동은 제약되고 있으며, 둘째, 제품의 생산방법은 시간이 경과함에 따라 숙련노동 및 기술집약적 생산방법으로부터 단순노동 및 자본집약적 생산방법으로 변하는 등 예측가능한 방향으로 변동하게 되며, 셋째, 생산공정에는 규모의 경제(economies of scale)현상이 지배적으로 나타난다는 등의 가정을 하고 있다.

제품수명주기이론은 새로 개발된 재화가 도입기 → 성장기 → 성숙기의 각 단계를 거쳐가는 과정에서 생산지의 국제적 분포가 변동하는 것을 설명하고 있는데 다음에서는 각 단계별로 나타나는 특징적인 현상들을 살펴보기로 한다.

(1) 도입기

소득수준이 높고, 연구 · 개발요소가 풍부한 최고 선진국에서 신제품이 최초로 개발된다. 그리고 이러한 신제품의 생산도 역시 그 최고 선진국에서 행해지게 되는데 그 이유는 다음과 같다. 즉, 첫째, 제품생산의 초기단계에 있어서는 제품의 수요자들과의 긴밀한 접촉이 필요하며, 둘째, 제품생산의 초기단계에 있어서는 제품이 갖는 독점적 성격 때문에 수요의 가격탄력성이 비교적 작으므로 생산비가 어느 정도 높아도 큰 문제가 되지 않으며, 셋째, 제품생산의 초기단계에 있어서는 생산공정이 아직 확정되어 있지 않기 때문에 외국에 생산시설을 갖게 되면 나중에 생산공정이 바뀔 경우 생산시설을 개조 · 변경시키기가 매우 어렵게 되는 등의 이유로 인하여 국내에 생산시설을 갖는 것이 유리하다고 할 수 있다. 따라서, 신제품을 개발한 기업은 최고 선진국 국내시장을 상대로 한 국내생산을 행하게 되며 생산된 제품 중 국내수요를 충족시키고 남는 부분을 기타 선진국에 수출하게 된다.

(2) 성장기

생산공정이 확정되고 대량생산의 필요성을 인식하게 되어 미숙련 노동의 대규모 고용 가능성이 커지게 됨에 따라 임금수준이 중요한 요인으로 등장한다. 기술이 신제품의 개발국으로부터 기타 선진국으로 점차 확산되고 기타 선진국에서도 그 제품에 대한 수요가 증가하므로 수입국(기타 선진국) 기업들이 그 제품의 생산을 개시하게 되어 최고 선진국으로부터의 수입품과 경쟁을 하게 된다. 최고 선진국으로부터 기타 선진국으로의 수출방식은 운송비 그리고 관세 및 비관세 장벽 때문에 점차적으로 불리하게 된다. 이에 대한 타개책으로 최고 선진국 기업은 현지생산을 위한 해외투자를 단행하게 되어 기타 선진국 내에서 생산활동을 시작하게 되므로 최고 선진국의 수출은 감소하게 된다.

(3) 성숙기

대량생산을 위한 대규모 투자를 합리화할 수 있을 정도로 수요가 증대되고 제반 불확실의 정도가 감소하므로 생산공정의 표준화가 이루어진다. 이것은 특정제품을 개발한 특정국(특정기업)의 기술상의 우위가 소멸된 것을 의미한다. 이러한 생산공정의 표준화 단계에서는 투입노동력 중에서 미숙련노동이 차지하는 비중이 상당히 크기 때문에 임금수준이 낮은 지역이 생산지로서의 우위를 가지게 된다. 또한, 이 단계에서는 수요의 가격탄력성이 매우 크기 때문에 저렴한 미숙련 노동을 풍부하게 갖고 있는 후진국이 생산지로서의 우위를 갖게 되므로 후진국에서 최고 선진국 또는 기타 선진국으로 역수출된다.

한편, 제품수명주기이론에 따라 선진국, 중진국 및 후진국은 각각 어떠한 제품의 생산에 우위를 갖게 되고, 어떠한 제품을 수출 또는 수입하게 되는지를 국제적으로 비교해보면 다음과 같다.

① **고소득국**

고급품(새로 개발된 제품) 생산에 우위를 갖고, 중급품(성장기 제품)과 저급품(표준화된 제품)을 수입한다.

② **중소득국**

중급품(성장기 제품) 내지 표준화 초기단계에 있는 일부 저급품의 생산에 우위를 갖고 고급품을 주로 수입한다.

③ **저소득국**

저급품(표준화가 상당히 진전된 제품) 생산에 우위를 갖고, 중급품(성장기 제품) 및 표준화 초기단계에 있는 일부 저급품을 주로 수입한다.

3) 내부화이론(The Internalization Theory)

기술, 경영, 마케팅상의 지적 자산 등은 기업 외부의 시장기구를 통하여 거래하기가 어려운 경우가 많다. 즉, 지적 자산의 국제간 거래에 있어서는 적절한 거래 상대방을 발견하기가 어려울 뿐만 아니라 거래가격에 관한 쌍방의 합의를 도출하기도 어렵게 된다. 만약, 기업외부의 시장기구보다 기업 내부에서 이러한 거래가 더 효율적으로 수행될 수 있다면, 기업은 이를 내부화(internalization)하는 것이 더 유리하게 되므로 이러한 경우 기업은 라이선싱 등의 방법보다는 해외직접투자를 택하여 확보하고 있는 지적 자산을 직접 외국에서 활용하고자 할 것이다. 그렇게 함으로써 기업은 그 지적 자산을 많은 나라의 시장에서 활용할 수 있고 또한 그 지적 자산이 타기업에 의하여 사용되는 것을 배제할 수 있게 된다.

3. 방어적 동기

해외직접투자를 위에서와 같이 적극적인 동기에 의해서 행하기도 하지만 방어적인 동기로도 행한다고 볼 수 있는데 해외직접투자의 방어적 동기로는 다음과 같은 것들을 들 수 있다.

1) Follow the leader

과점적 산업(oligopolistic industry)에서는 기업체 수가 소수이기 때문에 상호의존성이 높으며, 경쟁기업의 움직임에 의하여 직접적인 영향을 받기 때문에 민감하게 반응하게 된다. 따라서, 한 기업이 먼저 해외직접투자를 하면 다른 기업들도 방어적인 전략으로 해외직접투자를 하게 된다. 그 결과 특정국에 대한 해외직접투자가 한데 몰리는 현상(bunching 또는 bandwagon effect)이 나타나기도 하고, 새로운 경쟁자의 출현을 막기 위하여 원료원을 선점하여 진입장벽(entry barriers)을 구축하기 위하여 해외직접투자를 하는 경우도 많다.

2) Follow the customer

금융, 광고, 법률, 회계 등의 서비스산업 분야에서 볼 수 있는 현상으로 고객의 해외기업활동에 필요한 서비스를 제공하기 위하여 고객을 따라서 해외에 직접투자를 하여 진출하는 경우이다.

3) 성장의 한계 탈피

국내시장에서 성장의 한계점에 도달하여 더 이상 기업활동이 팽창될 경우 다른 기업들과의 마찰을 초래하게 되고, 정부로부터 독점규제법 등의 적용을 받을 가능성이 있는 경우 해외직접투자를 행함으로써 성장을 추구하게 된다.

제 2 절 국제합작투자의 특성 및 장 · 단점

1. 국제합작투자의 특성

기업이 해외직접투자를 통하여 해외에 진출하는 경우 많은 어려움에 봉착하게 되는데, 첫번째 문제점으로 위험부담이 매우 높다는 점을 들 수 있다. 특히, 정치적으로 불안정한 나라에 직접투자를 하는 경우에는 커다란 위험부담을 하게 된다. 두번째 문제점으로는 언어와 관습의 차이 때문에 해외에서 직접 생산 및 판매활동을 하는 데 따르는 여러 가지 어려움이 있게 되고 경영관리도 복잡해진다는 점을 들 수 있다. 그러므로 실제로는 해외투자기업체의 주식을 100% 소유하는 단독 투자방식뿐만 아니라 파트너와 공동소유하는 합작투자방식도 많이 택하게 된다.

국제합작투자(international joint venture)란 공동으로 기업을 운영하기 위하여 서로 다른 나라의 투자자들(기업체, 개인, 정부 등)간에 자본은 물론 기술, 경영, 마케팅, 인력 및 자금조달, 원료, 부품 및 기계설비, 공급원의 확보 등 여러 면에서 자원과 능력을 결합하는 것을 의미한다.

국제합작투자가 세계적으로 증가하는 이유는 첫째로, 민족주의의식의 고취 등으로 인하여 외국인 투자를 합작투자에 한하여 허용하는 국가들이 많이 있고, 둘째로, 투자수입국이 외국인의 단독투자를 허용한다 할지라도 그 나라의 현지기업들과 협력관계를 유지함으로써 이익증대, 위험의 분산 등 경영상의 혜택을 최대화하기 위해 자발적으로 국제합작투자를 선택하는 경우가 늘어나고 있기 때문이다.

2. 해외투자기업체의 소유권과 경영통제권의 관계

어떤 다국적기업이 비록 해외투자기업체의 주식을 100% 소유하고 있다 할지라도 실제로 완전통제를 할 수 없는 경우가 많이 있다. 그 이유는 현지국 정부가 그 지위를 활용하여 다국적기업의 현지자회사의 운영에 대해 직접적인 권력을 행사하는 경우가 있고(예를 들어, 자회사가 모회사로 배당이익을 보내려 할 때 현지국 정부의 사전인가를 받아야 하는 경우) 또한, 현지국 정부는 가격통제, 노사관계에 대한 영향력 행사 등의 방법으로 다국적기업의 현지자회사의 운영에 영향을 줄 수 있기 때문이다.

반면, 해외투자기업체의 전체 주식의 49% 이하를 소유한다고 해서 반드시 해외투자기업체를 효과적으로 통제할 수 없는 것은 아니다. 주식지분이 49% 이하인 경우에도 해외자회사와 경영계약, 라이선싱, 기술제공계약 등을 체결하여 경영통제권을 효과적으로 확보할 수 있는 경우가 많다. 즉, 경영통제권을 장악하기 위하여 반드시 해외투자기업체를 단독소유할 필요는 없다.

3. 소유권전략 결정요인

기업이 해외직접투자를 통하여 외국에 진출할 때 단독투자방식을 택할 것인가 아니면 합작투자방식을 택할 것인가, 또는 합작투자방식을 택하는 경우 전체 주식의 51% 이상을 소유하는 다수소유권을 가질 것인가 아니면 49% 이하를 소유하는 소수소유권을 가질 것인가를 결정하는 요인들은 대체로 다음과 같다.

1) 제품과 기술의 특성

제품의 기술적 복잡성(technical complexity)이 높을수록 완전소유 또는 다수소유권을 장악하는 방법을 택하는 것이 일반적이다. 또한, 기술적 우위의 정도가 높을수록 강력한 협상력을 발휘하여 통제권을 장악하려는 전략을 택할 것이다. 제품과 그 생산기술이 단순하거나 널리 알려진 경우 소수소유권을 감수하는 경우가 많다.

2) 현지국의 투자환경

일반적으로, 투자환경이 안정되어 있는 경우 단독투자를 하여 완전소유 및 통제하는 전략을 택하고, 경제가 저개발단계에 있고 투자환경이 불안정한 현지국에 대해서는 투자위험을 낮추기 위하여 합작투자의 형태를 취하는 경우가 많다. 또한, 현지국이 민족주의적 경향이 강한 개발도상국인 경우에도 합작투자형태를 취하는 경우가 많다.

3) 기업자원의 보유정도

규모가 작거나, 기업자원 및 국제경쟁력이 취약한 기업일수록 합작투자형태를 취하는 경우가 많고, 대규모 다국적기업일수록 가급적 단독투자형태를 취하거나 다수소유권을 택하는 경향이 많다.

4) 현지 파트너의 역할

현지국 파트너가 보유하고 있는 자본력, 현지국 경영상의 노하우, 현지국 정부와의 밀접한 관계 등이 필요한 정도가 클수록 다국적기업들은 합작투자를 택하는 경향이 높다.

4. 국제합작투자의 장·단점

국제합작투자의 장점은 다음과 같다.

첫째, 시너지(synergy)효과를 볼 수 있다. 즉, 합작투자의 파트너들이 결합하여 투입한 자원의 가치보다 더 큰 가치의 회수를 실현시킬 수 있다. 왜냐하면, 합작투자를 함으로써 대규모 저비용운용 등 여러 가지 이점을 활용할 수 있기 때문이다.

둘째, 능력있는 현지 파트너를 맞이하게 되면 외국인 기업체는 필요로 하는 원자재, 노동력, 현지경영자, 마케팅 능력, 유통기구, 원만한 대현지국 정부관계 등을 제공받을 수 있어서 시장기반을 빠른 시일 내에 확보할 수 있다.

셋째, 합작투자를 하여 현지법인을 설립하게 되면 정치적 위험을 감소시키고, 자금조달, 세금, 이익회수 등의 측면에서 현지국 정부로부터 여러 가지 혜택을 받을 수 있다.

반면, 국제합작투자는 다음과 같은 단점을 가지고 있다.

첫째, 합작 파트너들 사이에 관점, 가치기준, 이해관계 등의 차이로 경영상의 문제점 해결에 관한 의사결정에 충돌이 일어날 가능성이 높다.

둘째, 합작투자를 하는 경우에는 발생한 이익을 파트너와 분할해야 하므로 배당받는 이익이 제한된다. 또한 발생한 이익을 어떻게 처분하고 활용할 것인가에 대해서 충돌이 일어나기 쉬우므로 처음부터 이것을 명확히 해둘 필요가 있다.

셋째, 범세계적 운영을 하는 다국적기업이 합작투자에 참여하게 되면 현지 합작기업체를 완전통제하지 못하므로 범세계적 경영전략을 수행하는 데 여러 가지 제약을 받을 수 있다.

제 3 절 국제기업합병 · 인수

1. 국제기업합병 · 인수의 특성

전 세계적으로 기업의 경영환경이 급변함에 따라 주로 선진국 기업들 및 신흥공업국의 일부 기업들이 국내외 경쟁력을 강화하고 지속적인 성장을 도모할 목적으로 기업구조조정(corporate restructuring)을 추진하고 있다. 이와 같은 기업구조조정의 전략적 수단 그리고 해외직접투자의 전략적 수단으로서 최근 들어 많이 활용되고 있는 것이 국제기업합병 · 인수(international corporate mergers and acquisitions)이다.

기업의 합병 · 인수(mergers and acquisitions: M&A)는 M&A라는 용어로 학계 및 업계에서는 널리 사용되고 있는 편이지만 명확히 정의된 개념은 아니다. 따라서 사용하는 사람에 따라 그 뜻에 다소 차이가 있을 수 있다. 여기에서는 피인수기업의 경영에 대한 직접적인 참여가 목적이고 투자비율이 10% 이상에 달하는 경우만을 해외기업인수로 간주하기로 한다. 또한, 기업의 합병 · 인수(M&A)는 둘 이상의 기업이 하나로 통합되어 단일기업이 되는 합병과 한 기업이 다른 기업의 주식 또는 자산을 취득하여 경영권을 획득하는 인수가 결합된 개념으로서, 외부경영자원을 활용하여 기업의 성장을 도모하는 가장 적극적인 경영 전략의 하나라고 볼 수 있다.

2. 국제기업합병 · 인수의 장 · 단점

1920년대 후반부터 유럽기업들을 대상으로 기업인수전략을 활용하기 시작한 미국기업들은 이 전략을 해외와 미국 내에서 계속해서 활용해왔다. 특히 1980년대에 미국기업들이 국내에서 일으킨 M&A 열풍은 서유럽과 일본뿐만 아니라 아시아 · 오세아니아 지역으로까지 파급되었다. 국제기업합병 · 인수가 범세계적 기업경영을 위한 전략적 수단으로 널리 활용되고 있는 이유는 다음과 같다.

특정기업체가 단독 해외직접투자로 해외자회사를 설립할 경우, 이에는 막대한 자금과 상당히 긴 시간 등이 소요될 수 있을 뿐만 아니라, 설립 후 운영상의 불안정성과 투자회수의 불확실성이 크게 된다. 또한, 합작투자로 해외합작기업체를 설립하고자 하는 경우에도 적합한 현지파트너 선정의 어려움, 모든 합작선이 다같이 만족할 수 있는 계약체결의 어려움, 경영권 행사 및 책임분담에 관한 이해관계대립의 가능성 등 많은 어려움이 있게 된다. 반면에 국제 M&A는 현존하는 해외기업과 합병하거나 해외기업을 인수함으로써 단시간 내에 해외시장 진입과 국제경영의 확대를 가능케 한다. 그리고 자체적으로는 개발하기 어려운 기술이나 경영상의 노하우 등을 획득하기 위하여 그러한 기술이나 경영상의 노하우를 가지고 있는 외국의 기업체를 인수함으로써, 비교적 값싸고 쉽게 그러한 목적을 달성할 수가 있다.

반면에 국제기업합병 · 인수는 다음과 같은 단점을 지니고 있다.

첫째, 인수기업과 피인수기업은 상이한 기업문화, 관리시스템, 조직구조, 임금체계 등을 가지고 있기 때문에, 인수 후에 완전한 통합과 시너지 효과를 가져오지 못할 수 있다.

둘째, 인수대상기업의 경영력, 기술력, 경영실적, 자산 등 기업내용 및 기타 무형자산의 가치를 정확히 평가하기 어렵기 때문에 인수시 과다한 가격을 지불할 가능성이 크다.

셋째, 통합과정에서 피인수기업의 주요 경영자 · 기술자들을 잃을 가능성이 있으며, 그에 따라 경영력 · 기술력 등의 취득에 목적을 두었을 경우 그 목적을 달성하지 못할 수 있다.

연·습·문·제

EXERCISES

1. 해외직접투자(foreign direct investment)와 국제증권투자(international portfolio investment)의 차이점을 말하라.

2. 해외직접투자 이론 중 '독점적 우위 이론'은 해외직접투자를 하는 외국 기업은 현지국 기업이 가지고 있지 않은 경쟁우위(competitive advantage)를 확보하고 있어야 한다고 주장한다. 이러한 경쟁우위의 원천이 될 수 있는 것들은 무엇인가?

3. 국제합작투자의 장점과 단점은 무엇인가?

4. 국제기업합병·인수가 기업경영을 위한 전략적 수단으로 널리 활용되는 이유는 무엇인가?

CHAPTER 15

정치적 위험 분석

제 1 절 정치적 위험의 특성

정치적 위험(political risk)이란 특정기업의 수익성이나 기타 기업목표에 영향을 미치는 한 국가의 기업환경의 급격한 변화가 정치적인 역학관계의 변동에 의하여 초래될 가능성을 말한다. 정치적 위험의 정의에 있어서 중요한 요건은 첫째, 불연속성으로서 기업환경의 갑작스러운 변화가 있어야 하며, 둘째, 불확실성으로서 그 변화가 예측하기 어려운 변화이어야 하며, 셋째, 정치적 역학관계 즉, 사회전반에 걸친 권력관계와 관련된 문제에 의하여 초래되어야 하며, 마지막으로 기업에 대한 영향이 중요한데 즉, 특정기업의 수익성이나 기타 기업목표에 상당한 영향을 미칠 수 있는 가능성이 있어야 한다는 점 등이다.

정치적 위험은 저개발국이나 개발도상국뿐만 아니라 개발국에서도 존재한다. 예를 들어, 1980년도의 선거에서 프랑스의 미테랑이 대통령에 당선된 후 많은 주요산업들이 국유화되었는데 이 때 외국인 투자업체들도 포함되었으며, 또한 1980년도에 캐나다에서 석유산업부문의 외국인 참여율에 대한 제한선을 75%로부터 50%로 낮추는 새로운 에너지 정책을 채택하였다.

또한 정치적 위험은 현지국에서뿐만 아니라 본사국으로부터 초래될 수도 있다. 예를 들어, 스웨덴과 미국의 경우 흑인들에게 가혹한 인종차별정책을 취하고 있던 남아프리카 공화국에 대하여는 자기나라 기업체들이 투자를 하거나 또는 남아프리카 공화국 내에서 기업활동을 하지 못하도록 규정하였던 적이 있었다.

한편, 정치적인 변화가 있다고 해서 반드시 그것이 정치적 위험이 되는 것은 아닌데, 정치적 변화는 불리한 영향뿐만 아니라 유리한 영향도 미칠 수 있기 때문이다. 예를 들어, 1970년대 중국에서는 모택동의 사망 후에 신정권이 들어오면서 외국기업에게는 유리한 기업환경을 제공하게 되었으며, 1973년도에 칠레의 아옌데 정권이 몰락한 후 강제 수용되었던 외국인 소유자산이 반환되었다.

그리고 정치적 위험은 주기적으로 재평가하여야 한다. 즉, 외국에 직접투자할 것을 결정하기 전에 마케팅, 생산, 재무관리 등의 측면에서 타당성 검토를 할 당시에도 정치적 위험분석을 행해야 하겠지만 현지자회사를 설립한 후에도 주기적으로 재평가를 하여야 한다.

마지막으로, 정치적 위험은 특정국의 외채상환능력을 평가하는 국가별 위험과는 구분되어야 한다. 국가별 위험(country risk)이란 외국에 자금대여를 하는 금융기관들의 관심의 대상이 되는 것으로서 특정 국가가 외채를 갚을 수 있는 충분한 능력 즉, 충분한 외환보유고가 있는가를 말하는 것인 데 반하여, 정치적 위험이란 보다 포괄적인 개념으로서 한 국가 내에서 외국기업의 활동에 영향을 미치는 기업환경의 변화를 의미한다.

제2절 정치적 위험의 종류

정치적 위험은 거시적 위험과 미시적 위험으로 나눌 수 있다. 거시적 위험(macro political risk)은 외국인 기업체 전체에 영향을 미치는 기업 환경의 변화가 정치적 역학관계의 변동에 의해서 초래되는 것을 말하며, 미시적 위험(micro political risk)은 특정산업 또는 특정기업에만 영향을 미치는 정치적 위험을 말한다.

우선 거시적 위험의 예로는 1959~60년도에 쿠바의 카스트로가 모든 사유재산을 국유화한 것을 들 수 있다. 이와 같이 정치적 이념의 전환으로 인해서 외국인 투자자산이 수용된 예는 알제리, 버마(현 미얀마), 칠레, 이집트, 가나,

인도네시아, 우간다, 리비아 등의 나라에서도 있었다. 또한 중동의 아랍국가들은 이스라엘과 무역 이외의 어떠한 형태로든지 거래관계가 있는 외국기업과는 거래를 하지 않겠다고 1955년에 선언을 하였는데 이러한 외교관계에 있어서의 boycott도 거시적 위험의 예라고 할 수 있다.

한편 미시적 위험은 현지국 정부가 정치적인 이유로 특정산업 또는 특정기업에 대해 선별적으로 제한적인 조치를 취할 때 발생하게 된다. 어느 산업분야가 특히 정치적 위험에 많이 노출되어 있는가는 국가별로 다르고 또한 시간이 경과함에 따라 변한다고 할 수 있다. 일반적으로는 기술상의 변혁이 심하여 외국으로부터 새로운 기술을 계속해서 도입해야 하는 산업은 정치적 위험이 낮다고 볼 수 있는 반면 천연자원 개발분야와 금융산업은 정치적 위험이 높다고 볼 수 있다.

한 산업의 정치적 위험은 시간이 경과함에 따라서 그 위험도가 변할 수 있는데, 이러한 변화를 초래하는 요인으로서 두 가지를 들 수 있다. 첫째, 특정 주요 산업분야에서 외국인 기업체의 점유율이 높아지면 정치적 공격의 목표가 될 가능성이 크게 되는데 1980년도에 캐나다 석유산업부문에서 외국인 참여율에 대한 제한선을 75%로부터 50%로 낮춘 것이 그 예가 될 수 있다. 둘째, 기술이나 경영면에서 현지국 사람들의 능력으로 운영이 가능하게 된 산업분야는 될 수 있으면 외국인 기업체들을 배제하려고 정치적 압력을 가하려 할 것이므로 정치적 위험이 커지게 된다.

기업에 영향을 미치는 정치적 위험의 원천과 그러한 원천이 행동화하는 데

표 15-1 정치적 위험의 원천과 영향

원 천	원천이 되는 집단	국제기업활동에 미치는 영향
상반되는 정치이념	정부 및 산하기관	몰수, 수용
사회적 불안과 무질서	의회 내의 반대세력집단	기업활동에 대한 규제
현지 기업인들의 이해관계	반정부집단	이전의 제한
정치적 독립과 주권선언	일반대중집단	계약의 일방적 파기
전쟁 또는 내란	외국정부 또는 국가간의	차별정책(조세 등)
새로운 외교관계 형성	연합기관	재산 또는 인명 피해

자료: Stefan H. Robock and Kenneth Simmonds, *International Business and Multinational Enterprises*, 3rd Edition(Homewood, Illinois: Irwin, 1983).

원동력이 되거나 수단이 되는 집단, 그리고 그러한 정치적 변화의 결과로 기업이 받게 되는 영향이 〈표 15-1〉에 요약되어 있다. 이러한 정치적 위험의 원천, 그리고 원천이 되는 집단을 정확하게 파악하는 것은 정치적 위험에 적절한 대응책을 수립하는 데 있어서 매우 중요하다고 할 수 있다.

제 3 절 정치적 위험 분석방법

현재 알려진 대부분의 정치적 위험 예측기법들은 주로 혁명, 쿠데타, 내란 등 특정국가 내의 불연속적인 정치적 변화의 예측을 목적으로 하고 있으며, 따라서 이러한 정치적 위험 예측기법들은 특정기업에 특유한 정치적 위험(즉, 미시적 위험)을 예측한다기보다는 특정국 정치제도의 안정성 정도 내지 정치체제의 변혁 가능성(즉, 거시적 위험)에 치중하는 모형들이라고 할 수 있다.

지금까지 널리 알려진 정치적 위험 예측기법들은 대체로 첫째, 기업 스스로 현지국에 조사단을 파견하여 정치적 위험의 정도를 조사 · 평가하는 그랜드 투어(Grand Tour)방법, 기업 외부의 정치인이나 외교관 등 특정지역 전문가들의 의견을 수렴하는 올드핸드(Old Hands)방법, 기업 내외의 지역 전문가들의 의견을 반복적으로 수렴하여 종합하는 델파이(Delphi)방법 등 전문가들의 주관적 판단에 의존하는 분석기법과, 둘째, 정치적 변화의 원인이 되는 여러 가지 변수들을 측정하여 다변량 분석 등의 통계기법을 적용함으로써 정치적 위험의 가능성을 예측하려는 계량적 분석기법으로 나누어볼 수 있다.

델파이방법에 의존하여 정치적 위험을 예측하는 기법 중 대표적인 예로서 BERI(Business Environmental Risk Index)는 매년 약 45개 국가를 대상으로 하여 구성원이 100명이 넘는 전문가 심사회를 구성하여 각 심사위원으로 하여금 미리 준비된 특정국가의 정치적 변수들에 대하여 주관적 평점을 내리도록 하고 있다. 1차 평가가 종료된 후 각 심사위원은 다른 심사위원들의 평가결과를 통보받게 되며, 이 때 자기의 평가점수를 다시 수정할 수 있다. 이와 같이 몇 차례의 반복적인 평가과정을 거친 후 특정국가의 정치적 위험정도에 관한 최종평점이 결정된다.

전문가들의 주관적 평가에 의존한 정치적 위험의 예측기법은 특히 정치체제가 인물중심이며 비헌정적인 특징을 보이는 일부 국가의 경우에는 매우 유용한 예측방법이 될 수 있다. 그러나 이러한 주관적 기법들은 예측과정에서 전문가들의 의식적 또는 무의식적 편견이 개입될 여지가 크고 매우 주관적일 수밖에 없다는 한계를 지니고 있다.

한편 정치적 위험을 계량적으로 분석하는 기법 중의 대표적인 예로서 PSSI(Political System Stability Index)를 들 수 있다. PSSI는 사회 경제적(socioeconomic) 지수, 사회적 갈등(societal conflict) 지수 및 정치과정(governmental process) 지수 등의 동일 가중치를 갖는 3개의 소지수군으로 구성되어 있다. 한편 이들 각각의 소지수군은 여러 개의 독립변수들에 대한 계량적 평가에 의하여 측정되며, 시계열 분석을 통하여 최종적으로 해당국가에 대한 종합적인 정치적 위험지수가 산정된다.

그러나 계량적 분석기법도 역시 많은 방법론상의 문제점을 안고 있다. 우선 이러한 계량적 예측기법은 독립변수의 선정, 변수들 상호간의 관계설정 및 가중치 선정과정 등에 있어 다분히 주관적인 판단에 의존하고 있다는 한계점을 지니고 있다. 또한 계량적 예측기법은 계량화된 통계치에 지나치게 의존함으로써 특정국가 내의 독특한 특징이나 혹은 정서상의 미묘한 변화 등을 예측하기가 매우 곤란하다. 뿐만 아니라 많은 후진국의 경우 분석에 요구되는 신빙성 있는 자료의 확보가 매우 어렵고, 과거의 현상 및 실적만을 기초로 미래의 현상을 예측한다는 논리도 상당한 무리가 있다고 할 수 있다. 따라서 보다 정확한 정치적 위험의 예측을 위해서는 각각 적용상의 한계를 갖는 주관적 분석기법이나 계량적 분석기법 중의 어느 하나에 의존하지 않고 양자를 종합적으로 활용하는 것이 가장 바람직하다고 할 수 있다.

한편, 정치적 위험분석에 있어서 일반적으로 따라야 할 절차를 살펴보면 다음과 같다. 첫째, 현정권의 형태와 안정성을 분석한다. 즉, 거시적 위험에 대한 분석을 행한다. 둘째, 기업 자체의 제품 및 기업 운영상의 특성 분석을 통하여 정치적 위험의 종류를 파악한다. 즉, 어떤 정치적 변화가 특정기업에게 영향을 많이 미치는가 또는 별로 미치지 않는가의 여부는 그 기업의 사업성격에 따라 크게 달라질 수 있으므로 다음과 같은 이슈들을 충분히 고려하여 기업활동에 어떠한 영향이 올 수 있을지를 파악해야 한다.

① 현지인들이 자기들만의 힘으로 그 사업을 성공적으로 수행할 수가 있는가?
② 외국기업체와 외국인 경영자들의 위치가 현지국에서 두드러지게 나타나는가?
③ 새로운 기술이 계속 제공되어야 하는가?
④ 현지 기업인들과 경합이 되는 사업인가?
⑤ 기업체의 운영에 있어서 천연자원에의 의존도가 높은가?
⑥ 현지시장에서의 독점적 위치가 얼마나 강한가?
⑦ 사업이 현지국의 국제수지에 어떠한 영향을 미치는가?
⑧ 제품이 사회적으로 바람직하며 필수품인가?
⑨ 사회적 비용/편익 분석(social cost/benefit analysis) 결과 현지국에 유익한 사업인가?

셋째, 이러한 정치적 위험의 원천을 파악한다. 예를 들어, 파악된 정치적 위험의 종류가 수용인 경우 그 위험의 원천은 정치이념의 변화 또는 현지 기업인들의 이해관계가 될 수 있을 것이다. 마지막으로 위험의 가능성과 발생시기를 예측한다.

위에서 말한 제반단계를 거치는 과정에서 중요한 것은 기업의 환경에 갑작스러운 변화를 초래하는 정치적 변화에 역점을 두어야 한다는 것이다. 즉, 기업체들이 궁극적으로 파악해야 하는 것은 현지국이 정치적으로 얼마나 안정되어 있느냐 하는 것이 아니고 현지국에서 발생하는 정치적 변화가 기업의 이익에 어떠한 영향을 미치는가 하는 것이다.

연·습·문·제

EXERCISES

1. 정치적 위험이란 무엇인가?

2. 정치적 위험 중 거시적 위험과 미시적 위험을 구분하여 설명하라.

3. "정치적 위험은 시간이 경과함에 따라서 그 위험도가 변할 수 있으므로 정치적 위험은 주기적으로 재평가하여야 한다." 이 말의 뜻을 설명하라.

CHAPTER 16

국제자본예산편성

제 1 절 국제자본예산편성의 성격

해외직접투자는 전략적 · 경제적 · 방어적 동기 등 다양하고 복잡한 동기에 의하여 행해진다고 볼 수 있지만, 해외투자안에 대한 타당성 검토를 하는 데 있어서는 전통적인 재무분석이 무엇보다도 중요하다고 할 수 있다. 해외투자안에 대한 타당성 검토를 위한 국제자본예산편성(international capital budgeting)은 기본적으로 국내자본예산편성과 동일한 이론적 틀을 적용할 수 있다.

즉, 투자안을 실행에 옮겼을 때 발생할 것으로 예상되는 현금흐름을 기업의 가중평균자본비용(weighted average cost of capital) 또는 투자안에 대한 요구수익률(required rate of return)로 할인하여 순현재가치(net present value: NPV)를 구하여 그 값이 영보다 크면 투자안을 채택하는 방식의 순현가법을 사용하거나, 아니면 예상되는 현금흐름의 순현재가치를 영이 되게 하는 할인율을 구하여 그 할인율을 내부수익률(internal rate of return: IRR)로 정하고 내부수익률이 기업의 가중평균자본비용 또는 투자안에 대한 요구수익률보다 크면 투자안을 채택하는 방식의 내부수익률법을 사용하면 된다.

그러나 국제자본예산편성은 국내자본예산편성에 비하여 훨씬 복잡한 작업이 될 수 있는데 그 이유는 다음과 같다.

첫째, 본사의 입장에서 본 현금흐름과 현지자회사의 입장에서 본 현금흐름이 서로 구별되어야 하며 따라서 서로 상이한 결론이 도출될 수 있다.

둘째, 국가간에 조세제도 및 세율의 차이가 있으므로 그에 따라 다양한 배당정책이 채택될 수 있고 자금이동에 대한 정부의 규제 등이 있을 수 있으므로 현지자회사가 본사로 자금을 송금하는 시기를 확실하게 파악할 필요가 있다.

셋째, 현지자회사로부터 본사가 받게 되는 현금흐름 중에는 배당 이외에도 라이선싱계약의 로얄티 또는 현지자회사가 본사로부터 구매한 부품에 대한 대금지급 등이 포함될 수 있다.

넷째, 현지국의 인플레이션은 제품의 생산비용 및 판매가격의 변화 등을 초래하여 가격경쟁력에 영향을 미치게 되므로 현지국, 본사국 및 수출시장국 등의 물가상승률 예측이 제대로 이루어져야 한다.

다섯째, 환율의 변동은 현지자회사가 생산하여 판매하는 제품의 가격경쟁력에 영향을 미칠 뿐만 아니라 현지자회사의 현금흐름을 본사국 통화로 환산할 때도 영향을 미치므로 환율변화에 대한 예측이 매우 중요하다.

여섯째, 국내투자와는 달리 해외투자는 정치적 위험이 크다고 볼 수 있으므로 정치적 위험에 대한 적절한 평가가 필요하다. 왜냐하면 정치적 사건들은 현금흐름에 상당한 영향을 줄 수 있기 때문이다.

제2절 본사와 현지자회사의 상이한 입장

해외투자안에 대한 타당성 검토를 할 경우 본사의 입장에서 타당성 여부를 결정해야 한다는 주장이 강하게 제기되어 왔다. 즉, 본사가 받게 되는 현금흐름이 궁극적으로 주주에 대한 배당, 세계 여타지역에의 투자, 기업 전체적인 입장에서의 부채상환 등의 형태로 기업의 다양한 이익집단에게 배분되므로 본사 입장에서 해외투자안에 대한 타당성 검토를 해야 한다는 것이다. 예를 들면, 현지국 정부가 영구적으로 송금에 대한 규제를 하여 현지자회사가 본사로 이익배당을 할 수가 없다면 본사는 해외투자로부터 아무런 현금흐름도 얻을 수 없게 되어 주주에 대한 배당이나 부채의 상환에 도움이 되지 않는다는 것이다.

그러나 해외투자안의 타당성 검토에 있어서 현지자회사의 입장에서 본 현금흐름을 분석하는 것도 또한 필요하다고 할 수 있다. 특히 해외투자안을 동일 현지국 내의 다른 투자안과 비교하는 경우에는 현지자회사 입장에서의 현금흐름을 평가하는 것이 요구된다. 가령, 현지국 내에 현지국 정부가 발행하는 정부채권시장이 존재한다면 해당 해외투자안과 동일한 기간을 만기로 하는 무위험 정부채권보다는 해당투자안의 수익률이 높아야 할 것이다. 또한 현지국의 경쟁기업이 동일한 투자안에 투자를 하여 올릴 수 있는 수익률보다도 높은 수익률을 얻을 수 없다면 본사의 주주입장에서는 해당 투자안에 직접적으로 투자를 하는 것보다 현지국 경쟁기업의 주식을 매입하고 그 현지국 기업이 투자안을 실행에 옮기도록 하는 것이 더 나을 것이다.

다국적기업들은 실제로 해외투자안의 타당성 검토를 함에 있어서 본사 입장과 자회사 입장의 현금흐름을 모두 분석하는 경우가 많기 때문에 어느 한 쪽이 옳은 방법이라고 주장하기는 쉽지 않다. 논리적으로 본다면 본사 입장에서의 현금흐름을 분석하는 것이 더 나은 방법이라고 할 수 있으나 실제로는 자회사 입장에서의 현금흐름을 분석하는 방법도 많이 채택되고 있다. 이것은 다국적기업의 경우 기업의 전 세계적 활동을 평가하기 위하여 본사와 자회사들의 재무제표를 통합한 연결재무제표(consolidated financial statements)를 작성하고, 연결재무제표상의 순이익을 극대화하고자 하는 목표를 수립하는 경우가 많기 때문이다. 즉, 본사로 배당 송금이 되지 않았더라도 현지자회사의 이익이 연결재무제표상의 순이익에 포함된다면 해외투자안에 대한 타당성 검토를 함에 있어서 현지자회사의 입장에서 현금흐름을 분석하는 것이 바람직하다는 것이다.

제 3 절 적정 할인율의 산정

해외투자안에 대한 타당성 검토를 함에 있어서 본사가 국내투자안에 대한 타당성 검토를 할 때와는 달리 지역적으로 외국이라는 점 때문에 추가적인 위험이 존재하게 된다는 점을 인식해야 한다. 즉, 현지국의 정치적 불안은 투자안에 대한 상당한 위협이 될 수 있고, 현지국 통화와 본사국 통화 간의 환율변동위험은 투자안으로부터 예상되는 현금흐름의 규모에 커다란 변화를 초래할 수 있다. 이러한 정치적 위험과 환율변동위험 등 해외투자는 국내투자에 비하여 추가적인 위험을 가지므로 해외투자안에 대한 타당성 검토를 할 때 이러한 위험을 반영하기 위한 조치를 취해야 할 것이다 일반적으로 다국적기업들은 해외투자안의 추가적 위험을 반영하기 위하여 투자안으로부터 예상되는 현금흐름을 할인할 때 사용되는 할인율을 상향조정하는 방법을 사용하고 있다. 즉, 해외투자안으로부터 예상되는 현금흐름을 할인할 때는 국내투자안의 경우 요구되는 요구수익률에 리스크 프리미엄을 가산하여 보다 높은 요구수익률로 할인하는 방법을 많이 사용하고 있다.

한편, 현지자회사의 입장에서 투자안의 현금흐름을 평가하는 목적은 현지국 내의 다른 투자기회와 비교하고자 하는 것이므로 투자안의 현금흐름을 할인할 때 적용되어야 할 할인율은 현지국에서 비슷한 정도의 영업 및 재무위험을 가지는 투자안에 대하여 현지국의 투자자들이 요구하는 요구수익률이 되어야 한다.

제 4 절 국제자본예산편성의 기본틀

해외투자안에 대한 타당성 검토를 하기 위한 국제자본예산편성(international capital budgeting)은 현지국의 물가상승률, 환율의 변동, 송금의 시기 및 국제조세 등의 문제들을 고려해야 하므로 매우 복잡한 과정이지만 다음과 같이 두 가지 단계로 나누어 행해질 수 있다.

첫번째 단계에서는 투자안을 실천에 옮겼을 때 발생할 것으로 예상되는 현금흐름을 현지자회사의 입장에서 추정해야 한다. 이 때 고려해야 하는 중요한 사항은 물가상승률과 환율 등이다. 현지국의 물가상승은 제품의 생산비용 및 판매가격의 변화요인으로 작용하므로 현지국의 물가상승률을 반영하여 현지자회사의 제품판매가격이 인상될 경우에 그에 따른 판매량의 변화를 적절히 예측해야 한다. 가령, 현지국의 물가상승률이 높은 경우 현지자회사의 제품판매가격이 물가상승률과 같은 폭으로 인상되어 경쟁사 제품과의 가격경쟁력에 있어서 큰 변화가 발생하지 않는다면 현지국 내에서의 판매량은 크게 변하지 않을 수 있을 것이다. 그러나 이러한 물가상승률을 반영한 제품판매가격의 인상이 현지자회사 제품의 해외 수출량에는 큰 변화를 초래할 수 있는데 이 때 환율변동 및 수출시장에서의 수요의 가격탄력성이 문제가 된다. 즉, 현지자회사 제품의 현지국 통화로 표시되는 판매가격이 인상될 때 현지국 통화와 수출시장국 통화 간의 환율이 가격상승폭을 상쇄시킬 수 있을 만큼 충분히 변화할 것인가를 고려하야 한다. 현지국 통화로 표시된 판매가격의 인상은 현지자회사 제품의 수출시장에서의 가격경쟁력을 약화시키는데 만약 환율면에서 현지국 통화의 가치하락에 따른 가격경쟁력 회복의 정도가 충분치 못하다면 현지자회사 제품의 해외수출량은 감소하게 될 것이다. 이 때 수출시장에서 현지자회사 제품의 가격변화에 수요자들이 민감하게 반응을 보일수록 즉, 수요의 가격탄력성이 클수록 현지자회사 제품의 수출량이 크게 변화할 것이다. 한편, 현지국 통화의 가치변동은 현지자회사가 수입하는 원자재의 현지국 통화 표시가격을 변화시켜 비용면에서도 변동을 가져오므로, 미래의 환율변화에 대한 정확한 예측은 현지자회사 입장에서의 현금흐름을 추정하는 데 있어서 가장 중요한 일이 된다고 할 수 있다.

두번째 단계에서는 첫번째 단계에서 추정된 현지자회사 입장에서의 현금흐름으로부터 본사 입장에서의 현금흐름을 추정해야 한다. 이 때 고려해야 할 사항들로는 우선 현지자회사의 배당정책(dividend policy)을 들 수 있는데 이에 따라 현지자회사 입장에서의 현금흐름 중 실제로 본사에 송금되는 부분이 정해지게 된다. 현지자회사의 배당정책은 여러 가지 요인들에 의하여 영향을 받게 되지만 특히 이중과세 등 국제조세와 관련된 문제들에 의하여 상당한 영향을 받게 된다. 그리고 현지국정부가 일정기간 동안 송금에 대한 규제를 하고 있는 현지국에 현지자회사가 위치하는 경우(즉, blocked funds의 경우)에는 현지자회사 입장에서의 현금흐름 발생시기와 본사로의 송금시기가 달라지게 된다. 또한 현지국 정부는 일반적으로 외국인 투자기업이 해외로 송금하는 이익에 대하여 원천세(withholding tax)를 부과하고 있으므로 본사의 입장에서 본 현금흐름을 추정할 때는 현지자회사가 송금하는 이익에서 원천세액만큼 차감해주어야 한다. 마지막으로 현지자회사가 본사에 지급하는 라이선싱계약의 로얄티 등은 현지자회사에서는 비용으로 처리되나 본사의 입장에서는 수익이 되므로 이러한 부수적 소득(supplementary income)은 본사 입장에서의 현금흐름에 포함시켜야 한다. 그리고 현지자회사 입장에서의 현금흐름을 본사 입장에서의 현금흐름으로 전환시키는 과정에서 환율이 문제가 되므로 환율의 변동 역시 고려해야 할 중요한 요소이다.

이와 같이 추정된 현지자회사 및 본사 입장에서의 현금흐름에 대하여 내부수익률법(internal rate of return method) 및 순현가법(net present value method) 등의 방법들을 사용하여 그 투자안에 대한 의사결정을 하게 된다. 순현가법의 경우 해외투자안으로부터 예상되는 순현금흐름(현금유입액에서 현금유출액을 공제한)을 적정한 할인율로 할인하여 현재가치를 구하게 되는데, 이때 사용되는 할인율은 본사 입장에서 타당성 검토를 할 경우 그 해외투자안의 특성에 따른 각종 위험에 대한 보상을 해줄 수 있도록 국내투자안에 대한 요구수익률보다 상향조정되어야 하며 현지자회사 입장에서 타당성 검토를 할 경우에는 현지국의 투자자들이 해당 투자안과 비슷한 정도의 영업 및 재무위험을 가지는 투자안에 대하여 요구하는 수익률 수준이 되어야 한다.

제 5 절 사례분석: Imperial사[1)]

사 례

자동차 및 산업장비에 사용되는 전동기를 생산하는 Imperial사는 미국에 본사를 두고 있으며 프랑스, 독일, 브라질 및 필리핀에 해외자회사를 가지고 있다 유럽지역에서의 생산규모확장을 계획하고 있는 Imperial사는 프랑스 자회사의 시설을 확대하는 방안을 고려하였지만 스페인에서는 인건비가 훨씬 낮고 정부의 투자유인들이 제공된다는 것을 알게 되었다. Imperial사의 사장은 재무관리팀에게 스페인에 투자하는 경우에 대한 재무분석을 하라고 지시하였다.

Imperial사의 스페인 자회사는 100% 단독투자형태로 설립되며, 이곳에서 생산되는

1) 이 부분은 Ian H. Giddy가 개발한 사례, *Imperial Power-Spain*을 참고하여 수정 보완하였음.

전동기는 스페인 국내시장에서 판매될 뿐만 아니라 다른 유럽국가들로도 수출될 것으로 제안되었다. 미국의 Imperial 본사(모회사)는 $1,500,000의 지분투자(equity investment)를 하기로 하였는데, 이것은 당시의 환율인 70pesetas/$로 환산하여 Ptas. 105,000,000에 해당하는 금액이었다. 또한 추가적으로 $600,000의 자금을 한 프랑스계 은행으로부터 차입하여 매년 10%의 이자를 지급하고 원금은 10년 후에 상환하기로 하였으나 이 차입계약을 계속적으로 연장하는 데는 아무런 어려움도 없을 것으로 판단되었다. 지분투자와 차입금을 합한 $2,100,000의 자본금은 장비를 구입하는 데 드는 비용 $1,000,000와 운전자본으로 필요한 액수를 충당하는 데 충분하리라고 판단되었다. 가까운 장래에 추가적인 운전자본이 소요되지는 않을 것이며, 장비의 원래 구입비용에 대하여는 내용년수를 10년으로 하는 정액감가상각법을 적용하기로 하였다.

중장기적인 수요예측은 무척 어렵기 때문에 Imperial사는 향후 4년 동안에 대해서만 현금흐름을 예측하고 4년째말에 가서 자회사의 가치를 4년째의 현금흐름예상액이 영원히 지속된다는 가정하에 이러한 현금흐름들의 4년째말에 있어서의 현재가치로서 정하는 방법을 채택하였다.

Imperial사의 한계세후 가중평균자본비용은 대략 12%이었으나 스페인에 투자하는 경우는 보다 높은 위험을 부담해야 하므로 Imperial사는 이번 스페인 투자건에 대해서는 16%의 할인율을 적용하기로 하였다.

스페인 자회사에서 생산되는 전동기의 첫해 판매가격은 Ptas.1,300로 책정되었다. 이 가격으로는 스페인 국내에서 연간 50,000단위, 그리고 해외의 수출시장에서 연간 150,000단위의 전동기가 판매되리라고 예상되었다. 스페인에서의 인플레이션율은 연간 15%가 될 것으로 예상되므로 Imperial사의 스페인 자회사가 전동기 판매가격을 연간 15%씩 인상할 경우 스페인 국내시장에서의 수요는 영향을 받지 않겠지만 해외수출시장에서의 수요는 스페인에서의 인플레이션이 페세타화의 평가 절하에 의하여 완전히 상쇄되지 않는 한 영향을 받을 것으로 생각되었다. Imperial사의 프랑스 자회사의 경영자들의 말에 의하면 유럽지역에서의 수요의 가격탄력성은 대략 1.5가 된다고 하였다. 즉, Imperial사 전동기의 상대가격이 전년도에 비하여 1% 상승할 경우 수요량은 1.5%가 하락할 것이라는 의견이었다. 스페인을 제외한 유럽 전 지역과 미국에서의 인플레이션율은 연간 5%가 되리라고 예상되었다.

편의상 수요량, 판매가격, 영업비용 등의 계산에 있어서는 각해 연초의 가격 및 환율을 사용하기로 하고, 차입금에 대한 이자 및 모회사에게 지급하는 로얄티는 각해의 연말환율을 적용하여 지급하기로 하였다. 가격 및 환율의 변화가 없다는 가정하에 처음 4년 동안의 판매량에 대한 예상치는 다음과 같다.

연 도	가격(페세타)	가격(프랑) (16.67Ptas / FF)	국내판매량 (단위)	수출판매량 (단위)
2007	Ptas. 1,300	FF 77.98	50,000	150,000
2008	1,300	77.98	60,000	165,000
2009	1,300	77.98	65,000	181,500
2010	1,300	77.98	70,000	199,650

스페인 공장의 생산규모는 연간 350,000단위로 하기로 결정하였다. 전동기 한 단위당 변동비는 Ptas.840가 될 것으로 예상되었는데 그 중의 20%는 미국으로부터 수입되는 재료비, 40%는 국내에서 조달되는 재료비 그리고 나머지는 노무비가 차지할 것으로 생각되었다. 국내비용은 예상되는 인플레이션율과 같은 연간 15%로 상승할 것으로 기대되었다. 연간 고정비는 제조간접비 Ptas.75,000,000, 잔존가격을 0, 내용년수를 10년으로 할 때의 구입장비에 대한 감가상각비, 그리고 모회사에게 매년 지급해야 하는 $30,000의 로얄티로 구성되어 있었다. 스페인의 법인세율은 30%, 그리고 배당금에 대한 원천세율은 10%인 반면 미국의 법인세율은 50%이며 미국정부는 해외에서 납부한 법인세 및 원천세에 대하여 세액공제를 허용하고 있었다. 자회사의 이익은 매년도 연말에 전액 모회사로 배당송금하기로 하였으며 환율에 대한 예상치들은 다음과 같았다.

12월 31일	Ptas / $	FF / $
2006	70.0	4.20
2007	70.0	4.00
2008	85.0	3.50
2009	95.0	3.50
2010	110.0	3.50

분 석

다음과 같은 순서로 국제자본예산편성을 행한다. 즉,

첫째, 페세타화 표시 판매가격, 환율 및 수요의 가격탄력성 등을 고려하여 각해의 매출량과 매출수익(페세타화 표시)을 계산한다(〈표 16-1〉).

둘째, 매출량을 근거로 하여 변동비(페세타화 표시)를 산출한다(〈표 16-2〉 및 〈표 16-3〉).

셋째, 기타비용을 산출하고 세전순이익을 산출한 후, 여기에서 법인세와 원천세를 차감한다(〈표 16-2〉 및 〈표 16-3〉).

넷째, 달러화로 표시된 현금흐름을 구한다(〈표 16-3〉).

다섯째, 투자안에 대한 순현재가치 또는 내부수익률을 구한다. 〈표 16-4〉에 의하면 투자안의 순현재가치는 正의 값을 가지며(즉, NPV = Ptas.201,910,000), 또한 내부수익률(IRR)은 약 46%로서 현지국 투자자들이 비슷한 정도의 영업 및 재무위험을 가지는 투자안에 대하여 요구하는 수익률 16%보다 높은 수준이 됨을 알 수 있다. 따라서 현지 자회사 입장에서 현금흐름을 분석하는 경우 이 투자안은 채택되어야 할 것이다.

여섯째, 본사입장에서의 현금흐름을 구하고, 세금에 대한 조정을 한 후 순현재가치 또는 내부수익률을 구한다. 〈표 16-5〉에 의하면 투자안의 순현재가치는 정의 값을 가지며(즉, NPV = $613,809), 또한 내부수익률은 약 27%로서 Impeial사가 스페인 투자건에 대해서 높은 위험을 감안하여 적용하기로 한 16%의 할인율보다 더 높은 수준이 됨을 알 수 있다. 따라서 본사의 입장에서 현금흐름을 분석하는 경우에도 이 투자안은 채택되어야 할 것이다.

표 16-1 매출량과 매출수익의 계산

	2007	2008	2009	2010
국내매출				
1. 예상 국내판매량	50,000	60,000	65,000	70,000
2. 판매가격(연 15% 인상)	× 1,300	× 1,495	× 1,719	× 1,977
3. 국내 매출수익(단위 : Ptas. 1,000)	65,000	89,700	111,735	138,390
수　출				
4. 스페인에서의 페세타화 표시 판매가격(line 2와 동일)	1,300	1,495	1,719	1,977
5. 예상환율(Ptas/FF)	16.67	17.50	24.29	27.14
6. 프랑화 표시 판매가격	77.98	85.43	70.77	72.84
7. 전년대비 프랑화 표시가격의 변화(%로 표시)		+9.55%	−17.16%	+2.92%
8. (차감)유럽 인플레이션율 연간 5%		−5.00%	−5.00%	−5.00%
9. 전년대비 상대가격 변화(%로 표시)		+4.55%	−22.16%	−2.08%
10. 판매량 변화[×(−1.5)](%로 표시)		−6.82%	+33.24%	+3.12%
11. 전년도 판매량		150,000	153,747	225,338
12. 10% 성장(원래의 예상)		+15,000	+15,375	+22,534
13. 가격효과 전의 판매량		165,000	169,122	247,872
14. [×(탄력성계수)][1]		×0.9318	×1.3324	×1.0312
15. 예상 수출판매량	150,000	153,747	225,338	255,606

16. 판매가격(페세타화 표시)	×1,300	× 1,495	× 1,719	× 1,977
17. 수출판매수익(단위 : Ptas. 1,000)	195,000	229,852	387,356	505,332
매출량의 계산				
18. 국내 판매량(line 1)	50,000	60,000	65,000	70,000
19. 수출 판매량(line 15)	150,000	153,747	225,338	255,606
20. 총판매량	200,000	213,747	290,338	325,606

1) 2008 : 1.0000 − 0.0682 = 0.9318
2009 : 1.0000 + 0.3324 = 1.3324
2010 : 1.0000 + 0.0312 = 1.0312

표 16-2 각종 비용 계산

	2007	2008	2009	2010
단위당 수입재료비의 계산				
(Ptas. 840의 20%는 Ptas. 168)				
21. 원래의 달러화 표시 단위당 비용(168/70)	$2.40	$2.40	$2.40	$2.40
22. 미국 인플레이션율에 따른 조정(×1.05^n)	× 1.000	× 1.0500	× 1.1025	× 1.1576
23. 조정된 달러화 표시 단위당 비용	$2.4000	$2.5200	$2.6460	$2.7782
24. 환율(연초)	70.0	70.0	85.0	95.0
25. 페세타화 표시 단위당 수입재료비	168.00	176.40	224.91	263.93
페세타화 표시 이자비용의 계산				
26. 달러화 표시 지급이자(10% × $600,000)	$60,000	$60,000	$60,000	$60,000
27. 환율(연말)	70.0	85.0	95.0	110.0
28. 페세타화 표시 이자비용(단위 : Ptas. 1,000)	4,200	5,100	5,700	6,600
페세타화 표시 로얄티 비용				
29. 달러화 표시 로얄티 비용	$30,000	$30,000	$30,000	$30,000
30. 환율(연말)	70.0	85.0	95.0	110.0
31. 페세타화 표시 로얄티비용(단위 : Ptas. 1,000)	2,100	2,550	2,850	3,300

표 16-3 추정 손익계산서

	2007	2008	2009	2010
매출수익(단위 : Ptas. 1,000)				
32. 국내매출수익(line 3)	65,000	89,700	111,735	138,390
33. 수출판매수익(line 17)	195,000	229,852	387,356	505,332
34. 총매출수익	260,000	319,552	499,091	643,722
비　용				
35. 단위당 수입재료비(line 25)	168.00	176.40	224.91	263.93
36. 단위당 국내재료비[(840)(0.4)(1.15)^n]	336.00	386.40	444.36	511.01
37. 단위당 노무비[(840)(0.4)(1.15)^n]	336.00	386.40	444.36	511.01
38. 단위당 총변동비	840.00	949.20	1,113.63	1,285.95
39. 매출량(line 20)	× 200,000	× 213,747	× 290,338	× 325,606
40. 총변동비(단위 : Ptas. 1,000)	168,000	202,889	323,329	418,713
41. 제조간접비(×1.15^n)(단위 : Ptas. 1,000)	75,000	86,250	99,188	114,066
42. 감가상각비(단위 : Ptas. 1,000)	7,000	7,000	7,000	7,000
43. 이자(line 28)(단위 : Ptas. 1,000)	4,200	5,100	5,700	6,600
44. 로열티(line 31)(단위 : Ptas. 1,000)	2,100	2,550	2,850	3,300
45. 총비용	256,300	303,789	438,067	549,679
이익 및 배당의 계산(단위 : Ptas. 1,000)				
46. 세전순이익	3,700	15,763	61,024	94,643
47. (차감) 30% 법인세	1,110	4,729	18,307	28,393
48. 세후순이익	2,590	11,034	42,717	66,250
49. (차감) 10% 원천세	259	1,103	4,272	6,625
50. 지급배당금	2,331	9,931	38,445	59,625
달러화로의 환산				
51. 환율(연말)	70.00	85.00	95.00	110.00
52. 세전순이익(달러화 표시)	52,857	185,447	642,358	860,391
53. 법인세 및 원천세(달러화 표시)	19,557	68,612	237,674	318,346
54. 지급배당금(달러화 표시)	33,300	116,835	404,684	542,045

표 16-4 투자안의 현금흐름 분석 (단위 : Ptas.1,000)

	2006	2007	2008	2009	2010	2010E
현금유입						
55. 세후순이익(line 48)	–	2,590	11,034	42,717	66,250	–
56. 감가상각비(line 42)	–	7,000	7,000	7,000	7,000	–
57. 이자비용 × (1 – 법인세율)[2]	–	2,940	3,570	3,990	4,620	–
58. 운전자본의 회수[3]	–	–	–	–	–	–
59. 최종자산가치[4]	–	–	–	–	–	442,937
60. 총현금유입액	–	12,530	21,604	53,707	77,870	442,937
현금유출						
61. 순운전자본	77,000	–	–	–	–	–
62. 장비	70,000	–	–	–	–	–
63. 총현금유출액	147,000	–	–	–	–	–
현금흐름의 분석						
64. 순현금유입액	–147,000	12,530	21,604	53,707	77,870	442,937
65. 16% 할인계수[5]	1.0000	0.8621	0.7432	0.6407	0.5523	0.5523
66. 각 현금흐름의 현재가치	–147,000	10,802	16,056	34,410	43,007	244,634
67. 누적순현재가치	–147,000	–136,198	–120,142	–85,732	–42,724	201,910
68. 내부수익률 = 약 46%						

2) 현금흐름을 할인하는 과정에서 할인율인 가중평균자본비용에 이자비용이 반영되기 때문에 이자비용을 현금유출로 파악하면 이중계산이 된다. 즉, 할인율인 가중평균자본비용을 계산함에 있어서 자기자본비용과 타인자본비용을 모두 고려하게 되므로 현금흐름에는 이자비용이 포함되어야 한다. 그리고 이자비용을 다시 더해줄 때는 세후순이익의 산출과정에서 발생하는 조세감면 효과를 고려하여 (1 – 법인세율)을 곱한 값을 사용한다.

3) 4년째의 현금흐름 예상액이 영원히 지속된다는 가정을 하고 있으므로 Imperial사의 스페인 자회사는 영원히 영업활동을 계속하게 될 것이고 운전자본의 회수는 무한대의 시점에서 행해질 것으로 가정한다.

4) 2010년도의 최종자산가치는 2010년도의 세후순이익(66,250)과 세후이자(4,620)의 합계가 영원히 지속된다는 가정하에 이러한 현금흐름을 16%의 할인율로 할인한 현재가치로서 정한다(즉, 66,250 + 4,620 = 70,870, 그리고 70,870 ÷ 0.16 = 442,937). 감가상각비를 포함시키지 않는 이유는 장비를 영원히 계속적으로 유지해나가기 위하여는 감가상각비에 해당하는 금액만큼 계속투자되어야 한다고 가정하기 때문이다.

5) 현지국의 투자자들이 비슷한 정도의 영업 및 재무위험을 가지는 투자안에 대하여 요구하는 수익률이 16%라고 가정한다.

표 16-5 본사의 입장에서 본 현금흐름의 분석

	2006	2007	2008	2009	2010	2010E
현금유입						
69. 자회사로부터의 배당금 (line 54)	–	33,300	116,835	404,684	542,045	–
70. 자회사로부터의 로얄티 (line 29)	–	30,000	30,000	30,000	30,000	–
71. 최종자산가치[6]	–	–	–	–	–	2,782,475
72. 총현금유입액	–	63,300	146,835	434,684	572,045	2,782,475
현금유출						
73. 본사의 지분투자	1,500,000	–	–	–	–	–
74. 세전순이익(line 52)		52,857	185,447	642,358	860,391	–
75. 미국 법인세(50%)		26,428	92,723	321,179	430,195	–
76. (차감)세액공제액(line 53)		19,557	68,612	237,674	318,346	–
77. 배당금에 대해 본사국에서 지급해야 될 법인세		6,871	24,111	83,505	111,849	–
78. 로얄티에 대해 본사국에 지급해야 될 법인세		15,000	15,000	15,000	15,000	
79. 총현금유출액	1,500,000	21,871	39,111	98,505	126,849	–
현금흐름의 분석						
80. 순현금유입액	−1,500,000	41,429	107,724	336,179	445,196	2,782,475
81. 16% 할인계수[7]	1.0000	0.8621	0.7432	0.6407	0.5523	0.5523
82. 각 현금흐름의 현재가치	−1,500,000	35,716	80,060	215,390	245,882	1,536,761
83. 누적 순현재가치	−1,500,000	−1,464,284	−1,384,224	−1,168,834	−922,952	613,809
84. 내부수익률 = 약 27%						

6) 2010년도의 최종자산가치는 2010년도의 순현금유입액 445,196이 영원히 지속된다는 가정하에 이러한 현금흐름을 16%의 할인율로 할인한 현재가치로서 정한다. 즉, 445,196 ÷ 0.16 = 2,782,475

7) Imperial사의 가중평균자본비용은 12%이지만 스페인에 투자하는 경우 해외투자에 따른 추가적 위험을 반영하여 16%의 할인율을 적용하기로 가정한다.

모 · 범 · 답 · 안

제1장

1. 답: 4)
2. 답: 4)
3. 답: 1)
4. 답: 3)
5. 답: 4)
6. 답: 4)
7. 답: 3)
8. 답: 4)
9. 답: 3)

제2장

1. 답: 4)

   $의 가치가 현물환시장보다 선도환시장에서 더 높으므로 즉, $가 forward premium에 있으므로 미국 이자율이 스위스 이자율보다 더 낮아야 한다.

2. 답: $가 5.93% forward premium

   풀 이: [(F−S)/S] × (12/n) × 100

   $= [(1.6369 - 1.6130)/1.6130] = 0.014817$

   $0.014817 \times 4 \times 100 = 5.93\%$

3. 타당하지 않다.

European terms라고 부른다.

4. 답: yen화가 5.56% forward premium

풀 이: [(F − S)/S] × (12/n) × 100

= [(0.008826−0.008705)/0.008705] × 4 × 100 = 5.56

5. 답: $881,073

풀 이: ¥100,000,000 / [1 + (0.01375/4)] = ¥99,657,428

¥99,657,428 × ($0.008705/¥) = $867,518

$867,518 × [1 + (0.0625/4)] = $881,073

6. 답: $1,527(재정거래이익)

풀 이: ¥100,000,000 × ($0.008826/¥) = $882,600

$882,600 − $881,073 = $1,527

7. 답: 4)

풀 이: [(F − S)/S] × (12/n) × 100

= [(0.0161−0.0159) / 0.0159] × (12/3) × 100 = 5.03 %

8. 답: 2)

풀 이: (¥100,000,000)/(1 + 0.00125) = ¥99,875,156

(¥99,875,156) × (SF0.0159/¥) = SF1,588,015

(SF1,588,015) × (1 + 0.011875) = SF1,606,873

9. 답: 3)

풀 이: (¥100,000,000)/(1 + 0.00125) = ¥99,875,156

(¥99,875,156) × (SF0.0159/¥) = SF1,588,015

(SF1,588,015) × (1 + 0.011875) = SF1,606,873

(¥100,000,000) × (SF0.0161/¥) = SF1,610,000

SF1,610,000 − SF1,606,873 = SF3,127

10. 답: 선도환시장 헤징이 금액 면에서 유리하다.

풀 이:

1) 선도환시장 헤징을 하는 경우:
3개월 후에 가서 $1,554,000(=$1.5540/£×£1,000,000)를 확보한다.

2) 금융시장 헤징을 하는 경우:
(1) 파운드貨 자금을 3개월간 차입한다. 이때 차입하는 금액은 £1,000,000을 2.5%(=10%/4)의 이자율로 할인한 금액인 £975,610가 된다.
(2) 이 금액을 현물환시장에서 달러貨로 바꾸면 $1,525,854(=$1.5640/£×£975,610)가 되고
(3) 다시 이 금액을 달러貨 금융시장에서 1.75%(=7%/4)의 이자율로 투자하면 3개월 후에는 $1,552,556(=$ 1,525,854×1.0175)를 확보하게 된다.

11. 답: $1,444 (재정거래 이익)

풀 이: (£1,000,000)/(1 + 0.025)=£975,610(파운드화 투자원금)
(£975,610)×($1.5640/£)=$1,525,854(달러화 차입원금)
($1,525,854)×(1 + 0.0175)=$1,552,556(달러화 상환금액)
(£1,000,000)×($1.5540/£)=$1,554,000(달러화 확보금액)
$1,554,000−$1,552,556=$1,444(재정거래 이익)

12. 답: 2)
이자율평가가 성립하는 경우 커버된 금리재정거래를 행하면 이익을 얻을 수 없다.

제3장

1. 답: 2)
3월 현재 미국의 수입업자는 3개월 후에 일본으로부터 ¥250,000,000에 상당하는 전자부품을 수입하려고 계획하고 있으므로 6월에 ¥250,000,000의 yen화 자금을 확보해야 한다. 미국의 수입업자는 3월 현재 6월물 JY 통화선물계약을 20단위(¥12,500,000 × 20 = ¥250,000,000)를 $0.003878/¥의 가격으로 매입한다. 그리고 3개월이 지난 6월에 이미 매입한 6월물 JY 통화선물계약 20단위를 매도하여 자기의 포지션을 청산하면 된다.

2. 답: 선물거래이익, $19,000

3월 현재 미국의 수입업자는 6월물 JY 통화선물 20단위를 $0.003878/¥의 가격으로 매입하고 3개월 후인 6월에 6월물 통화선물가격인 $0.003954/¥의 가격으로 매도하는 반대매매를 통하여 선물포지션을 청산하면 된다.

$0.003954/¥ − $0.003878/¥ = $0.000076/¥

($0.000076/¥) × ¥250,000,000 = $19,000

3. 답: 1)

5월 20일 현재 미국의 수입업자는 스위스로부터 상품을 수입하고 4개월 후에 수입대금 SF500,000을 지급하기로 하였으므로 4개월 후 예상치 못한 환율의 변동으로 필요한 달러화 금액이 변하는 경우에 대한 대비를 해야 한다. 이러한 경우 미국 수입업자는 9월물 SF화 통화선물 매입을 통해 4개월 후 필요한 SF500,000을 확보하는데 필요한 달러화 비용을 고정시킬 수 있다.

4. 답: $328,550

풀 이: SF500,000 × $0.6571/SF = $328,550

5. 답: $3,250(선물거래이익)

풀 이: $0.6578/SF(매도) − $0.6513/SF(매입) = $0.0065/SF(이익)

$0.0065/SF × SF500,000 = $3,250(이익)

6. 답: $14,790(이익)

풀 이: $.10958/Peso(매도) − $.08000/Peso(매입) = $.02958/Peso(이익)

($.02958/Peso)(Peso500,000) = $14,790(이익)

7. 답: $14,790(손실)

풀 이: $.10958/Peso(매입) − $.08000/Peso(매도) = $.02958/Peso(손실)

($.02958/Peso)(Peso500,000) = $14,790(손실)

8. 답: $7,290(이익)

풀 이: $.10958/Peso(매도) − $.09500/Peso(매입) = $.01458/Peso(이익)

($.01458/Peso)(Peso500,000) = $7,290(이익)

9. 답: \$7,290(손실)

풀 이: \$.10958/Peso(매입) − \$.09500/Peso(매도) = \$.01458/Peso(손실)
(\$.01458/Peso)(Peso500,000) = \$7,290(손실)

10. 답: \$1137.5(손실)

풀 이: \$1.4162/£(매입) − \$1.3980/£(매도) = \$0.0182/£(손실)
(\$0.0182/£)(£62,500) = \$1137.5(손실)

11. 답: \$1137.5(이익)

풀 이: \$1.4162/£(매도) − \$1.3980/£(매입) = \$0.0182/£(이익)
(\$0.0182/£)(£62,500) = \$1137.5(이익)

12. 답: \$2,075(손실)

풀 이: \$1.4228/£(매도) − \$1.4560/£(매입) = \$0.0332/£(손실)
(\$0.0332/£)(£62,500) = \$2,075(손실)

13. 답: \$2,075(이익)

풀 이: \$1.4228/£(매입) − \$1.4560/£(매도) = \$0.0332/£(이익)
(\$0.0332/£)(£62,500) = \$2,075(이익)

제 4 장

1. 답: 3)

미국의 수입업자는 5월 20일 현재 9월을 만기일로 하는 스위스프랑화 call 옵션을 매입해야 한다. 이러한 조치를 통하여 9월에 행사가격 \$0.6800/SF로 스위스프랑화를 살 수 있는 권리를 얻게 되어 예상치 못한 환율의 변동으로 인한 환위험을 피할 수 있을 것이다.

2. 답: \$18,300

미국의 수입업자는 스위스프랑화 call 옵션을 매입할 때 1단위의 SF당 \$0.0183의 프리미엄을 지급해야 하므로 총 프리미엄 비용은 다음과 같이 구할 수 있다.

\$0.0183/SF × SF1,000,000 = \$18,300

3. 답: $680,000

이 미국의 수입업자는 5월에 행사가격이 $0.6800/SF인 스위스프랑화 call 옵션을 이미 매입해 두었으므로 9월의 현물환율과 call 옵션의 행사가격을 비교하여 더 유리한 방법을 선택하면 된다. 9월에 이르러 현물환율이 옵션의 행사가격인 $0.6800/SF보다 높은 $0.6870/SF이 되는 경우 이 미국의 수입업자는 call 옵션을 행사하여 SF1,000,000을 매입하고 그 대가로 $680,000(= $0.6800/SF × SF1,000,000)의 비용을 지불해야 한다.

4. 답: $673,000

만약 9월에 이르러 현물환율이 옵션의 행사가격인 $0.6800/SF보다 낮은 $0.6730/SF에 형성된다면, 이 미국의 수입업자는 옵션을 행사하는 대신 현물환시장에서 보다 유리한 현물환율로 SF1,000,000을 매입하고 $673,000(= $0.6730/SF × SF1,000,000)의 비용을 지불해야 한다.

5. 답: 3)

5월 20일 현재 12월 만기 영국 파운드화에 대한 call 옵션의 행사가격은 $1.9500/£인 반면, 현물환율은 $1.8800/£이다. 따라서 이 call 옵션을 매입하는 즉시 행사한다면 행사가격으로 영국 파운드화를 매입하게 되고 이렇게 확보한 영국 파운드화를 다시 현물환시장에서 현물환율로 매도한다면 손해를 보게 된다. 즉, 영국 파운드화를 높은 가격(행사가격)으로 매입하고 낮은 가격(현물환율)으로 매도한다면 손해를 보게 되므로 이 call 옵션은 'out-of-the-money' 인 경우이다.

6. 답: 1)

5월 20일 현재 12월 만기 영국 파운드화에 대한 put 옵션의 행사가격 $1.9500/£가 현물환율 $1.8800/£보다 높다고 하자. 이 경우 이 put 옵션을 매입하는 즉시 행사한다면 높은 가격(행사가격)으로 파운드화를 매도하게 되고 이때 필요한 파운드화를 현물환시장에서 낮은 가격(현물환율)으로 매입한다면 이익을 볼 수 있다. 그러므로 이 put 옵션은 'in-the-money' 인 경우이다.

7. 답: 3)

파운드화 put 옵션을 매입하는 즉시 행사한다면 $1.9500/£의 행사가격으로 파운드화를 매도하게 되고 이때 필요한 파운드화를 현물환시장에서 $1.8800/£의 가격으로 매입하는 경우 $0.0700/£(= 1.9500 − 1.8800)의 이익을 볼 수 있다. 이 경우 파운드화 put 옵션의 고유가치는 \$0.0700/£라고 말한다. 'in-the-money'의 경우 고유가치(intrinsic value)란 해당통화의 현물가격과 옵션의 행사가격간의 격차를 말한다.

8. 답: 2)

옵션의 가격(프리미엄)은 고유가치(intrinsic value)와 시간가치(time value)로 구성되어 있다. 고유가치란 기초자산가격 즉, 해당통화의 현물가격과 옵션의 행사가격간의 격차를 말하며 시간가치란 옵션의 가격(프리미엄)과 고유가치간의 격차를 말한다. 문제의 상황에서는 파운드화 call 옵션이 'out-of-the-money'인 경우이므로 고유가치가 '0'이 되어 옵션의 가격(프리미엄)은 시간가치만 반영한다. 따라서 문제의 상황에서 파운드화 call 옵션 프리미엄은 시간가치(time value)를 나타낸다고 할 수 있다.

9. 답: 3)

환율의 변동성이 크면 클수록 옵션의 행사로부터 이익을 볼 가능성이 더 커진다. 예를 들어 현물환율이 행사가격보다 낮아 call 옵션이 'out-of-the-money'인 경우 환율변동률이 0이라면 환율이 현재수준에서 변동할 가능성이 없어 옵션의 행사로부터 이익을 볼 가능성이 없으므로 해당 call 옵션의 가치 또한 0이 된다고 할 수 있다. 반면 예상환율변동률이 크면 클수록 일반적으로 옵션의 가치는 크다고 할 수 있다.

10. 답: 2)

이 은행은 스위스프랑 통화선물에 대한 call 옵션 100단위를 매도하였으므로 스위스프랑 통화선물 매도포지션을 가지게 된다. 따라서 무위험헤지(riskless hedge)를 하기 위해서 옵션계약에 의해서 발생하는 포지션과는 반대포지션을 기초자산(통화선물)에 의해 발생시켜야 하므로 스위스프랑 통화선물을 매입해야 한다.

11. 답: 50단위

델타는 옵션 1단위의 가격변화를 상쇄시키는 데 필요한 기초자산의 단위수로 표시할 수 있다. 따라서 스위스프랑 통화선물에 대한 call 옵션의 경우 델타가 0.5(50%)라면 옵션 100단위의 가치변동을 상쇄시키기 위하여 50단위(= 100단위 × 0.5)의 통화선물계약(기초자산)이 필요하다.

12. 답: 3)

13. 답: 1)

14. 답: 4)
15. 답: 2)
16. 답: 1)
17. 답: 4)
18. 답: 4)
19. 답: 2)
20. 답: 1)
21. 답: 1)
22. 답: 2)
23. 답: 3)

제 5 장

1. 답: 1)
2. 답: 4)
3. 답: 4)
4. 답: 2)
5. 답: 4)
6. 답: 2)
7. 답: 2)
8. 답: 1)
9. 답: 3)
10. 답: 1)

제 6 장

1. 답: $0.7726/C$

풀 이: $\{[E(S) - S]/S\} \times (12/n) \times 100 = i - i^*$

$\{[E(S) - S]/S\} \times (12/12) \times 100 = 6.68 - 6.08 = 0.6$

$\{[E(S) - S]/S\} = 0.006 \qquad E(S) - S = 0.006 \times S$

$E(S) = 1.006 \times S = 1.006 \times (\$0.7680/C\$) = \$0.7726/C\$$

2. 답: Pesos 6.5236/C$

풀 이: $\{[E(S)-S]/S\} \times (12/n) \times 100 = \pi - \pi^*$

$\{[E(S)-S]/S\} \times (12/6) \times 100 = 15 - 5 = 10$

$\{[E(S)-S]/S\} = 0.05 \qquad E(S) - S = 0.05 \times S$

$E(S) = 1.05 \times S = 1.05 \times (\text{Pesos } 6.2130/\text{C\$})$

$= \text{Pesos } 6.5236/\text{C\$}$

3. 타당하다.
4. 답: 4)

5. 타당하지 않다.
포트폴리오 균형 접근방법(Portfolio-Balance Approach)은 자국채권과 외국채권 간의 불완전한 대체성(imperfect substitutability)을 가정하는 환율결정이론을 말한다.

6. 답: 1)
7. 답: 4)
8. 답: 3)
9. 답: 2)

10. 답: 1)
환율결정에 관한 화폐적 접근방법(Monetary Approach)에 따르면 통화량의 증가는 자국 통화의 가치하락을 초래한다.

11. 답: 2)
환율결정에 관한 화폐적 접근방법(Monetary Approach)에 따르면 실질소득의 증가는 자국 통화의 가치상승을 초래한다.

12. 답: 2)
환율결정에 관한 포트폴리오 균형 접근방법(Portfolio-Balance Approach)에 따르면 경상수지의 흑자는 자국 통화의 가치상승을 초래한다.

13. 답: 3)

14. 답: 4)

15. 첫째, 상대적 구매력평가설은 환율의 상대적 변화율에 대한 예상이 국내와 해외의 예상물가상승률의 차이와 같아야 한다는 이론이며

둘째, 국제피셔효과는 환율의 상대적 변화율에 대한 예상이 국내와 해외의 명목금리의 차이와 같아야 한다는 이론이고,

셋째, 이자율평가설은 연율표시방법(percent per annum)으로 선도환율을 표시할 때 forward premium(또는 discount)이 국내와 해외의 명목금리의 차이와 같아야 한다는 이론이다.

그러므로 상대적구매력평가설은 환율과 예상물가상승률의 관계, 국제피셔효과는 환율과 이자율과의 관계를 말하고 있다는 점이 서로 차이가 있다. 그리고 국제피셔효과는 예상환율과 이자율과의 관계, 이자율평가설은 선도환율과 이자율과의 관계를 말하고 있다는 점이 서로 다르다.

16. 답: $0.008787/¥
17. 답: $0.9794/SF
18. 답: 3) Peso 1.178/$

19. 답: 달러화의 실제 가치는 Peso 3.20/$ 이고 상대적구매력평가설이 성립한다고 가정할 때의 달러화의 가치는 Peso 1.178/$ 이므로 달러화의 실제가치는 더 높게 평가되어있고 Peso화의 실제가치는 더 낮게 평가되어 있다.

제7장

1. 답: 경제적 환노출(economic foreign exchange exposure)
2. 답: 매칭(matching)
3. 답: 기능통화(functional currency)
4. 답: $680,000 환산이익

풀 이: 순노출자산 = ₩6,000,000,000 − ₩1,920,000,000 = ₩4,080,000,000

₩4,080,000,000/1,200 = $3,400,000

₩4,080,000,000/1,000 = $4,080,000

$\$4,080,000 - \$3,400,000 = \$680,000$

5. 답: \$80,000 환산이익

풀 이: 순노출자산 = ₩2,400,000,000 − ₩1,920,000,000 = ₩480,000,000

₩480,000,000/1,200 = \$400,000

₩480,000,000/1,000 = \$480,000

\$480,000 − \$400,000 = \$80,000

6. 답: 타당하지 않다.

파운드화가 2.4% forward discount

풀 이: $[(1.6540-1.6640)/1.6640] \times 4 \times 100 = -2.4$

7. 답: \$1,651,825

풀 이: (£1,000,000)/(1 + 0.025) = £975,610

(£975,610) × (\$1.6640/£) = \$1,623,415

(\$1,623,415) × (1 + 0.0175) = \$1,651,825

8. 답: 32계약

풀 이: $1,000,000/31,250 = 32$

9. 답: \$831.25

풀 이: $(0.025 \times 31,250) + 50 = 831.25$

10. 답: 타당하지 않다.

만약 3개월 후의 현물환율이 put옵션의 행사가격인 \$1.6520/£보다 높아져서 \$1.6550/£이 되는 경우에는 파운드화 put옵션을 행사하지 않고 수출대금으로 받는 £1,000,000를 현물환시장에서 매도하여 달러화로 바꾼다면 더 많은 달러화 금액을 확보할 수 있게 된다.

11. 답: 4)

12. 답: 3)

풀 이: 순노출자산 = ₩6,000,000,000 − ₩2,000,000,000 = ₩4,000,000,000

₩4,000,000,000/1200 = $3,333,333

₩4,000,000,000/1000 = $4,000,000

$4,000,000 − $3,333,333 = $666,666 환산이익

13. 답: 1)

풀 이: 순노출자산 = ₩2,400,000,000 − ₩2,000,000,000 = ₩400,000,000

₩400,000,000/1200 = $333,333

₩400,000,000/1000 = $400,000

$400,000 − $333,333 = $66,666 환산이익

제 8 장

1. 답: 2)
2. 답: 3)

3. 〈가〉 답: 51.2 풀 이: 51.2 × 100%(배당률) = 51.2

〈나〉 답: 7.68 풀 이: 51.2 × 15%(원천세율) = 7.68

〈다〉 답: 36.48 풀 이: 28.8(현지국법인세) + 7.68(원천세) = 36.48

〈라〉 답: 28.8 풀 이: 28.8(현지국법인세) × 100%(배당률) = 28.8

〈마〉 답: 38.4 풀 이: 80 × 48%(본사국법인세율) = 38.4

〈바〉 답: 36.48 풀 이: 28.8(현지법인이 납부한 법인세 × 배당률) + 7.68(원천세) = 36.48

〈사〉 답: 1.92 풀 이: 38.4〈마〉 − 36.48〈바〉 = 1.92

4. 〈A〉 답: 33.8 풀 이: 67.6 × 50%(배당률) = 33.8

〈B〉 답: 5.07 풀 이: 33.8 × 15%(원천세율) = 5.07

〈C〉 답: 67.47 풀 이: 62.4(현지국법인세) + 5.07(원천세) = 67.47

〈D〉 답: 31.2 풀 이: 62.4(현지국법인세) × 50%(배당률) = 31.2

〈E〉 답: 31.2 풀 이: 65 × 48%(본사국법인세율) = 31.2

〈F〉 답: 36.27 풀 이: 31.2(현지법인이 납부한 법인세 × 배당률) + 5.07(원천세) = 36.27

〈G〉 답: −5.07 풀 이: 31.2〈E〉 − 36.27〈F〉 = −5.07

제 9 장

1. 답: 1)
2. 답: 2)
3. 답: 3)
4. 답: 4)

제 10 장

1. 답: 외국시장(foreign market)
2. 답: 4)
3. 답: 2)
4. 답: 4)
5. 답: 4)
6. 답: 1)
7. 답: 4)
8. 답: 4)
9. 답: 4)
10. 타당하지 않다.
    Rule 144A란 외국기업의 증권발행 시 공시의무를 자국 내 공시의무 수준으로 낮추고 우량기관투자가 간에 사모증권 매매를 허용하기로 한 조치이다.
11. 타당하다.
12. 답: 2)
13. 답: 1)
14. 답: 3)

제 11 장

1. 답: 1)
2. 타당하다.

3. 답: 전환비율(conversion ratio)
4. 타당하다.
5. 답: 2)
6. 답: 1)
7. 타당하지 않다.
   sponsored DR은 원주발행회사가 주체적인 주관을 하고 모든 발행 및 부수비용을 부담한다.
8. 답: 2)
9. 답: 4)
10. 타당하다.
11. 답: 1)
12. 타당하다.
13. 타당하지 않다.
   직접매출방식(directly-placed)은 발행자가 dealer를 통하지 않고 직접 투자자에게 매각하는 방식으로 판매조직망이 넓은 대형 금융회사나 은행지주회사가 주로 이용하는 방법이다.
14. 답: 4)
15. 답: 4)
16. 답: (1) underwritten facility 또는 committed facility
   (2) tender panel 또는 uncommitted facility
17. 답: 1)

제12장

〈다음 1번과 2번 문제에서는 본사 입장과 자회사 입장에서 본 자금조달비용을 구분할 필요가 없고 또한 세금도 무시하기로 하였으므로 자금조달비용을 산출하는 공식은 다음과 같으며 이 공식에서 환율은 현지국 통화 한 단위에 대한 조달자금표시 통화의 단위수로 나타낸 것이다.〉

$$(1 + R_f) \cdot \frac{e_0}{e_1} - 1$$

1. 답: 1), 2.63%
   유로달러 이자율: 5.55%(연율)

자금차입시점(현재)환율: $0.5476/SF

자금상환시점(6개월후)환율: $0.5555/SF

[1 + (0.0555/2)] × (0.5476/0.5555) − 1

= (1.02775) × (0.9858) − 1 = 0.01315/6개월 (연율 2.63%)

2. 답: 3), 4.39%

유로엔화 이자율: 1.35%(연율)

자금차입시점(현재)환율: YEN62.9080/SF

자금상환시점(6개월후)환율: YEN61.9730/SF

[1 + (0.0135/2) × (62.9080/61.9730) − 1

= (1.00675) × (1.015088) − 1 = 0.02194/6개월(연율 4.39%)

〈3번 문제에서는 본사 입장에서 본 자금조달비용을 산출해야 하며 세금도 고려해야 한다.〉

3.

	€/$	$/€	yen/$	yen/€
현물환율	2.2220	0.4500	215.85	97.14
선도환율(6개월)	2.1937	0.4559	209.30	95.41

1) 독일 자회사가 현지국 금융시장에서 현지국 통화(€)로 자금조달을 하는 경우:

- 독일 자회사가 독일 금융시장에서 차입할 경우의 이자율은 13.75%(연율)이다.
- 현지국 통화 1단위에 대한 본사국 통화의 단위수로 표시한 환율은 ($/€)이 되며 이 경우 자금조달시점의 환율($e_0'$)은 $0.4500/€, 자금상환시점의 환율($e_1'$)은 $0.4559/€이 된다.
- 현지자회사의 이익에 적용해야 하는 세율(t_s)은 현지국 세율과 본사국 세율 중 더 큰 쪽이 되는데 이 경우에는 현지국(독일) 세율이 더 크므로 독일 세율을 적용한다.

$$K_l = R_l \cdot (1 - t_s) \cdot \frac{e_1'}{e_0'}$$

$= (0.1375/2) \times (1 - 0.52) \times (0.4559/0.4500)$

$= (0.06875) \times (0.48) \times (1.0131) = 0.0334$ (3.34%/6개월)

2) 독일 자회사가 국제적인 자금조달원천(Euro yen)으로부터 자금조달을 하는 경우:

- 독일 자회사가 Euro yen시장에서 차입할 경우의 이자율은 8.5%(연율)이다.
- 현지국 통화 1단위에 대한 조달자금표시 통화의 단위수로 표시한 환율은 (yen/€)이 되며 이 경우 자금조달시점의 환율(e_0)은 97.14yen/€, 자금상환시점의 환율(e_1)은 95.41yen/€이 된다.
- 현지국 통화 1단위에 대한 본사국 통화의 단위수로 표시한 환율은 ($/€)이 되며 이 경우 자금조달시점의 환율($e_0'$)은 $0.4500/€, 자금상환시점의 환율($e_1'$)은 $0.4559/€이 된다.
- 현지자회사의 이익에 적용해야 하는 세율(t_s)은 현지국 세율과 본사국 세율 중 더 큰 쪽이 되는데 이 경우에는 현지국(독일) 세율이 더 크므로 독일 세율을 적용한다.

$$K_f = \left[(1+R_f)\cdot\frac{e_0}{e_1}-1\right](1-t_s)\cdot\frac{e_1'}{e_0'}$$
$$= [(1+(0.085/2))\times(97.14/95.41)-1]\times(1-0.52)\times(0.4559/0.4500)$$
$$= [(1.0425)\times(1.018)-1]\times(0.48)\times(1.0131) = 0.0298\ (2.98\%/6개월)$$

3) 미국 본사로부터 사내대여의 형태로 자금조달을 하는 경우:

- 독일 자회사가 미국 본사로부터 사내대여의 형태로 자금조달을 할 경우의 이자율은 16%(연율)이고 이러한 사내대여에 필요한 자금을 본사가 미국 내 단기금융시장에서 조달할 때의 이자율은 15(연율)%이다.
- 현지국 통화 1단위에 대한 조달자금표시 통화의 단위수로 표시한 환율은 ($/€)이 되며 이 경우 자금조달시점의 환율($e_0$)은 $0.4500/€, 자금상환시점의 환율($e_1$)은 $0.4559/€이 된다.
- 현지국 통화 1단위에 대한 본사국 통화의 단위수로 표시한 환율은 ($/€)이 되며 이 경우 자금조달시점의 환율($e_0'$)은 $0.4500/€, 자금상환시점의 환율($e_1'$)은 $0.4559/€이 된다.
- 현지자회사의 이익에 적용해야 하는 세율(t_s)은 현지국 세율과 본사국 세율 중 더 큰 쪽이 되는데 이 경우에는 현지국(독일) 세율이 더 크므로 독일 세율을 적용한다.
- 본사의 국내원천소득에 적용해야 하는 세율(t_p)는 미국 법인세율인 48%가 되며 본사의 해외원천이자소득에 적용되는 실효세율(t_f)은 초과해외세액공제액의 존재여부에 따라 0에서부터 t_p까지의 값을 갖는다. 이 경우에는 현지국(독일)의 세율(52%)이 본사국(미국)의 세율(48%)보다 높으므로 현지국에서 납부한 세액 중 본사국 세율을 적용하여 산출

된 세액을 초과하여 납부한 세액은 본사국에서 공제를 받지 못하고 따라서 초과해외세액공제액이 발생하게 된다. 만약 이러한 초과해외세액공제액이 충분하다고 가정하면 t_f의 값은 0이 된다.

$$K_i = \left[(1+R_i)\cdot\frac{e_0}{e_1}-1\right]\cdot(1-t_s)\cdot\frac{e_1'}{e_0'}-R_i(1-t_f)+R_p(1-t_p)$$

$$= [(1 + (0.16/2)) \times (0.4500/0.4559) - 1] \times (1 - 0.52) \times (0.4559/0.4500)$$

$$- (0.16/2) \times (1 - 0) + (0.15/2) \times (1 - 0.48)$$

$$= (0.06602) \times (0.48) \times (1.0131) - (0.08) + (0.0390) = - 0.0089(-0.89\%/6\text{개월})$$

제13장

1. (a) 포트폴리오 기대수익률 $= (0.65)(0.086) + (0.35)(0.06) = 0.0769(7.69\%)$
   포트폴리오 위험도:
   분산 $= 0.65^2 \times 0.128^2 + 0.35^2 \times 0.14^2 + 2 \times 0.65 \times 0.35 \times 0.8 \times 0.128 \times 0.14 = 0.0158$
   표준편차 $= 0.1257(12.57\%)$

   (b) 포트폴리오 기대수익률 $= (0.65)(0.086) + (0.35)(0.06) = 0.0769(7.69\%)$
   포트폴리오 위험도:
   분산 $= 0.65^2 \times 0.128^2 + 0.35^2 \times 0.14^2 + 2 \times 0.65 \times 0.35 \times 0.2 \times 0.128 \times 0.14 = 0.0109$
   표준편차 $= 0.1044\ (10.44\%)$

제14장

1. 해외직접투자: 외국의 기업에 대한 통제권을 확보하고 경영참여를 목적으로 하는 투자
   국제증권투자: 단지 이익을 획득하기 위하여 행하는 외국의 금융자산에 대한 투자

2. 규모의 경제(economies of scale),
   탁월한 지적자산,
   재무적인 우위,
   제품차별화(product differentiation):

3. 국제합작투자의 장점:
   1) 시너지(synergy)효과를 볼 수 있다.
   2) 능력있는 현지 파트너를 맞이하게 되면 시장기반을 빠른 시일 내에 확보할 수 있다.
   3) 정치적 위험을 감소시키고 현지국 정부로부터 여러 가지 혜택을 받을 수 있다.

   국제합작투자의 단점:
   1) 합작 파트너들 사이에 의사결정에 충돌이 일어날 가능성이 높다.
   2) 배당받는 이익이 제한되고 발생한 이익을 어떻게 처분하고 활용할 것인가에 대해서 충돌이 일어나기 쉽다.
   3) 범세계적 경영전략을 수행하는 데 여러 가지 제약을 받을 수 있다.

4. 1) 단시간 내에 해외시장 진입과 국제경영의 확대를 가능하게 한다.
   2) 자체적으로는 개발하기 어려운 기술이나 경영상의 노하우 등을 비교적 값싸고 쉽게 획득할 수 있다.

제 15 장

1. 정치적 위험(political risk)이란 특정기업의 수익성이나 기타의 기업목표에 영향을 미치는 한 국가의 기업 환경의 급격한 변화가 정치적인 역학관계의 변동에 의하여 초래될 가능성을 말한다. 정치적 위험의 정의에 있어서 중요한 요건은 첫째, 기업 환경의 갑작스러운 변화가 있어야 하며, 둘째, 그 변화가 예측하기 어려운 변화이어야 하며, 셋째, 사회 전반에 걸친 권력관계와 관련된 문제에 의하여 초래되어야 하며, 마지막으로 특정기업의 수익성이나 기타 기업목표에 상당한 영향을 미칠 수 있는 가능성이 있어야 한다는 점 등이다.

2. 거시적 위험(macro political risk)은 외국인 기업체 전체에 영향을 미치는 기업 환경의 변화가 정치적 역학관계의 변동에 의해서 초래되는 것을 말하며, 미시적 위험(micro political risk)은 특정산업 또는 특정기업에만 영향을 미치는 정치적 위험을 말한다.

3. 외국에 직접투자할 것을 결정하기 전에 타당성 검토를 할 당시에도 정치적 위험분석을 행해야 하겠지만 현지 자회사를 설립한 후에도 주기적으로 재평가를 하여야 한다. 한 산

업의 정치적 위험은 시간이 경과함에 따라서 그 위험도가 변할 수 있는데 첫째, 특정 주요 산업분야에서 외국인 기업체의 점유율이 높아지면 정치적 공격의 목표가 될 가능성이 크게 되며, 둘째, 기술이나 경영면에서 현지국 사람들의 능력으로 운영이 가능하게 된 산업분야는 될 수 있으면 외국인 기업체들을 배제하려고 정치적 압력을 가하려 할 것이므로 정치적 위험이 커지게 된다.

참 고 문 헌
REFERENCE

제 1 편 국제금융환경

Cooper, Richard N., *The International Monetary System: Essays in World Economics*, Cambridge, Mass.: MIT Press, 1987.

Dam, Kenneth W., *The Rules of the Game*, Chicago: The University of Chicago Press, 1982.

Dornbusch, Rudiger, "Exchange Rate Economics: 1986," *The Economic Journal*, March 1987, pp. 1~18.

Makin, John H., "Fixed versus Floating: A Red Herring," *Columbia Journal of World Business*, Winter 1979, pp. 7~14.

Shafer, Jeffrey R., and Bonnie E. Loopesko, "Floating Exchange Rates after Ten Years," *Brookings Papers on Economic Activity*, Washington, D.C.: Brookings Institution, 1983.

제 2 편 외환 및 파생금융상품시장

Arnold, Tanya S., "How to Do Interst Rate Swaps," Havard Business Review, September/October 1984, pp. 96~101.

Black, Fischer, and Myron Scholes, "The Pricing of Options and Corporate Liability," *Journal of Political Economy*, May/June 1973, pp. 637~659.

Chocago Mercantile Exchange, *Understanding Futures in Foreign Excbange*, 1977.

______, *Opportuinties in Currency Trading*, 1986.

______, *Opportunities in Interest Rates*, 1977, 1987.

______, *Trading in Tomorrows: Your Guide to Futures*, 1985.

______, *Trading and Hedging with Currency Futures and Options*, 1985.

______, *Using Interest Rate Futures and Options*, 1986.

______, *Using Currency Futures and Options*, 1987.

______, *Options on Currency Futures: An Introduction*, 1986.

______, *Options on Currency Futures: A Strategy Guide*, 1985.

______, *Options on Eurodollar Futures: An Introduction*, 1985.

______, *Options on Eurodollar Futures: A Strategy Guide*, 1985.

______, *CME Quotation Retrieval Codes*, 1985.

Credit Suisse First Boston Ltd, *Currency Swaps*, 1983

Euromoney Publications, *Swap Financng Techniques*, 1983.

Feiger, George, and Bertrand Jacquillat, "Currency Option Bonds, Puts and Calls on Spot Exchange and the Hedging of Contingent Foreign Earnings," *Journal of Finance*, December 1979, pp. 1129～1139.

Garman, Mark B., and Steven W. Kohlhagen, "Foreign Currency Option Values," *Journal of International Money and Finance*, December 1983, pp. 231～237.

Giddy, Ian H., "The Foreign Exchange Option as a Hedging Tool," *Midland Corporate Finance Journal*, Fall 1983, pp. 32～42.

______, "Foreign Exchange Options," *Journal of Futures Markets* 3, No. 2, Summer 1983, pp. 143～166.

______, "Currency Option and Forwards: The Arbitrage Relationships," *Unpublished working paper*, January 1984.

Grabbe, J. Orlin, "The Pricing of Call and Put Options on foreign Exchange," *Journal of International Money and Finance*, December 1983, pp. 239～253.

Hull, J. C., *Introduction to Futures and Options Markets*, Third Edition, Upper Saddle River, N. J.: Prentice Hall, 1998.

Knight, Garry G. "The Unusual Guarantee behind Option Trading," *Supplement to Euromoney*, February 1985, pp. 42～44.

Kolb, Robert W., *Interest Rate Futures: A Comprehensive Introduction*, Reston, Virginia: Reston Publishing Co., 1984.

______, *Understanding Futures Markets*, Glenview, Illinois: Scott, Foresman and Co., 1985.

Lehman Brothers Kuhn Loeb Inc., *Interest Rate Swaps*, 1982.

Mclean, Howard and Rantz, Frederick L., "Learning the New Game of Currency Chess," *Supplement to Euromoney*, February 1985, pp. 4～12.

Parker, John Carson, "Behind – and a Head of – Philadelphia's Eurodollar Option," *Supplement to Euromoney*, February 1985, pp. 44～46.

Philadelphia Stock Exchange, *Foreign Currency Options: The Third Dimension to Foreign*

Exchange.

Schwarz, Edward W., Hill, Joanne M., and Schneeweis, Thomas, *Financial Futures: Fundmentals, Strategies, and Applications*, Homewood, Illinois: Richard D. Irwin, Inc., 1986.

제 3 편 환위험의 관리

1. 환율의 구조 및 결정

Aliber, Robert Z., "The Interest Rate Parity Theorem: A Reinterpretation," *Journal of Political Economy* 81, No. 6, Nov/Dec, 1973, pp. 1451~1459.

______, *Exchange Risk and Corporate International Finance*, London and Basingstoke: The Macmillan Press LTD., Reprinted 1980, Published in the U.S.A. by Halsted Press, a division of John Wiley & Sons, Inc. New York: Chap, 3.

Bilson, John. F. O., "Rational Expectations and the Excahange Rate," In Frenkel, J. A. and Johnson, H. G., eds., *The Economics of Exchange Rates: Selected studies*, Reading, Mass.: Addison-Wesley, 1978.

______, "The Monetary Approach to the Exchange Rate: Some Empirical Evidence," *IMF Staff Papers* 25, March 1978, pp. 48~75.

______, "Recent Developments in Monetary Models of Exchange Rate Determination," *IMF Staff Papers* 26, June 1979, pp. 201~223.

Branson, William, Halttunen, Hannu, and Masson, Paul, "Exchange Rate in the Short Run: The Dollar-Deutschemark," *European Economic Review* 10, No. 3, 1977, pp. 303~324.

Dooley, Michael, and Isard, Peter, "The Poftfolio-Balance Model of Exchange Rates," *International Finance Discussion Paper*, No. 141, Federal Reserve Board, May 1979.

Dornbusch, Rudiger, "Exchange Rate Economics: Where Do We Stand?," *Brookings Papers on Economic Activity*, No. 1, 1980, pp. 143~185.

______, "Exchange Risk and the Macroeconomics of Exchange Rate Determination," In Hawkings, R., Levich, R. and Wihlborg, C., eds., *The Internationalization of Financial Markets and National Economic Policy*, Greenwich, CT: JAI Press, 1982.

______, "Expectations and Exchange Rate Dynamics," *Journal of Political Economy* 84, No. 6, Dec. 1976, pp. 1161~1176.

______, "The Theory of Flexible Exchange Rate Regimes and Macroeconomic Policy," *Scandinavian Journal of Economics* 78, No. 2, May 1976, pp. 255~275.

______, and Fischer, S., "Exchange Rates and the Current Account," *American Economic Review* 70, No. 5, Dec. 1980, pp. 960~971.

______, and Krugman, Paul, "Flexible Exchange Rates in the Short Run," *Brookings Papers on Economic Activity*, No. 3, 1976, pp. 537~575.

Driskill, R. A., "Exchange Rate Dynamics: An Empirical Investigation," *Journal of Political Economy* 89(2), April 1981, pp. 357~371.

______, and Sheffrin, S., "On the mark: Comment," *American Economic Review* 71, No. 5, Dec. 1981, pp. 1068~1074.

Frankel, Jeffrey A., "Diversifiability of Exchange Risk," *Journal of International Economics* 9, August 1979, pp. 379~393.

______, "On the Mark: A Theory of Floating Exchange Rates Based on Real Interest Differentials," *American Economic Review* 69, No. 4, Sept. 1979, pp. 610~622.

______, "On the Mark: Reply," *American Economic Review* 71, No. 5, Dec. 1981, pp. 1075~1082.

______, "The Mystery of the Multiplying Marks: A Modification of the Monetary Model," *Review of Economics and Statistics*, Aug. 1982, pp. 515~519.

______, "Monetary and Portfolio–Balance Models Exchange Rate Determination," In *Economic Interdependence and Flexible Exchange Rates*, Edited by Bhandari, J., and Putnam, B., Cambridge: MIT Press, 1983, pp. 84~115.

Frenkel, Jacob A., "A Monetary Approach to the Exchange Rate: Doctrinal Aspects and Empirical Evidence," *Scandinavian Journal of Economics* 73, No. 2, May 1976, pp. 200~224.

______, "The Collapse of Purchasing Power Parities During the 1970's," *European Economic Review* 16, May 1981, pp. 145~165.

______, and Levich, Richard M., "Covered Intertest Arbitrage: Unexploited Profits?," *Journal of Political Economy* 83, No. 2, April 1975, pp. 325~338.

______, "Transaction Costs and Interest Arbitrage: Tranquil versus Turbulent Periods," *Journal of Political Economy* 85, No. 6, Dec. 1977, pp. 1209~1226.

______, and Rodriguez, C. A., "Exchange Rate Dynamics and the Overshooting Hypothesis," *IMF Staff Papers* 29(1), March 1982, pp. 1~30.

Grauer, F. L. A., Litzenberger, R. H., and Stehle, R. E., "Sharing Rules and Equilibrium in an International Capital Market under Uncertainty," *Journal of Financial Economics* 3, No. 3, 1976.

Hansen, L. P. and Hodrick, R. J., "Forward Exchange Rate as Optimal Predictors of Future Spot Rates: An Econometric Analysis," *Journal of Political Economy*, Oct. 1980.

Hodrick, Robert J., "An Empirical Analysis of the Monetary Approach to the Determination of the Exchange Rate," In Frenkel, J. A. and Johnson, H. G, eds., *The Economics of*

Exchange Rates: Selected Studies, Reading Mass: Addison–Wesley, 1978.

Hooper, Peter and Morton, John, "Fluctuations in the Dollar: A Model of Nominal and Real Exchange Rate Determination," *Journal of International Money and Finance* 1, April 1982, pp. 39~56.

Isard, Peter, "Factors determining Exchange Rates: The Roles of Relative Price Levels, Balance of Payments, Interest Rates and Risk," *International Finance Discussion Paper*, No. 171, Federal Reserve Board, Dec. 1980.

______, "An accounting Framework and Some Issues for Modeling How Exchange Rates Respond to the News," In *Exchange Rates and International Macroeconomics*, Edited by Frenkel, J., Chicago: The University of Chicago Press, 1983, pp. 19~56.

Kouri, Pentti, "The Exchange Rate and the Balance of Payments in the Short Run and in the Long Run: A Monetary approach," *Scandinavian Journal of Economics* 78, No. 2, May 1976, pp. 280~304.

Krueger, Anne O., *Exchange–Rate Determination*, Cambridge: Cambridge University Press, 1983.

Levich, Richard M., "The Efficiency of Markets for Foreign Excange," In Frenkel, J. A., and Dornbusch, R., eds., *International Economic Policy: Theory and Evidence*, Baltimore: Johns–Hopkins University Press, 1979.

______, "Are Forward Exchange Rates Unbiased Predictors of Future Spot Rates?," *Columbia Journal of World Business* 14, No. 4, Winter 1979, pp. 49~61.

Mckinnon, Ronald I., *Money In International Exchange: The Convertible Currency System*, New York: Oxford University Press, 1979.

Meese, R. A. and Rogoff, K., "Empirical Exchange Rate Models of the Seventies: Do They Fit Out of Sample?," *Journal of International Economics* 14(1/2), Feb, 1983, pp. 3~24.

Mussa, Michael, "A Model of Exchange Rate Dynamics," *Journal of Political Economy* 90(1), Feb. 1982, pp. 74~102.

______, "The Exchange Rate, the Balance of Pauments and Monetary and Fiscal Policy under a Regime of Controlled Floating," *Scandinavian Journal of Economics* 78, No. 2, May 1976, pp. 229~248.

Obstfeld, M., "Capital Mobility and Devaluation in an Optimizing Model with Rational Expectations," *American Economic Review*, May 1981.

______, "Imperfect Asset Substitutbility and Monetary Policy under Fixed Exchange Rates," *Journal of International Economics*, May 1980.

Rodriguez, C. A., "Short–and Long–Run Effects of Monetary and Fiscal Policies under Flexible Exchange Rates and Perfect Capital Mobility," *American Economic Review*,

March 1979, pp. 176~182.

______, "The Role of Trade Flows in Exchange-Rate Determination: A Rational Expectations Approach," *Journal of Political Economy*, Dec, 1980. pp, 1148~1159.

Solnick, Bruno G., *European Capital Markets: Toward a General Theory of International Investment*, Lexington, Mass.: Lexington Books, 1973.

Wihlborg, C., "Interest Rates, Exchange Rate Adjustments and Currency Risk: An Empirical Study, 1967~1975," *Journal of Money, Credit and Banking* 14(1), Feb. 1982, pp. 58~75.

Wilson, C. A., "Anticipated Shocks and Exchange Rate Dynamics," *Journal of Political Economy*, June 1979.

2. 환위험의 측정과 관리

Adler, Michael, "Translation Methods and Operational Foreign Exchange Risk Management," in Göran Bergendahl, ed., *International Financial Management*, Stockholm: Norstedt & Soners, 1982, pp. 89~103.

______, and Bernard Dumas, "Should Exposure Management Depend on Translation Accounting Methods?," *Euromoney*, June 1981, pp. 132~138.

______, "Exposure to Currency Risk: Definition and Measurement," *Financial Management*, Spring 1984, pp. 41~50.

Eiteman, David K. and Stonehill, Arthur I., *Multinational Business Finance*, Fifth Edition, Reading, Mass.: Addison-Wesley Publishing Co., 1989.

Financial Accounting Standards Board, *Accounting for the Translation of Foreign Currency Transactions and Foreign Currency Financial Statements*, Statement of Financial Accounting Standards No. 8, October 1975, Stamford, Conn.: Financial Accounting Standards Board, 1975. Reprinted, except for Appendix D. in *Journal of Accountancy*, December 1975, pp. 78~89.

______, Foreign *Currency Translation*, Statement of Financial Accounting Standards No. 52, December 1981, Stamford, Conn.: Financial Accounting Standards Board, 1981.

Giddy, Ian H., "Why It Doesn't Pay to Make a Habit of Forward Hedging," *Euromoney*, December 1976, pp. 96~100.

______, "Exchange Risk: Whose View?," *Financial Management*, Summer 1977, pp. 23~33.

Jacque, Laurent L., *Management of Foreign Exchange Risk: Theory and Practice*, Lexington, Mass.: Heath, 1978.

______, "Management of Foreign Exchange Risk: A Review Article," *Journal of International Business Studies*, Spring/Summer 1981, pp. 81~101.

Levich, Richard M., and Clas G. Wihlborg, eds., *Exchange Risk and Exposure*, Lexington,

Mass.: Lexington Books, 1980.

Shapiro, Alan C., and David P. Rutenberg, "Managing Exchange Risk in a Floating World," *Financial Management*, Summer 1976, pp. 48~58.

Wihlborg, Clas, "Economics of Exposure Management of Foreign Subsidiaries of Multinational Corporations," *Journal of International Business Studies*, Winter 1980, pp. 9~18.

제 4 편 국제조세 및 운전자본관리

三逸會計法人, *International Tax Advisory*, Vol. 5, Dec, 1988.

______, *Tax News*, No. 1, 1988. 6. 20.

Arpan, Jeffrey S., "International Intracorporate Pricing: Non-American Systems and Views," *Journal of International Business Studies*, Spring 1972, pp. 1~18.

Chown, John F., "Tex Treatment of foreign Exchange Fluctuations in the United States and United Kingdom," *Journal of International Law and Economics*, George Washington University, No. 2, 1982, pp. 201~237.

Eiteman, David K., and Stonehill, Arthur I., *Multinational Business Finance*, Fifth Edition, Reading, Mass.: Addison-Wesley Publishing Co., 1989.

Feinschreiber, Robert, "The Foreign Tax Credit under Siege," *Financial Executive*, October 1979, pp. 56~62.

Gelinas, A. J. A., "Tax Considerations for U.S. Corporations Using Finance Subsidiaries to Borrow Funds Abroad," *Journal of Corporte Taxation*, Autumn 1980, pp. 230~263.

Goldberg, Honey L., "Conventions for the Elimination of International Double Taxation: Toward a Developing Country Model," *Law and Policy in International Business*, No. 3, 1983, pp. 833~909.

Hartman, David G., "Tax Policy and Foreign Direct Investment in the United States," *National Tax Journal*, December 1984, pp. 475~487.

Horst, Thomas, "American Taxation of Multinational Firms," *American Economic Review*, June 1977, pp. 376~389.

Keegan, Warren J., "Multinational Pricing: How Far Is Arm's Length?," *Coulumbia Journal of World Business*, May-June 1969, pp. 57~66.

LaMont, Howard, "Multinational Enterprise, Transfer Pricing, and the 482 Mess," *Columbia Journal of Transnational Law*, Vol. 14, No. 3, 1975, pp. 383~433.

Lecraw, D. J., "Some Evidence on Transfer Pricing by Multinational Corporations," In A. M. Rugman and L. Eden, eds., *Multinationals and Transfer Pricing*, New York: St. Martin's

Press, 1985.
Owens, Elizabeth A., *International Aspects of U.S. Income Taxation*, Volume Ⅲ, Cambridge, Mass.: Harvard Law School International Tax Program, 1980.
Price Waterhouse, *U.S. Corporations Doing Business Abroad*, New York: Price Waterhouse, December 1982.
Sato, Mitsuo, and Brid, Richard M., "International Aspects of the Taxation of Corporations and Shareholders," *IMF Staff Papers*, July 1975, pp. 384～455.
Shapiro, Alan C., "Optimal Inventory and Credit-Granting Strategies under Inflation and Devaluation," *Journal of Financial and Quantitative Andysis*, January 1973, pp. 37～46.
______, "Payments Netting in Internatonal Cash Management," *Journal of Internatonal Business Studies*, Fall 1978, pp. 51～58.
Sherman, H. Arnold, "Managing Taxes in the Multinational Corporation," *The Tax Executive*, Winter 1987, pp. 171～181.
Wasserman, Michael G., "International Withholding on Corpoarte Capital Distributions," *International Tax Journal*, October 1980, pp. 27～50.

제 5 편 국제자금조달

우신투자자문, 국제금융시장 - 외화증권의 발행유형과 실례 - (1992).
장순영, 국제금융혁신(기린원, 1988).
한신증권, 해외증권 발행실무(1990).
Adler, Michael, "The Cost of Capital and Valuation of a Two-Country Firm," *Journal of Finance*, March 1974, pp. 119～132.
______, and Bernard Dumas, "International Portfolio Choice and Corporation Finance: A Synthesis," *Journal of Finance*, June 1983, pp. 925～984.
______, "Optimal International Acquisitions," *Journal of Finance*, March 1975, pp. 1～19.
Agmon, Tamir, and Donald Lessard, "Investor Recognition of Corporate International Diversification," *Journal of Finance*, September 1977, pp. 1049～1055.
Dufey, Gunter and Giddy, Ian H.., *The International Money Market*, Englewood Cliffs, New Jersey: Prentice-Hall, Inc., 1978.
Folks, W. R., Jr., "Analysis of Short-Term, Cross-Border Financing Decision," *Financial Management*, Autumn 1976, pp. 19～27.
George, Abraham M. and Giddy, Ian H. eds., *International Finance Handbook*, New York: John Wiley & Sons, Inc., 1983.

Giddy, Ian H., "Structure and Mechanism of the International Money and Capital Markets," *Unpublished paper*, April 1983.

______, *Global Financial Markets*, Lexington, M. A.: D. C. Heath and Co., 1994.

______, and Kang, Ho-Sang, "Mathematics of International Finance," In George A., and Giddy, I. H., eds., *International Finance Handbook*, New York: John Wiley & Sons, Inc., 1983.

Grabbe, J. Orlin, *International Financial Markets*, New York: Elsevier Science Publishing Co., Inc., 1986.

Jucker, James V., and Clovis de Faro, "The Selection of International Borrowing Sources," *Journal of Financial and Quantitative Analysis*, September 1975, pp. 381~407.

Kohers, Theodor, "The Effect of Multinational Operations on the Cost of Equity Capital of U.S. Corporations: An Empirical Study," *Management International Review*, February 1975, pp. 121~124.

Kreicher, Lawrence, "Eurodollar Arbitrage," *Federal Reserve Bank of New York Quarterly Review*, Summer 1982, pp. 10~21.

Lessard, Donald R., and Shapiro, Alan C., "Guidelines for Global Financing Choices," *Midland Corporate Finance Journal*, Winter 1983, pp. 68~80.

Madura, Jeff, *International Financial Management*, 2nd ed., St. Paul, Minn.: West Publishing, 1989.

Remmers, H. Lee, "A Note on Foreign Borrowing Costs," *Journal of International Business Studies*, Fall 1980, pp. 123~134.

Shapiro, Alan C., "Evaluating Financing Costs for Multinational Subsidiaries," *Journal of International Business Studies*, Fall 1975, pp. 25~32.

______, "Financial Structure and Cost of Capital in the Multinational Corporation," *Journal of Financial and Quantitative Analysis*, June 1978, pp. 211~226.

______, "The Impact of Taxation on the Currency-of-Denomination Decision for Long-Term Borrowing and Lending," *Journal of International Business Studies*, Spring/Summer 1984, pp. 15~25.

Stigum, Marcia, *The Money Market*, Revised Edition, Homewood, Illinois: Dow Jones-Irwin, 1983.

______, *Money Market Calcuations: Yields, Break-Evens and Arditrage*, Homewwood, Illinois: Dow Jones-Irwin, 1981.

제 6 편 국제투자

潘柄吉, 국제경영론 제3판(박영사, 1992).

Adler, Michael, and B. Dumas, "International Portfolio Choice and Corporation Finance: A Synthesis," *Journal of Finance*, June 1983, pp. 925~984.

______, and David Simon, "Exchange Risk Surprises in International Portfolios," *Journal of Portfolio Management*, Winter 1986, pp. 44~53.

Agmon, Tamir, "The Relations among Equity Markets: A Study of Share Price Co-Movements in the U.S., U.K., Germany and Japan," *Journal of Finance*, September 1972, pp. 839~855.

______, and D. R. Lessard, "Investor Recognition of Corporate International Diversification," *Journal of Finance*, September 1977, pp. 1049~1056.

Barnett, G., and M. Rosenberg, "International Diversification in Bonds," *Prudential International Fixed Income Investment Strategy*, Second Quarter 1983.

Beamish, Paul W., and John C. Banks, "Equity Joint Ventures and the Theory of the Multinational Enterprise," *Journal of International Business Studies*, Summer 1987, pp. 1~16.

Booth, Laurence D. "Capital Budgeting Frameworks for the Multinational Corporation," *Journal of International Business Studies*, Fall 1982, pp. 113~123.

Casson, Mark, *The firm and the Market: Studies on Mulitinational Enterprise and the Scope of the Firm*, Cambridge, Mass.: MIT Press, 1987.

Chollerton, K., Pieraerts, P., and B. Solnik, "Why Invest into Foreign Currency Bonds?," *Journal of Portfolio Management*, Summer 1986.

Dimson, E., Marsh, P., and M. Staunton, *Triumph of the Optimists: 101 Years of Global Investment Returns*, Princeton University Press, 2002, p.115.

Doz, Yves L., Christopher A. Bartlett, and C.K. Prahalad, "Global Competitive Pressures and Host Country Demands," *California Management Review*, Spring 1981, pp. 63~74.

______, and C.K. Prahalad, "How MNCs Cope with Host Government Demands," *Harvard Business Review*, March / April 1980, pp. 149~160.

Dunning, John H., *Explaining International Production*, Winchester, Mass.: Unwin Hyman, 1988.

______, "The Eclectic Paradigm of International Production: A Restatement and Some Possible Extensions," *Journal of International Business Studies*, Spring 1988, pp. 1~32.

______, ed,. *Multinational Enterprises, Economic Structure, and International Competitiveness*, New York: Wiley, 1985.

______, and Alan M. Rugman, "The Influence of Hymer's Dissertation on the Theory of Foreign Direct Investment," *American Economic Review*, May 1985, pp. 228~232.

Eiteman, David K., Stonehill, Arthur I., and Moffett, Michael H., *Multinational Business Finance*, Twelfth Edition, Boston, M. A.: Pearson Education, Inc., 2010.

Fayerweather, John, ed., *Host National Attiudes toward Multinational Corporations*, New York: Praeger, 1982.

Giddy, Ian H., "The Demise of the Product Cycle Model in International Business Theory," *Columbia Journal of World Business*, Spring 1978, pp. 90~97.

Gladwin, Thomas N., and Ingo Walter, *Multinationals under Fire*, New York: Wiley, 1980.

Grauer, Frederick A., Robert A. Litzenberger, and Richard E. Stehle, "Sharing Rules and Equilibrium in International Capital Market under Uncertainty," *Journal of Financial Economics*, June 1976, pp. 233~256.

Grauer, Robert R., and Nils H. Hakansson, "Gains from International Diversification: 1968~1985 Returns on Portfolios of Stocks and Bonds," *Journal of Finance*, July 1987, pp. 721~741.

Grubel, Herbert G., "Internationally Diversified Portfolios: Welfare Gains and Capital Flows," *American Economic Review*, December 1968, pp. 1299~1314.

______, and Kenneth Fadner, "The Interdependence of International Equity Markets," *Journal of Finance*, March 1971, pp. 89~94.

Guisinger, Stephen, "Total Protection: A New Measure of the Impact of Government Intervention on Investment Profitability," *Journal of International Business Studies*, Summer 1989, pp. 280~295.

Hymer, Stephen H., *The International Operations of National Firms: A Study of Direct Foreign Investment*, Cambridge, Mass.: MIT Press, 1976.

Jacquillat, Bertrand, and Bruno H. Solnik, "Multinationals Are Poor Tools for Diversification," *Journal of Portfolio Management*, Winter 1978, pp. 8~12.

Kobrin, Stephen J., "The Environmental Determinants of Foreign Direct Manufacturing Investment: An Ex-Post Empirical Analysis," *Journal of International Business Studies*, Fall/Winter 1976, pp. 29~42.

______, "Political Risk: A Review and Reconsideraton," *Journal of International Business Studies*, Spring/Summer 1979, pp. 67~80.

Kogut, Bruce, and Harbir Singh, "The Effect of National Culture on the Choice of Entry Mode," *Journal of International Business Studies*, Fall 1988, pp. 411~432.

Lessard, Donald R., "Evaluating International Projects: An Adjusted Present Value Approach," in Donald R. Lessard, ed., *International Financial Management: Theory and*

Application, New York: Wiley, 1985, pp. 570~584.

______, "International Portfolio Diversification: A Multivariate Analysis for a Group of Latin American Countries," *Journal of Finance*, June 1973, pp. 619~633.

______, "World, National, and Industry Factors in Equity Returns," *Journal of Finance*, May 1974, pp. 379~391.

Robock, Stefan H., and Kenneth Simmonds, *International Business and Multinational Enterprises*, 3rd ed., Homewood, Ill.: Irwin, 1987.

Rogers, Jerry, ed., *Global Risk Assessments: Issues, Concepts and Applications*, Riverside, Calif.: Global Risk Assessments, Inc., 1988.

Rugman, Alan M., "Internalization as a General Theory of Foreign Direct Investment: A Re–Appraisal of the Literature," *Weltwirtschaftliches Archiv*, 116, No. 2, 1980, pp. 365~379.

______, "Internalizational Theory and Corporate International Finance," *California Management Review*, Winter 1980, pp. 73~79.

______, "Internalization Is Still a Gerneral Theory of Foreign Direct Investment," *Weltwirtschaftliches Archiv*, September 1985.

Rummel, R. J., and David A. Heenan, "How Multinationals Analyze Political Risk," *Harvard Business Review*, January / February 1978, pp. 67~76.

Shapiro, Alan C., "Capital Budgeting for the Multinational Corporation," *Financial Management*, Spring 1978, pp. 7~16.

______, "International Capital Budgeting," *Midland Corporate Finance Journal*, Spring 1983, pp. 26~45.

Solnik, Bruno H., "Note on the Validity of the Random Walk for European Stock Prices," *Journal of Finance*, December 1973, pp. 1151~1159.

______, "The International Pricing of Risk: An Empirical Investigation of the World Capital Market Structure," *Journal of Finance*, May 1974, pp. 365~378.

______, "Why Not Diversify Internationally Rather Than Domestically?," *Financial Analysts Journal*, July / August 1974, pp. 48~54.

______, "Testing International Asset Pricing: Some Pessimistic View," *Journal of Finance*, May 1977, pp. 503~512.

______, *International Investments*, Second edition, Reading, Mass.: Addison–Wesley, 1991.

______, and B. Noetzlin, "Optimal International Asset Allocation," *Journal of Portfolio Management*, Fall 1982.

______, and M. G. Subrahmanyam, "Market Imperfections, Capital Asset Equilibrium and Corporation Finance," *Journal of Finance*, May 1977, pp. 307~321.

Vernon, Raymond, "International Investment and International Trade in the Product Cycle," *Quarterly Journal of Economics*, May 1966, pp. 190~207.

______, "The Product Cycle Hypothesis in a New International Environment," *Oxford Bulletin of Economics and Statistics*, 41, 1979, pp. 255~267.

Wihlborg, Clas, "The Effectiveness of Exchange Controls on Financial Capital Flows," *Coulmbia Journal of World Business*, Winter 1982, pp. 3~10.

찾아보기
index

ㅇ

ㅊ

ㅋ

ㅌ

[저자 약력]

姜鎬相은 서강대학교 화학과를 졸업하고 미국 콜럼비아 대학에서 국제경영학 박사학위를 취득하였다. 1983년 미국 텍사스 주립대학교 경영대학 교수로 부임한 후 국제경영학 박사과정 주임교수를 역임하였으며 1986년에 귀국하여 현재까지 서강대학교 경영대학 교수로 재직하고 있다. 저자는 국제금융 및 국제경영 분야에서 30편의 저서와 42편의 논문을 집필하였으며 1990년도에는 저서 『국제금융시장론』으로 매일경제신문사로부터 정진기언론문화상을 수상하였다.

저자는 〈서강 Harvard Business〉 편집위원장을 역임하였으며, [금융산업발전심의위원회], [외환제도개혁 소위원회] 등 각종 정부 관련 위원회의 위원으로 활동한 바 있고 〈한국국제경영학회〉회장을 역임하였다.

글로벌재무관리[제5판]

1995년 4월 20일 초판 발행
2000년 8월 17일 제2판 발행
2006년 2월 6일 제3판 발행
2012년 2월 20일 제4판 발행
2017년 8월 20일 제5판 1쇄발행

저 자 강 호 상
발행인 배 효 선
발 행 처 도서출판 法 文 社
주 소 10881 경기도 파주시 회길동 37-29
등 록 1957년 12월 12일 / 제2-76호(윤)
전 화 031-955-6500~6/ 팩 스 031-955-6525
e-mail(영업): bms@bobmunsa.co.kr
(편집): edit66@bobmunsa.co.kr
홈 페 이 지: http://www.bobmunsa.co.kr
조 판 성 지 이 디 피

정가 28,000원 ISBN 978-89-18-12360-8